武术文库

孙禄堂《拳意述真》探微

李子蔚　编著

人民体育出版社

图书在版编目（CIP）数据

孙禄堂《拳意述真》探微 / 李子蔚编著. -- 北京：人民体育出版社，2024
（中华武术文库）
ISBN 978-7-5009-6442-1

Ⅰ.①孙… Ⅱ.①李… Ⅲ.①太极拳－研究 Ⅳ.①G852.11

中国国家版本馆CIP数据核字(2024)第063785号

*

人民体育出版社出版发行
北京中科印刷有限公司印刷
新 华 书 店 经 销

*

787×1092　16开本　29.75 印张　676 千字
2024年6月第1版　2024年6月第1次印刷
印数：1—3,000 册

*

ISBN 978-7-5009-6442-1
定价：96.00 元

社址：北京市东城区体育馆路8号（天坛公园东门）
电话：67151482（发行部）　邮编：100061
传真：67151483　邮购：67118491
网址：www.psphpress.com
（购买本社图书，如遇有缺损页可与邮购部联系）

孙禄堂先生绘像（娄玉舟先生手绘）

孙叔容先生绘像（娄玉舟先生手绘）

朝臣待漏五更寒，将军铁甲夜渡关，山寺日高僧未起，看来名利不如闲。
古人语 不我欺也 独行独些嘉

孙叔容先生题字（一）

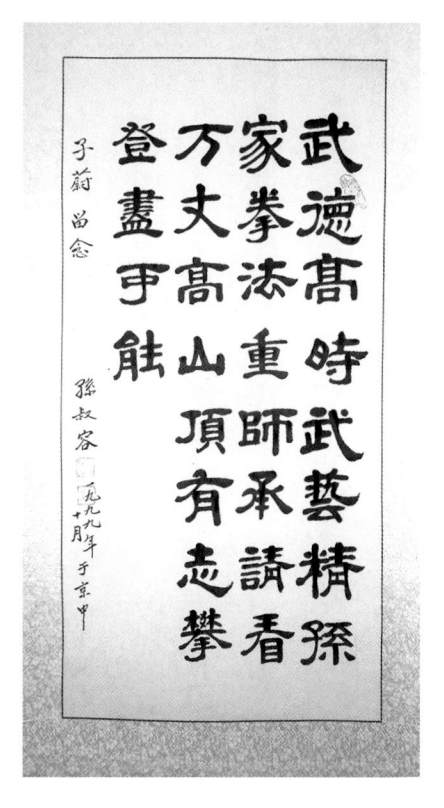

武德高时武艺精，孙家拳法重师承，请看万丈高山顶，有志攀登尽于能。
子蔚留念 孙叔容 一九九十月于京甲

孙叔容先生题字（二）

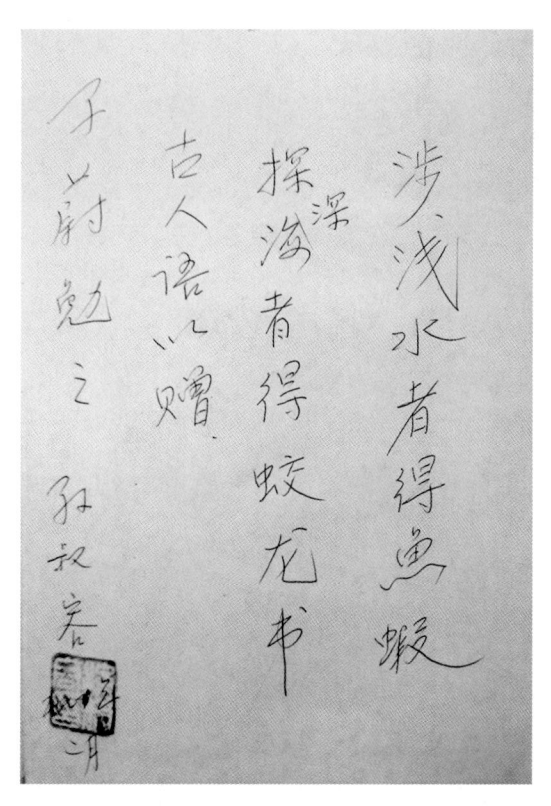

涉浅水者得鱼虾，探深海者得蛟龙。
古人语以赠 子蔚勉之 孙叔容

孙叔容先生题字（三）

1988年6月，孙叔容先生（二排右五）、华锺彦先生（二排右六）与众门生合影
前排中间为著者李子蔚

2001年，恩师孙叔容先生为著者解析太极拳奥义

2017年，著者拜望师姑孙婉容先生

孙富山先生为本书题词

注：孙富山，男，孙氏武学第四代传人，开封市武术协会名誉主席，原开封市孙氏拳研究会会长。

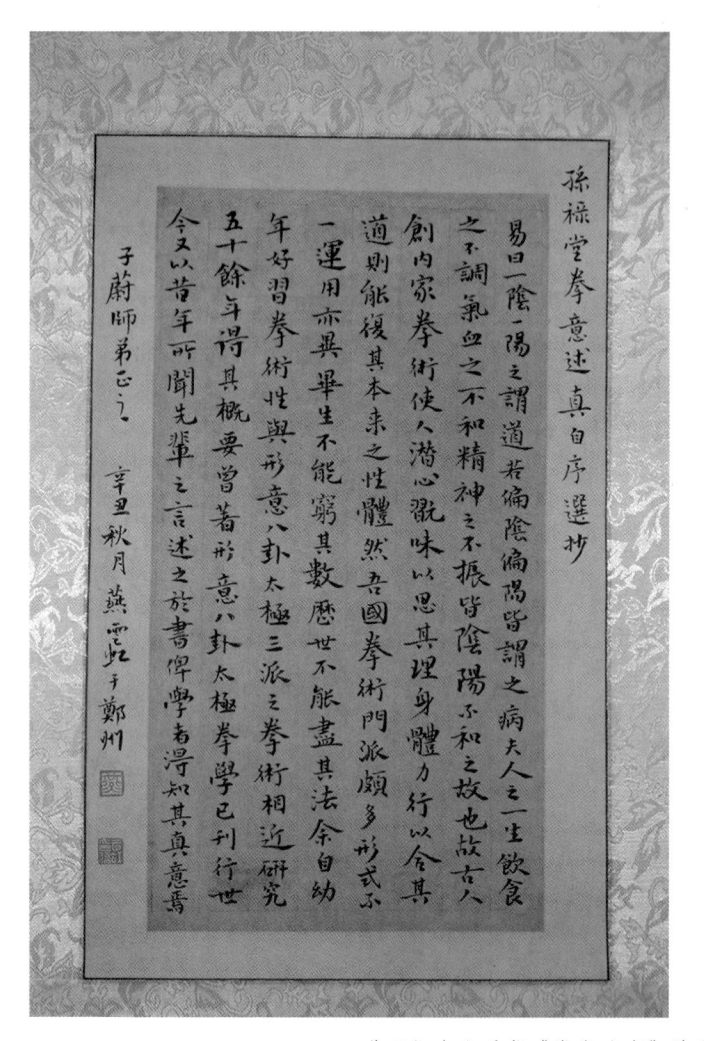

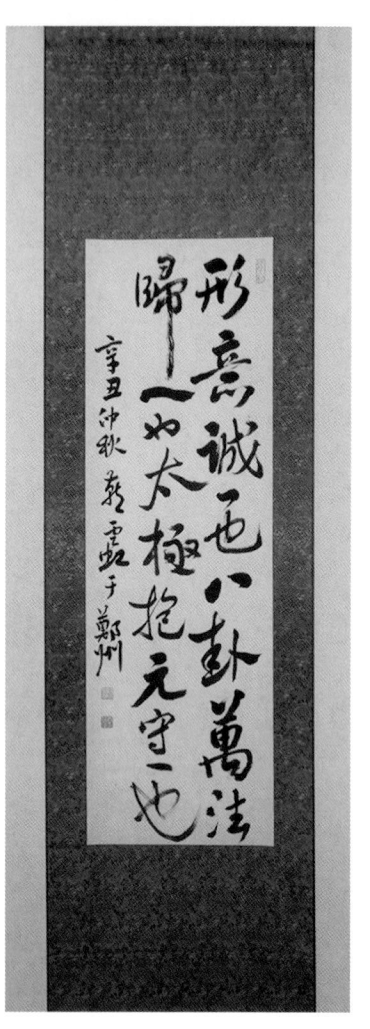

燕云虹女士手书《拳意述真》片段

注：燕云虹，女，西安交通大学硕士研究生毕业，孙氏武学第四代传人王永林先生的夫人，郑州市二七区书法家协会副主席兼秘书长，多年临池不辍，有卫夫人之风。习练孙氏武学30余载，迄无间断。书剑合一，别有风骨。

序一

余与子蔚师弟相识于20多年前。1999年国庆大典之日，子蔚来京寻找恩师孙叔容先生，费尽周折，最终还是在太平桥派出所才打听到恩师的住址。后来我听恩师说起此事，颇受感动。不久恩师寿辰，子蔚正式拜师入门，成为我的师弟。此后更发现子蔚不仅痴迷于孙氏武学，而且还勤于笔耕，有多篇佳作发表，为宣传孙氏武学做出了很大贡献。子蔚师弟对人彬彬有礼，谈吐文雅，有儒者之风。

2017年"孙叔容先生百年诞辰纪念会筹备委员会"建立后，与子蔚交流交往更为频繁。后子蔚建立了一个"孙氏武学研讨会"的微信小群，师兄弟几人相谈甚欢。谈武学，说掌故，论世情，辩风物，子蔚常有深刻而独到的见解，引人入胜。

今岁盛夏子蔚来京，以大作《孙禄堂〈拳意述真〉探微》样稿呈来，嘱余为序。余本不文，然而为子蔚四年来夙兴夜寐不辞辛劳，为弘扬孙氏武学而著成洋洋洒洒数十万言鸿篇巨制的壮举所感动，故不揣固陋，乐为之序。

子蔚此书对《拳意述真》、对孙氏武学进行了全面而深入的解读，博古论今，深入浅出，不虚美，不掩瑕，严谨求实，亦庄亦谐，实为研究孙氏武学不可多得之佳作，爱好者不宜宝之乎？

子蔚师弟是孙叔容先生门下第一个出版孙氏武学专著的人，期待子蔚和其他同门师兄弟有更多的孙氏武学专著问世，以告慰先师于天而回馈于爱好者。

韩景民
2021年9月1日于京中

注：韩景民，男，北京人，原就职于北京市西城区图书馆，因此结识同在西城区图书馆工作的孙叔容先生，工作伊始即师从孙叔容先生习艺，旋拜为门下，为孙叔容先生首徒，长于推手，京师颇负名声，曾赴开封代师授艺。2017年"孙叔容先生百年诞辰纪念会筹备委员会"成立，韩景民先生被公推为会长。

序二

师弟子蔚历时四载编就新著《孙禄堂〈拳意述真〉探微》，甚喜。付梓之际亲送样稿嘱余校对并为序。

子蔚少时多病、身体羸弱，欲通过锻炼习武实现强身之梦。进入大学后，先学鹤翔桩气功，又随聂连增先生学习杨氏太极、张氏八卦与散手技法，后找到武林一代宗师孙禄堂之孙女孙叔容先生，系统研习孙氏武学并如愿拜入孙叔容先生门下，成为孙氏武学第四代传人。

冬练三九，夏练三伏。通过几十年坚持不懈的刻苦习练，子蔚师弟现在身强体健、武艺高强。在武术专业方面成就斐然：成立了龙腾武术社授徒教拳、连续多年带领学生参加河南省和全国的传统武术大赛并取得佳绩、正式收孙门第五代传人弘扬孙氏武学等，不一一赘述。师弟不仅在习武传道上努力践行，同时还在武术理论方面很有建树，相继在武术专业杂志上发表了多篇孙氏武学文章，今又有此约65万字的《孙禄堂〈拳意述真〉探微》鸿篇巨制即将问世，实乃吾辈孙门弟子之榜样！

子蔚师弟的恩师孙叔容先生是余之师姑。这些年来，余与子蔚及其他同门师兄弟常微信联系，互通习武教拳心得，颇为投缘，往往谈至地暗天昏，不能言罢。说来也巧，去年经与杨峥、子蔚二师弟探究，证实余八卦拳老师之一聂桂增先生正是子蔚师弟杨氏太极拳和张氏八卦拳老师聂连增先生的胞弟，于是师兄弟之间更增近了情分，又多了些武术交流的话题。

子蔚新书《孙禄堂〈拳意述真〉探微》很是用心，为便于读者阅读，将内容分为了六大板块：第一、第二板块为民国初版孙禄堂《拳意述真》校后洁本笺注和孙禄堂先生5篇佚文，很适合普通武术爱好者和孙门研修者学习；第三、第四板块主要为子蔚师弟对孙氏武学的系统整理、近40年的习武心得和已发表的武学文章，并附录孙禄堂先生及子蔚的习武拳照，图文并茂，相信会对研习孙氏武学的朋友和广大的武术爱好者带来很大的启发与帮助；第五、第六板块则为民国初版孙禄堂《拳意述真》的系统校勘和其他形意拳谱的摘录，这两大板块更适合需要进一步扩大视野、深入研究孙氏武学和中国传统武术的人士阅读。

子蔚师弟为河南大学历史系毕业的高材生，学富五车、才高八斗。"笺注"旁征博引，从各类武学专著到老庄哲学、朱熹、王阳明，从曾（国藩）梁（漱溟）全集到《说文解字》《康熙字典》甚至书法方面均有涉及，对孙禄堂《拳意述真》做了非常专业、宽博并深入的解读。透过师弟子蔚的笔端，亦能将孙禄堂先生之武功、武学思想和渊博的学识清晰地展现在现代人面前。余以为子蔚师弟的《孙禄堂〈拳意述真〉探微》是了解孙禄堂先生、研修孙氏武学之饕餮盛宴，是内家拳修炼者之极具价值的参考书和工具书，值得认真阅读与收藏。此书的出版亦为孙门之幸事，对弘扬中华传统武术和孙氏武学必将产生积极而深远的影响！期待师弟不断有新的武学专著面世以飨武林同道！

河南郑州　王永林
2021年8月10日

注：王永林，男，河南郑州三槐堂王氏，孙氏武学第四代传人，尤喜技击，多有与名家高手交流之经历。永林先生自幼时即喜武术，先后从族叔祖王运海、著名武术家刘玉增先生、赵铁良先生和聂桂增先生学习形意拳、擒拿格斗、散手技击、武当太极拳、尹派和张氏八卦拳等，1985年夏，找寻到孙叔容先生学习孙氏拳。1986年经孙叔容先生的介绍和引荐，拜李慎泽先生为师，系统研修孙氏形意、八卦、太极拳学。

序三

　　《拳意述真》系我国近代著名武术大师、孙氏太极拳创始人孙禄堂先生所著五部武学著作之一，出版于1924年。

　　孙禄堂先生精内家三拳，俱受教于名师，形意拳师从李奎垣先生，实学于师祖郭云深先生，八卦拳师从程廷华先生，太极拳学自于郝为桢先生，尽得诸师之精妙，毕生研究内家拳。孙先生恐先辈之苦心弧诣久而湮没，遂著书行世。《拳意述真》一书记载内家拳各家各派的前辈小传及心得论述、形意拳谱摘要、孙禄堂先生个人练拳经验等，寓史料、武德、技艺、拳理于其中，以启后学。该书是中国传统武术不可或缺的宝贵资料。

　　《拳意述真》一书，因出版日久，市面上几近绝迹，珍藏者已不多见，不少武术爱好者辗转摘抄，欲觅原书而不可得。后恩师孙叔容先生（孙禄堂先生孙女）等以为先辈论著，创业维艰，后辈发扬，责无旁贷，自应速将书再版，便加以标点，使用规范字再加以简注，以利后学，遂于1992年通过河南海燕出版社出版了孙禄堂先生武学五部著作合集《孙禄堂武学著作大全简注》（简称：《大全简注》），其中便包括《拳意述真》。《大全简注》一书一经出版，很快脱销。为满足武术爱好者需求，恩师孙叔容先生等更正《大全简注》中的一些错误后，又增加一些简注，于2000年通过香港迷思达蕾科艺公司出版该合集，书名为《孙禄堂武学著作大全·增订本》（简称：《大全增订本》）。因《大全增订本》于中国香港出版，仅在少数地区流通，并不能在新华书店流通，不能满足武术爱好者的需求，后来该书也脱销。恩师孙叔容先生胞妹孙婉容先生，2016年于北京科学技术出版社出版了《孙禄堂武学集注》，孙禄堂先生的五本书虽为集注，但各书也可以单册发行，此是《拳意述真》出版近百年，有注释版单独首次发行。

　　为纪念恩师孙叔容先生百年诞辰，2017年，全国各地孙叔容先生的门下弟子代表商议，拟将先师孙叔容先生的生前著作编纂成《孙禄堂武学汇宗——孙叔容先生百年诞辰纪念丛书》，后来由于主客观原因，该丛书虽已编成，但并未能全数付梓出版。当时，本书作者李子蔚先生亦为该丛书编委之一，其任务是，丛书编辑完成后，负责校对其中的《拳意述真》板块。丛书虽有变数，但李子蔚先生却因该书校对工作缘起，而对《拳意述真》一书开展了自己的研究。

2021年7月，李子蔚先生带着经数年心血编著的《孙禄堂〈拳意述真〉探微》书稿（简称：《探微》）赴汴，请我这个当年丛书（一）的执行主编为其校对和作序。看着李子蔚先生洋洋洒洒数十万字的著作，感触良多。

一则为恩师孙叔容先生有一位为孙氏武学笔耕不辍的弟子而感恩。先师若在天有知，也定为欣慰！

二则为该书形式而感慨。李子蔚先生所编著的《探微》一书，《拳意述真》板块一为笺注。该书"笺注"和恩师孙叔容先生的"简注"、师姑孙婉容先生的"集注"相呼应。目前，世间只有这3个版本对《拳意述真》一书进行了注解。

三则为该书内容丰富而感奋。所著内容并非仅仅限于《拳意述真》笺注，而是分成了若干板块，每个板块都有作者的用意在。该书笺注板块内容笺注有300多条，而恩师孙叔容先生简注有105条，笺注比简注多了不少内容，《探微》是目前《拳意述真》注释最多的版本；《探微》一书又增加了孙禄堂先生过去的一些文章作为"补遗"板块，方便孙氏武学爱好者研究；《探微》一书有"妙理拾慧"板块，此乃子蔚先生学习孙禄堂先生，探辑群言，付以己意，通过十几篇论文论述自己对《拳意述真》的理解和认识，大有抛砖引玉、开启武学学术之风的良苦用心；武林之事鲜有正史，多流传于民间，子蔚先生不惜笔墨设置"闲谈"板块，让习武中人也有闲时话资，唤起世人对传武之思考；还有拳谱摘要及初版校勘板块，都是为武学爱好者研究所提供的内容。

四则为著者与本人的缘分而感念。本人与李子蔚先生，于20世纪80年代同在河南大学跟孙叔容先生学拳，子蔚先生是早期跟孙叔容老师学习过的河南大学的学生之一，1988年我们曾共同出现在一张集体合影里，但彼此不识，该年子蔚先生毕业，及至多年后才知彼此。1999年国庆，阔别11年的李子蔚先生复与恩师联系上。当年，恩师寿诞之际，李子蔚先生正式拜师，我是其引荐师兄之一，大家成了同门师兄弟。子蔚先生喜欢写作，恩师也鼓励其笔耕投稿，曾同意将李子蔚先生发表的一篇文章登载在"孙氏内家拳网站"（简称：孙网）。孙网是孙叔容先生倡办的孙氏拳门户网站，我虽为孙网站长，但孙网登载内容时，都会征得孙叔容先生同意。在恩师生前，经孙叔容先生同意，当时整个孙门弟子中，孙网登载与孙氏武学相关的文章只有两篇，其中一篇作者就是李子蔚先生。2005年恩师仙逝后至今，子蔚先生笔耕不止，又有多篇关于孙氏武学的文章问世，这也是对恩师识才最好的回报方式。2017年，为纪念恩师百年诞辰，各地孙叔容先生弟子代表成立了筹备组及编委会，我们又同在其中，并合作编辑了《孙叔容先生弟子基本信息录》。本人与李子蔚先生相识30多年，因孙氏拳结缘，至今为弘扬孙氏武学彼此痴心不改，是为缘分。

余以为《孙禄堂〈拳意述真〉探微》的出版，是广大武术爱好者、武学研究者之所求，故乐为之序。

杨峥
2021年8月31日于开封

注：杨峥，男，生于1970年，东京汴梁人氏，师从孙禄堂先生嫡孙女孙叔容先生，孙氏内家拳第四代传人，孙氏内家拳网站站长，曾任孙禄堂武学研究中心常务理事及技术理论部负责人、开封市孙氏拳研究会秘书长（孙叔容先生将晚年所著《孙氏太极拳技击》初稿，连同多年习武笔记，赠予杨峥先生，嘱其研究，希望日后代师编著出版）。

杨峥先生醉心武学，复将孙氏武学之技术与现代医学相结合，形成了自己的技击风格，喜与同道交流。

杨峥先生乐于慈善，创建有"开封市（爱心之家）志愿者协会"服务社会。

序四

今年暑期李子蔚先生微信跟我联系，告知他编著的旨在介绍宣传孙氏武学的《孙禄堂〈拳意述真〉探微》一书已编写完成，并准备来京送样稿请我为之作序。

李子蔚先生以前来京学艺，后来在一些孙门重大活动期间我们多有相遇，我也曾经在一些武术杂志上拜读过李子蔚先生关于孙氏武学的文章，近些年在微信上时有交流，知道他多年来坚持练习孙氏拳、潜心研究拳理拳史，颇有心得，跟他的交流让我很有收获。这次李子蔚先生还特意从三门峡到北京，亲自把《孙禄堂〈拳意述真〉探微》书稿送到了我手里。在我单位，他详细介绍了写作该书的基本构思与大致轮廓。当我打开这本近40万字的巨著，看到他多年来搜集的大量孙氏武学的史料、注释及20多篇文章时，我感到非常震惊，并由衷佩服——李子蔚先生多年来所付出的心血之多可想而知。

我们一起畅谈交流孙氏武学，从《孙禄堂〈拳意述真〉探微》很自然地谈到我们的恩师孙叔容先生，追忆恩师对我们的教诲。当前武术界涌现出大批的武术名师、大师及宗师，但是，在我们内心给孙老师定义是"良师"、是"益友"。因为她从不以先辈作为自己炫耀的资本，这一点正是最难能可贵的品质。在先前数十年大家为孙氏武学的继承发扬深感担忧之时，是以孙叔容老师等为主的一代人站了出来，担当起这个历史重任。他们不辞辛劳，广传弟子；不顾年迈，撰写文章、出版书籍；亲自示范、录制孙氏拳教学录像等，极尽所能地弘扬孙氏武学。孙老师对出版的书籍要求非常严谨，苛刻到容不得任何差错。当发现书中错误时，必定把手中所有的书都逐字改正。我手里就有当年孙老师的签字赠书，书中每个错字都经孙老师亲笔标注改正，这种严谨的精神在当今实不多见。当年我每周末去政协礼堂前广场跟孙老师学拳，每次练完拳告别时，孙老师总是说："回去看书，以书为准。"足以说明孙老师对于孙禄堂先生的五部巨著的尊敬和重视。孙老师等重新整理编辑出版的孙禄堂的武学著作因此显得更为经典和珍贵，为后学者修习孙氏武学提供了更加便利的条件。

在仔细阅读了李子蔚先生《孙禄堂〈拳意述真〉探微》书稿后，感觉这本书在继承孙氏武学的基础上，在理论研究方面有了进一步发展（郑军先生谬赞了。拙作本于"述而不作"之意，焉敢言有所"发展"——著者注）。《孙禄堂〈拳意述真〉探微》一书的出版发行，应当能够有利于孙氏武学的进一步发扬光大，也应该会成为广大武术爱好者的福音。

郑军

2021年9月5日于北京

注：郑军，男，1963年生于北京，孙氏武学第四代传人，北京信息科技大学机电工程学院副院长、高级工程师。

自幼爱好体育活动，中学时随学校管瑞年老师学习十路弹腿、子母拳、九节鞭等少林功力门套路，1985年学习梅花桩，1994年跟八卦掌第五代传人胡湘根老师系统学习梁氏八卦掌功法及拳械套路，同年胡湘根老师介绍去孙叔容老师处学习孙氏拳，并于1998年正式拜孙叔容先生为师，系统研修孙氏武学。

序五

7月中旬，子蔚兄打来电话，告知他编著的《孙禄堂〈拳意述真〉探微》一书即将付梓，并属我为序。闻之，我既十分欣喜，又深感诚惶诚恐。推托再三，但子蔚兄反复劝说，我只得应承了下来。

之所以不自量力，应承下子蔚兄所托，主要有以下几个方面的原因。

首先，需要"坦白"一下我和子蔚兄的"私情"。子蔚兄毕业于河南大学，习练孙氏武学也始于河南大学，而我则是在河南大学读的研究生，子蔚兄是我"根正苗红"的学长、师兄。从工作上讲，我是三门峡市武术协会的负责人，而子蔚兄是三门峡市武术协会孙氏武学研究会的负责人。如今子蔚兄有所托，我焉能又焉敢不从？

其次，也更为重要的是，子蔚兄这本《孙禄堂〈拳意述真〉探微》之问世，不仅对自己，对孙派武学，而且对我而言，实有巨大之意义。

大概是出身于历史专业的缘故，我对文献资料在文化传承和发展过程中所起到的巨大作用和具有的深刻意义，是有着较为深刻的认识和理解的。所以，早在20年前我初涉"江湖"的时候，就开始有意地去挖掘和搜集我市历史上的武术文献资料。以我的想法，三门峡地区作为中华文明的重要发祥地，作为中国古代长期的政治、经济、文化核心区，有着十分悠久的武术发展史和丰厚的武术文化资源，理应能保留和传承下来一些文献资料的。可是经过多年的多方探求，最终却一无所获，我只能是"徒唤奈何"。为此，在与我市的武术爱好者交流时，我曾多次提出，希望我市的武术工作者在继承和传播武术文化的同时，能够积极地整理、创作并出版一些武术著作来，这也是我们自己的责任和义务。"正人者先正己"，在闲暇之余，我也曾尝试着去将自己关于武术的一些认识和心得写下来，然而知易行难，一来自己水平和能力有限，二来生性疏懒，再加上一些客观因素，虽说最终也零敲碎打地写了几行文字，可自己看着都感觉羞于出手示众，更不用说编缀成册请方家斧正了。

前些年，我省计划出版《河南省武术志》，作为其中"三门峡卷"的撰写人，我有幸成为这项宏伟文化工程的参与者。《河南省武术志》中有一项重要内容，就是统计和记载截至2014年前出版的各地区的武术著作。可惜的是，当时三门峡地区没有收集到一册符合要求的相关著作，最后只好交了"白卷"。作为三门峡武术界的一分子和三门峡市武术协会的负责人，我深为我市失去了这次宝贵的机会而遗憾，更为自己的疏懒懈怠而感到后悔。如今，子蔚兄之作问世，填补了三门峡武术史上武术理论建设领域的空白，对于三门峡武术文化事业的发展具有深远的意义与影响，也了了我心中多年的一桩夙愿，于情于理，于公于私，都应为子蔚兄贺！

稍后收到了子蔚兄送来的书稿，细读之下，不禁更为其匠心而叹服。

说起孙氏武学，我可以说是知之甚久，又知之甚少。说知之甚久，是因为我刚刚师从恩师樊云庆习练武术时就接触到了孙氏武学。当时樊老师教我练习太极拳竞赛套路和长拳时，同时教我的一个师兄和师弟练习形意拳。教学之余，就多次给我们讲述过孙禄堂先生的事迹和孙氏武学。我当时也想习练形意拳，但樊老师告诫我"贪多嚼不烂"，我也只好作罢。

真正接触孙氏武学，则是在认识洪浩兄之后。洪浩兄一是给我讲了很多孙叔容先生在河南大学授拳的事迹以及他自己习练孙式太极拳的感悟；二是教了我一些孙式太极拳技法；三是我从他那里借到了孙叔容先生编著的《孙禄堂武学著作大全·增订本》一书，这是我第一次比较全面地了解孙氏武学。但是当时我对《孙禄堂武学著作大全·增订本》读得却甚为草草，一来自己也确实没有下功夫去仔细研读；二来其中一些内容，尤其是《八卦拳学》，对于当时对易学了解甚少的我来说，读起来简直如同天书一般，看都看不明白，更遑论有什么深刻理解了。

再后来，某年到云梦山参加一个培训，机缘巧合，我与张新明兄同住一室。新明兄乃孙氏武学名家，但之前我也是只闻其名、不识其面，这次同室而居，"入宝山岂可空手而归"，于是便向新明兄多方求教。新明兄也是知无不言、言无不尽，并手把手对我的一些错误进行了矫正。一夕长谈，使我对孙氏武学的认识和理解更上一层楼，至今思之，尤觉春风拂面、心意难平。

到了读研期间，师弟文声国主攻孙氏武学，平日里我们多有交流。为了促进孙氏武学在我市的传播，在草拟三门峡市第8届运动会武术竞赛规程之时，我就把孙式太极拳竞赛套路作为一个比赛单项列了出来。为此，我还抽时间教了我市的一些武术爱好者习练该套路。教学相长，通过教学，我对孙氏武学尤其是孙氏太极拳的特点和风格认识和理解得更加清晰明了。从那以后，我习练孙式太极拳就更为频繁起来。然而，虽然对孙氏武学涉猎日深，但我对孙氏武学的圭臬之作《拳意述真》的研读却未有多少进展，即使后来专门购置了一册，也只是在闲暇之余翻了数页，便又束之高阁了。

得子蔚兄之书稿，时值暑假，又逢新冠肺炎疫情，不便四处游荡，且"重任"在肩，往常也难得有这样的机缘，于是便安下心来，将子蔚兄所送之样稿认真地拜读了一番。

子蔚兄此书共分为六个板块，分别是：

（1）"《拳意述真》初版'校后洁本'标点笺注"。这是著者对校勘后的《拳意述真》简化字文本进行的注解，并重新加标点、分段落，而且用不同字号和字体明确将"经文"和"传文"区分开。通过"笺注"，著者将自己对《拳意述真》的理解和心得和盘托出——熟知历史的人深有体会，对经典作笺注实是件不容易的事。它不仅需要作注者对经典本身进行反复地研读和有着深刻的理解，更需要花费大量的时间和心血对搜集的相关资料进行完善和补充，完成之后还不一定能够得到肯定与认可，实在是极出力、极琐碎、极花功夫又不见得能落好的事。故此，且不论本书其他板块的内容与价值，窃以为只此一个板块就足以独立成书了。

（2）"《拳意述真》补遗"。这一部分一共收录了孙禄堂先生所著的《〈八卦拳学〉原序》《论拳术内家外家之别》《拳术述闻》《国术源流之管见》《详论形意八卦太极之原理》5篇文章。既然名为"补遗"，自然这5篇文章是不见于《拳意述真》一书的。通过阅读这5篇文章，我们对孙禄堂先生的武学思想和《拳意述真》一书自然可以获得更为全面和深刻的理解。然而，更为难得的是，著者不仅仅是只将这5篇文章补了进来，而且还对每篇文章同样都进行了点校，并加了"段落大意"和"笺注"。子蔚兄之精心、匠心，可窥一斑矣！

（3）《拳意述真》妙理拾慧——孙氏武学"十五要论"。这一部分共16篇文章（其中第一篇为"绪论"），在其中作者对孙氏武学中"太极一气""内劲""中和""道艺"等15个要论分别进行了详尽地阐述。这是子蔚兄多年习练和研究孙氏武学的心血结晶，其中不乏真知灼见，引人深思者良多。这也是近年来我所见到的最为系统的研究孙氏武学的系列性文章。"他山之石，可以攻玉"，读之，我想不仅对于习练孙氏武学之人，对于其他广大武术爱好者都是大有裨益的。

（4）"《拳意述真》闲谈"。这一部分共9篇文章，作者以"闲谈"的形式对《拳意述真》中的部分内容进行了补充说明，对某些存在争议的问题进行了考证和阐述。子蔚兄虽以"闲谈"名之，但以我观之，子蔚兄却无闲笔，对于每一个问题皆是在做了大量而详尽的考证之后才诉诸笔墨的，从此不难看出子蔚兄治学之严谨、著述之精微，虽为一家之言，可以为史矣！

（5）"《拳意述真》初版校勘"。这一部分是将《拳意述真》初版原貌及校勘处呈现给读者，以便读者能够更好地与本书的第一个板块部分进行比较阅读，同时也便于读者更好地理解《拳意述真》一书的出版与校勘概况。著者对初版

《拳意述真》存在的错误进行详细校勘，误字正之，遗字补之，衍字删之，从而使《拳意述真》一书的内容得以最大限度地"还原"为孙禄堂先生书稿的原貌，极大方便了爱好者的研读。

（6）"其他形意拳谱摘录"。这一部分摘录了6篇其他名家关于形意拳的论述，我们可以将《拳意述真》中有关内容与之相互印证启发，从而对孙氏武学的理解起到事半功倍之效。

综而言之，子蔚兄之作，对《拳意述真》这本武学经典进行了前所未有的探研与阐释，是今人与古人进行的一次成功的交流与对话，其著述之精、内容之博、考证之密，不愧其"探微"之名，实是近年来孙氏武学理论研究著述之翘楚。闻子蔚兄言，此书从编撰至今，已历四载，此中之艰辛，恐非他人所能想象。宋横渠先生张载有言：有志者当"为天地立心，为生民立命，为往圣继绝学，为万世开太平"，子蔚兄可谓"继往圣绝学"者也。借此方寸，为子蔚兄贺！为我市武术事业贺！为孙氏武学贺！更为我泱泱华夏贺！

是以为序。

侯东罡
2021年8月于绮泉斋

注：侯东罡，男，河南三门峡人，河南大学民族传统体育专业（即武术专业）全日制研究生毕业，硕士学位，《河南省武术志·三门峡卷》主笔，现任三门峡市武术协会主席。

"探微"自序

——追念恩师孙叔容先生

30多年前的甲子之岁，我怀着对未来的无限憧憬，拖着羸弱之躯，走进了曾经的中州第一高等学府——河南大学的校门。

多病之躯是拖累我难以获得更好成绩的主要原因，即使到了大学，体质仍然没能有所改变。哪怕是从高中到大学，一直一个人坚持长跑，也似乎无法改变自己的体质。大一暑期留下护校，曾去过开封的某武馆想圆习武强身之梦，但30块钱的昂贵学费最终还是让我"望洋兴叹"。

大二上学期元旦时节发生了一次休克，逼得我"病急乱投医"，抱着试试看的心态，我咬着牙交了四块钱学费去跟一位老者在贡院（河南大学办公大楼旁，现已不存）前学习鹤翔桩气功。没想到，一个月后，效果显现，精神状态大为好转；三个月后，脱胎换骨，诸病不药而愈。由此我也终于知道了什么叫青春气息，什么是朝气蓬勃。

在此期间，看到《少林武术》杂志（《少林与太极》杂志的前身）上有一篇名为《春兰兮秋菊　长无绝兮终古》的文章，介绍的是清末民初一代武学宗师孙禄堂先生之孙女孙叔容先生的事迹。我本就对武林之事感兴趣，知道孙禄堂先生之名及其在民国武林中的崇高地位，习孙家拳法是我渴望达成的目标，因此几次在周末早上去各个公园寻找教拳的孙叔容先生，可惜一直寻找无果。在寻找孙叔容先生的过程中，我注意到了在我们历史系七号楼前义务教杨氏太极的外语系日语教授聂连增先生，决定先随聂先生练着。

聂先生祖籍山东烟台，祖父为天津名流，父亲为天津地方政府官员（后为国民革命军将领，在抗战中为国捐躯），因家世显赫，自幼酷爱武术的聂连增先生得以亲承太极名家杨澄甫和八卦形意名家张占奎两位大师的教诲。这样，我随聂先生练了一年的杨氏太极拳和张氏八卦拳，并学习了一些实用散手技法和杨氏太极打手。随聂先生习武的整整一年时间里，我风雨无阻，坚持刻苦练习。遇雨雪天，聂先生和其他同学不能去，我就一个人在六号楼的门廊下练拳。正当聂先生破例要教我杜心五亲传的自然门功夫时（此前大家都不知聂先生还会"自然拳"。去年杨峥师兄在聂先生弟弟处拍下了万籁声先生在赠书上的长篇留言，证实聂先生确系杜心五先生亲传弟子），1987年4月11日晨，我终于在河南大学南门外的"四方坑"找到了孙叔容先生！我向孙叔容先生说明了想学孙氏拳的愿望，先生同意了我的请求，并嘱咐我一定要得到聂先生的允准。

第二天早上，我又一次早早来到聂先生的"道场"。聂先生来到后，我诚惶诚恐地把我的想法告诉了聂先生。我知道聂先生肯定十分不舍（而且现在通过读聂先生之子的纪念文章，知道聂先生一辈子没有正式收过徒弟，因此知道聂先生实际上是要传我"衣钵"。可当时我并没有意识到这一点，竟然在聂先生刚对我说过要传我自然门功夫不足一个星期就选择离开，感觉实在对不起聂先生。尤其是近年来，每每想起此事，心中总是惴惴不安。虽然常以"做事情必有所取舍"为由自我安慰，但实际上说服不了自己。如今旧事重提，把它写出来，也是为了减轻自己心里的负罪感）。尽管聂先生极为震惊和不舍，但最终还是同意了我的"无理"请求，并嘱咐我好好随孙叔容先生练孙家拳，尤其是形意拳。就这样，在随聂先生练拳整整一年后，我投到了孙叔容先生门下。

在先生门下，前三个月是学习孙式太极拳和站三体式，第四个月先生开始教我劈拳。本来按先生要求，劈拳要练三个月，但练了两个多月的时候，合肥的祖雅宜师姑来开封，见我一直一个人在默默地反复操练劈拳，便主动走过来教了我崩拳的练法。

时间过得很快，转眼一年零三个月时间过去，我迎来了毕业时分。我随先生习武主攻孙氏形意拳，在毕业前，勉强学完了五行拳（在先生教其他师兄弟八卦拳时，也"偷偷"学了孙氏八卦拳）。在我毕业前的最后几天，先生指定魏戎师兄教我五行连环拳。学会后，我一气要练30遍才稍事休息（"休息"的方式就是先生教的自由转折式——类似于"飞九宫"的一种散步放松方式，这也是几十年来一直坚持的习武练功过程中的休息放松方式）。此时练功点已经由"四方坑"移至河南大学礼堂左前方的花坛内，且先生此时收了许多新学员，陆江河师兄便以我反复长时间练形意拳却心不慌、气不喘为例，告诉新学员内家拳与外家拳的不同（陆师兄本人原来曾练过多种外家拳套路且功力颇深）。接着，陆师兄主动利用这一个早上剩下的时间教会了我十二形中的龙、虎、马、鼍、蛇、鲐、鹰、熊八形（此八形为单式，且早已耳濡目染，故学起来相对比较轻松。其他猴、鸡、燕、鹞四形是小套路，自然陆师兄没必要白费工夫）。

毕业前夕，我和同窗好友王耀亭（也和我一起随先生练过孙氏太极拳）一同去河南大学教授楼拜望孙叔容先生和华锺彦先生。先生以半带责备半带惋惜的口吻对我说："你怎么不早点来学呢？现在刚刚入门就要毕业离开了！如果学习4年，可以学到不少东西了，功夫也应该练得有一定火候了。"

听了先生的话，我的心里是五味杂陈。有激动，但更多的是后悔，连肠子都悔青了。我一直觉得自己天生愚钝，用功又不够，能跟随先生学习过正宗的孙氏内家武学，已经是我天大的福分了，能练到什么程度我从不敢奢望。先生说我练功1年已经算功夫入门了，这是我万万想不到的。因为听先生几次说起过，某某练功两年才入门，某某练功3年才入门，只有一个弟子，先生说他练功1年便入了门，而这位弟子却不幸在游泳时呛水身亡，先生难过得3天没有到练功场。如今听先生这么说，我知道，更多的是对我的鼓励和认可，并非我真的功夫入门了。本来我以为自己不过是先生的一个极不起眼普通的门生而已，没有想到先生会这么看重我，我真的很激动。但随之而来的是无尽的后悔。后悔本来可以选择留在开封的，自己在填报分配志愿时却放弃这样大好的机会，从而也就失去了长期跟在先生身边系统深造孙氏武学的机会。

大学毕业后，无论工作、生活多么忙碌、多么艰辛，我记住了先生的话，不敢懈怠，更不敢放弃钟爱的孙氏武学。无数次地梦回开封，回到先生的身边。后来我回到开封，却听说先生已回到北京。当时由于经济条件所限，没能去北京拜望先生。然而事实却是，在华先生逝世后，先生料理完丧事，又回到了开封，在开封生活了8年，直到1996年才返回北京居住。但对这一切我茫然无知，只是数千次地梦回开封，回开封去见恩师（当然绝大部分梦境中都没能见到一心想见的恩师孙叔容先生）。而反复出现梦境对我实在是一个幸福的"折磨"。1999年，当我在杂志上看到先生的照片，看到文中提到先生曾在北京月坛公园授艺的消息后，我再也忍不住了，终于决定去北京寻找恩师。

1999年国庆大典之日清晨，我终于来到了北京。到月坛公园，我并没有找到先生。提着家乡的土特产，还有在火车上认识的一个从新疆回东北探亲的年轻士兵转赠给先生的一箱库尔勒香梨，我步行打听寻找了6个小时，直到下午两点，终于在太平桥派出所打听到了先生的地址。下午两点半，终于敲响了恩师的家门。

11年过去，先生已经银发如雪，但还能叫上我的名字，令我激动不已。这次找到先生，我在北京住了半个月，每天的三餐都是在先生家里吃，先生不允许我在外面吃饭。

从北京返回，我又按先生的嘱咐，到开封去找了先生的弟子杨峥、张君意、时海军等人。在君意师兄家相聚时，在场的有杨峥、时海军、李延龙、魏戎、马胜利、王根群、张向前等人，他们都是从十几岁或20岁左右便追随孙叔容先生，是先生弟子中的"生力军"。

一个月后适逢先生寿辰，我与开封多位师兄相约赴京，并在诸位师兄做"引荐人"的情况下，如愿以偿地拜入先生的门下，正式成为先生的入室弟子，孙氏武学第四代传人。其实我并不如何看重这个"名分"，我所看重的，是我与先生的缘分，那种难以割舍的师生缘、母子缘。

此后每次去北京，我往往一呆就是十天半月，最少也要一周，而我，从来没有在北京的饭馆里自己吃过一顿饭，除了拜师宴和程茂祯师兄请开封来的师兄们和我一起吃的一顿饺子宴外，饭都是在先生家吃的。

先生义务教我们练拳，还要管我们一日三餐。如果是女弟子来了（包括我妻子随我到北京看望先生），连住宿都是在先生狭小的家中。先生在尽可能地为我们省下每一分钱。

先生是名门之后，又长期生活在大都市，对我们这些普通人家的孩子，却像一位慈母般关心爱护，视弟子如己出。这天高地厚之恩，除了竭尽全力传承孙氏武学，我们实在无以为报。

我虽然资质愚钝，先天条件也不好，倒是好动动脑筋。先生喜欢给弟子起外号，送了我一个似乎不太好听的外号——"瞎琢磨"。我也没"辜负"这个外号，"瞎琢磨"出几篇文章来。而这些文章交给先生后，几乎都是一字不改地由程茂祯师兄转给了《武魂》杂志社发表。只有那篇在网上被广泛转载的《孙禄堂"三拳合一"论研究》（原名《孙禄堂"三拳合一"论之我识》，收入本书时更名为《孙氏武学"三拳合一"论》），先生对正文只字未改，只是把篇首介绍孙禄堂先生的文字删去，把篇名由"我识"改成了"研究"。虽是先生亲笔所改，我实在诚惶诚恐，只是"瞎琢磨"了一番，哪敢妄称"研究"？

后来先生驾鹤西去，我悲痛万分，而自己的功夫一直没有实质性的突进，深感愧对恩师，因此多年来一方面勤苦练功，并向同门师兄们请益交流，得到了陆江河、李延龙、杨峥、张君意、韩京民、李连科、郑军、魏戎、张新明等的无私帮助；另一方面继续努力钻研孙禄堂先生的五部著作，希望有所突破，后来终于一旦豁然开悟，于是一发而不可收，相继写出了《孙禄堂武学之"四象"学研究》《孙式太极拳"开合"论》《孙式太极拳的十九种"架子"》《孙式太极拳中的"形意拳"》《孙式太极"八法"述要》（上下篇）等孙氏武学文章（这些主要是太极拳方面的），发表在《少林与太极》杂志上。

为纪念恩师孙叔容先生百年诞辰，2017年春夏之交，全国各地先生门下弟子共议，将先生的生前著述编纂成《孙禄堂武学汇宗》一书刊行（此书名也是著者提出来并得到编委会全体成员一致认可的）。我因此承担了《孙禄堂武学全书简注》之《拳意述真》板块的校订工作，这项工作促使我更加深入细致地去研究《拳意述真》、研究孙氏武学，几年来相继写出20多篇介绍孙氏武学与《拳意述真》的系列文章，这些文章基本都已经在《少林与太极》和《武当》杂志上刊出。著者把这些文章重新整理编排，再加上对民国初版《拳意述真》的校勘，对校后洁本及孙禄堂先生佚文进行的笺注，将这些内容整合在一起，并附以其他形意拳谱的摘录，于是就有了这部《孙禄堂〈拳意述真〉探微》的问世。

余本不才，识见浅陋，兹本"述而不作"之意，勉为其难，从2017—2021年，历时四载，草就斯编。此余所以回报恩师孙叔容先生于万一者也！

李子蔚
辛丑暮春之月
于古栗俯仰斋

著者微信二维码

著者QQ：
1724972450

联系请发：
SSWX+地市名+个人姓名
（如：SSWX商丘李子蔚）

前　言

2017年春夏之交，开封、北京、沈阳和全国各地的孙叔容先生弟子决定在2018年11月中旬孙叔容先生百年诞辰之际，举行隆重的纪念活动，并为此成立了"孙叔容先生百年诞辰纪念会筹备委员会"，著者是12位筹委之一。筹委会之下又成立了"孙叔容先生著述编委会"，决定将孙叔容先生生前出版、发表的著作、论文整理汇编，结集为《孙禄堂武学汇宗》刊行。著者同时也是编委之一，承担《拳意述真》的校勘工作。

后来由于种种主客观原因，编委会的目标并没有完全达成。然而著者的研究工作并没有因此而停止。此前虽然反复多次研读《拳意述真》，但都是以读恩师的《孙禄堂武学著作大全·增订本》中的《拳意述真》为主，对中国书店影印的民国版本《拳意述真》虽然看过几次，但并没有深入细致地研究，虽然也曾发现民国版本的某些错误之处，但发现的并不多。然而由于这次的机缘，著者不得不对民国原版《拳意述真》进行逐字逐句地分析研究，结果发现，民国版本在排版印刷过程中存在太多的问题。当然，其中的大部分问题在恩师的《孙禄堂武学著作大全简注》和《孙禄堂武学著作大全·增订本》中都已得到更正，但仍然有些错误还没来得及修正。甚至在"简注""增订本"排版过程中又出现许多新的问题，如文字错误、遗漏与标点符号位置错误等问题。

本来著者承担的任务只是基于对恩师《孙禄堂武学著作大全·增订本》之《拳意述真》板块的勘误，结果演变成了对民国初版《拳意述真》的系统点校勘误（后来研究发现，著者手头的中国书店《拳意述真》影印本，其中有脱字及脱字新补现象，从而断定它其实是民国初版的第二次印刷，也就是所谓的"第二版"。但为方便起见，仍称之为"初版"），包括加标点、分段落、厘定误字、补充遗字、删除衍字，并为三十九则诸前辈的"述真之言"分别加上了小标题。

由于既定工作没能继续进行下去，著者遂决定自行完成这项工作。在完成初步点校后，又在恩师"简注"的基础上，重新对《拳意述真》一书系统作注。由于著者所作注释并不仅仅限于对字词意思的解释，而是包含了对词句出处及其文化内涵的说明，因此解释说明的篇幅往往较长，属于便条式注解，姑妄称之为"笺注"。

著者之"笺注"是针对校勘后的《拳意述真》简化字文本进行的，包括加上标点，重新划分段落，并对核心内容的第四、第五、第六、第八章中每段文字附上"段落大意"。校勘部分则是对原书扫描图片上的文字直接进行校勘，标注第几行、第几字或第几行倒数第几字，是属于"误字（语误）""衍字"还是"遗字"。

虽然"洁本"适宜于绝大部分爱好者和研究者，但并不能因此而废掉"校勘"板块。因为著者无法保证自己的校勘都是准确无误的，主观臆断之处必在所难免。因此著者将"校勘"独立为一个板块予以保留。而这一板块又专业性较强，恐怕绝大部分爱好者都对这一板块不感兴趣，不会去研究版本与文字本身的问题。因此著者将本该放在第一板块的"《拳意述真》初版校勘"，后置为第五板块，留给愿意深入研究孙氏武学理论的人士去进一步考辨，纠正著者的不当乃至荒谬之处（著者安敢妄言自己的校勘一定正确无误？一字之差，拳理拳意可能大不相同甚至大相径庭矣）。

这样，"《拳意述真》初版'校后洁本'标点笺注"便"顺理成章"地被前置为第一板块。

著者又对所搜集整理的孙禄堂先生5篇"佚文"进行了点校并作了"笺注"，以此作为第二板块，即所谓"《拳意述真》补遗"。

随着研究的不断深入，著者在"笺注"初稿的基础上，又以孙禄堂先生的《拳意述真》为基础，结合《形意拳学》《八卦拳学》《太极拳学》《八卦剑学》及孙禄堂先生的5篇"佚文"，从中提炼出了孙禄堂先生关于孙氏武学的一些重要理论阐述，分别独立出来，草成十数篇，再加上之前所发表的《孙禄堂"三拳合一"论研究》《孙禄堂武学之"四象"学研究》（收入本书时改了篇名，并增补修订了部分内容），这就有了"《拳意述真》妙理拾慧"板块中的"绪论"和所谓的"孙氏武学'十五要论'"。这一部分是著者本"述而不作"之意，对孙氏武学的理论进行了初步的整理，使之向系统化、明晰化的方向发展。这也是著者耗费心力最多、着墨最为浓重的地方。虽不尽如人意，但对爱好者或有所启发焉。此为本书的第三板块。

在研究过程中，著者又多有感触，于是又有"《拳意述真》闲谈"系列文章9篇草成。这是本书的第四板块。

为了进一步扩大爱好者的视野，并能更好地理解孙氏武学理论，本着"他山之石，可以攻玉"的主旨，著者又摘录了李存义、刘殿琛、宝显庭三位先生的形意拳拳谱和三个心意拳名篇，这就有了第六板块——"其他形意拳谱摘录"。此板块不再作注，只以"子蔚曰"的形式对各篇及其相关重点内容加以简单的补充说明。其中的"六合拳谱原序""岳武穆'九要'论""曹继武先生'十法'摘要"三个心意（形意）名篇，系著者以"李存义本"为底本，参以他本校勘而成的洁本，不再保留校勘痕迹。

也就是说，本书基本内容共分为六大"板块"，它们分别是：

第一板块：《拳意述真》初版"校后洁本"标点笺注（本书著者作注300多条）

第二板块：《拳意述真》补遗（孙禄堂先生佚文5篇，本书著者作注73条）

第三板块：《拳意述真》妙理拾慧——孙氏武学"十五要论"（本书著者论文16篇）

第四板块：《拳意述真》闲谈（本书著者杂文9篇）

第五板块：《拳意述真》初版校勘（著者勘误增删400余处，其中注300多处）

第六板块：其他形意拳谱摘录（清代与民国拳谱六"篇"，"子蔚曰"38处）

著者在编著本书过程中主要参考了孙禄堂先生的《形意拳学》《八卦拳学》《太极拳学》《八卦剑学》四部武学专著和《〈八卦拳学〉原序》《论拳术内家外家之别》《国术源流之管见》《拳术述闻》《详论形意八卦太极之原理》等武学论文，还有恩师孙叔容先生的《孙禄堂武学著作大全简注》《孙禄堂武学著作大全·增订本》，师姑孙婉容先生的《孙禄堂武学集注》。另外，董秀升、李存义先生的《岳氏意拳五行精义》《岳氏意拳十二形精义》，刘殿琛先生的《形意拳术抉微》，姜容樵先生的《形意杂式捶》《形意母拳》，宝鼎先生的《形意拳谱》，李剑秋先生的《形意拳术》，张占魁先生的《形意武术教科书》，曹锺升先生的《曹氏八卦掌谱》，任致诚先生的《阴阳八盘掌》，宋书铭先生的《太极功源流支派论》，杨澄甫先生的《太极拳体用全书》，杜元化先生的《太极拳正宗》，姚馥春、姜容樵先生的《太极拳讲义》，吴志清先生的《太极正宗》，金恩忠先生的《国术名人录》等民国时期武术家们的形意、八卦、太极三拳方面的武学书籍也是著者在编著本书之前就已阅读过的重要参考资料。

在传统文化训注方面，著者参阅了"五经"（《诗经》《尚书》《周易》《礼记》《春秋》）、《四书章句集注》（《大学章句》《中庸章句》《论语集注》《孟子集注》）、《老子校注》《庄子集解》《黄帝内经》《传习录》（王阳明）等著作。在气功方面又参阅了《大成捷要》《周易阐真》《周易参同契》等许多丹经。在工具书方面，《说文解字》《康熙字典》常置案头，随时备查。

另外，许多现代武术家在形意、八卦、太极方面的武术著述也是拙著的重要参考资料，在此不再一一列举。

本书在长达四年多的编著过程中，得到师兄杨峥先生、王永林先生的鼎力相助！他们不仅经常与著者一起探讨诸多理论问题、技术问题、字词问题乃至史实问题，而且承担了书稿编写过程中的审校工作。对杨峥师兄、王永林师兄的无私帮助，著者在此致以深深的谢意！

凡　例

由于本书内容繁多而庞杂，为条理起见，编著者（以下简称"著者"）在本书中使用了多种字体、多种括号，对其使用规则需加以说明。

一、关于字体的使用

本书主要使用的字体有七种，即宋体、仿宋体、楷体、新魏体、黑体、启体以及"斜体字"。偶有使用隶体——笺注中全文引用拳经、传记、碑文等时。

（一）新魏体字：本书序言标题，第一板块序言标题及其各章、各节标题，第二、第三、第四、第六板块中的各篇章标题，以及第一、第二板块的"笺注"二字，统一使用"新魏体"字（新魏体）。

（二）黑体字：第一板块"述诸先生言"下每则的小标题，第三、第四、第六板块的小标题统一使用"黑体"字（**黑体**）。

需要说明的是，第一板块"述诸先生言"下每则黑体字小标题（如："**形意拳术三层呼吸论**"）为著者所加，目的是方便爱好者一看标题便知此则"真言"的主题是什么。有些小标题也许并不能完全概括该则"真言"所表达的多重内涵，但核心内容应该大致凸显出来了。

（三）宋体字：所有正文部分统一使用"宋体"字（宋体）。第五板块勘误文字亦为宋体字。

（四）仿宋体字：第一板块"述诸先生言"中，孙禄堂先生所作的注解或引用的文字（分别简称注文、引文），第二、第三、第四、第六板块中著者在正文内所加括号内的注释文字，统一使用"仿宋体"字（仿宋体）。

其中第一板块正文内附加的仿宋体文字，有的是孙禄堂先生对个别字词或对一句话或对一段话所加的"注文"；仿宋体文字中以"《拳经》云""《拳经》谓之""丹书云""《老子》云""《庄子》云""《孟子》云""《中庸》云"等开头的文字，为孙禄堂先生直接引用儒道释等经典，以佐证各位前辈所言道理的"引文"。

（五）楷体字：第一、第二板块所作的笺注文字，统一使用"楷体"字（楷体），但需要注解的文字本身仍采用宋体字。

（六）启体字：著者在第一、第二板块每一自然段后所添加的"段落大意"统一使用"启体"字（启体）。第六板块的"子蔚曰"亦使用启体字。启体字是以现代书法大家启功先生的字体为基础新创的印刷字体。

这类文字分别独立成行，为著者对所分出的各个自然段所做的解析说明文字，相当于语文学习中的"段落大意"，以便于爱好者更好地理解和接受。第一板块中启体"段落大意"共一万余字。

（七）"斜体"字：第二、第六板块中，民国原版书刊中出现的错别字与衍字，用加斜的宋体或仿宋体字标识，并分别用中括号、大括号括住。

二、关于括号的使用

本书使用的括号主要有5种：大括号、中括号、小括号、方括号、黑括号。

（一）中括号：1.第二、第六板块中，民国原版书刊中出现的错别字（简称"误字"），用中括号"＜＞"和斜体字标识，如"＜工＞"。

2. 中括号前面加下划虚线的文字为编著者订正后的文字，如"功＜工＞"。在第五板块中，勘误字、词、句共260多处。原书错别字如此之多，主要原因有两个：一是由于京师监狱印书局活字不够或一时找不到，排版者擅自拿同音字替代造成的，如以"工"代"功"（32处），以"炼"代"练"（8处）；二是对孙禄堂先生原稿草书字体辨认错误造成的，如"虚（虛）"误作"灵（靈）"、"圈"误作"围（圍）"等。当然也有个别错别字是孙禄堂先生的手稿错误造成的，如"姿势"一词，原书八处均作"姿式"，这显然是孙禄堂先生笔误造成的。而且如果考虑到时代的不同，当时的一些写法其实也未必不对，只是不符合今天的写法习惯而已，这也是原书"错别字"多的原因之一。"姿式"就是其中之一。

（二）方括号：第二、第六板块中，民国原版书刊中所遗漏的文字（简称"遗字"），用方括号"［］"标识，表明系著者所增补。在第五板块中，增补遗字约120处。原书遗字现象如此之多，主要是排版造成的遗漏。

（三）大括号：第二、第六板块中，民国原版书刊中多冒出来的文字（通称"衍字"），以大括号"｛｝"加斜体字加以标识，表明系著者要删除掉的文字。在第五板块中，删除"衍字"共20多处。原书衍字现象这么多，主要是由于孙禄堂先生的手稿有改动现象，而排版者误把删除的字也排了上去造成的。

斜体字表示应该被删除的文字。

著者所纠正的误字、遗字、衍字等现象，是否得当，由爱好者判断。

（四）黑括号：每则"小传"和"述真之言"以下所附的"笺注"部分，

"笺注"二字用黑括号"【笺注】"括住。

（五）小括号：小括号的使用情况比较复杂。

1. 遇有孙禄堂先生的五部著作的原有的小括号需予以保留。

2. 遇有不算错别字但需要统一用字时使用小括号加以标识。

3. 孙禄堂先生引文中又附加了简单注文，这些注文用小括号加以标识。

4. 第二、第三、第四、第六板块中，著者在行文中增补的文字也用小括号标识出来。

5. 遇到其他需要补充说明的情况时也使用小括号加以标识。

三、特别说明

（一）第一板块已经以宋体字和仿宋体字明确区分正文（相当于"经文"）与孙禄堂注文和引文（相当于"传文"），爱好者在阅读时，应先有意避开"传文"去通读"经文"。待回读时再去阅读理解孙禄堂先生的"传文"。这样能够较快地记住"经文"内容并理解经文的意思。

（二）孙禄堂先生的《拳意述真》原书中第四章至第六章39则"述诸先生言"中的绝大部分"则言"都没有划分自然段落。可是这样古奥艰涩又密集连片的文字，令现在的大多爱好者望而生畏。因此，为使爱好者乐于同《拳意述真》"亲密接触"，著者强为每则"述诸先生言"加上标题，并划分出若干自然段落，而且加批了"段落大意"，便于爱好者易读、易记。其中或多有划分不当之处，敬请谅解为盼。

（三）著者本没有为孙禄堂先生的五部武学著作重新作注的打算，只是在特定机缘之下，才有了为《拳意述真》一书作"笺注"之举。著者之"笺注"属于信马由缰、雾里看花，其实不得要领，不可跟先师的"简注"同日而语。

（四）在《孙禄堂武学著作大全·增订本》之《拳意述真》板块，先师孙叔容先生为《拳意述真》共作"简注"49处，103条，另有两段"总论"，计105条。但其中有4处为纠正错别字，1处为增补的"九数歌"，并非真正的"注解"，因此实际上正好作了100条注。

著者秉承先师遗愿，为《拳意述真》作"笺注"计330多条，5万余字（补遗部分还有笺注71条，16000多字）。虽然文字粗陋，但"胜"在条目繁多，内容庞杂，有的一个独立条目就包含多重内容，或多或少会对爱好者有所帮助。如第二板块"补遗之四"（P$_{137}$）的"笺注"⑩，一个条目就包含了对炮捶等13个拳种的简介，实际上相当于13个条目。当然，如果爱好者嫌著者的某些笺注条目又臭又长，自动忽略可也。

（五）著者为《拳意述真》所作笺注，其中与先师所作"简注"对象重叠的部分，则尽可能另辟蹊径。然而个别条目仍不可避免地承袭了先师的研究成果。还有20多条为纯粹以"参见""详见"形式联系"孙氏武学十五要论"或"闲谈"的笺注条目。因此，"拾慧""闲谈"两板块的25篇文稿，实际上也可以看作是为《拳意述真》所作的25个专题"笺注"。

目录

第一板块 《拳意述真》初版"校后洁本"标点笺注

《拳意述真》序　2

序　5

《拳意述真》自序　7

第一章　形意拳家小传　10

第二章　八卦拳家小传　25

第三章　太极拳家小传　29

第四章　形意拳　33

 第一节　述郭云深先生言十四则　33

  一则　形意拳术三层道理 三步功夫 三种练法论　33

   一节　明劲　35

   二节　暗劲　38

   三节　化劲　40

  二则　形意拳术三体式之要义　42

  三则　形意拳术习练难易论　43

  四则　形意拳术神气论　44

五则　形意拳术三层呼吸论　46

　　六则　形意拳术中和内劲论　47

　　七则　形意拳术三层用法论　50

　　八则　形意拳术"一以贯之"论　52

　　九则　形意拳术交手论　54

　　十则　形意拳术上下相连 内外合一论　55

　　十一则　练拳术宜勿忘勿助 忌固执专求论　56

　　十二则　形意拳术先后天横拳论　57

　　十三则　形意拳术火候论暨练虚合道论　58

　　十四则　形意拳术"飞九宫"之奥义与练法　59

第二节　述白西园先生言一则　64

　　练拳"三要"与"拳术之病"论　64

第三节　述刘奇兰先生言三则　66

　　一则　形意拳术体用论　66

　　二则　形意拳术"武艺"之用论　67

　　三则　形意拳术"道艺"之用论　68

第四节　述宋世荣先生言三则　69

　　一则　形意拳术"格物尽性"论　69

　　二则　形意拳术武艺道艺暨三体论　71

　　三则　形意拳术三层调息论　73

第五节　述车毅斋先生言一则　74

　　形意拳术中和论　74

第六节　述张树德先生言一则　76

　　形意拳术"以拳为枪"论　76

第七节　述刘晓兰先生言一则　78

　　形意拳术中和论暨五行生克制化论　78

第八节　述李镜斋先生言一则　80

　　形意拳术文武体用论　80

第九节　述李存义先生言二则　80

　　一则　形意拳术交手体用与本旨体用论　80

　　二则　交手防奸诈与四类对手论　81

第十节　述田静杰先生言一则　83

　　　　形意拳术"身式"论　83

　　第十一节　述李奎垣先生言四则　85

　　　　一则　形意拳术"形""意"二字真解　85

　　　　二则　形意拳术拳法如笔法论　86

　　　　三则　形意拳术格致论　87

　　　　四则　形意拳术"魔乱"论　89

　　第十二节　述耿诚信先生言一则　91

　　　　形意拳术三种练法及其变化人之气质论　91

　　第十三节　述周明泰先生言一则　92

　　　　形意拳术练体莫拘束　施用莫骄惧论　92

　　第十四节　述许占鳌先生言二则　93

　　　　一则　练形意拳术勿求速效　勿生畏难之心论　93

　　　　二则　形意拳术三体论　94

第五章　八卦拳　97

　　述程廷华先生言一则　97

　　　　八卦拳术之要义及其习练先后次序论　97

第六章　太极拳　101

　　第一节　述郝为桢先生言一则　101

　　　　太极拳术三重境界论及其知己知人功夫练法　101

　　第二节　述陈秀峰先生言一则　102

　　　　太极八卦与六十四卦论　102

第七章　《形意拳谱》摘要　106

第八章　练拳经验及三派之精意　111

第二板块　《拳意述真》补遗

第一章　补遗之一——《八卦拳学》原序　116

第二章　补遗之二——论拳术内家外家之别　123

第三章　补遗之三——拳术述闻　128

第四章　补遗之四——国术源流之管见　134

第五章　补遗之五——详论形意八卦太极之原理　140

第三板块　《拳意述真》妙理拾慧——孙氏武学"十五要论"

孙氏武学"十五要论"归类——《孙禄堂〈拳意述真〉探微》理论归类　146

绪论——遍访前辈探辑群言　付以己意自成一家　148

第一章　孙氏武学"太极一气"论　155

第二章　孙氏武学"内劲"论　161

第三章　孙氏武学"中和"论　169

第四章　孙氏武学"道艺"论　173

第五章　孙氏武学"三体"论　180

第六章　孙氏武学"内开外合　顺中用逆"论　186

第七章　孙氏武学"数理"论　193

第八章　孙氏武学"三阶"论　204

第九章　孙氏武学"四象"论　217

第十章　孙氏武学"体用"论　227

第十一章　孙氏武学"交手"论　234

第十二章　孙氏武学"三拳合一"论　243

第十三章　孙氏武学与"三教"密切相关论　248

第十四章　孙氏武学练拳"得道"诸要素论　256

第十五章　孙氏武学变化人之"气质"论　260

第四板块　《拳意述真》闲谈

第一章　"闲谈"之一——三派前辈神功与交手轶事闲谈　266

第二章　"闲谈"之二——李洛能先生师承之谜　276

第三章　"闲谈"之三——自古燕赵多侠士　晚清直隶内家兴　279

第四章　"闲谈"之四——太极拳源流闲谈　283

第五章　"闲谈"之五——《拳意述真》中的"拳二代"补遗　288

第六章　"闲谈"之六——尊师重道存古风　传承有序兴孙门　294

第七章　"闲谈"之七——《能说形意拳经》辨伪　299

第八章　"闲谈"之八——《拳意述真》版本信息闲谈　305

第九章　"闲谈"之九——丁亥乎　乙亥乎　309

第五板块　《拳意述真》初版校勘

拳意述真序　316

序　318

拳意述真自序　319

拳意述真目次　321

第一章　形意拳家小传　325

第二章　八卦拳家小传　333

第三章　太极拳家小传　335

第四章　形意拳　336

　　一、述郭云深先生言十四则　337

　　二、述白西园先生言一则　362

　　三、述刘奇兰先生言三则　365

　　四、述宋世荣先生言三则　366

　　五、述车毅斋先生言一则　371

　　六、述张树德先生言一则　374

　　七、述刘晓兰先生言一则　375

　　八、述李镜斋先生言一则　377

　　九、述李存义先生言二则　377

　　十、述田静杰先生言一则　381

　　十一、述李奎垣先生言四则　381

　　十二、述耿诚信先生言一则　388

　　十三、述周明泰先生言一则　389

　　十四、述许占鳌先生言二则　391

第五章　八卦拳　395

　　述程廷华先生言一则　395

第六章　太极拳　397

　　一、述郝为桢先生言一则　397

　　二、述陈秀峰先生言一则　398

第七章　形意拳谱摘要　399

第八章　练拳经验及三派之精意　403

第六板块　其他形意拳谱摘录

第一章　摘录之一——六合拳谱原序　410

第二章　摘录之二——岳武穆"九要"论　412

第三章　摘录之三——曹继武先生"十法"摘要　418

第四章　摘录之四——宝显廷先生《形意拳谱》摘录　422

第五章　摘录之五——李存义先生《岳氏意拳五行精义》摘录　425

第六章　摘录之六——刘殿琛先生《形意拳术抉微》摘录　433

附录一　孙氏武学孙叔容先生支系传承谱系略图　441

附录二　孙叔容先生门下"十二名手"　442

第一板块

《拳意述真》初版"校后洁本"标点笺注

孙禄堂先生晚年三体式及孙禄堂先生墨迹：技进乎道　天人合一

《拳意述真》序

孙禄堂先生以形意、八卦、太极拳术教授后学，恐久而失其真也，乃作《拳意述真》，述先辈传授之精意而加以发挥①。竣稿后，命余序之。

三家之术，其意本一②。大抵务胜人、尚气力者，源失之浊；不求胜于人，神行机圆，而人亦莫能胜之者，其源则清。清则技与道合③。先生是书皆合乎道之言也。

先生学形意拜李奎垣先生之门，李之师为郭先生云深；而先生实学于郭，从之最久。幼弃其业，随之往来各省。郭先生骑而驰，先生手揽马尾，步追其后，奔逸绝尘，日尝行百余里。

至京师，闻程先生廷华精八卦拳术，董海川先生之徒也，访焉，又绝受其术。程先生赞先生敏捷过于人，人亦乐授之。早从郭，暮依程，如是精练者数年。

游行郡邑，闻有艺者必造访。或不服与较，而先生未尝负之。故郭、程二先生赞曰："此子真能不辱其师！"

先生年五十余，居京师，有郝先生为桢者，自广平来，郝善太极拳术，又从问其意。郝先生曰："异哉！吾一言而子通悟，胜专习数十年者。"

故先生融会三家而能得其精微，笔之于书，表彰先辈，开示后学，明内家"道艺④"无二之旨、动静交修之法，其理深矣！其说俱备于书，阅者自知之。余因略述先生得道之由，以见先生是书乃苦功经历所得者，非空言也。

民国十二年　岁次癸亥仲冬⑤
蕲水　陈曾则⑥序

【笺注】

①述先辈传授之精意而加以发挥：吴心穀先生的"序"中说到："其以'述真'名者，盖本'述而不作'之意，于此益见先生之谦德矣。"由此可见，两位先生都认为孙禄堂先生并非真的"述而不作"，而是在记述先辈所授拳学真谛的同时，增加了自己对拳学之道的体悟。尤其是对于"丹道之学""道艺""虚无一气""顺中用逆、逆中行顺""三害、九要"等的认识，实际上大多应该是孙禄堂先生自己补述进去的。

②三家之术，其意本一：谓形意、八卦、太极三拳，均本于"一"。"一"者，道也，太极也，一气也。太极即一气，一气即太极。由太极一气，三派均与丹道合而为一。《拳经》云："养灵根而静心者，修道也。"由是三拳合于一焉。推而言之，无论内家外家，各门各派，只要功夫至于化劲阶段，也就是功入"化境"，实质上都

是一致的。至此境地，虽吾言"诸拳合一""百拳合一"亦无不可。

③技与道合：武艺与道艺融为一体之谓。参见笺注④。

④道艺：参见第三板块"十五要论"之第四章——《孙氏武学"道艺"论》一文（P₁₇₁）。

⑤民国十二年岁次癸亥仲冬：民国十二年为公元1923年，又是中国旧历干支纪年中的癸亥年（六十甲子中的最后一年）。仲冬，又称冬月，指冬季的第二个月，即农历十一月。

《拳意述真》一书编成于1923年，但刊行于1924年。

1924年是中国近代又一个历史巨变之年：一月，中国国民党一大在广州召开，以国共合作为基础的国民大革命兴起；十月，冯玉祥将军在北京发动"首都革命"，囚禁了"贿选总统"曹锟，并电邀孙中山先生北上共商国是；又将清废帝溥仪驱逐出紫禁城，从此中国再无皇帝。

1924年3月，以太极形意八卦三拳合一论为基础的、以太极一气为核心的、以三教合一为文化依托的、武艺与道艺并重的拳学理论巨著《拳意述真》公开刊行，震撼了中国武术界，掀起了一场传统武术的"革命"。

孙禄堂先生的武学理论顺应了时代潮流。其以武术强国强种、提振民族精神的思想，对近代武学的发展产生了巨大影响，客观上推动了后来中央国术馆的建立与发展。后来孙禄堂先生被聘为中央国术馆武当门门长也与之有一定的因果关系。不久孙禄堂出任江苏省国术馆副馆长兼教务长，成为江苏省国术馆的实际当家人。

⑥陈曾则：名微明（1881—1958年），又名慎先，曾则是他的字，湖北蕲水人，著名武术家，孙氏武学第二代传人、杨氏太极拳第四代传人。光绪二十八年（1902年）乡试中举。1913年北洋政府设立清史馆，他任清史馆纂修之职，是《清史稿》二十多位作者之一。其武学主要经历如下：

1915年始师从孙禄堂先生学习孙氏形意拳、孙氏八卦拳和孙氏太极拳（同年拜师的还有吴心榖先生）；

1916年为孙禄堂先生的《八卦拳学》作序；

1917年又师从杨澄甫先生学习杨氏太极拳；

1919年为再版的《形意拳学》作序；是年冬月为《太极拳学》作序；

1923年，为《拳意述真》作序；

1925年在上海创办致柔拳社，准备公开传授孙氏武学和杨氏太极拳。

当时孙存周先生在沪上，前往祝贺，席间同陈微明先生开玩笑说："老翰林下海，吾辈将无饭乎？"虽然只是一句玩笑话，但陈先生毕竟是囿于陈规的旧式文人，竟然当了真，再三思量之下，终不愿同师兄

陈微明先生

孙存周先生"争夺"生源，于是致柔拳社在创办后实际只传授杨氏太极拳、剑、打手等。

是年冬，孙禄堂先生的第五部武学著作《八卦剑学》出版，陈先生未再为该书写序，也可能是考虑到在孙禄堂先生门下不宜过分"张扬"吧。

陈先生所著的《太极拳术》《太极剑》《太极答问》等均为杨氏太极的东西，杨澄甫先生的《太极拳体用全书》实际上也是陈微明先生执笔编著的，这对于孙氏武学的传播和发展来说是有一定损失的（陈先生是以孙氏武学理论为基础为杨式太极拳编定理论——"体用"二字即是明证）。

序

禄堂先生既著"形意""八卦""太极"三书行世，嘉惠后学，厥功匪浅。然犹惧不知者以拳术为御侮之具，仅凭血气之勇也[①]，于是有《拳意述真》之作。凡拳中之奥义，阐发无遗；平日所闻之诸先生辈者，一一笔之于书，使好拳术者由此而进于道[②]焉，俾武术之真义不致湮没[③]。此先生之苦心也。

其以"述真"名者，盖本"述而不作[④]"之意，于此益见先生之谦德矣。

民国十二年　岁次癸亥冬月

吴心毂[⑤]　拜读并识

【笺注】

①不知者以拳术为御侮之具，仅凭血气之勇也：孙禄堂先生在《形意拳学》自序中写道："闻之，有天地然后有人民；有人民然后有庶事；有庶事而后万民乐业。此自然之趋势也。然所以富强之道，在乎黎庶之振作，振作之主义在精神。若无精神则弱矣。人民弱，国何强？欲图国强，须使人民勿论何界，以体操为不可缺之一科。如此则精神振矣，国奚不强！前此，文武分歧，文人鄙弃武术，武人不精文理，此其中似有畛域之分焉。今国家振兴，庶务百度维新，学校之中加入拳术一门，俾诸生文武兼进，可谓法良意美已。"

由此可知，孙禄堂先生强调拳术是强国强种、提振民族精神之工具，并非仅仅为抵御外侮的工具。清末义和团凭血气之勇，主动承担起抵御外侮的重任，然而义和团的壮举并没能改变民族遭受外侮的命运。由是孙禄堂先生悟出，文武一道，从而形成了"道艺"理念。

②由此而进于道：通过阅读《拳意述真》，明白了武学的真谛，则可由武艺（技）升华到道艺。

③湮没：[yān mò]，指埋没。

④述而不作：语出《论语·述而》："述而不作，信而好古，窃比于我老彭。"指只叙述和阐明前人的学说，不加入自己的观点见解。实际上"述而不作"是一种自谦之语，通过选择性的叙述和阐明前人的学说来表达自己的思想主张，本身就带有倾向性。而且文字上也不可能完全是前人的原话。孔子整理先代文献尚不可能完全做到"述而不作"，孙禄堂先生只是回忆诸位前辈先生的口头言论，并无原始文字资料，因此更不可能完全"述而不作"。

⑤吴心毂：原名秉钊，字忍庵，号秋水轩主人，生于光绪八年（1882年），卒年

不详。原籍东台县角斜（现属海安），县庠附生（三等秀才）。后携妻东渡日本，在日本高等商业学校习商科。毕业回国后，于光绪三十四年（1908年）在邮传部任职，为七品小京官。民国建立后，相继任袁世凯大总统府通治局秘书、礼官处礼官、徐世昌总统府秘书官、江苏省通志局编纂、上海世界书局印刷所副所长等职。

平生尚武，1915年拜孙禄堂先生为师学习孙氏形意拳、孙氏八卦拳和孙氏太极拳，为孙氏武学第二代传人。此后，公元1917年为孙禄堂先生的《八卦拳学》作序，署名"学生吴心穀"；1919年为《太极拳学》作序，署名"吴心穀"；1923年为《拳意述真》作序，署名"吴心穀"；1925年为《八卦剑学》作序，署名"东台吴心穀"。工诗词，精研六法，与齐白石友善。后去台湾。著《历代画史汇传及补编》。

网传"孙禄堂的武术著述多出其手笔"，则谬矣。吴先生拜师习艺是在拜读孙禄堂先生的《形意拳学》之后（同样情况的还有陈微明先生），而孙禄堂先生的五部著作及其五篇"佚文"，其行文风格是完全一致的，因此是不可能假手于他人的。

《拳意述真》自序

夫道①者，阴阳之根，万物之体也。其道未发，悬于太虚之内；其道已发，流行于万物之中②。夫道，"一"而已矣③：在天曰命，在人曰性，在物曰理，在拳术曰内劲。所以内家拳术，有形意、八卦、太极三派，形式不同，其极还虚之道则一也④。易曰："一阴一阳之谓道。若偏阴偏阳，皆谓之病⑤。"夫人之一生，饮食之不调、气血之不和、精神之不振，皆阴阳不和之故也。故古人创内家拳术，使人潜心玩味，以思其理；身体力行，以合其道，则能复其本来之性体⑥。

然吾国拳术，门派颇多，形式不一，运用亦异，毕生不能穷其数，历世不能尽其法。余自幼年好习拳术，性与形意、八卦、太极三派之拳术相近，研究五十余年，得其概要。曾著"形意、八卦、太极拳学"，已刊行世。今又以昔年所闻先辈之言，述之于书⑦，俾学者得知其真意焉。

三派拳术，形式不同，其理则同；用法不一，其制人之中心而取胜于人者则一也。按：一派拳术之中，诸位先生之言论形式，亦有不同者，盖其运用，或有异耳⑧。三派拳术之道，始于一理，中分为三派，末复合为一理。其一理者，三派亦各有所得也：形意拳之诚一也，八卦拳之万法归一也，太极拳之抱元守一也⑨。古人云："天得一以清，地得一以宁，人得一以灵。得其一而万事毕也⑩。"三派之理，皆是以虚无而始，以虚无而终。所以三派诸位先生所练拳术之道，能与儒、释、道三家诚中、虚中、空中⑪之妙理，合而为一者也。

余深恐诸位先生之苦心精诣，久而湮没，故述之以公同好。惟自愧学术谫陋无文，或未能发挥诸位先生之妙旨，望诸同志随时增补之，以发明其道可也。

民国十二年　岁次癸亥
直隶完县⑫　孙福全序

【笺注】

①道：（老子《道德经》云）："道可道，非常道。名可名，非常名。无名，天地之始；有名，万物之母。"《太上老君说常清静经》："老君曰：大道无形，生育天地；大道无情，运行日月；大道无名，长养万物；吾不知其名，强名曰道。"由此可知，在道家、道教文化中，"道"是天地万物的本源，阴阳二气赖道而生焉。因此下文说"道"是"阴阳之根，万物之体"。

②其道未发，悬于太虚之内；其道已发，流行于万物之中：《太上老君说常清静经》云："夫道者：有清有浊，有动有静；天清地浊，天动地静；男清女浊，男动女

静。降本流末，而生万物。清者浊之源，动者静之基。"道之未发动为"清"，故悬于空寂玄奥之境，此境即通常所说的"天"；道之已发动为"浊"，则流行于大地万物之中，无处不在，无时不然。

③夫道，"一"而已矣：老子《道德经》云："道生一，一生二，二生三，三生万物。"道的本体就是一。"一生二"，即生化阴阳二气；"二生三"，即生化天地人三才；"三生万物"，即天地交泰，万物生焉，人主宰其中，并制造出万物。

④所以内家拳术，有形意、八卦、太极三派，形式不同，其极还虚之道则一也：虽然形式上内家拳有形意、八卦、太极三家之别，但功夫达到"练神还虚"阶段，则三者是完全一致的，再无形意、八卦、太极之别。不仅如此，孙氏三拳均起点于"无极""太极""其理是最初还虚之功用也（宋世荣先生言）"。这里请注意"最初还虚"与"极还虚"（最终还虚）的区别。

⑤一阴一阳之谓道。若偏阴偏阳，皆谓之病：语出《易·系辞上》："一阴一阳之谓道，继之者善也，成之者性也。"一阴一阳由道而生，故阴阳平衡就是"道"，如果是阴阳不调，阴多阳少、阳多阴少、有阴无阳、有阳无阴，则为"失道"，失道就会弊病丛生。

⑥复其本来之性体：恢复其与生俱来的先天精神气质。老子《道德经》云："载营魄抱一，能无离乎？抟气致柔，能婴儿乎？"

性体：本性，气质。

⑦曾著"形意、八卦、太极拳学"，已刊行世。今又以昔年所闻先辈之言，述之于书：《形意拳学》刊行于1915年；《八卦拳学》刊行于1916年；《太极拳学》刊行于1919年。1923年又把往昔从诸前辈那里所听到的武学真谛，编辑成书，名为《拳意述真》。

⑧按：一派拳术之中，诸位先生之言论形式，亦有不同者，盖其运用，或有异耳：这是孙禄堂先生在自序中又加的一句"按语"。所谓"言论不同"者，大概是用法有所差别罢了，譬如，宋世荣先生的双重三体式之说，当是其实战心得；李存义先生的明刚、暗刚、明柔、暗柔说，也是独树一帜。则李先生对刚、柔、明、暗之劲的应用与应对，应该更为得心应手。

⑨形意拳之诚一也，八卦拳之万法归一也，太极拳之抱元守一也："一"者，道也，太极也，一气也。形意拳似儒家，"诚者，天之道也"；八卦拳似释家，八万四千法门，最后的指归是自性、是佛性、是每一个人都具有的妙真如性；太极拳似道家，"载营魄抱一""抟气致柔"，以期返璞归真，达到长生之境。参见第三板块"十五要论"之第十论——《孙氏武学"体用"论》（P$_{227}$）、第十三论——《孙氏武学与"三教"密切相关论》二文（P$_{248}$）。

⑩天得一以清，地得一以宁，人得一以灵。得其一而万事毕也：语本老子《道德经》，原文如下："昔之得一者：天得一以清，地得一以宁，神得一以灵，谷得一以盈，万物得一以生，侯王得一以为天下贞。""一"，指阴阳燮和的"大道"。天赖

之以轻清而居上，地赖之在下而养育万物，人赖之以文明开化。万事万物各守其道，则一切顺遂。

⑪诚中、虚中、空中：参见第三板块"十五要论"之第十三论——《孙氏武学与"三教"密切相关论》一文（P$_{248}$）。

⑫直隶完县：直隶，主要包括今河北省及北京、天津两市。明清至民国前期，北京为首都，其周边地区建省直接隶属于京师，故称直隶省。1928年6月21日，国民党中央政治会议决定改直隶省名为河北省。

完县：1993年8月，经国务院批准，完县改名顺平县（西汉时曾名顺平县），属保定市。但孙禄堂先生的家乡东任家疃村（今简称"东任疃村"）却早已划归了望都县。东任疃村南距望都县城中心约7千米，北距顺平县城中心约9千米，划归望都县倒也合理。现在两县都以孙禄堂先生为骄傲：望都县城西二环外建有孙禄堂公园，顺平县城有孙禄堂东街、孙禄堂西街。

9

第一章 形意拳家小传

一、李洛能先生小传

　　李先生讳飞羽，字能然[①]，世称老能先生，或曰洛能、洛农、老农，皆一音之转也。直隶深县人。经商于山西太谷，喜拳术。闻县境有戴龙邦[②]先生者，善形意拳，往访焉。觌面一见，言谈举止均甚文雅，不似长武术者，心异之，辞去。他日倩人[③]介绍，拜为门下。时先生年三十七岁也。

　　自受教后，昼夜练习二年之久，所学者仅五行拳之一行，即劈拳。并半趟连环拳耳。虽所学无多，而心中并不请益。诚心习练，日不间断。是年龙邦先生之母八十寿诞[④]，先生前往拜祝。所至之宾客，非亲友即龙邦先生之门生。拜寿之后，会武术者，皆在寿堂练习，各尽其所学焉。惟先生只练拳趟半[⑤]。龙邦先生之母，性喜拳术，凡形意拳之道理并形式，无所不晓，遂问先生："为何连环拳只练半趟？"先生答曰："仅学此耳。"当命龙邦先生曰："此人学有二年之久，所教者甚少，看来倒是忠诚朴实，可以将此道理用心教授之。"龙邦先生本是孝子，又受老母面谕，乃尽其所得乎心者，而授之先生。

　　先生精心练习，至四十七岁，学乃大成。于形意拳之道理，无微不至矣。每与人相较，无不随心所欲，手到功成。当时名望甚著，北数省人皆知之。教授门生郭云深、刘奇兰、白西园、李太和、车毅斋、宋世荣诸先生等[⑥]。于是先生名声愈著，道理愈深。

　　本境有某甲，武进士[⑦]也，体力逾常人，兼善拳术，与先生素相善，而于先生之武术，则窃有不服。每蓄意相较，辄以相善之故，难于启齿。一日会谈一室，言笑一如平常，初不料某甲之蓄意相试，毫无防备之意。而某甲于先生行动时，乘其不意，窃于身后即捉住先生，用力举起，及一伸手，而某甲身体已腾空斜上，头颅触入顶棚之内，复行落下，两足仍直立于地，未尝倾跌。某甲以邪术疑先生。先生告之曰："是非邪术也！盖拳术上乘神化之功，有不见不闻之知觉，故神妙若此，非汝之所知也。"时人遂称先生曰"神拳李能然"。

　　年八十余岁，端坐椅上，一笑而逝。

【笺注】

　　①李洛能：参见板块四"闲谈"之二——《李洛能先生师承之谜》一文（P$_{276}$）。

　　②戴龙邦：同上。

③倩人：请托别人。倩，这里读qìng，意为借、借助，引申为请托、央求。

④龙邦先生之母八十寿诞：由笺注①②可知，当为戴文熊先生之母，戴龙邦先生之妻。准确地说，应该为戴龙邦先生的侧室（原配正妻不会才八十岁）。她可能是戴文熊先生的庶母，当然也可能是其生母（即戴文熊先生本人为庶出）。

⑤趟半：吾师孙叔容先生认为是排版错误，应为"半趟"，著者以为此处或许没错，趟半就是一趟半，指一趟劈拳和半趟连环拳。因为演武时大家是"各尽其所学"，李洛能先生自然要把仅学的一趟劈拳和半趟连环拳全部演练一番。

当然，究竟是"趟半"还是"半趟"已经因孙禄堂先生的手稿不存而无法知其端的，180年以前的现场情景更不可能重现。也可能吾师的看法是对的，李洛能先生只练了半趟连环拳。故此处特别提出以存疑。

⑥教授门生郭云深、刘奇兰、白西园、李太和、车毅斋、宋世荣诸先生等：这里的"等"包括张树德先生、刘晓兰先生、李镜斋先生等。《拳意述真》记述其"真言"者有郭云深、白西园、刘奇兰、宋世荣、车毅斋、张树德、刘晓兰、李镜斋8位先生，并为其中的7人立传，只有白西园先生无传。可能是由于白先生曾为宫中御医，不方便为其立传。

当今形意门流行李洛能先生"八大弟子"之说，此说应该来源于《拳意述真》所记载的9人，其中李太和（1842—1925年）先生为李洛能先生之子，自幼秉承家学，弱冠之时即以武功技击享誉武林，并长期受聘于晋中商绅的深宅大院之中保镖护院。著者以为，所谓"八大弟子"，应为郭云深、刘奇兰、白西园、李太和、车毅斋、宋世荣、张树德、刘晓兰8人。李镜斋先生高龄学艺，在武术界影响力相对较小，应该不在八大弟子范围之内。刘殿琛先生在《形意拳术抉微·自序》中记录了十个弟子的名字：刘奇兰、郭云深、白西园、李太和、车毅斋、贺运亨、李广亨、宋世荣、张树德、刘晓兰，比孙禄堂先生所记多了贺运亨、李广亨二人，而少了李镜斋先生。由此反证"八大弟子"之说源于《拳意述真》一书。当然，当代山西派对"八大弟子"另有不完全一致的说法（山西派形意拳所称八大弟子为：郭云深、刘奇兰、车毅斋、刘晓兰、贺运亨、李广亨、宋世荣、宋世德）。毕竟，无论是李洛能先生还是孙禄堂先生，都没有提出"八大弟子"之说，它只是后辈表达对先贤敬仰之情的一种方式罢了。

⑦某甲，武进士：由于顾及到该武进士的声誉，孙禄堂先生隐其名讳，我们也无须从《深州志》中去考察这位武进士之名。

A. 武进士，清代武举制度的最高等级功名。武举功名分三级：武秀才（童试）、武举人（乡试）、武进士（会试）。会试后已取得武进士资格者，再通过殿试（也称廷试）分出等次，共分三等，称为"三甲"。其中一甲是前三名，头名是武状元，二名是武榜眼，三名是武探花。前三名世称为"鼎甲"，获"赐武进士及第"资格。二甲十多名，获"赐武进士出身"资格。二甲以下的都属三甲，获"赐同武进士出身"资格。

B. 某甲不清楚是哪一等武进士。但总的来说，无论哪一等的武进士，武功造诣上一般来说并不一定很高。因为武举之"武"与武术之"武"是有很大区别的。

C. 清代武举之"武"主要是骑马和步下射箭（骑射要求一马三箭）、拉硬弓（分十二力、十力、八力三个型号，还有更大的"号外弓"）、舞重刀（刀分一百二十斤、一百斤、八十斤三个型号）、举石礩子（分三百斤、二百五十斤、二百斤三个型号），型号自选。总之，武举考的是骑射和力量。

此外，还要考策论与兵法，也就是军事理论考试。

D. 武术之"武"主要是拳术和器械技术的磨砺，辅之以功力型训练，单纯力量训练相对较少。

以石块为例，武术练石锁，既练力量，更练技巧与灵活性；武举举石礩子，是纯粹的力量训练，而这与先天体质关系更大。所以武举出身的武将多粗壮，但灵活性就要稍差一些。

E. 武林有谚："一力降十会，一巧破千均。"在普通武者面前，武进士肯定功夫了得，但在有不见不闻上乘神化之功的李洛能先生面前，就显得不够用了。此神化之功，虽施行者亦不自知，完全是无意之中的"真意"，难怪某武进士甲以邪术视之了。

二、郭云深先生小传

郭先生讳峪生，字云深①，直隶深县②马庄人。幼年好习拳术，习之数年，无所得。后遇李能然先生，谈及形意拳术，形式极简单，而道理则深奥，先生甚爱慕之。能然先生视先生有真诚之心，遂收为门下，口传手授。先生得传之后，心思会悟，身体力行，朝夕习练数十年。能然先生传授手法，二人对手之时，倏忽之间，身已跌出二丈余，并不觉有所痛苦。只觉轻轻一划，遂飘然而去。

先生既受能然先生所教拳术三层之道理，以至于体用规矩法术之奥妙，并剑术刀枪之精巧，无所不至其极。常游各省，与南北二派同道之人交接甚广，阅历颇多。亦尝戏试其技，令有力壮者五人，各持木棍，以五棍之一端，顶于先生腹。五人将足立稳，将力使足，先生一鼓腹，而五壮年人一齐腾身而起，跌坐于丈余之外。又练虎形拳，身体一跃至三丈外。

郭云深先生

先生所练之道理，腹极实而心极虚。形式神气沉重如泰山，而身体动作轻灵如飞鸟。所以先生遇有不测之事，只要耳闻目见，无论何物、来的如何勇猛速快，随时身体皆能避之。

先生熟读兵书，复善奇门③，著有《解说〈形意拳经〉》④，详细明畅，赐予收藏。后竟被人窃去，不知今藏何所，未能付梓流传。致先生启迪后学之心，湮没不彰，惜哉！

先生怀抱绝技奇才，未遇其时，仅于北数省教授多人⑤，后隐于乡间，至七十余岁而终。

【笺注】

①郭云深：先生名峪生，云深是他的字，直隶深县马庄人，生于清嘉庆二十五年（1820年），约卒于清光绪二十六年（1900年）前后，是清末的一位著名武术家，为直隶派（今名"河北派"）形意拳之"掌门人"。他对形意拳的发展和完善、形意拳理论的创建和丰富，有着不可磨灭的历史功绩，并为后来形意拳成为一大名拳奠定了坚实基础。他总结出练形意拳的三层道理、三种练法、三步功夫、三层呼吸、三层用法，以及单重三体式论、中和内劲论、形意交手论等，后文详述。

先生幼年习练拳术，也曾在易州西陵随人习练八极拳，打下坚实武功基础，但于拳中道理终无所得，后至山西，拜同乡李能然先生（当时在山西务农）为师，昼夜练习十数载，深得形意拳之精奥。后因诛杀武举出身的悍匪、有"土太岁"之称的三皇会首领宪钧，犯了人命官司，被关进监牢，仍苦练功夫，练就了形意拳绝技——半步崩拳及虎扑子，所以后来郭云深名扬大江南北，以"半步崩拳打遍天下"而著称。

时隆平知县钱锡采惜其才、慕其艺、仰其德，对郭先生多有照顾。郭先生感年轻知县恩德，允诺待其子长大便收为弟子。这就有了后来郭云深先生的关门弟子钱砚堂先生（此时钱锡采已任正定府知府）。而钱砚堂先生也正是孙禄堂先生曾大礼相迎的年轻师叔。

郭云深先生在当时武术界声望显赫。他演拳时，静若泰岳，动如脱兔。如遇不测之事，只要耳闻目见，不管对方拳棒有多快，皆能避之。清光绪三年（1877年）设教西陵，授守陵宗室子弟等。

②直隶深县：今河北深州。

郭云深、刘奇兰先生与李洛能先生为同乡，不过郭云深先生随李先生学于山西太谷，刘奇兰先生随李先生学于易州西陵。大概因二人为李洛能先生同乡，又随之最久，故二人在诸弟子中影响力最大。

形意拳第三代中李存义、耿诚信先生也是深县人。

八卦拳程廷华先生也是深县人。

当然，"拳二代"李太和先生、刘殿琛先生也是深县人。

深县可以说是形意八卦门人心中的"圣地"。参见板块四"闲谈"之三——《自古燕赵多侠士 晚清直隶内家兴》一文（P₂₇₉）。

③奇门：术数之一种，即《奇门遁甲》，亦简称《遁甲》。斯术盛行始于南北朝，源于传说中黄帝战蚩尤的《奇门遁甲》，奇有三，即用天干的乙、丙、丁代表三

奇；门有八门，即为开门、休门、生门、伤门、杜门、景门、死门、惊门。

④《解说〈形意拳经〉》：郭先生晚年著有《解说〈形意拳经〉》一书，赐予孙禄堂先生，实际指定了孙禄堂先生为形意门第四代"掌门人"（当时并无"掌门"之说，这里是形象的说法。而第三代"掌门人"为李存义先生，系刘奇兰先生弟子，也得过郭先生之指授）。但此书被人窃去，不知所踪。参见板块四"闲谈"之七——《"能说形意拳经"辨伪》一文（P$_{299}$）。

⑤仅于北数省教授多人：郭先生教授门生也不少，但入室弟子仅有李魁元、许占鳌、钱砚堂等数人。而随郭先生最久者却是再传弟子孙禄堂先生。

三、刘奇兰先生小传

刘先生字奇兰①，直隶深县人，喜拳术，拜李能然先生为师，学习形意拳术。

先生隐居田庐，教授门徒，联络各派，无门户之见。有初见先生，数言即拜服为弟子者。

先生至七十余岁而终。弟子中，以李存义、耿诚信、周明泰三先生艺术为最。其子殿琛②，著《形意拳术抉微》，发明先生之道。

【笺注】

①刘奇兰：生于清嘉庆二十四年（1819年），卒于光绪十五年（1889年）；一说生于道光二年（1832年），卒于光绪三十一年（1905年）。直隶深县人。刘先生自幼读诗书，通文墨，亦酷爱武术，精通多种拳术，后拜师李洛能先生学形意拳，刻苦研习数年，功臻大成，为河北派形意拳第二代两大代表人物之一。

刘先生无门户之见，待人宽厚，教徒有方，所传弟子甚多，其中较为著名的有：李存义、耿继善、周明泰、田静杰、张占魁、刘凤春、刘德宽、王福元，及其子刘文华等人。参见板块四"闲谈"之三——《自古燕赵多侠士 晚清直隶内家兴》一文（P$_{279}$）。

为了使爱好者能够更多地了解刘奇兰先生，著者将金恩忠先生所著《国术名人录》中"深州刘奇兰"一节全文录之于下：

刘奇兰，直隶深州人，幼嗜武技，每集思广益，无嫉视恶习，诚武术界之别开生面者。各派各门之拳械，大多得其奥蕴。尊拜前辈李洛能为师，练习形意，造诣甚深，已入化境。惟生性高蹈，隐居不仕，故其轶闻事迹，世人知者甚鲜。

奇兰与郭云深、董海川，在肃王府较艺而结义，故今日形意八卦之合一，即基于此。奇兰与云深、海川等，曾大破无极教及三皇会，为社会造福非浅。

后归田间，传授弟子尤众。不立门户，不分派别，抱定习武者，即为一家。有闻名拜访者，不待交手，即拜服为弟子者亦甚夥。可见其先声夺人之望。即或交手，亦决不轻事伤人。

奇兰之子殿臣，得其精奥，并著《形意[拳术]抉微》一书。

其门人弟子中，如李忠元、张兆东、耿诚信、周明泰、田静杰等，皆为南北闻名之拳家，冠绝当世。尤以李忠元、张兆东二人，义薄云天，任侠除奸。并指导韩慕侠，在北京战败俄大力士康太耳（今作"康泰尔"），名震中外，使中外咸知中华民族之不可欺。然饮水思源，不能不归功于奇兰也。

②殿琛：刘文华，字殿琛，河北深州人，形意大师刘奇兰之子，曾任天津北洋法政学堂体育（武术）教师，天津中华武士会发起创办人之一，武士会成立后任总教习，后去北京发展，享年七十余岁，著有《形意拳术抉微》一书，流传于世。参见板块四"闲谈"之五——《〈拳意述真〉中的"拳二代"补遗》一文（P_{288}）。

刘殿琛先生拳架酷似孙禄堂先生，其书所述拳理显然也受到了孙禄堂先生武学理论的影响，但又有更详尽的阐述，因此对孙氏武学来说也具有一定的借鉴意义与补充作用。在本书第六板块有"刘殿琛先生《形意拳术抉微》摘录"（P_{433}）供爱好者参阅。

刘殿琛先生

四、宋世荣先生小传

宋世荣[①]先生，宛平人。喜昆曲、围棋，性又好拳术。在山西太谷开设钟表铺，闻李能然先生拳术高超，名冠当时，托人引见，拜为门下。自受教后，昼夜勤苦习练，迄不间断。所学五行拳及十二形，无不各尽其妙。

练习十二形中蛇形之时，能尽蛇之性能：回身向左转时，右手能摄住右足跟；及向右转时，左手能摄住左足跟；回身停式，身形宛如蛇盘一团；开步走趟，身形委曲婉转，又如蛇之拨草蜿蜒而行也。

练燕形之时，身子挨着地，能在板凳下边一掠而过，出去一丈余远。此式之名即叫"燕子抄水"。

予蔚曰：当年师姑祖雅宜先生在开封教授我们燕形"燕子抄水"时说："师爷（指孙禄堂先生）能从两个板凳下掠过去丈外；师父（指孙存周先生）能从一个板凳下掠过去丈外；我们只能坐板凳（大笑）。"当时著者尚不知道宋世荣先生及其神功轶事。不过由此也可看出宋世荣先生的格物之功对孙氏武学产生了何等影响。

又练"狸猫上树"，此系拳中一着之名目。身子往上一跃，手足平贴于墙，能粘一二分钟时。当时同门、同道及门外之人，见者固极多。现时曾亲睹先生所练各式之技能者，亦复甚夥。盖先生格物之功甚深[②]，能各尽其性，故其传神也若此。

予蔚曰：当年孙叔容先生讲过孙禄堂先生的一件轶事。在一个朔日晚上，孙禄堂先生一时兴起，要与徒弟们做一个游戏——吹灭房间的油灯后，能碰到孙禄堂先生身体任何部位者算赢者。结果灯熄后，众弟子乱作一团，半天也没有谁能碰到孙禄堂先生分毫。待点着灯，才发现孙禄堂在门口的房檐上吊着呢。可见孙禄堂先生的"壁虎功"（或者叫"挂画功"）也是深受宋世荣先生的影响而演示的。

昔伶人③某，与先生相识，云在归化城④时，亲见先生与一练技者比较，二人相离丈余，练技者挺身一纵，甫一出手，其身已如箭之速，跌出两丈有余，而先生则毫无动转，只见两手于练技者之身一划耳。余二十余岁时，住于北京小席儿胡同白西园⑤先生处，伶人某与白先生对门居，闻其向白先生言如此。

民国十二年一月间，同门人某往太谷拜见先生。先生时年八十余岁矣⑥，精神健壮，身体灵动，一如当年。归后告于予曰："先生谈及拳术时，仍复眉飞色舞，口言其理，身比其形，殊忘其身为耄耋翁。"且叹后进健者之不如焉。

【笺注】

①宋世荣：字约斋、号镜泉，生于清道光二十九年（1849年），卒于1927年，京兆宛平（今属北京大兴）人。他随父迁居山西省太谷县，在山西太谷开设钟表铺，拜李能然先生门下，从学形意拳术，十年艺成，尽得其传，后结识北京刘晓棠先生，得到武学秘籍《内功四经》（包括《内功经》《纳卦经》《神运经》《地龙经》等，是研究形意拳的珍贵资料）。由于他刻苦练功，精心研究，反复揣摩，形成独具风格的宋氏形意拳。宋世荣先生于清光绪十八年（1893年）再次迁居山西太谷，与车毅斋先生合为山西派，是山西派形意拳的两大代表人物之一。参见板块四"闲谈"之一——《三派前辈神功与交手轶事闲谈》一文（P.266）。

宋世荣先生

宋先生赋性慷慨，急公好义，有古侠士之风，自幼好学，琴棋书画、经史子集无不涉猎。

主要传人有子宋虎臣、宋青山，侄宋宴彪、宋铁麟，及弟子任尔琪、王嗣昌、赵守钰、贾蕴高等人。

②先生格物之功甚深：格物，《礼记·大学》中提出了"格物、致知、诚意、正心、修身、齐家、治国、平天下"等儒生修养八纲。此八纲成为南宋以后理学家基本纲领的一部分。格物为八纲之始，朱熹解释为"穷至事物之理"。这里以格物二字形容宋先生对事物的道理，穷研细究到极深透，故而能体会到拳中各形之性能和神意，在练时传其神妙，尽其能事。

③伶人：亦称优伶，指有身段、技艺突出的演艺人员。古汉语里优和伶都是演员的意思。现在伶人或伶多指戏曲演员。相传黄帝时伶伦造音乐，因此后世称乐官为伶

官、称演员为伶人。

④归化城：即呼和浩特市旧城。这是一座有四百多年历史的塞外名城，北枕大青山，南临黄河水，东连蛮汗山，西接河套平原。它坐落于黄河、大黑河冲积而成的平原上，史称敕勒川、丰州滩。归化，即归于（儒学）教化之意，是略带歧视意味的名字。类似者还有迪化（启迪教化之意），即今之乌鲁木齐老城区。

⑤白西园：北京大兴人，清末宫廷御医，自幼喜武，拜李洛能先生为师。在李洛能弟子当中，白西园先生以手法巧妙著称，而且文化水平很高。以他为主整理了形意拳谱，后抄录赠予孙禄堂先生一份。白西园先生八十余岁时仍然身体矫健、步法灵活。

考虑到白西园先生曾有在宫内工作的经历，为他立传的话可能引起仍有反满情绪的人士的不满与误会，因此，尽管孙禄堂先生与之过从甚密，却没有为其立传，甚至记录其述真之言也仅有一则而已。然而白西园先生在形意门的地位极为崇高，在李洛能先生诸多弟子中，孙禄堂先生和刘殿琛先生都把他列在第三位，仅次于郭云深、刘奇兰两位先生；而在"述真"时则仅次于郭云深先生，排在第二位。于此可见孙禄堂先生用心之良苦！

⑥同门人某往太谷拜见先生。先生时年八十余岁矣：此处年岁有误。1923年时宋先生七十五岁（虚岁）。由于过去对长辈年龄讳莫如深，所以很多先辈的年龄都不确切。由于宋先生晚年须发皆白，孙禄堂先生及拜访者便误以为他已经有八十多岁了。

同门人某：文中略其名是因为孙禄堂先生知道《拳意述真》必将流传百代，不可随便把同门姓名写进去，以免将来喧宾夺主，并造成后世同门之间不必要的纷争。事实上，孙禄堂先生的形意门同辈师兄弟年龄都比他小，几乎没有一人的名字被写进书中。只有一个例外，那就是乔锦堂。孙禄堂先生误以为乔先生是车毅斋先生的弟子而写进了书中，而实际上乔先生是车先生弟子李复祯的门徒，是车先生的再传弟子。

五、车毅斋先生小传

车先生名永宏，字毅斋①，山西太谷县人。家中小康。师李能然先生学习拳术。

先生自得道②后，视富贵如浮云，隐居田间，教授门徒甚多。能发明先生之道者，山西祁县乔锦堂③先生为最。先生乐道，始终如一，至八十余岁而终。

【笺注】

①车毅斋：生于清道光十三年（1833年），卒于1914年，享年82岁。山西太谷桃园堡村人，后移居太谷贾家堡。经友人介绍，拜李洛能先生为师，也曾得师祖戴文熊亲授。因此车氏形意又略有戴家心意拳风格，在形意门中独树一帜。

车毅斋先生

车先生与宋世荣先生同为山西派形意拳的代表人物。参见板块四"闲谈"之一——《三派前辈神功与交手轶事闲谈》一文（P$_{266}$）。

②得道：指得着拳术之道，尤其是中和之道，而于拳中之精微奥义，俱能心领神会，身体力行。

③乔锦堂：即祁县乔氏大院掌家人乔映霞（1875—1956年），锦堂是他的字。据金恩忠《国术名人录》记载，乔映霞早年习练各路拳械，后来在比武中，屡屡败于形意门人，遂师从于车毅斋先生高足李复祯先生，苦练形意拳多年。孙禄堂先生因乔先生常伴在车先生身边，便误以为是车先生弟子了。清末民初，乔锦堂闯荡江湖，被誉为"云中雁"。在武林中，曾有云中雁乔锦堂用形意拳"鲐形"技，击毙多次到乔家堡比武寻衅的"癞头鼋"马梦蛟，然后逃到天津避祸的故事。金恩忠的《国术名人录》及姜容樵先生的《武侠奇人传》对此均有记载。

六、张树德先生小传

张先生字树德①，直隶祁州人。幼年好习武术，拜李能然先生为师，练拳并剑、刀、枪各术，合为一气，以拳为剑，以剑为拳。所用之枪法极善，有来访先生比较枪法者，皆为先生所败。

先生隐居田间，教门徒颇多。门徒承先生之技术者，亦不乏人。先生至八十余岁而终。

【笺注】

①张树德：直隶祁州人，幼好武艺，原与许占鳌先生同为六合门师兄弟。两人要同拜郭云深为师，郭先生收许占鳌先生为徒。但张树德先生是郭先生的金兰兄弟，经郭云深引荐，张树德拜李洛能先生为师，由郭代师传艺于张。先生艺成后，能于剑、刀、枪、棍一气运之。来比武者，皆为先生所败。后隐居田园，授徒为乐，入室弟子有张茂隆、吴耀科等人。参见板块四"闲谈"之一——《三派前辈神功与交手轶事闲谈》一文（P$_{266}$）。

七、刘晓兰先生小传

刘先生，字晓兰①，直隶河间县人。为贾于易州西陵②，性喜拳术。幼年练八极拳③，功夫极纯；后又拜李能然先生为师，研究形意拳术。

教授门徒，直省最多。老来精神益壮，八十余岁而终。

【笺注】

①刘晓兰：原名张晓岚，直隶河间府河间县南里店村（今河北省任丘市南里店村）

人。自幼喜好拳术，八极拳尤为精纯。后经商至山西遇李洛能先生，遂拜先生为师习形意拳，经十几年磨砺，功乃大成。参见板块四"闲谈"之一——《三派前辈神功与交手轶事闲谈》一文（P_{266}）。先生为贾于易州西陵，经营粮店、长途运输等多种生意，这给河北形意拳以易州西陵为中心传承发展奠定了物质基础。刘晓兰先生教授弟子众多，功夫有成者有石振发、刘立山（刘维山）、刘凤伦（刘轮山）、杨福（杨扶山）等人。

②易州西陵：易州，直隶省属直隶州（清代州分两类：直隶州和散州。直隶州相当于府，但辖县少于府。散州相当于县，设在内地的一般经济文化较发达，相当于现在的县级市；设在少数民族地区的则地域较大但人口较少），下辖易县、涞水、涞源三县。今为河北易县，属保定市辖。

西陵，清代帝王的陵寝，在河北省易县西永宁山下，今为全国重点文物保护单位，有雍正帝泰陵、嘉庆帝昌陵、道光帝慕陵和光绪帝崇陵；此外，还有怀王陵、公主陵、阿哥陵、王爷陵等共十四座。清西陵面积达八百余平方千米。因地在京师之西，故总称"西陵"，距北京一百多千米。

李洛能先生、刘奇兰先生、郭云深先生等都曾在西陵授艺，形意拳的直隶省第二代弟子都在西陵学习、生活过，刘奇兰先生弟子都出自西陵。因此，西陵实际上是形意拳的"传播交流中心"，是形意拳发展的一大"圣地"。参见板块四"闲谈"之三——《自古燕赵多侠士 晚清直隶内家兴》一文（P_{279}）。

③八极拳：中国武术中的一种短打拳法。一般认为是明末一位自号"癞"的云游道人所创，后传于吴钟。其动作普遍追求刚猛、朴实无华且发力迅捷的技术风格。在技击手法上讲求寸截寸拿、硬打硬开，具有挨、帮、挤、靠、崩、撼之特点。八极拳发力于脚跟，行于腰际，贯于指尖，故爆发力极大，极富技击特色。早年因地域不同而被称作"巴子拳""八忌拳""八技拳"等。但近代以其谐音取名"八极拳"。2008年，经国务院批准，八极拳被列入第二批国家级非物质文化遗产名录。

形意门前辈郭云深、刘晓兰、李奎垣先生等人都习过八极拳。

八、李镜斋先生小传

李先生字镜斋①，直隶新安县人。以孝廉历任教授②。

性好拳术，年六十三拜李能然先生为师。与郭云深先生相处最久，研究拳术，练至七十余岁，颇得拳术之奥理，动作轻灵，仍如当年。

先生云："至此方知拳术与儒学之道理，并行不悖③，合而为一者也。"李先生寿至八十而终。

【笺注】

①李镜斋：直隶保定府安州（当时新安县已并入安州，今为河北安新县）人，和郭云

深先生相处很厚，从学于郭云深先生，到六十三岁时，正式拜在李洛能先生门下，到七十余岁时悟通形意拳奥理，享寿八十余岁。李先生的入室弟子有李应勋等。

②以孝廉历任教授：孝廉，汉武帝时实行了选拔人才的察举制度，命每郡、国每年举荐"孝""廉"各一名，孝廉是"孝顺亲长、廉能正直"的意思，明清时期变成对举人的雅称。李镜斋先生举人出身，为形意门前辈中"学历"最高者，故雅称孝廉。

教授：清代府学教官称教授，相当于地级市教育局局长；州学、县学教官为教谕、训导，相当于县级市、县教育局局长、副局长。李镜斋先生以举人出任保定府等地府学教授。

③拳术与儒学之道理，并行不悖：举凡内家拳术，均要求：其内，精、气、神圆满无亏；其外，身法伸缩往来、开合进退要不偏不倚、不凹不凸、无过不及、随曲就伸，也就是不离乎中和之道。孔子儒学之道，亦不外乎中庸、中和。因此，拳术之理与儒学相合，并行不悖。

九、李存义先生小传

李先生名存义①，字忠元，直隶深县人。轻财好义，性喜拳术。幼年练习长短拳，后拜刘奇兰先生之门，学形意拳术，习练数十年。

为人保镖往来各省，途中遇盗贼，手持单刀对敌，贼不敢进。或闻先生之名义气过人而避道者，故人以"单刀李"称之。

民国元年，在天津创办武士会②，教授门徒，诲人不倦，七十余岁而终。

【笺注】

①李存义：原名存毅，字肃堂；后更名存义，字忠元，生于清道光二十七年（1847年），卒于1921年。直隶深县（今河北深州）南小营村人。是使河北派形意拳发扬光大的重要人物。他拜刘奇兰先生为师学习形意拳，又拜董海川先生为师，学习八卦拳，并得郭云深先生指点形意迷津，技艺大成。

曾任两江督标把总，后至保定开万通镖局，兼收徒授艺。

1900年间，曾参与义和拳对八国联军在天津老龙头的战役，他血透重衣，犹深入敌群刀劈洋人无数，敌人莫不望风而逃。

李存义先生

李先生虽未曾就学，然能因而学之，对拳术多有论述，著有木刻版本之《五行拳谱》《连环拳谱》《形意真诠》及未出版之拳谱多篇。

山西太谷董秀升先生称："李存义老师伯授有《岳氏意拳精义》一书，细为修正，编分上下两册。"于是有《岳氏意拳五行精义》和《岳氏意拳十二形精义》二书刊行。

公元1912年，与叶云表等在天津创办中华武士会，亲任会长，教授形意拳。后任教上海精武体育会、南洋公学（交通大学前身）等地。

门下弟子众多，著名者有尚云祥、黄柏年、周玉祥、王俊臣、李彩亭、李文亭、李耀亭、马振玉、郝恩光、李文豹、傅剑秋、马玉堂、陈泮岭、田鸿业、薛颠等。参见板块四"闲谈"之一——《三派前辈神功与交手轶事闲谈》一文（P$_{266}$）。

②民国元年，在天津创办武士会：武士会，即天津"中华武士会"。清宣统二年（1910年），直隶沧县马凤图受同盟会燕京支部之命与同盟会人士、形意拳家叶云表等筹建中华武士会。宣统三年（1911年），在天津召开筹备会议。公元1912年夏，中华武士会在天津正式成立，叶云表为会长，马凤图任副会长兼总教习，"单刀李"李存义先生任教务主任，直隶武清李瑞东任名誉总教习。中华武士会还汇集了孙禄堂、张占魁、李书文、霍殿阁、郝恩光、李玉琳、刘殿琛等一批武术大师，培养出一大批著名武术家。1914年郝恩光率员赴日本东京建立分会。1928年中华武术会完成历史使命，宣布停办。

十、田静杰先生小传

田先生字静杰，直隶饶阳县①人。性好拳术，拜刘奇兰先生为师。

先生保镖护院多年，生平所遇奇事甚多，惜余不能记忆，故未能述之。

先生七十余岁，在田间朝夕运动，以乐晚年。

【笺注】

①饶阳县：在深县以北，与深县同属于深州。"近水楼台先得月"，白西园、田静杰、周明泰先生都是饶阳县人，凭同乡关系，白西园先生师从在山西太谷务农的李洛能先生，田静杰、周明泰先生师从在易县西陵授艺的刘奇兰先生。参见板块四"闲谈"之一——《三派前辈神功与交手轶事闲谈》一文（P$_{266}$）。

十一、李奎垣先生小传

李先生讳①殿英，字奎垣②，直隶涞水县③山后店上村人。幼年读书，善小楷，性喜拳术，从易州许某学弹腿、八极等拳，功夫极纯熟，力量亦颇大。

先生在壮年之时，保镖护院，颇有名望，每好与人较技，时常胜人。后遇郭云深先生，与之比较。先生善用腿，先生之脚方抬起，见云深先生用手一划，先生身后有一板凳，先生之身体从板凳上面越过去两丈余远，倒于地下矣。先生起而谢罪，遂拜为门下。侍奉云深先生如父子然。后蒙云深先生教授数年，昼夜习练，将所受之道理，表里精微，无所不至其极矣！

余从先生受教时，先生之技术未甚精妙。先生自得道后，常为书记，不轻言拳术矣。余遂侍从郭云深先生受教。先生虽不与人轻言拳术，而仍练拳不懈，他人所不知也。先生至七十余岁而终。

【笺注】

①讳：古时称死去的尊长的名字。古人一般有名有字。这里的讳指的是"名"。参见板块四"闲谈"之六——《尊师重道存古风 传承有序兴孙门》一文（P_{292}）。

②李奎垣：先生幼年从许先生学弹腿，从罗四把先生学八极拳，罗先生与郭云深先生是金兰之友。李奎垣经与郭云深先生试技惨败，便拜于郭云深先生门下学形意拳。孙禄堂先生拜师时李先生技艺尚未精妙。其弟子有孙禄堂、田慎泽、李汉章、马礼堂诸先生等。参见板块四"闲谈"之一——《三派前辈神功与交手轶事闲谈》一文（P_{266}）。

③涞水县：紧邻易县，在易县东北方，同属易州。

十二、耿诚信先生小传

耿先生名继善，字诚信①，直隶深县人。喜拳术，拜刘奇兰先生为师，学习形意拳。先生隐居田间，以道②为乐，传授门徒多人。七十余岁，身体轻灵健壮，仍如当年。

【笺注】

①耿诚信：直隶深县人，生于清咸丰十一年（1860年），卒于公元1928年，幼习花拳，及长拜刘奇兰先生为师，每年随师到易州（今易县）西陵习拳数月，后至北京，与尹福、程廷华、刘德宽过从密切，又入八卦门，研习八卦拳，艺成后，在北京开设"四民武术社"传授形意、八卦等拳术。1928年逝于武昌其子霞光处。耿先生父子曾赴武当山，与武当道总徐本善交流换艺，武当山有形意、八卦之传，耿先生父子之功也。

入室弟子有邓云峰、赵德祥、刘彩臣、董秀升，以及其子耿霞光等人。参见板块四"闲谈"之一——《三派前辈神功与交手轶事闲谈》一文（P_{266}）。

耿诚信先生

②道：指得着形意拳术之道，功入化境之谓。参见第三板块"十五要论"之第四论——《孙氏武学"道艺"论》一文（P_{173}）。

十三、周明泰先生小传

周先生字明泰①，直隶饶阳县人。幼年在刘奇兰先生家为书童②，喜拳术，遂拜奇兰先生为师，练习数载。

保镖多年。直隶鄚州③一带，门徒颇多。六十余岁而终。

【笺注】

①周明泰：直隶饶阳县人，喜拳术，拜刘奇兰先生为师，随师每年到西陵习拳。学成后走镖多年。参见板块四"闲谈"之一——《三派前辈神功与交手轶事闲谈》一文（P_{266}）。

②书童：又作"书僮"，旧时侍候主人及其子弟读书的未成年的仆人，基本上都是其父母无力养活，被迫把孩子卖给有钱人家为奴仆，或者其父母本就是主人家的奴仆，孩子自然也是奴仆出身。其中比较聪明机灵的男孩子往往就成了侍候主人或主人子弟读书的书童。

③鄚州：指任丘一带，也就是今天的雄安新区一带。鄚（mào）州城位于任丘城北十多千米，始建于东周时期，周朝为古鄚国，东汉时为鄚县，唐景云二年（711年）设鄚州，辖鄚县、任丘、文安、归义（今河北雄县）、清苑、唐兴（今河北安新）等六县，是鄚州史上最大版图。宋熙宁六年（1073年）废入任丘。然而鄚州之名，一直在民间延用至今，故孙禄堂先生称"鄚州一带"，今为鄚州镇。现存南城门，当地人称"南阁"，重建于清嘉庆年间；城北部土城墙保存较好，气势雄伟，连绵险峻。

十四、许占鳌先生小传

许先生名占鳌①，字鹏程，直隶定县②人。家中小康。幼年读书，善八法③。

性喜拳术，专聘教习，练习长拳、刀枪剑术。身体轻灵似飞鸟，知者皆以"赛毛"称之。

后又拜郭云深先生为师，学习形意拳术。

传授门徒颇多。六十余岁而终。

【笺注】

①许占鳌：许先生名与字的意思是独占鳌头，鹏程万里，二者相表里；直隶定县人，与张树德先生二人原为六合拳门中的师兄弟，后来二人都从郭云深先生学形意拳。因为张树德和郭云深先生是金兰之交，经请示李洛能先生同意，把张树德收为李先生名下，由郭云深代师授徒，而许占鳌则被郭云深先生收为弟子。参见板块四"闲谈"之一——《三派前辈神功与交手轶事闲谈》一文（P_{266}）。

23

②定县：直隶州定州辖县（州县同城）。今为河北定州市。

③八法：又称"永字八法"，是中国书法楷书用笔法则。以"永"字八笔顺序为例阐述正楷笔势的方法：点为侧、横为勒、直笔为努、钩为趯、仰横为策、长撇为掠、短撇为啄、捺笔为磔。相传为隋代智永或东晋王羲之或唐代张旭所创，因其为书写楷书的基本法则，后人又将"八法"引为书法的代称。此处即言许占鳌先生擅书法（并非专指楷书）。

第二章 八卦拳家小传

一、董海川先生小传

董海川①先生，顺天②文安县朱家坞人。喜习武术。尝涉迹江皖间，遇异人传授，居三年，拳术剑术及各器械无不造其极。

归后入肃王府当差，人多知其有奇技异能，投为门下受教者络绎不绝。所教拳术，称为八卦。其形式皆是河图洛书③之数；其道体俱是先天后天④之理；其用法乃八八六十四卦⑤之变化而无穷。

一部易理，先生方寸之间，体之无遗。是以先生行止坐卧，动作之际，其变化之神妙，非常人所能测也。

居尝跏趺静坐，值夏日大雨，墙忽倾倒，时先生趺坐于炕，贴近此墙。先生并未开目，弟子在侧者，见墙倒之时，急注视，先生忽不见，而先生已趺坐于他处之椅上，身上未着点尘。

董海川先生绘像

先生又尝昼寝，时值深秋，弟子以被覆之，轻轻覆于先生身。不意被覆于床，存者仅床与被，而先生不见矣。惊而返顾，则先生端坐于临窗之一椅，谓其人曰："何不言耶？使我一惊！"盖先生之灵机至是，已臻不见不闻即可知觉之境，故临不测之险，其变化之神妙，有如此者。《中庸》云："至诚之道，可以前知。"即此意也。

年八十余岁，端坐而逝。弟子尹福⑥、程廷华等，葬于东直门⑦外、榛椒树东北、红桥大道旁。诸门弟子建碑⑧，以志其行焉。

【笺注】

①董海川：原名董明魁，生于清嘉庆二年（1797年，但也有其他几种不同说法），卒于清光绪八年（1882年），清直隶顺天府文安县朱家坞村人。一般认为他是八卦掌拳术的创始人和主要传播者。相传在安徽九华山得遇"云盘老祖"传授其技，创立了八卦拳。清朝咸丰年间，入肃王府当差。据传说，在王府中董海川曾与杨露蝉比武较技，胜负难分。从此太极拳与八卦拳各立门户，桃李盈门，流传后世。先生门徒众多，著名的有尹福、程廷华、马维祺、史计栋（史六）、梁振圃、李存义、刘凤春、张占魁等，后来形成五大流派，分别是尹派、程派、梁派、史派、张派。其中，尹福和程廷华为最。程廷华先生传孙禄堂先生后，又形成孙氏八卦拳。参见板块四"闲

谈"之一——《三派前辈神功与交手轶事闲谈》一文（P_{266}）。

②顺天：清代北京地区称为顺天府，顺应天命之意，共领五州十九县。即通、蓟、涿、霸、昌平五州和大兴、宛平、良乡、文安、武清等十九县，又混称为顺天府二十四州县。

文安县属顺天府，顺天府相当于今北京直辖市。文安县今属于河北保定市。

大兴、宛平二县紧邻城郭，称为京县。宋世荣先生即宛平人。

③河图洛书：参见下图。相传伏羲氏时期，河水（黄河）里浮出一匹龙马，它身上的旋毛变成"一六居下，二七居上，三八居左，四九居右，五十居中"的图形，这就是"河图"。伏羲氏依"河图"画出八卦，《周易》一书由此而来。大禹治水之时，洛水（洛河）里浮出一只神龟，神龟的背上长有纹、圈、点，自列成组，这就是"洛书"。大禹对"洛书"进行阐释，此即《尚书》中的《洪范》篇。

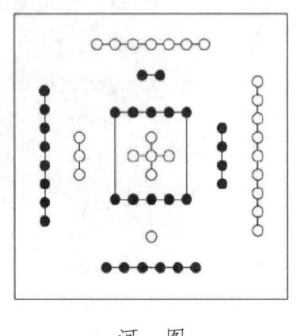

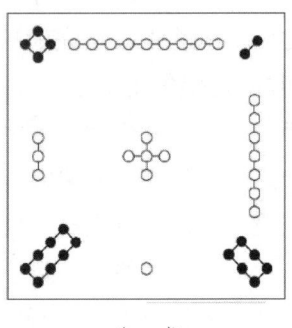

河　图　　　　　　洛　书

因此《周易·系辞》曰："河出图，洛出书，圣人则之。"西汉孔安国认为河图则八卦是也，洛书则九畴是也。

④先天后天：参见先天后天八卦图。八卦按其方位分为先天八卦、后天八卦。是宋儒根据《易经·说卦传》所绘定的。先天八卦为伏羲八卦，乾坤（天地）居南北；后天八卦为文王八卦，坎离（水火）居北南。

⑤八八六十四卦：参见六十四卦图。八卦中每一卦分别与八卦相配，构成八八六十四卦。

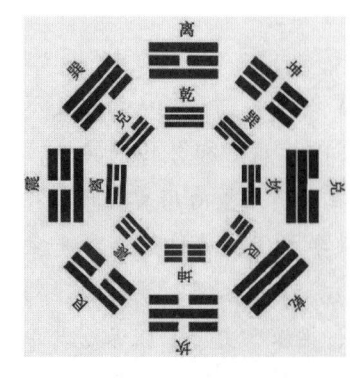

先天后天八卦图（内为先天，外为后天）　　　　六十四卦图

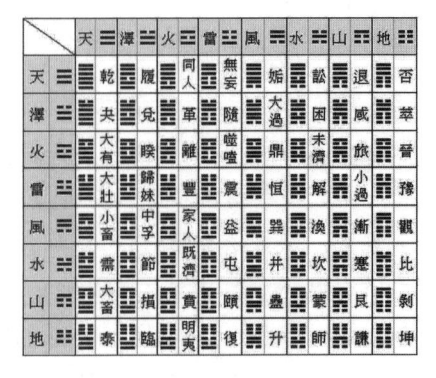

⑥尹福：尹先生名福，字德安，号寿鹏，生于清道光二十年（1840年），卒于宣统元年（1909年），享年七十岁。冀州漳淮（今冀州市漳淮乡漳淮村）人。先生年少时即去京师谋生，初时入剪刀行，后沿街卖油条、烧饼以糊口，因酷爱武术，从小就习"弹腿""罗汉拳"等，后慕名拜在董海川先生门下学习八卦拳，经过数年的苦练，武功卓然超群，成为董海川先生的得意大弟子，与程廷华先生并称"董门双骄"。因其身材消瘦，看似文弱，故人称"瘦尹"。尹先生取八卦拳艺精华，又博采众长，形成了以冷掌技击见长的尹派八卦掌。

尹福先生

尹福一生授徒众多，其中以马贵、何金奎、杨俊峰、刘栋臣、曹锺升、门宝珍、曾增启、宫宝田及子成璋、玉璋等成就较大。其中曹锺升及其弟子著有《曹氏八卦掌谱》一书。

⑦东直门：位于北京城内城东垣北侧的一座城门，主要包括东直门城楼、东直门箭楼（图片见下）、东直门闸楼和瓮城。1969年东直门城楼连同所有内城城墙均在修建地铁和备战备荒中被彻底拆除。东直门一代现为北京东城区东直门地铁站和东直门公交站。

⑧诸门弟子建碑：原碑于光绪九年（1883年）立于北京东直门外的小牛房村旁，后光绪三十年（1904年）尹福等立第二块碑石；1930年再传弟子马贵、冯俊义、何书奎、张殿凯、尹玉章、卢书魁等再立碑石两通。1981年，八卦门人众议，将董海川先生墓地连同碑石一并迁入北京西郊的万安公墓。2008年，在原址上树立起董海川先生塑像。

东直门全景（远处城楼、近处箭楼）  　　东直门城楼（正面）

董海川先生东直门原墓与四通碑石 　　董海川先生万安新墓与原碑石、新碑石

二、程廷华先生小传

程廷华先生[①]，直隶深县人。居北京花市大街[②]四条，以眼镜为业。

性喜武术，未得门径。后经人介绍，拜董海川先生为师。所学之拳，名为游身八卦连环掌。自受传后，习练数年，得其精微，名声大振，人称之为"眼镜程"，无人不知之也。

同道之人来比较者甚多，无不败于先生之手者，因此招人之忌。一日晚，先生由前门返铺中，行至芦草园。正走时，忽闻后有脚步声甚急，先生方一回头，见尾随之人手使砍刀一把，光闪曜目，正望着先生之头劈下。先生随即将身子往下一缩，倏忽越出七八尺，其刀落空。旋即回身，夺其刀，以足踢倒于地，以刀掷之，曰："朋友，回家重用功夫，再来可也。"不问彼之姓名，徜徉而去。当时有数人亲眼见之。

在京教授门徒颇多。其子海亭[③]，亦足以发明先生技术之精奥者矣。

【笺注】

①程廷华：生于清咸丰八年（1848年），殁于光绪二十六年（1900年），直隶深县程村人，自幼入京学徒，后投师董海川先生门下，深得八卦拳之精奥。艺成后在京师崇文门（俗称哈德门）外花市上四条，以制镜为业，江湖人称"眼镜程"。他将摔跤等技艺有机地融入八卦拳中，根据自己的实践和感悟不断充实完善，逐步形成了风格独特的程派八卦掌。

1990年八国联军入侵北京时，他奋起抗击，壮烈殉国。

程先生曾代师传艺，并广授门徒。其门下成名弟子众多，除孙禄堂先生外，较有影响的还有刘斌、杨明山、李文彪、程有龙、张永德、冯俊义、张玉奎、高义盛、何金奎、李汉章等。参见板块四"闲谈"之一——《三派前辈神功与交手轶事闲谈》一文（P266）。

②北京花市大街：今北京崇文门东南的东西花市大街一带。

③海亭：参见板块四"闲谈"之五——《〈拳意述真〉中的"拳二代"补遗》一文（P288）。

程廷华先生

程海亭先生

第三章 太极拳家小传

一、杨露蝉先生小传

杨先生[①]字露蝉，直隶广平府人。喜拳术，得河南怀庆府陈家沟子之指授，遂以太极名于京师。

来京教授弟子。故京师之太极拳术[②]，皆先生所传也。

【笺注】

①杨先生：名福魁，字禄缠，其后人改字露蝉，今多作露禅，约生于清嘉庆四年（1799年），约卒于同治光绪之交（1872年前后），直隶广平府永年县人，杨氏太极拳创始人。10岁时到河南怀庆府温县陈家沟陈德瑚家为僮，窥习拳艺。杨露蝉自河南温县陈家沟、赵堡镇学拳艺成后返回家乡永年县设坛教拳，后来又被荐往北京，历任大户酱园张家、京师旗营武术教师等。晚年时被延请至王府授拳，被誉为打遍京城"杨无敌"。参见板块四"闲谈"之一——《三派前辈神功与交手轶事闲谈》一文（P$_{266}$）。

杨露蝉先生绘像

杨露蝉先生与其子班侯、健侯，其孙澄甫、少侯（二人皆为健侯先生之子），三代人在北京教拳，对传播太极拳功劳极大。参见板块四"闲谈"之五——《〈拳意述真〉中的"拳二代"补遗》一文（P$_{288}$）。

直至今天，杨班侯派太极拳和杨少侯派太极拳均为杨氏小架太极拳，源于杨露蝉太极拳的李派太极拳和吴氏太极拳也都架势比较小巧，表明杨露蝉先生所传的确是小架太极，而且杨家三代都尊张三丰先生为祖师，显然杨家后人认为杨露蝉先生的精奥得自赵堡，这与孙禄堂先生虽然跟盟弟杨澄甫先生研究过太极拳三四个月，又自己练习了三四年，并没有窥出太极拳的"底确详细之理"，直至后来遇到郝为桢先生才得到太极拳精奥，属于同样的情况。

②太极拳术：现代太极拳术有赵堡、陈、杨、武、孙、吴六大流派和许多小门派（如李派太极拳、王其和太极拳等）。相传太极拳肇端于唐代李道子、许宣平，形成于元明之际的张三丰。此说虽未必完全准确，但确有道理。参见板块四"闲谈"之四——《太极拳源流闲谈》一文（P$_{283}$）。

二、武禹襄先生小传

武先生①字禹襄，直隶广平府人。

往河南怀庆府赵堡镇②陈清平先生③处，学习太极拳术。研究数十年，遇敌制胜，事迹最多。郝为桢先生言之不详，故未能述之。

【笺注】

①武先生：名河清，字禹襄，号廉泉，武氏太极拳创始人，生于清嘉庆十七年（1812年），卒于光绪五年（1880年），清代直隶广平府望族，饱读诗书。长兄澄清，举人，官河南舞阳县知县，偶从河南舞阳县盐店得到一篇王宗岳的《太极拳论》，转交给其弟禹襄。次兄汝清，进士，官刑部四川司员外郎，曾介绍杨露蝉去北京传拳。故武氏昆仲三人均对太极拳的发展做出了重大贡献。参见板块四"闲谈"之一——《三派前辈神功与交手轶事闲谈》一文（P266）。

武禹襄传世拳论有《十三势行工要解》《太极拳解》《太极拳论要解》《四字秘诀》《身法八要》《十三势说略》等。

主要传人有李亦畲、李承纶、杨班侯三人。

②河南怀庆府赵堡镇：今焦作温县赵堡镇，赵堡镇是现代所有流传的太极拳流派的源头所在。参见板块四"闲谈"之三——《自古燕赵多侠士 晚清直隶内家兴》一文（P279）、之四——《太极拳源流闲谈》一文（P283）。

③陈清平先生：赵堡太极拳第七代传人。陈清平先生祖居王圪垱村，自其父陈锡络在赵堡镇开粮店始定居赵堡。清平子承父业，自幼拜神手张彦为师，悉得太极拳的奥妙，终成一代宗师。

武禹襄先生绘像

陈清平先生绘像

先生门下弟子颇多，著名者有：武禹襄，创武式太极拳；和兆元，形成代理架；任长春，形成领落架；李作智，擅长腾挪架；李景炎发展为忽雷架；牛发虎在虎牢关大战捻军，得到清廷表彰等。有学者认为陈式太极小架亦得自陈清平先生。杨露蝉先生自陈长兴先生处学习陈氏大架太极后，复从陈清平处得赵堡小架太极精奥，从而形成杨氏太极拳，而早期杨露蝉父子在北京所传太极拳即为杨氏小架太极。参见板块四"闲谈"之四——《太极拳源流闲谈》一文（P283）。

三、郝为桢先生小传

郝先生[1]讳和,字为桢,直隶广平永年县人。受太极拳术于李亦畬[2]先生。

昔年访友来北京,经友人介绍,与先生相识。见先生身体魁伟,容貌温和,言皆中理;身体动止,和顺自然。余与先生遂相投契。

未几,先生患痢疾甚剧,因初次来京不久,朋友甚少,所识者,惟同乡杨健侯[3]先生耳。余遂为先生请医服药,朝夕服侍[4],月余而愈。

先生呼余曰:"吾二人本无至交,萍水相逢,如此相待实无可报。"余曰:"此事先生不必在心。俗云:'四海之内皆朋友。'况同道乎?"先生云:"我实心感,欲将我平生所学之拳术传与君,愿否?"余曰:"恐求之不得耳。"故请先生至家中。余朝夕受先生教授,数月得其大概。

后先生返里,在本县教授门徒颇多。先生寿七十余岁而终。

其子月如[5]能传先生之术。门徒中精先生之武术者亦不少矣。

【笺注】

①郝先生:名和,字为桢,直隶广平府永年县人,生于清道光二十九年(1849年),卒于公元1920年。先生体貌魁伟,嗜于武技,与李亦畬先生试技后,诚心向学,终成一代太极名家,所演太极拳被称为"郝架"。参见板块四"闲谈"之一——《三派前辈神功与交手轶事闲谈》一文(P$_{266}$)。

先生所授弟子众多,除孙禄堂先生外,较著名者还有韩钦贤、李圣瑞、郝月如(字文桂)、李福荫、李宝玉、闫志高、张振宗、郝中天、李焕章等。

②李亦畬:李先生名经纶,字亦畬,直隶广平府永年县人,生于清道光十二年(1832年),卒于光绪十八年(1892年)。咸丰元年(1851年)辛亥科岁贡生。后随舅父武禹襄先生习太极拳,遂放弃仕途,成为武氏太极拳第二代宗师,著有《五字诀》(五字为"心静、身灵、气敛、劲整、神聚")一篇、《撒放密诀》(密诀为"擎、引、松、放"四字)一篇、《走架打手行工要言》一篇、《太极拳小序》及跋各一篇。其传人以郝为桢先生为最。

③杨健侯:名鉴,字健侯,号镜湖,杨露蝉三子,杨氏太极拳第二代传人。广平府永年县人,生于

郝为桢先生

李亦畬先生绘像

清道光十九年（1839年），卒于1917年。杨健侯的传人有其子杨少侯、杨兆元、杨澄甫及许禹生等人。李景林先生的太极拳亦承自杨健侯先生。参见板块四"闲谈"之五——《〈拳意述真〉中的"拳二代"补遗》一文（P$_{288}$）。

④余遂为先生请医服药，朝夕服侍：郝为桢先生本是奔同乡杨健侯先生而来，期盼其能介绍自己在北京传艺，然杨家太极拳在北京立足日久，不希望别人插足，故郝为桢先生遭冷遇，且病困于旅店之中。幸得孙禄堂先生古道热肠，将郝先生接至家中，并为其请来医生治病，亲自煎药喂服，悉心照料，方得康复。

⑤月如：名文桂，字月如，生于清光绪三年（1877年），卒于1935年，十余岁即随父习太极拳，武式太极拳第四代代表性传人。参见板块四"闲谈"之五——《〈拳意述真〉中的"拳二代"补遗》一文（P$_{288}$）。

郝月如先生

第四章 形意拳

第一节 述郭云深先生言十四则

一则 形意拳术三层道理 三步功夫 三种练法论

郭云深先生云："形意拳术，有三层道理；有三步功夫；有三种练法。"

首段为立论（总纲）。以下分而述之。

三层道理：

一、练①精化气。

二、练气化神。

三、练神还虚。练之以变化人之气质，复其本然之真也②。

此段所述形意拳三层道理即丹道初、中、高三个层次功夫。拳与道合，于此可见一斑。

三步功夫：

一、易骨：练之以筑其基，以壮其体。骨体坚如铁石，而形式气质，威严状似泰山。

二、易筋：练之以腾其膜，以长其筋。俗云："筋长力大"。其劲纵横联络，生长而无穷也。

三、洗髓：练之以清虚其内，以轻松其体。内中清虚之象，神气运用，圆活无滞；身体动转，其轻如羽。《拳经》云："三回九转是一式③"，即此意也。

此段易骨、易筋、洗髓三步功夫与丹道三层道理分别相对应。

三种练法：

一、明劲：练之总以规矩不可易，身体动转要和顺而不可乖戾，手足起落要整齐而不可散乱。《拳经》云："方者以正其中④"，即此意也。

二、暗劲：练之神气要舒展而不可拘，运用圆通活泼而不可滞。《拳经》云："圆者以应其外⑤"，即此意也。

三、化劲：练之周身四肢动转、起落进退皆不可着力，专以神意运用之。虽是神意运用，惟形式规矩仍如前二种，不可改移。虽然周身动转不着力，亦不能全不着力，总在神意之贯通耳。《拳经》云："三回九转是一式"，亦即此意义也。

此段明、暗、化劲三种练法与丹道三层道理、拳术三步功夫分别一一对应。以下三节分而述之。

33

【笺注】

①练：在丹道中一般作"炼"，即"炼精化气、炼气化神、炼神还虚、炼虚合道"，强调火候，故从火。孙禄堂先生则强调绵绵不绝、持之以恒，故改"炼"为"练"，从"丝"。特此说明。

②练之以变化人之气质，复其本然之真也：此段文字在原书中是以双行小字附在"三、练神还虚"之下的，并非郭云深先生之言，而是孙禄堂先生的注解文字。

A. 孙禄堂先生所著《拳意述真》，并非仅仅原话记录诸前辈先生之言，而是参以己意，以太极、一气、内劲、中和之理贯穿各篇，整合而成的诸先生"真言"（参见板块三"绪论"——《遍访前辈探辑群言 付以己意自成一家》一文，P_{146}）。即便如此，孙禄堂先生仍恐后学之人不能理解其真意，复多处加以注解，还有很多地方引用《拳经》和三教经典之文加以说明。

B. 然而原书排版存在较大问题：凡属孙禄堂先生"注文"和"引文"的，本来都应该用双行小字标识出来，但除了少数条目外，大部分都是和正文一样的文字。经著者整理后，发现书中注文、引文很多。其中注文有109处（含4处混合了引文的注文），引文52处，共计161处，而原书仅标识了其中的54处（双行小字的注文仅52处，小括号注文1处，小括号引文1处），仅占总数的三分之一。在原书52处双行小字中，其中的3处还是半拉双行字（如原书第三三页"头手足肩肘胯膝名为七拳"，后面八个字是双行小字，前三个字确是单行大字，见右下图）。而且在四、五、六章"述真之言"中，实际上注文有73处，引文有50处，共123处。然而原书上用双行小字和小括号标识的注文仅有24处，小括号标识的引文1处，共25处——仅占总数的约五分之一。

没能全部区分清楚经文与传文，给爱好者阅读《拳意述真》造成很大的困难。因此著者也在尽力解决这一问题。

C. 第一条引文"《拳经》云：三回九转是一式，亦即此意义也。"是加现代小括号标识的，而且字体也没有缩小。后面的所有引文不仅没使用双行小字，干脆连小括号都没有了。当然，"《拳经》云"之类并非

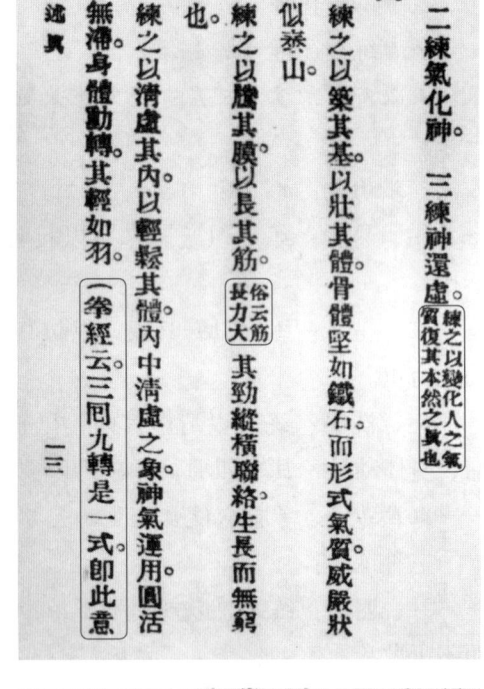

《拳意述真》初版剪影

都是引文，有一小部分是前辈先生自己引用的，但绝大部分都是孙禄堂先生引文以佐证原文的。至于哪些是前辈先生的引文，哪些是孙禄堂先生的引文和注文，这需要通过反复通读全文，凭语感与上下文意区分出来。

D. 由于原书绝大部分引文和注文都没有用双行小字或小括号加以标识，就是加以区分的，多数爱好者也不明其义，以为都是诸前辈先生的"真言"。包括孙禄堂先生对其摘录的《形意拳谱》所作的"注文"，也被人们当成《拳经》原文来看待了。为正本清源，凡本书中孙禄堂先生的注文与引文，一律用小号的仿宋体字同正文所用的大号宋体字加以区分。特此说明。请参见《凡例》。

E. "练之以变化人之气质，复其本然之真也"，指练神还虚阶段，人的精神气质会发生巨大变化，对主观世界与客观世界都有了全新的认识，心胸愈宽，人欲愈少，人变得愈加平和、宁静、淡泊，回复到了人本来固有的真善美的境界。

③三回九转是一式："三回"者，即明劲、暗劲、化劲是也。明、暗、化劲为一式。比如练劈拳，无论是明劲、暗劲还是化劲练法，劈拳的招式外形基本上是一样的，没有大的改变，只是在修炼的劲路上有所不同。动作幅度由大变小，由断到连，由方到圆，再到一气浑然，招式更加严密，所蕴含的劲意与变化更多。

"九转"者，属于道家的内丹术："一转降丹，二转交媾，三转养阳，四转养阴，五转换骨，六转换肉，七转换五脏六腑，八转育火，九转飞升。"它主要讲的是练气结丹，与郭云深先生讲的"练精化气、练气化神、练神还虚"是密不可分的。"九转还丹术"就是说以通过阳气点化全身阴质，修成纯阳之体。

这里的"三回九转是一式"，借丹道之理，说明拳术练至化劲洗髓阶段，则无五行、十二形之别，一式之中，诸形皆备；举手投足，皆合乎道理；施于彼时，则"拳无拳，意无意，无意之中是真意"也。

④方者以正其中："方"，指明劲练法，动作必须合乎规矩，手足动作整齐划一，此阶段动作开展，棱角分明。"正其中"，指以外形动作引导体内散乱之气，使之与力相合，以气使力，形成"气力"。未练拳之人，往往以力使气，即所谓"力气"。这句话的核心意思就是，通过合乎"九要"规矩的练拳过程，把努气拙力的"力气"变为和顺自然的"气力"。

⑤圆者以应其外：指暗劲阶段，一改明劲阶段的"以外导内"而为"以内引外"。内里神气舒展、圆通活泼，内劲贯通，则拳术动作自然合乎规矩。此即"内圆外方"之意也。当然，暗劲阶段，动作无有间断，外形上也已经是方圆兼济了。《形意拳学》——鸡形金鸡报晓式："此时身体如同一四方物，四面用绳子相拉，均一齐用力相争一般。腹内空空洞洞，如天气之圆，身外如地形之方，此谓内圆外方之意也。"

一节 明劲

明劲者，拳中之刚劲也，即练精化气、易骨之道也。

此段为本节总论。

35

因人身中先天之气与后天之气不合，体质不坚，故发明其道。大凡人之初生，性无不善，体无不健，根无不固，纯是先天。以后智识①一开，灵窍一闭，先后天不合，阴阳不交，皆是后天血气用事。故血气盛行，正气衰弱，以致身体筋骨不能健壮。故昔达摩大师②，传下易筋、洗髓二经，习之以强壮人之身体，还其人之初生本来面目。后宋岳武穆王③扩充二经之义，作为三经：易骨、易筋、洗髓也。将三经又制成拳术，发明此经道理之用。《拳经》云："静为本体，动为作用④。"与古之五禽、八段⑤练法有体而无用⑥者不同矣。

此段阐明了易骨、易筋、洗髓之道发明的原因、过程及其与拳术的关系。

因拳术有无穷之妙用，故先有易骨、易筋、洗髓，阴阳混成，刚柔悉化，无声无臭，虚空灵通之全体。所以有其虚空灵通之全体，方有神化不测之妙用。故因此拳是内外一气、动静一源、体用一道，所以"静为本体，动为作用"也。

此段阐明在三经指导下的形意拳术是体用兼备的。

因人为一小天地，无不与天地之理相合。惟是天地之阴阳变化，皆有更易，人之一身，既与天地道理相合，身体虚弱，刚戾之气，岂不能易乎？故更易之道，弱者易之强；柔者易之刚；悖者易之和⑦。所以三经者，皆是变化人之气质，以复其初也。

此段阐明三经皆是变化人之气质之道。明劲可使体质虚弱者变强劲，暗劲可使性情优柔者变刚健，化劲可使暴戾、偏执之人变得中正平和。

易骨者，是拳中之明劲、练精化气之道也。将人身中散乱之气，收纳于丹田之内，不偏不倚，和而不流⑧，用"九要"之规模⑨锻炼，练至于六阳纯全⑩，刚健之至，即拳中上下相连，手足相顾，内外如一。至此，拳中明劲之功尽，易骨之功全，练精化气之功亦毕矣！

此段阐明了什么是易骨、如何易骨，并指明了易骨之道完成的标准是什么。

【笺注】

①智识：犹智力，识见。

②达摩大师：全名菩提达摩（Bodhidharma），南北朝禅僧，世称达摩，意译为觉法，南天竺（南印度）香至王第三子，刹帝利种姓，通彻大乘佛法。北魏时，曾在洛阳、嵩山等地传授禅教，开创东土第一代禅宗传佛心印。约当魏末圆寂于洛滨，今三门峡陕州区空相寺是禅宗初祖菩提达摩的葬地。在民间常称其为达摩祖师，即禅宗的创始人。弟子有慧可、昙林等人。留下一苇渡江、面壁九年等传说。

清代以来，武术界多认为易筋经、洗髓经是达摩大师所创，但部分武术史研究者倾向于认为是明代天台紫凝道人假托达摩之名所作。

③岳武穆王：民族英雄岳飞。岳飞（1103—1142年），宋相州汤阴县（今河南安阳汤阴县）人，南宋抗金名将，中兴四将之首。

他于北宋末年投军，十数年间，率领岳家军同金军进行了大大小小战斗数百次，所向披靡。1142年1月，岳飞被宋高宗赵构和奸相秦桧以"莫须有"的"谋反"罪名，与长子岳云和部将张宪一同被杀害。宋孝宗时岳飞冤狱被平反，改葬于西湖畔栖霞岭，追谥武穆，后又追谥忠武，封鄂王。故民间尊为岳武穆王。

岳飞尽忠报国，武艺高强。关于岳飞创形意拳术之说，虽有附会之嫌，却不无道理。在现代流传的各种拳术中，只有心意拳、形意拳注重单操手训练，就是有套路一般也都短小精悍。这是强调武术技击实战的突出体现。岳飞精于枪术，号称岳家枪，代有传承，至明末清初姬际可（龙峰）变枪为拳，创心意六合拳。20世纪80年代，岳飞27世孙岳进曾公开展示过岳家拳。岳飞后人还把"武穆遗书"——《武穆武术纲要》献给了国家，说明岳飞确实创有拳法，形意拳实际上是在岳家枪、岳家拳和岳飞武学思想基础上创立的。因此认为岳飞创立形意拳也是完全成立的。武术本身就是不断发展演变的。

④静为本体，动为作用：详见第三板块"十五要论"之第十论——《孙氏武学"体用"论》一文（P$_{227}$）。

⑤五禽、八段：即五禽戏、八段锦。据《后汉书·华佗传》记载，汉末三国时期的神医华佗模仿虎、鹿、熊、猿、鸟五种动物，创编了一套导引健身功法，名为五禽戏。八段锦，是流传最广、影响最大的导引术，其名最早见于南宋洪迈的《夷坚乙志》一书。八段锦在发展演变过程中，逐渐形成坐式、立式八段锦，文派、武派八段锦，北方、南方八段锦等。今天最常见的是"立式文练八段锦"。

⑥有体而无用：五禽戏、八段锦，作为古老的导引术（古代没有"气功"一词，今人把导引、吐纳、按蹻、内丹术等统称为"气功"），有其特定动作，这是其"体"，但这些动作纯粹为健身养生需要而设，并不包含技击作用，故曰"有体而无用"。反之，西洋的拳击和从中国武术中"独立"出来的散打，皆属于有用而无体，与养生修道更挨不上边。只有形意、八卦等中国传统武术，才是体用兼备的功夫。

当然，"无用"不是没有作、没有益处，而是指没有技击效用。

太极拳本身也是体用兼备的功夫，只是很多现代人差不多已经把它当成五禽戏、八段锦习练了。

现在中老年人基本上练的都是有体而无用的太极拳；而青少年则倾向于练有用而无体的拳击、散打、自由搏击、跆拳道等；真正传习体用兼备的中国功夫的人实在太少了。

⑦悖者易之和：使悖谬者变得和顺自然。悖［bèi］，混乱，相冲突；违背道理，谬误。前文的"刚戾之气"即为悖谬者。

⑧和而不流：善于与人和谐相处而又不随波逐流。语出《礼记·中庸》："故君子和而不流，强哉矫。"

⑨"九要"之规模：九要者：一要塌，二要扣，三要提，四要顶，五要裹，六要松，七要垂，八要缩，九要起蹭落翻分明。详见孙禄堂先生《八卦拳学》第三章"入门练习九要"；参见第三板块"十五要论"之第三论——《孙氏武学"中和"论》一文（P$_{169}$）。

规模：犹言规矩。

⑩六阳纯全：易经六十四卦，共384爻，其中乾卦（☰）六爻皆为阳爻，故曰纯全。乾为健、为阳、六阳纯全才能刚健之至。在此喻拳功练得像乾卦那样刚健，象征纯阳。《易传》象辞云："天行健，君子以自强不息。"

二节　暗劲

暗劲者，拳中之柔劲也，柔劲与软不同：软中无力，柔非无力也。即练气化神、易筋之道也。

此段为本节总论。

先练明劲而后练暗劲，即丹道小周天止火，再用大周天功夫之意①。明劲停手，即小周天之沐浴也；暗劲手足停而未停，即大周天四正之沐浴②也。

此段旨在阐明明劲、暗劲分别对应内丹术的小周天功、大周天功。

拳中所用之劲，是将形、气、神神即意也。合住，两手往后用力拉回，内中有缩力。其意如拔钢丝；两手前后用劲，左手往前推，右手往回拉，或右手往前推，左手往回拉，其意如撕丝绵；又如两手拉硬弓，要用力徐徐拉开之意；两手或右手往外翻横、左手往里裹劲，或左手往外翻横、右手往里裹劲，如同练鼍形之两手，或是练连环拳之包裹拳；《拳经》云："裹者，如包裹之不露。"两手往前推劲，如同推有轮之重物，往前推不动之意，又似推动而不动之意。

此段阐明了习练暗劲时两手的五种基本动作与劲意：其一，双拉——拔钢丝（如炮拳之双拉手）；其二，一推一拉——撕丝绵（如劈拳、躜拳）；其三，一推一拉——拉硬弓（如崩拳、炮拳）；其四，一外翻横，一里裹劲——鼍形或包裹拳（横拳之变化）；其五，双前推——推有轮重物（如虎形）。

两足用力，前足落地时，足跟先着地，不可有声，然后再满足着地，所用之劲，如同手往前往下按物一般；后足用力蹬劲，如同迈大步过水沟之意。《拳经》云："脚打踩意不落空"（是前足）；"消息全凭后脚蹬"（是后足）③；"马有疾蹄之功"④。皆是言两足之意也。两足进退，明劲、暗劲两段之步法相同，惟是明劲则有声，暗劲则无声耳。

此段阐明了习练暗劲时两足动作的基本要领与劲意——足跟先落，再足掌着地，落地无声；前足踩意，后足蹬劲。

【笺注】

①丹道小周天止火，再用大周天功夫之意：练精化气的过程，即为小周天功夫。道家内丹术认为，"人之初生，性无不善，体无不健，根无不固，纯是先天。以后智识一开，灵窍一闭，先后天不合，阴阳不交，皆是后天血气用事，故血气盛行，正气衰弱"（见第一节"明劲"，P$_{35}$），必须用先天元气温煦它，使之充实，并使之重返先天精气，这就是道家内丹术功法的第一阶段"小周天"练精化气过程的目的。完成这步功法，即可防病祛病。内丹术的特点，是要求内气在身体内按经络路线，循环周

转，故借用天文学上的"周天"一词（小周天，本义指地球自转一周）。小周天亦称子午周天、金液还丹、玉液还丹、河车搬运、取坎填离、坎离交媾、水火既济、心肾相交等。

A. 内气运转的小周天过程，是指内气从下丹田开始，经下鹊桥，逆督脉而上（阳升），过尾闾、夹脊、玉枕三关和上丹田，经上鹊桥，沿任脉而下（阴降），经廉泉、华盖、玉堂、中丹田（膻中）、神阙，复归于下丹田。如此周流运转，循环不息。

B. 大周天（本意指地球绕太阳公转一周）是道家内丹术功法的第二阶段，即练气化神的过程，它是在小周天阶段基础上进行的。内丹术认为，通过大周天，使神和气密切结合，相抱不离，以达到益寿延年的目的。由于它的内气流行，除在督任二脉外，也在其他经脉上流行，范围大于小周天，故称为大周天。根据内丹术理论，通过小周天阶段，后天精气得到充实，并逐步返还成先天精气，故大周天就采用先天八卦图进行指导。在先天八卦图上，南北方位已是乾坤两卦，但实际上，在内丹术中总是着眼在坎离两卦上，而坎离两卦，已处在卯酉的位置上，故大周天或称乾坤交媾，或称卯酉周天。

C. 人身有十二正经、有奇经八脉（任督二脉即为奇经八脉中最"著名"的两条）。大周天的运行路线，因人而异，有沿奇经八脉运行者，有仅沿督任及其他一两条经脉运行者，还有沿十二正经中某几条经脉运行的。

D. 形意拳功中之明劲阶段即相当于丹道小周天功夫，暗劲阶段相当于大周天功夫。修功法也好，练拳艺也罢，都不可急于求成，需循序渐进，才有成效。因此先练明劲以通小周天，后练暗劲以通大周天。

②沐浴：指练内丹功过程中的某阶段所应掌握的一种火候。行"沐浴"有许多内容，如要求清心寡欲，培养高尚品德，如小周天功文风武火呼吸法等，皆属沐浴。在拳功中明劲配合内功之停手，即小周天之沐浴；暗劲配合内功之手足停而未停，即大周天四正之沐浴。

③"脚打踩意不落空"（是前足）；"消息全凭后脚蹬"（是后足）：形意拳手出不空回，脚进不空落。前脚有踩意，则对敌时可踏彼之脚面、可蹬击彼之胫骨。然而形意拳之上步并非前足进、后足随，而是后足蹬劲，将前足送出；前足落，后足继续跟上蹬劲，形成整劲。虽然形意拳多拳法少腿法，但腿足为形意拳之根。木无根不活，拳无根招式皆空。故《形意拳经》又云："脚打七分手打三，五行四梢要合全。"

括号内为孙禄堂先生对引文又加的补注，著者加括号以示区别。

④马有疾蹄之功：形意拳十二形歌诀之一。十二形歌诀如下："龙有搜骨之法，虎有扑食之勇，猴有纵山之能，马有疾蹄之功，鼍有浮水之灵，鸡有争斗之性，鹞有蹽天之势，燕有抄水之巧，蛇有拨草之精，鲐有崩撞之形，鹰有捉拿之技，熊有竖顶之力。"马有疾蹄之功，是说进步要快疾，能踩住对方，能管住对方，不让对方跑掉。

39

三节 化劲

化劲者，即练神还虚，亦谓之洗髓之功夫也。

此段为本节总论。

是将暗劲练到至柔至顺，谓之柔顺之极处，暗劲之终也。丹经云："阴阳混成，刚柔悉化，谓之丹熟。"柔劲之终，是化劲之始也。所以再加向上功夫，用练神还虚，至形神俱杳，与道合真，以至于无声无臭，谓之脱丹矣。《拳经》谓之"拳无拳，意无意，无意之中是真意[①]"。是谓之化劲、练神还虚、洗髓之功毕矣！

此段阐明了何时能够由暗劲习练转入化劲习练，以及何种状态为化劲之功完成。

化劲者，与练"划劲"不同。明劲、暗劲，亦皆有划劲。划劲是两手出入起落俱短，亦谓之短劲。如同手往着墙抓去，往下一划，手仍回在自己身上来，故谓之划劲。

此段为孙禄堂先生补注，旨在提醒爱好者：莫以"划劲"为化劲。

练化劲者，与前两步功夫之形式无异，惟所用之劲不同耳。《拳经》云："三回九转是一式"，是此意也。三回者，练精化气、练气化神、练神还虚，即明劲、暗劲、化劲是也。三回者，明暗化劲是一式。九转者，九转纯阳也，化至虚无而还于纯阳，是此理也。所练之时，将手足动作，顺其前两步之形式，皆不要用力，并非顽空[②]不用力，周身内外，全用真意运用耳。手足动作所用之力，有而若无，实而若虚。腹内之气，所用亦不着意，亦非全不着意，意在积蓄虚灵之神耳。

此段指出化劲与明劲暗劲的根本区别不过是"所用之劲不同耳"。孙禄堂先生复以《拳经》的"三回九转是一式"加以说明之，并具体阐明了化劲练法的劲意——不用力、不着意，亦非全不用力、全不着意，意在积蓄"虚灵之神"耳。

呼吸似有似无，与丹道功夫阳生至足，采取、归炉、封固、停息、沐浴[③]之时，呼吸相同。因此似有而无，皆是真息，是一神之妙用也。《庄子》云："真人之呼吸以踵[④]"，即是此意，非闭气也。

此段阐明了化劲之呼吸法——真息的练法。

用功练去，不要间断，练到至虚，身无其身，心无其心，方是形神俱杳、与道合真之境。此时能与太虚同体矣！

此段进一步说明三层道理之后，还要向至高的境界——练虚合道（道境）的方向努力。

以后练虚合道，能至寂然不动，感而遂通，无入而不自得[⑤]，无往而不得其道，无可无不可[⑥]也。《拳经》云："固灵根而动心者，武艺也；养灵根而静心者，修道也。[⑦]"所以形意拳术，与丹道合而为一者也。

此段谈的是"道境"大成之后的基本效能。

【笺注】

①拳无拳，意无意，无意之中是真意：拳练至化劲洗髓，也就是内丹术中的练神

还虚阶段，周身内外一气，举手投足无不合道，又不为规矩所囿，也就是脱规矩，脱规矩又合乎规矩，即不期然而然也。或曰"吾即规矩"亦可也。譬如古人写字，首先要明规矩，而后守规矩，至纯熟而后脱规矩，脱规矩还要合规矩。到此地步，一举一动，一言一默，虽是无意之言行，却都是真意，这就是到了随心所欲境地的高级功夫。

②顽空：道教陈抟先生有"五空之秘"论。其"五空"是从低到高五个不同的"空"的层次，依次为：顽空、性空、法空、真空、不空。这里的顽空为最低层次的"空"："虚而不化，滞而不通，阴沉胚浑，清气埋藏而不发，阳虚质朴而不止，其为至愚者也。"

③采取、归炉、封固、停息沐浴：皆内丹功中术语。道家将练精化气分为六个步骤来锻炼，即"炼己""调药""产药""采药""封炉""炼药"。采取，即采药。当产药时，气机发动，有可能走泄，应及时采用撮（提缩谷道）、抵（舌抵上腭）、闭（闭目上视）、吸（逆腹式呼吸，且吸长呼短）四字诀，还精补脑。1989年5月，著者登武当山，得紫霄宫祝华英道长点授此功。

"归炉、封固、停息"是"封炉"中的功法。"归炉"系指真气产生后，愈加充盈，此时用意念导引，将其引入任脉，进入小周天运行轨道；"封固"，温养之意；"停息"是不行采药鼓嘘之法，并非闭息。《大成捷要》云："药既皈炉，须用真意封固，停息以伏神气……将神气随呼而入，俱伏于气穴，略停一息之顷，盘旋于丹田之上……"然后再"用意率领元气自坤腹逆上乾顶。"所以于封炉之中，仍要继续用紧撮谷道（谓之身根不漏）、鼻吸莫呼（谓之鼻根不漏）、耳不听外物（谓之耳根不漏）、目不外视（谓之眼根不漏）四法，要使一念不生、一意不散，六欲不起、六尘不染（即意根不漏），命根方能固矣。

在形意拳内功中，并非照抄照搬内丹术，而是把道家内丹术的某些方法巧妙地运用在某些桩法和个别拳式之中。此处引用内丹功法术语，是说练化劲时的呼吸，与之相同。简单地说，练化劲时呼吸法则就是：勿忘勿助，遍体而深，绵绵不绝，若亡若存。

④真人之呼吸以踵：指内呼吸功深，而达于踵。踵，足跟也。语出《庄子·大宗师》："古之真人，其寝不梦，其觉无忧，其食不甘，其息深深，真人之息以踵，众人之息以喉。"王穆夜说："起息于踵，遍体而深。"一般说来，踵息为"深息"，喉息为"浅息"，两者相对而言。历代丹书所说的踵息，多指深长的腹式呼吸。著者在站形意三体式时，呼气时会有两股热流（真气）沿两腿直达足跟的现象，在化劲行拳落翻时（尤其是练化劲劈拳和龙形、虎形落翻时）仍然会如此。这或许也属于庄子所说的"踵息"吧？

⑤无入而不自得：无论处在什么境遇都能保持中庸之道，安然自足。语出《礼记·中庸》："君子素其位而行，不愿乎其外。素富贵，行乎富贵；素贫贱，行乎贫贱；素夷狄，行乎夷狄；素患难，行乎患难。君子无入而不自得焉。"

41

⑥无可无不可：语出《论语·微子第十八》："我则异于是，无可无不可。"指没有什么行与不行，怎样办都行，没有一定的死规矩。

⑦固灵根而动心者，武艺也；养灵根而静心者，修道也："灵根"一词出自魏晋时期的道教丹书《黄庭经》，其中多处谈及"灵根"："呼吸庐间入丹田，玉池清水灌灵根""玉池清水上生肥，灵根坚固老不衰""灌溉五华植灵根，七液洞流冲庐间""耽养灵根不复枯，闭塞命门保玉都""沐浴华池生灵根，三府相得开命门""象龟引气致灵根，中有真人巾金巾""庶几结珠固灵根，玉匙金钥身完坚""灵根坚固老不衰，中池有士服赤衣""通利天道存灵根，阴阳列布若流星"等。灵根，指人有灵性之本，代指人的身体。固本动心、注重技击的练法便是武艺；养本静心、神不外驰的修练方法便是道艺。

二则　形意拳术三体式之要义

形意拳起点三体式①，两足要单重，不可双重。

首段为立论。

单重者，非一足着地，一足悬起，不过前足可虚可实，着重在于后足耳。以后练各形式，亦有双重之式。虽然是双重之式，亦不离单重之重心。以至极高、极俯、极矮、极仰之形式，亦总不离三体式单重之重心。故三体式为万形之基础也。

此段阐明了何为单重，并指出单重的核心——无论形式如何，"总不离三体式单重之重心"。因此，三体式为"万形之基础"，也就是俗语所说的"万法不离三体式"。

三体式单重者，得其中和之起点②，动作灵活，形式一气，无有间断耳；双重三体式者，形式沉重，力气极大，惟是阴阳不分、乾坤不辨、奇偶不显、刚柔不判、虚实不明、内开外合③不清、进退起落动作不灵活耳。

此段阐明了三体式单重与双重的本质区别。

所以形意拳三体式不得其单重之中和，先后天亦不交，刚多柔少，失却中和，道理亦不明，变化亦不通，自被血气所拘，拙劲所捆。此皆是被三体式双重之所拘也。

此段指出了三体式双重的弊病有哪些。

若得着单重三体式中和之道理以后行之，无论单重、双重，各形之式，无可无不可也。

此段旨在说明，若得着三体式"中和"之道，则不论形式上是单重还是双重，是五行拳还是十二形拳，就都没有什么问题了。

【笺注】

①三体式：何谓三体？孙禄堂先生在《形意拳学·形意三体学》中写到："三体者，天、地、人三才之象也，在拳中为头手足是也。三体又各分为三节：腰为根节

（在外为腰，在内为丹田），脊背为中节（在外为脊背，在内为心），头为梢节（在外为头，在内为泥丸）。肩为根节，肘为中节，手为梢节。胯为根节，膝为中节，足为梢节。三节之中各有三节也。此理乃合于洛书之九数。"以三体为根，立为一式，即所谓三体式。详见第三板块"十五要论"之第五论——《孙氏武学"三体"论》一文（P180）。

②三体式单重者，得其中和之起点：参见第三板块"十五要论"之第三论——《孙氏武学"中和"论》一文（P169）。

③内开外合：详见第三板块"十五要论"之第六论——《孙氏武学"内开外合顺中用逆"论》一文（P186）。

三则　形意拳术习练难易论

形意拳术之道，练之极易，亦极难。

首段为总纲。

易者，是拳术之形式，至易至简而不繁乱。其拳术之始终，动作运用，皆人之所不虑而知、不学而能者也。周身动作运用，亦皆平常之理。惟人之未学时，手足动作运用无有规矩而不能整齐。所教授者，不过将人之不虑而知、不学而能，平常所运用之形式，入于规矩之中，四肢动作而不散乱者也。果练之有恒而不间断，可以至于至善矣！若到至善处，诸形之运用，无不合道矣！以他人观之，有一动一静、一言一默之运用，奥妙不测之神气，然而自己并不知其善于拳术也。因动作运用皆是平常之道理，无强人之所难，所以拳术练之极易也。《中庸》云："人莫不饮食也，鲜能知味也①。"

此段阐明了习练形意拳"易"在何处：易在形式和动作运用。并指出，所教授者，不过是用形意拳之规矩（避三害，守九要，切六合）去规范"平常所运用之形式"耳，只要持之以恒地练下去，必能臻于至善；"动作运用皆是平常之道理，无强人之所难"。因此拳术练起来很容易。

难者，是练者厌其形式简单而不良于观，以致半途而废者有之；或是练者恶其道理平常，而无有奇妙之法则，自己专好刚劲之气，身外又务奇异之形，故终身练之而不能得着形意拳术中和之道也。因此好高骛远，看理偏僻，所以拳术之道理得之甚难。《中庸》云："道不远人，人之为道而远人②。"即此意义也。

此段指出了练形意拳"难"在何处：难在习练者"厌其形式简单""恶其道理平常""身外又务奇异之形"，好高骛远，看理偏僻。如此自然难以得着拳术中和之道。

【笺注】

①人莫不饮食也，鲜能知味也：语出《礼记·中庸》："道之不行也，我知之矣：知者过之，愚者不及也……人莫不饮食也，鲜能知味也。"喝水吃饭没有人不会，但能品尝其中之味道的人少之又少。习武的道理亦然。形意拳动作简单易学，但

能真正理解拳中奥义的，不足十一。大概也是因为有的人嫌弃它的形式简单，结果半途而废；有的人好高骛远，故弄玄虚；有的人不肯下苦功；有的人不求甚解，如此等等，自然难窥拳中三昧。

②道不远人，人之为道而远人：语出《礼记·中庸》："道不远人，人之为道而远人，不可以为道。"万事万物各行其道，道并不排斥人，只要自己一意去找寻，便能得道。人们不去深入追寻真正的"道"，道自然远离人而去。拳术之道亦然。形意拳之道，是最符合"大道至简且易"之理的。然而因为其看似太简易，很多人便不屑于去学它，自然便永远不可能了解它。反之，兢兢业业，以拳术中之规则法度，日日苦练、时时琢磨，久而久之，拳术之奥妙自现。至此，一举手、一投足，便皆能与道相合了。

四则　形意拳术神气论

形意拳之道无他，神、气二者而已。

首段为立论，实际上指出了形意拳术与丹道的关系。

丹道始终全仗呼吸。起初大小周天以及还虚之功者，皆是呼吸之变化耳。拳术之道亦然。惟有锻炼形体与筋骨之功，丹道是静中求动，动极而复静也；拳术是动中求静，静极而复动也。其初练之似异，以至还虚则同。《形意拳经》云："固灵根而动心者，敌将也；养灵根而静心者，修道也。"所以形意拳之道，即丹道之学也。

此第二段进一步阐明形意拳术与丹道的关系："形意拳之道，即丹道之学也。"理由之一，丹道与拳术都是"全仗呼吸"，而各自不同阶段亦皆是"呼吸之变化耳"；理由之二，二者在"锻炼形体与筋骨之功"方面，初练时（明暗劲阶段）似乎差别很大（拳术为动—静—动，丹道为静—动—静），到练神还虚（化劲）阶段则再无轩轾。

丹道有三易：练精化气、练气化神、练神还虚。拳术亦有三易：易骨、易筋、洗髓。三易即拳中明劲、暗劲、化劲也。练至"拳无拳，意无意，无意之中是真意"，亦与丹道练虚合道相合也。

此段从"三易"相对应角度进一步说明形意拳与丹道的关系。尤其是到化劲（洗髓）大成之后，"拳无拳，意无意，无意之中是真意"，已经与练虚合道相合为一。

丹道有最初还虚之功，以至虚极静笃之时，下元真阳发动，即速回光返照①，凝神入气穴，息息归根。神气未交之时，存神用息，绵绵若存，念兹在兹，此武火②之谓也。至神气已交，又当忘息，以致采取、归炉、封固、停息、沐浴、起火、进退、升降、归根，俟动而复练，练至不动，为限数足满，止火，谓之坎离交媾③，此为小周天。

此段介绍丹道小周天的练法。

以至大周天之功夫，无非自无而生有，由微而至著，由小而至大，由虚而至实，皆呼吸火候之变化。文武刚柔，随时消息，此皆是顺中用逆，逆中行顺，用其无过不及中和之道也。此不过略言丹道之概耳。

此段略谈丹道大周天的功法。丹道与拳术并行不悖。孙禄堂先生在第八章"练拳经验及三派之精意"一文中所谈个人练拳的体验,更能说明这一点。

丹道与拳术并行不悖,故形意拳术非粗率之武艺。余恐后来练形意拳术之人,只用其后天血气之力,不知有先天真阳之气,故发明④形意拳术之道,只此神、气二者而已。故此先言丹道之大概,后再论拳术之详情。

此段进一步指明丹道与形意拳的关系,"形意拳术之道,只此神、气二者而已"。同时指出这一则"真言"是先谈谈丹道的大概情形,为以下第五则、第六则内容做铺垫。

【笺注】

①回光返照:亦作"回光反照"。本意是指,由于日落时的光线反射,因而天空又短时间地发亮。多用来比喻人将死时神志忽然清醒或短暂的兴奋,或旧事物灭亡前表面上的短暂繁荣。但内丹术中的"回光返照"是从其本义引申而来,指的是闭目垂帘,反观内视,目观鼻,鼻观心,心观丹田,是一种收视反听的方法。

②武火:炼内丹功时之火候(即意念,并配合呼吸。呼吸在内丹术中又称为"风",与"火"相对),分武火、文火。武火指炼功中用意重紧急运之谓,与文火相对而言。《金仙证论》:"紧重谓之武火。"用武火时须配合舐、吸、撮、闭四诀。《海琼传道集》以"奋迅精神,驱除杂念"为武火之要。采药及昏沉时需用武火。《性命圭旨》:"未得丹时籍武火凝之。"用武火采炼,称为武炼。

③坎离交媾:坎、离乃《周易》中的两种卦象,坎卦为☵,上下两阴爻,中间一阳爻(坎中满);离卦为☲,上下两阳爻,中间一阴爻(离中虚)。东汉魏伯阳的《周易参同契》运用卦象作为内丹术的说理工具。内丹术理论认为,人体在胚胎初兆时(先天),阴阳相合而不分离("混沌"状态),此时阴阳纯全,浑然一气。乾卦☰表示其中纯阳之气;坤卦☷表示其中纯阴之质。以后在发育过程中,先天一气开始分化,阴阳相离。以八卦学说分析,即是,乾卦中间的阳爻"损落"一点,"陷入"坤卦中间阴爻。由于这"一点"的变迁,乾卦与坤卦发生了质的变化,乾卦因中爻损落一点,转化成离卦;坤卦因中爻陷进一点,转化为坎卦。从此阴阳分离,相隔而不相交,于是从"先天"转化为"后天"。"后天"的人体中,离卦属心,心属火,故称"离火";坎卦属肾,肾属水,故称"坎水"。先天浑沦一气,阴阳纯全,有无穷的生命力;后天阴阳解体,日趋耗散,直至生命的终结。由后天返回先天,即"返本还原",是内丹术理论上的基本原则。而"返本还原",必须坎离相交,水火相济,使坎卦中爻一点向离卦中爻复位,转回到乾卦的原态。紫阳真人张伯端《悟真篇》:"取将坎内中心实,点化离宫腹内阴",即"取坎填离"。此亦是中国传统医学中的"心肾相交"理论,也称"坎离交媾",实为诱使肾气上升、心液下降,使水火升降于中宫,阴阳混合于丹鼎(黄庭)。因此,"坎离交媾"实即"小周天"功夫。

④发明：公开阐明之意。

五则　形意拳术三层呼吸论

郭云深先生言：练形意拳术，有三层之呼吸。

首段为点题。以下三段分别说明调息、息调、真息三层呼吸的练法及其与形意拳的关系。

第一层练拳术之呼吸，将舌卷回，顶住上腭，口似开非开，似合非合，呼吸任其自然，不可着意于呼吸。因手足动作合于规矩是为调息①之法则，亦即练精化气之功夫也。

此段旨在说明第一层（明劲）练形意拳术之呼吸——调息的法则：呼吸纯任自然。调息即丹道的练精化气功夫，也就是小周天功夫。

第二层练拳术之呼吸，口之开合、舌顶上腭等规则照前，惟呼吸与前一层不同。前者手足动作是调息之法则，此是息调②也。前者口鼻之呼吸，不过借此以通乎内外也；此二层之呼吸，着意于丹田之内呼吸也，又名胎息③。是为练气化神之理也。

此段旨在说明第二层（暗劲）练形意拳术之呼吸——息调（胎息）的法则：着意于丹田之内呼吸。息调即丹道的练气化神功夫，也就是大周天功夫。

第三层练拳术之呼吸，与上两层之意又不同。前一层是明劲，有形于外；二层是暗劲，有形于内；此呼吸虽有而若无，勿忘勿助之意思，是为真息也，即是神化之妙用也。心中空空洞洞，不有不无，非有非无，是为无声无臭，还虚之道也。

此段旨在说明练形意拳术第三层（化劲）之呼吸——真息的法则：有而若无，勿忘勿助。真息即丹道之练神还虚功夫。

此三种呼吸④，为练拳术始终本末之次序，即一气贯通之理，自有而化无之道也。

此段旨在概括说明三层呼吸法的地位和意义。

【笺注】

①调息：又称"调整呼吸"。"调"有调和、调整、调理之意。"息"字有三义：精神，呼吸，呼吸间的停顿。在"调息"一词中一般指后两种含义。调息指运用意识，通过调整呼吸使意气相合，以后天之气换取先天之气。调整呼吸需任其自然，不要着意。调息为练精化气之理。

②息调：呼吸调适也。与调息着意于外不同，息调是着意于丹田之内呼吸，实即腹式呼吸，且为逆腹式呼吸。此呼吸虽也有形，只是形于内而已，这是练气化神之理。《云笈七签》："气运息调，荣枝叶也。"

③胎息：又称"脐呼吸""丹田呼吸"，像婴儿一样用脐呼吸。语见《抱朴子·内篇·释滞》："得胎息者，能不以口鼻嘘吸，如在胞胎之中。"就是说不用口和鼻子呼吸，如在孕胎之中，即是胎息。口鼻只是呼吸之门户，丹田为气之本源、圣

人下手之处、收藏真一所居,故曰胎息。实际上是通过意念诱导的一种高度柔和的腹式呼吸方法。《云笈七签》:"人能依婴儿在母腹中,自服内气,握固守一,是名胎息。"在孙氏武学中,"胎息"是"息调"的别称。

④此三种呼吸:即调息、胎息(息调)、真息。

六则　形意拳术中和内劲论

人未练拳术之先,手足动作顺其后天自然之性,由壮而老,以至于死。通家①逆运先天,转乾坤,扭气机,以求长生之术。

首段通过对未练拳之普通人与"通家"的对比,引出下文关于三体式中和与形意拳内劲的理论。

拳术亦然。起点,从平常自然之道逆转,其机由静而动,再由动而静②,成为三体式。其姿势,两足要前虚后实,不俯不仰,不左斜,不右歪,心中要虚空,至静无物,一毫之血气不能加于其内,要纯任自然虚灵之本体。

此段阐明了形意拳术从何处"逆运先天,转乾坤,扭气机"——三体式为其起点;并阐明了三体式的外形姿势与内意要领。

由着本体而再萌动③练去,是为拳中纯任自然之真劲,亦谓人之本性,又谓之丹道最初还虚之理,亦谓之明善复初④之道。其三体式"中"之灵妙,非有真传不能知也。内中之意思,犹丹道之"点玄关⑤",《大学》之言"明德"⑥,《孟子》所谓"养浩然之气",又与"河图"中五之一点⑦、太极先天之气相合也。

此段旨在说明形意拳之内劲是如何修炼出来的——"由着本体,而再萌动练去",其名有四:拳中真劲、人之本性、丹道最初还虚之理、明善复初之道。其"中"之灵妙,孙禄堂先生补充有四喻:点玄关、"明德""养浩然之气"、太极先天之气。

其姿势之"中",非身体两腿站均当中之"中"也。其"中",是用规矩之法则,缩回身中散乱驰外之灵气,返归于内,正气复初,血气自然不加于其内,心中虚空,是谓之中,亦谓之道心。因此再动。丹书云:"静则为性⑧;动则为意;妙用则为神。"

此段阐明了形意拳姿势之"中"的规矩法则,并指出,此"中",一名"道心"。

所以拳术再动练去,谓之先天之真意;则身体手足动作即有形之物,谓之后天。以后天合着规矩法则,形容先天之真意,自最初还虚,以至末后还虚,循环无端之理,无声无臭之德,此皆名为形意拳之道也。

此段旨在说明,以"后天"(身体动作)返"先天"(道心、真意)、自最初还虚(无极式之虚无一气)至末后还虚(无极还原)循环无端之理、无声无息之德,都是形意拳之"道"。

其拳术最初积蓄之真意与气,以致满足,中立而不倚,和而不流,无形无相,此谓拳中之内劲也。内家拳术之名即此理也。其拳中之内劲,最初练之,人不知其所以然之理。因其理最微妙，不能不详言之，免后学入于歧途。

此段旨在说明形意拳之道，不过"中""和"二字而已，中和之道，即"拳中之内劲也"。

初学入门，有"三害""九要"⑨之规矩。"三害"莫犯，"九要"不失其理。《八卦拳学》详之矣。手足动作合于规矩，不失三体式之本体，谓之调息。练时口要似开非开，似合非合，纯任自然，舌顶上腭，要鼻孔出气。平常不练时，以至方练完收式时，口要闭，不可开，要时时令鼻孔出气。说话、吃饭、喝茶时，可开口，除此之外，总要舌顶上腭，闭口，令鼻孔出气。谨要！至于睡卧时，亦是如此。

此段谈到形意拳入门之规矩——避三害、遵九要，并详言入门调息之法——无论行止坐卧，均要闭口，舌顶上颚，以鼻孔呼吸。

练至手足相合，起落进退如一，谓之息调。手足动作若不合于规矩，则上下不齐，进退步法错乱，牵动呼吸之气不均，出气甚粗，以至胸间发闷，皆是起落进退、手足步法不合规矩之故也。此谓之息不调。因息不调，拳法、身体不能顺也。

此段旨在说明"息调"与"息不调"的区别。

拳中之内劲，是将人之散乱于外之神气，用拳中之规矩，手足身体动作，顺中用逆，缩回于丹田之内，与丹田之元气相交，自无而有，自微而著，自虚而实，皆是渐渐积蓄而成，此谓拳中之内劲也。《丹书》云："以凡人之呼吸，寻真人之呼吸。"《庄子》云："真人之呼吸以踵，"亦是此意也。

此段阐明了形意拳术息调的法则，是"将人之散乱于外之神气，用拳中之规矩，手足身体动作，顺中用逆，缩回于丹田之内，与丹田之元气相交"。这也是形意拳内劲形成之道。

拳术调呼吸，从后天阴气所积，若致小腹坚硬如石，此乃后天之气勉强积蓄而有也。总要呼吸纯任自然，用真意之元神，引之于丹田。腹虽实而若虚，有而若无。《老子》云："绵绵若存。"又云："虚其心，而灵性不昧；振道心，而正气常存。"亦此意也。此理即拳中内劲之意也。

此段旨在说明，常人以小腹坚如铁石为有功夫，其实大谬不然（详见板块二"补遗"之二——《论拳术内家外家之别》一文，P123），这是勉强积蓄后天之气而成，终必为累。内劲之理在于以神意统之，一气浑然，腹"虽实而若虚，有而若无"。

【笺注】

①通家：指通晓养生长寿之术的行家。

②由静而动，再由动而静：指三体式由无极式——静，到太极式、四象式（鸡腿龙身熊膀虎抱头）、劈拳式——动，成三体式定式——复归于静。

③萌动：指站三体式过程中，丹田内真气发动，周流全身，是为静中生动。

④明善复初：语本《礼记·大学》："大学之道，在明明德，在亲民，在止于至善。"语出朱熹《论语集注》："……人性皆善，而觉有先后，后觉者必效先觉之所

为，乃可以明善而复其初也。"即通过学习，回复到人与生俱来的善性。

⑤玄关：道家内丹术修炼的特有名词，语出《老子·一章》："玄之又玄，众妙之门。"又称"玄牝"，语出《老子·六章》："谷神不死，是谓玄牝。玄牝之门，是谓天地根。绵绵若存，用之不勤。"意思是，虚空的变化是永不停歇的，称它为"玄牝"。这幽深的生殖之门，是天地的根源。它连绵不绝地永存着，作用无穷无尽。道教指"玄牝"为人体生命之根本。

然而玄牝具体所指其说非一：有天与地、鼻与口、上与下、父精与母血等说，以及肾、元神、黄庭中丹田、心之左右二窍等说，还有认为即玄关一窍。《悟真直指》："谷神之动静，即玄牝之门也。这个门在人身为四大不着之处，天地之正中，虚悬一穴，开阖有时，动静自然，号之曰玄关一窍，又号之曰众妙之门。"

然而"玄关一窍"也约分两类。一类认为窍在身中有具体部位所指，为内丹家最为玄要之关窍，所谓"玄窍开时窍窍开"，而其部位所在，又有炁穴、祖窍、中丹田、上丹田、下丹田、位置不定等诸说。另一类认为以元神或炼养时虚极静笃、元神显露、元炁元精亦随其发动之机的景像立论。张伯端："盖虚极静笃，无复我身，但觉杳杳冥冥，与天地合一，而神气酝酿于中，乃修炼之最妙处，故谓之玄关一窍。"玄关一窍是宋元以来内丹诸家所强调的一大秘要，其说亦颇玄奥。

当然，最常见的认识是，玄关、玄牝即丹田（下丹田）。丹功古籍中所谓的"规中、深渊、鄞鄂、北斗、黄庭、气穴、炉鼎、无窍、内肾、乾鼎、坤腹、祖窍"等等，都是指的丹田，且多指下丹田。

⑥《大学》之言"明德"：《大学》，指《礼记》之《大学》篇，宋代大儒朱熹将《大学》《中庸》两篇独立出来，与《论语》《孟子》一起加以集注，后来合刊，于是有《四书章句集注》之名，《大学》位列"四书"之首。

明德，光明之德。出处见④。程颐曰："明德者，人之所得乎天，而虚灵不昧，以具众理而应不事者也。但为气禀所拘，人欲所蔽，则有时而昏；然其本体之明，则有未尝息也。故学者当因其所发而遂之，以复其初也"在《尚书·咸有一德》中指"一德"，又称天德、乾德、大德、俊德、正德、元德、上德等。

⑦河图中五之一点："五"即"河图"中心的五点（见中五点图），"一点"即五点中的中心点（见中五之一点图）。此点为整个"河图"的中心，居于"天元"的位置上，故为"中"。这一点代表的是太极先天真一之气。

⑧静则为性：性，指人的真性。在修性问题上，儒家曰"尽心知性""修身养性"，道家曰"修心炼性"，释家曰"明心见性"。三者同质而异名，殊途而同归。

⑨三害、九要：分别参见第三板块"十五要论"

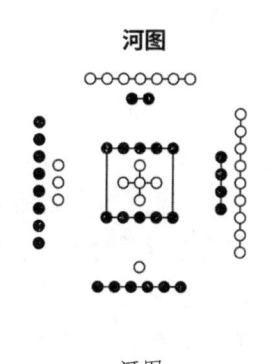

河图

之第七论——《孙氏武学"数理"论》（P$_{193}$）与第三论——《孙氏武学"中和"论》（P$_{169}$）二文。

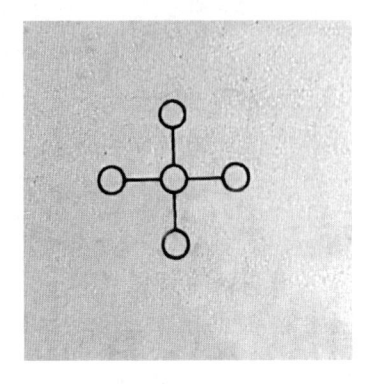

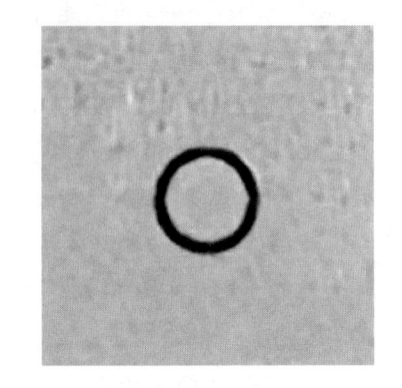

中五点　　　　　　　　　　中五之一点

七则　形意拳术三层用法论

形意拳之用法，有三层：有有形有相①之用；有有声有名有形无迹之用②；有无形无相无声无臭之用。

首段为总论。"三层用法"参见板块三"十五要论"之第八论——《孙氏武学"三阶"论》一文（P$_{204}$）。

《拳经》云："起如钢锉，起者，去也。落如钩竿。落者，回也。未起如摘子，未落如坠子。起如箭，落如风，追风赶月不放松；起如风，落如箭，打倒还嫌慢。脚打七分手打三，五行四梢③要合全。气连心意随时用，硬打硬进无遮拦。打人如走路，看人如蒿草。胆上如风响，起落似箭钻。进步不胜，必有胆寒之心。"此是初步明劲、有形有相之用也。

此段引述《拳经》之论阐明形意拳第一层——明劲、有形有相的用法：形意拳起、蹾、落、翻俱要清，起落蹾翻均要迅捷，要如箭似风，落是打，起也是打。手起气也起，手落气也落。所以起落蹾翻既有形也讲气，要形随气腾、形动气发，内中意动即真气已动，内外一气，力注四梢，才能发劲整齐，动作迅速；才能追风赶月，将人放出。

到暗劲之时，用法更妙。"起似伏龙登天，落如霹雷击地。起无形，落无踪，起意好似卷地风。起不起，何用再起；落不落，何用再落？低之中望为高，高之中望为低④，打起落如水之翻浪。不蹾不翻，一寸为先。脚打七分手打三，五行四梢要合全。气连心意随时用，打破身式无遮拦。"此是二步暗劲、形迹有无之用也。

此段引述《拳经》之论阐明形意拳第二层——暗劲、有形无迹的用法。内外一气，顺乎自然，起不见起，落不见落，打起落就像水中浪花翻滚，毫不停息，无处不是打，无时不是打。

"拳无拳，意无意，无意之中是真意。拳打三节不见形，如见形影不为能。"随时而发，一言一默，一举一动，行止坐卧，以至饮食茶水之间，皆是用；或有人处，或无人处，无处不是用。所以无入而不自得，无往而不得其道，以致寂然不动，感而遂通也。此皆是化劲、神化之用也。

此段引述《拳经》之论阐明形意拳第三层——化劲、无形无相无声无臭的用法。这是内劲功法的高级阶段。拳无拳，全身无处不是拳；意无意，行止坐卧皆真意。有故来袭，虽不见不闻，照样可以感知（形成第六感），并能无意之中随手、随身、随势化而击之。

然而所用之虚实奇正，亦不可专有意用于虚实奇正。虚者，并非专用虚于彼。己手在彼手之上，用劲拉回，如落钩竿⑤，谓之实；己手在彼手之下，亦用劲拉回，彼之手挨不着己手，谓之虚。并非专有意于虚实，是在彼之形式感触耳。

此段说明交手中必知的虚实。并以手的拉回为例说明何为"虚"，何为"实"。但又不可执着于虚实，要以对手的形式感触为变化的依据。

奇正⑥之理亦然。奇无不正，正无不奇；奇中有正，正中有奇；奇正之变，如循环之无端，所用不穷也。《拳经》云："拳去不空回，空回总不奇。"是此意也。

此段进一步说明交手所用的奇正。奇正之变，所用无穷。正可化为奇，奇也可化为正。如躜拳躜出为正，回手搂挂为奇；但也可躜出为奇，翻手劈出为正。

【笺注】

①相：原书第一个用"像"，后两个用"相"，相、像在此是互通的，为统一起见，均用"相"字。

②有有声有名有形无迹之用：原文作"有有名有相无迹之用；有有声有名无形之用"。此则"真言"开宗明义说："形意拳之用法，有三层"，但下文却成了"四层"。经著者反复分析研究发现，这"第二条""第三条"实际上是一条，合并起来才是真正的"第二层"，即"有有声有名有形无迹之用"。参见第三板块"十五要论"之第八论——《孙氏武学"三阶"论》一文（P$_{204}$）。

③五行四梢：五行：分内五行、外五行。内五行，指五脏——心、肝、脾、肺、肾；外五行，指五官——目、鼻、耳、口舌、人中。四梢：指中医认为的筋骨血肉四者的"末端"：舌为肉梢、齿为骨梢、发为血梢、甲为筋梢。《拳经》云："外五行要动，内五行要随。"又云："遇着要取胜，四梢俱要齐。"

④低之中望为高，高之中望为低：在技击中的战术方法，望高打低，望低打高。例如对方站势高于我，我即可用低势取起躜之法攻其高势，可用躜拳、鹞形等；对方站势低于我，我即可采用适当的角度向前下方击去，可用劈拳、龙形、鸡形、猴形、盖捶等。

⑤如落钩竿：形容手回来时要挂打对方。起亦打，落亦打，即"拳去不空回"之意。譬如劈拳，击出后落空的话，随即回手搂挂对方。

51

⑥奇正：兵法用语。语出《孙子兵法·势》："凡战者，以正合，以奇胜。战势不过奇正，奇正之变，不可胜穷也。"古代作战以当面对阵交锋为正，以设伏掩袭等为奇。正指堂堂正正对敌，以实力获胜；奇指用计谋，出奇制胜。二者互用，方能立于不败之地。正为实，奇为虚。奇正之变亦是虚实变化之道。参见第三板块"十五要论"之第十一论——《孙氏武学"交手"论》一文（P$_{234}$）。

八则　形意拳术"一以贯之"论

　　形意拳术，明劲是小学①功夫：进退起落，左旋右转，形式有间断，故谓之小学。暗劲是大学②之道：上下相连，手足相顾，内外如一，循环无端，形式无有间断，故谓之大学。此喻是发明其拳所以然之理也。

　　首段先交待明劲为小学功夫，暗劲为大学之道，引出下一段"一以贯之"的命题。在明劲阶段形式有间断，做不到内外如一。至暗劲、化劲阶段，则内外如一，循环无端，故曰"一以贯之"。

　　《论语》云："一以贯之③。"此拳亦是求一以贯之之道也。阴阳混成，刚柔相合，内外如一，谓之化劲。用神化去，至于无声无臭之德也。《孟子》云："大而化之之谓圣；圣而不可知之之谓神④。"丹书云："形神俱杳，乃与道合真之境。"《拳经》云："拳无拳，意无意，无意之中是真意。"如此者，不见而章，不动而变，无为而成⑤，寂然不动，感而遂通⑥也。

　　此段极言形意拳"一以贯之"之道。拳术练至周身一家，浑然天成，内外如一，随意而用，处处得心应手，有规无须再循规，无意之中自合规，如此则真意存乎其中。这样便能做到不现而彰，不动已变，无声无臭、无形无迹，无可无不可，举手投足皆能中道。

　　《老子》云："得其一而万事毕⑦。"人得其"一"谓之大⑧。拳中内外如一之劲用之于敌，当刚而刚，当柔则柔，飞腾变化，无入而不自得，亦无可无不可也。此之谓"一以贯之"。"一"之为用，虽然纯熟，总是有"一"之形迹也，尚未到至妙处。因此要将"一"化去⑨，化到至虚至无之境，谓之至诚、至虚、至空也。如此，"大而化之之谓圣，圣而不可知之之谓神"之道理得矣！

　　此段复言"一"之妙用，又指出只有将"一"完全化去，方为至善至妙也（与道合真之境、道境）。

【笺注】

　　①小学：古代把研究文字训诂音韵方面的学问叫小学。"小学"之称始于汉代。清代《四库全书》把小学书分为训诂、字书、韵书三类。明劲是形意拳的入门功夫，就如同读书先从字形、字音、字义学起一样，故明劲为小学功夫。

　　②大学："大学"一词出自《小戴礼记》第四十二篇，相传为曾参所作，《大

学》是一篇论述儒家关于修身、齐家、治国、平天下思想的散文，《大学》提出的"三纲领"（明德、亲民、止于至善）和"八条目"（格物、致知、诚意、正心、修身、齐家、治国、平天下），强调修己是治人的前提，修己的目的是为了治国平天下，说明了治国平天下和个人道德修养的一致性。

简单地说，古人把个人道德修养方面的学问称为"大学"。而把"咬文嚼字"的学问叫作"小学"。

形意拳练至暗劲阶段，诚中形外，内外如一，人开始变得含蓄内敛，温良谦恭，故称暗劲阶段为"大学"。当然，化劲阶段更是超越了"大学"。

③一以贯之：语出《论语·里仁》："子曰：'参乎！吾道一以贯之。'曾子曰：'唯。'子出，门人问曰：'何谓也？'曾子曰：'夫子之道，忠恕而已矣。'"指用一个根本性的事理贯通事情的始末或全部的道理。

在孔子那里，其"一"，即忠恕之道。

在形意、八卦、太极等内家拳术，"一以贯之"之道的"一"，即"太极一气"。孙禄堂先生在《形意拳学·形意太极学》中写道："心意诚于中，而万物形于外，内外总是一气之流行也。""一气"，即拳中之内劲也。

"一气"即孟子所谓"浩然之气"。"忠恕之道"也是因浩然之气而得。故拳术"一以贯之"之道与夫子"一以贯之"之道在本质上是一致的。

④大而化之之谓圣；圣而不可知之之谓神：语出《孟子·尽心上》。大意是说，对于各种至博且大的道，能研究通透，随意变化应用者可称为圣；圣明达到人鬼莫测其高深的境界便可称为神。

⑤不见而章，不动而变，无为而成：语出《礼记·中庸》，意思是，至诚之道，一切行为都是发自自然之本性，并非有意去施行。类似于老子所云："圣人不行而知，不见而明，不为而成。"见，通"现"；章，通"彰"，彰明也。

⑥寂然不动，感而遂通：语出《易·系辞上》："《易》无思也，无为也，寂然不动，感而遂通天下之故。""寂然不动"，即无思无为也。"感而遂通"，即有感必应，万事通达也。

⑦得其一而万事毕："一"即是道。道，其大无外，包容万物；其小无内，归于虚无。这句话的大意是说：得其道，则无所不通。此语系据老子《道德经》卅九章之大意概括而成。原文云："天得一以清，地得一以宁，神得一以灵，谷得一以盈，万物得一以生，侯王得一以为天下贞。"此处指拳术之道得之，则能将内外如一之劲（指拳中之整劲，也就是内劲），施及对方，便能刚柔相济，千变万化，无不得心应手。

⑧人得其"一"谓之大：人加"一"便是个"大"字。人得"一"便为大人君子。"大"字的甲骨文字形是"大"，象人的正面形，有手有脚，是手足展开的形象。

⑨"一"之为用……将一化去：这段话是说，内外一致的用法，仍是有迹可寻的，尚不为至妙，只是看起来应用纯熟自如而已。如能将"一"化去，做到无形无迹，无声无臭，不见不闻即可知觉，将内外之劲化到至虚至无之境，才称得上至上乘

53

的功夫，也就是练虚合道之功。

九则　形意拳术交手论

　　拳术之道，要自己锻炼身体，以却病延年，无大难法；若与人相较，则非易事。
　　首段先言拳术体易、用难之别。
　　第一存心谨慎，要知己知彼，不可骄矜。骄矜必败。若相识之人，久在一处，所练何拳，艺之深浅，彼此皆知。或喜用脚，或善用手，皆知其大概。谁胜谁负，尚不易言。若与不相识之人，初次见面，彼此不知所练何种拳术，所用何法，若一交手，其艺浅者，自立时相形见绌；若皆是明手，两人相较，则颇不易言胜。所宜知者，一觇面①先察其人，精神是否虚灵，气质是否雄厚，身躯是否活泼；再察其言论，或谦、或矜，其所言与其人之神气、形体动作是否相符。观此二者，彼之艺能，知其大概矣。
　　此段言交手第一要则：存心谨慎，即不可骄矜，要做到知彼知己。并指出"知彼"的两个方法：一察其人；二察其言。
　　及相较之时，或彼先动，或己先动，务要辨地势之远近、险隘、广狭、死生。
　　此段指出交手第二要则：无论彼此何人先动，务必要辨清地势的远近，所处环境是否有利。
　　若二人相离极近，彼或发拳、或发足，皆能伤及吾身，则当如《拳经》云："眼要毒，手要奸，奸即巧也。脚踏中门往里躜。眼有监察之精；手有拨转之能；足有行程之功。两肘不离肋，两手不离心，出洞入洞紧随身。乘其无备而攻之；由其不意而出之。"此是"近地宜速"②之意也。
　　此段指出关于地势远近中的"近"距离交手的原则："近地宜速"，也就是快攻直取之意。
　　若两人相离之地远，或三四步、或五六步不等，不可直上，恐彼以逸待劳，不等己发拳，而彼先发之矣。所以方动之时，不要将神气显露于外，似无意之情形，缓缓走至彼相近处，相机而用。彼动机方露，己即速扑上去，或掌、或拳，随左打左，随右打右。彼之刚柔，己之进退，起落变化，总要相机而行之。此谓"远地宜缓③"也。
　　此段指出关于地势远近中的"远"距离交手的原则："远地宜缓"。
　　己所立之地势，有利不利，亦得因敌人而用之，不可拘着。
　　此段指出关于地势之"险隘、广狭、死生"法交手的基本原则：无论地势有利与否，须根据对手情况灵活选择，不可拘泥。
　　程廷华先生亦云：与彼相较之时，看彼之刚柔，或力大、或奸巧，彼刚吾柔，彼柔吾刚；彼高吾低，彼低吾高；彼长吾短，彼短吾长；彼开吾合，彼合吾开。或吾忽开忽合，忽刚忽柔，忽上忽下，忽短忽长，忽来忽去。不可拘使成法，须相敌之情形而行之。虽不能取胜于敌，亦不能骤然败于敌也。总以谨慎为要。

此段引八卦拳程廷华先生的交手论，进一步说明交手时"不可拘使成法，须相敌之情形而行之"，也就是《太极拳论》中所说的"因敌变化示神奇"。唯有如此，即令不能取胜，也不至速败于人。

【笺注】

①觌面：当面；迎面；见面。觌dí，见，相见，观察。
②近地宜速：距离极近，应该速战速决。
③远地宜缓：距离远时，不可贸然进攻，应缓缓走近敌人，然后再相机而作。

十则　形意拳术上下相连　内外合一论

《拳经》云：上下相连，内外合一。

首段直接点题立论。

俗云"上下"，是头、足也；亦云手、足也。按拳中道理言之，是上呼吸之气与下呼吸之气相接①也，此是上下相连、心肾相交②也。

此段先谈上下相连：外之上下为头、足或手、足，实际即外三合之意；内之上下为上呼吸之气与下呼吸之气相接，即心肾相交之意。外为形式，内为实质。

内外合一者，是心中神意下照于海底③，腹内静极而动，海底之气微微自下而上，与神意相交，归于丹田之中，运贯于周身，畅达于四肢，融融和和。如此方是上下相连，手足自然相顾，合内外而为一者④也。

此段言内外合一。实质上就是以内三合引导外三合。最后归纳：上下相连、内外合一其实是一个问题的两个方面。

【笺注】

①上呼吸之气与下呼吸之气相接：上呼吸之气指喉头呼吸，吸进氧气，呼出二氧化碳；下呼吸之气指丹田之内呼吸，内气出入丹田。二者"相接"是指把胸式呼吸（肺呼吸）变为腹式呼吸（丹田呼吸）。孙氏武学的腹式呼吸与内丹术的呼吸法相同，为逆腹式深呼吸。

②心肾相交：心属火，藏神；肾属水，藏精。两脏互相作用，互相制约，以维持正常的生理活动。肾中真阳上升，能温养心火；心火能制肾水泛滥而助真阳；肾水又能制心火，使不致过亢而益心阴。此种关系，又称水火既济。在内丹术中，小周天后升而前降，真气沿督脉上升，肾在后，肾水随之上升以温润心火；真气沿任脉下降，心在前，心火随之下降以制肾水，故亦称水火既济。

③海底：在人体密处，前后二阴之间的一个重要的穴道。又称会阴穴、阴窍穴、生死窍、海底轮等。把阴窍穴作"阴蹻[qiāo]穴"，误矣！

④合内外而为一：简单说就是六合归一。六合者：外三合，即手与足合、肘与膝合，肩与胯合；内三合，即心与意合，意与气合，气与力合。在杨氏曦阳掌中，其古传六合诀为：手与足合，眼与心合，气与力合。与心意六合拳的古传六合诀完全一致。内三合、外三合共二十四字的六合诀实际上是在古传十二字的六合诀的基础上细化发展而来的。

十一则　练拳术宜勿忘勿助　忌固执专求论

练拳术不可固执不通。

首段开宗明义，直接亮明观点。

若专以求力，即被力所拘；若专以求气，即被气所拘；若专以求沉重，即为沉重所捆坠；若专以求轻浮，神气则被轻浮所散。所以然者，练之形式顺者自有力；内里中和者自生气；神意归于丹田者，身体自然重如泰山；将神气合一化成虚空者，自然身轻如羽①。故此不可以专求。

此段例证了四类固执专求：专求气、专求力、专求沉重、专求轻浮，并说明了它们的弊病，又进一步说明如何实现不专求而能有力、能生气、能重如泰山、能身轻如羽——只要外在形顺、内里中和、意注丹田、神气化虚，以上四者即可分别做到。

虽然求之有所得②焉，亦是有若无，实若虚③，勿忘勿助，不勉而中，不思而得，从容中道④而已。

此段归纳了习练形意拳术的基本原则："有若无，实若虚，勿忘勿助。"复又阐明了得道的途径："不勉而中，不思而得，从容中道。"二者简单点说，就是"和顺自然"。

【笺注】

①将神气合一化成虚空者，自然身轻如羽：神气合一化成虚空，指练拳起始之无极及收式还于无极之势时，"腹内心神意俱杳，无一毫之思想，空空洞洞（《太极拳学·无极还原学》）"的状态。身轻如羽，指神气散于四肢百骸，无思无虑，身体有轻灵之势，无外动之形。

②求之有所得：练形意拳有所追求，也有一定的收获。这里的"求"并非前述的"专求"，而是先有一个总的目标，即形意拳的"三阶"之理（三步功夫、三层道理、三种练法、三层呼吸、三种火候等）。按此顺序，次第练去，自然会"有所得"。

③有若无，实若虚：语出《论语·泰伯》：曾子曰："以能问于不能，以多问于寡，有若无，实若虚，犯而不校，昔者吾友常从事于斯矣。"原意是有学问就像没学问一样，满腹知识却像一无所知一样。这里的意思是，形意拳之道，能而示之不能，强而示之以弱，以"虚""无"为要旨。

④不勉而中，不思而得，从容中道：语出《礼记·中庸》："诚者，不勉而中，

不思而得，从容中道，圣人也。"意思是，天生真诚的人，做事不用勉强就能达到目标，不用费尽心机就能得到，自然而然便符合天道法则，这样的人是圣人。形意拳术之道，亦是勿忘勿助，顺其自然之道。

十二则　形意拳术先后天横拳论

形意拳术之横拳，有先天之横、有后天之横、有"一行"之横[①]。

首段开宗明义，直接立论，点明形意拳横拳的分类。

先天之横者，由静而动，为无形之横拳也。横者，中也。易云："黄中通理，正位居体[②]"，即此意也。《拳经》云："起无形""起为横"皆是也。此"起"字是内中之起。自虚无而生有，真意发萌之时，在拳中谓之横，亦谓之起。此横有名无形，为诸形之母也，万物皆含育于其中矣。其横则为拳中之太极也[③]。

此段先言先天横拳：无形之横拳、拳中之太极是也。

后天之横者，是拳中外形手足，一动即名为横也。此横有名有式，无有横之相也，因头、手、足、肩、肘、胯、膝名七拳。外形七拳，一动即名为横。亦为诸式之干[④]也，万法亦皆生于其内也。

此段再言后天横拳：外形七拳，一动即为横。

【笺注】

①"一行"之横：即五行拳中的一行——横拳（属土）。此横拳有名有形有相。先天之横则有名而无形；后天之横则有名有式而无相。

②黄中通理，正位居体：语出《易·坤卦》之"坤·六五"，文言曰："君子黄中通理，正位居体，美在其中，而畅于四支，发于事业，美之至也。"古代以五色配五行五方，土居中，故为黄、为中央正色。坤为地，坤卦六五居上体（上坤）正位，为居体，因此谓之"黄中通理，正位居体"。

《周易参同契》有"黄中渐通理，润泽达肌肤"一语。

以形意五行拳而言，横拳为太极，属土，居中，生劈崩躜炮四拳。在腹内则为脾。脾胃和缓，能理五脏六腑；反之，脾胃伤则五脏失调，四肢百骸亦无所措施。如横拳练之不和顺，则五行、十二形皆不得要领。

③其横则为拳中之太极也：无极生太极，太极生两仪（太极即一气，两仪即阴仪阳仪），两仪生三才（天地人），三才生万物。故太极是万物之根源。先天之横属土，土生万物；拳中则五行、十二形以至万形皆由横而生，横拳是诸形之根源，故谓"横则为拳中之太极也"。先天横拳不独形意拳术有之，太极八卦亦离不开它。

④诸式之干：即形意拳术每招每式都不离乎后天横拳，后天横拳是形意拳万形的主干。此横拳，即太极拳中的掤劲是也。太极拳处处不离掤劲，掤劲即横劲，主防守；四捶（搬拦捶、践步打捶、指裆捶、双撞捶）与通背掌、穿梭手等为竖劲（顺劲），主

进攻。八卦拳尚走化，走为横。以两仪掌（单换掌）为例，青龙转身之前臂为掤劲、横劲，青龙返首即太极拳的穿梭手，为竖劲。所谓"横走竖撞"即此意也。故形意、八卦、太极，无论是头、是肩肘手还是胯膝足（七星、七拳），均不离乎后天横拳（掤劲）。

由此可见，无论先天横拳还是后天横拳，都是孙氏三拳所共同具有的。它们之间的关系与功用是：先天横拳生后天横拳，后天横拳生五行拳（包括一行之横拳），五行拳和化而有十二形以至千形万式。在八卦拳中，后天横拳生两仪掌，两仪掌生四象掌，四象掌生八卦八大掌，八大掌生六十四掌、七十二暗腿，以至千形万式。在太极拳中，后天横拳生两仪式（起手双掤、开合手），两仪式生五行（进退顾盼定）、八卦（掤捋挤按採挒肘靠），五行、八卦生倒攆猴、玉女穿梭等诸多拳式，诸拳式化为千形万式。三拳之千形万式复归于太极一气。这也进一步印证了孙禄堂先生"三拳合一"论的正确性。

十三则　形意拳术火候论暨练虚合道论

形意拳术，头层明劲，谓之练精化气，为丹道中之武火也；第二层暗劲，谓之练气化神，为丹道中之文火①也；第三层化劲，谓之练神还虚，为丹道中之火候纯②也。火候纯而内外一气成矣。

首段先言前三种练法、三层道理、三种火候，引出下文"第四层"练法、火候、道理——无劲、无火、练虚合道。请参阅第三板块"十五要论"之第八论——《孙氏武学"三阶"论》一文（P_{204}）。

再练亦无劲，亦无火，谓之练虚合道。以致行止坐卧，一言一默，无往而不合其道也。《拳经》云："拳无拳，意无意，无意之中是真意。"至此无声无臭之德③至矣。先人诗曰："道本自然一气游，空空静静最难求，得来万法皆无用，身形应当似水流。"

此段阐明了何为练虚合道。孙禄堂先生又引用《拳经》和先人诗文来补充说明练虚合道的境界是怎样的。

【笺注】

①文火：本意指煮东西时所用的小而缓的火。在内丹术中，文火指微缓的火候。文火用来温养，称为"文烹"。参见板块三"十五要论"之第八论——《孙氏武学"三阶"论》一文（P_{204}）。

②火候纯：参见第三板块"十五要论"之第八论——《孙氏武学"三阶"论》一文（P_{204}）。

③无声无臭之德：不为人知的大德（上德）。"无声无臭"，语出《诗·大雅·文王》："上天之载，无声无臭。"意为没有声音，没有气味。比喻没有名声，不被人知道。

老子《道德经》云："上德不德，是以有德；下德不失德，是以无德。"具备上德的人，因任自然，不表现为形式上的德，这是真正有道德；下德的人恪守形式上的"德"，无法体现真正的德。

十四则　形意拳术"飞九宫"之奥义与练法

拳意之道，大概皆是河洛之理①。以之取象命名，数理兼该②，顺其人动作之自然，制成法则，而人身体力行之。

首段先言河图洛书之理，数理兼该，为下文立论埋下伏笔。

古人云：天有八风，易有八卦，人有八脉，拳有八势③。是以拳术有八卦之变化。八卦者，有圆之象焉④。天有九天，星有九野，地有九泉，人有九窍九数，拳有九宫⑤。故拳术有九宫之方位。九宫者，有方之义焉⑥。

此段以天地、星辰、易经、人身、拳术的八九之数，引出八卦九宫之理。

古人以九府而作圜法；以九室而作明堂；以九区而作贡赋；以九军而作阵法⑦；以九窍九数九数者，即九节也。头为梢节，心为中节，丹田为根节；手为梢节，肘为中节，肩为根节；足为梢节，膝为中节，胯为根节。三三共九节也。而作拳术，无非用九，其理亦妙矣。河之图、洛之书，皆出于天地自然之数者；禹之范、大挠之历⑧，皆圣人得于天地之心法也。

此段以九府、九室、九区、九军、九窍九数等进一步阐明"九"数之妙用。

余蒙老农先生所授之九宫图，其理亦出于此。而运用之神妙，变化莫测。此图之道，夫妇之愚，可以与知与能；及其至也，虽圣人亦有所不知不能矣⑨。

此段方进入"正题"，极言九宫图之神妙莫测。

其图之形式，是飞九宫之道，一至九、九还一之理也。用竿九根布之：四正四根，四隅四根⑩，当中一根。竿不拘粗细。起初练之，地方要宽大，竿相离要远，大约或一丈之方形，或一丈有余，或两丈，不拘尺寸。练之已熟，渐渐而缩小，缩至两竿相离之远近，仅能容身穿行往来，形如流水，旋转自如，而不碍所立之竿。

此段介绍飞九宫"布阵"的方法与原则：初时宜宽大，熟习后渐渐缩小。

绕转之形式，用十二形，或如鹞子入林、翻身之巧，或如蛇拨草、入穴之妙，或如猿猴纵跳之灵活，各形之巧妙，无所不有也。

此段介绍了九宫飞行的方法——灵活运用十二形等，尽显各形之巧妙。

此图之效力，不会拳术者，按法走之可以消食，血脉流通；若练拳术而步法不活动者，走之可以能活动；练拳术身体发拘者，走之身体可以能灵通；练拳术心中固执者，走之可以能灵妙。无论男女老少，皆可行之。可以却病延年、强健身体等等妙术，不可言宣。《拳经》云："打拳如走路，看人如蒿草""武艺都道无正经，任意变化是无穷""岂知吾得婴儿玩，打法天下是真形""三回九转是一式"之理，亦皆在其中矣。

此段阐明九宫飞行之法，无论男女老幼、无论是否会拳术，均可按法走之。练拳术内外不和者，习飞九宫可使之变得灵通神妙。种种妙术妙用都涵于其中。

59

明数学者能晓此图之理；练八卦拳者能通此图之道也。

此段为孙禄堂先生补注的文字。

此图亦可作为游戏运动，走练之时，舌顶上腭。不会练拳术者，行走之时，两手屈伸可以随便；要会拳术者，按自己所会之法则运用可也。无论如何运动，左旋右转，两手身体不能动着所立之竿为要。

此段阐明无论是按法则动转还是作为游戏随意穿行均可。但起码应做到舌顶上腭，身不触竿。

此图不只运动身体已也，而剑术之法亦含藏于其中矣。

此段进一步指出，习练飞九宫，可以悟出剑术之奥妙。

此九根竿之高矮，总要比人略高。可以九个泥墩或木墩，将竿插在内。可以移动。练用时可分布九宫；不练时，可收在一处。若地基方便，不动亦可。若实在无有竿之时，砖石分布九宫亦可；若无砖石，画九个小圈走亦无不可。总而言之，总是有竿练之为最妙。

此段介绍九宫图的"布阵"方法。

此法走练，起初按一、二、三、四、五、六、七、八、九之路，返之按九、八、七、六、五、四、三、二、一之路。此图外四正四隅八根竿，比喻八卦；当中一根，又共比喻九个门。要练纯熟，无论何门亦可以起点。要之，归原不能离开中门，即中五宫也。走之按一至二、二至三……至九，返之按九至八、八至七……又还于一之数。此图一圈一根竿也。一至九，九返一，即所行之路也，名为飞九宫也，亦名阴八卦也。河图之理藏之于内，洛书之道形之于外也。所以拳术之道，体用俱备，数理兼该，性命双修，乾坤相交，合内外而为一者也。

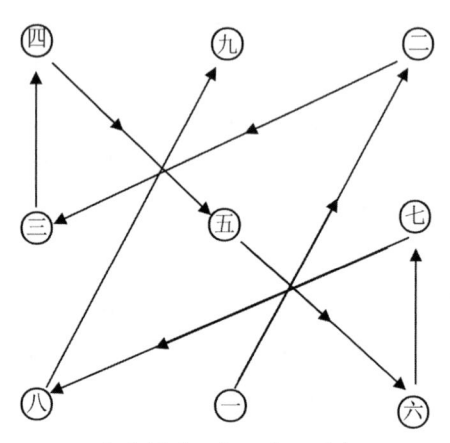

九宫图（一）：由一至九

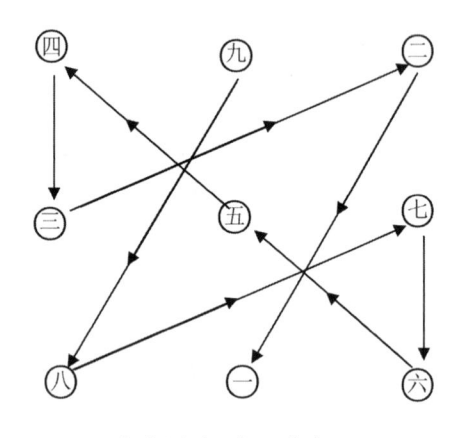

九宫图（二）：由九返一

此段介绍九宫阵飞行的路线及其奥妙。

走练此图之意，九竿如同九人，如一人之敌九，左右旋转，屈伸往来，飞跃变化，闪展腾挪[11]。其中之法则，按着规矩；其中之妙用，亦得要自己悟会耳。其图之道，亦合于乾坤二卦之理[12]。六十四卦之式，皆含在其中矣。在人贤者识其大者，不贤者识其小者，得之莫不有拳术奥妙之道焉。

此段说明飞九宫之妙用、道理要"自己悟会",则其中奥妙之道庶几可得。

【笺注】

①河洛之理:即河图洛书之理。参见第二章《八卦拳家小传·董海川先生》注③"河图洛书";参见第三板块"十五要论"之第七论——《孙氏武学"数理"论》一文(P_{193})。

②数理兼该:天地万事万物之数与人伦天理兼备。数,易学认为"世间万事万物皆有数",它既描述了一切物体从发生到灭除的发展过程,也描述了预测所用的方法,如大衍之数、梅花易数等。理,即道理——天地、人生之至理。兼该,亦作"兼赅",意为兼备,也就是包括了各个方面。

③天有八风,易有八卦,人有八脉,拳有八势:

A. 天有八风者,战国吕不韦《吕氏春秋》:"八风者,盖风以应四时,起于八方,而性亦八变。"何谓八风?东北曰炎风,一曰融风;东方曰滔风,一曰明庶风;东南曰熏风,一曰清明风;南方曰巨风,一曰凯风;西南曰凄风,一曰凉风;西方曰飂[liù]风,一曰阊阖[chāng hé]风;西北曰厉风,一曰不周风;北方曰寒风,一曰广莫风。

B. 易有八卦者,《易经》中的八卦,制八卦者为伏羲氏,创作《易经》者为周文王。八卦即乾、坤、坎、离、震、巽、艮、兑。

C. 人有八脉者,八脉指人身之奇经八脉:督脉、任脉、冲脉、带脉、阴维脉、阳维脉、阴蹻[qiāo]脉、阳蹻脉。

D. 拳有八势者,八势,亦可作"八式",孙氏形意拳有八式拳,由五行拳加鹞形、鸡形和燕形组合而成。但这里的"八势"实际上指的是形意拳用法八字:斩、截、裹、胯、挑、顶、云、领。参见第三板块"十五要论"之第十论——《孙氏武学"体用"论》(P_{227})、第十一论——《孙氏武学"交手"论》(P_{234})二文。

④八卦者,有圆之象焉:指八卦图象天,故八卦图取圆形。

⑤天有九天,星有九野,地有九泉,人有九窍九数,拳有九宫:

A. 天有九天者,古人认为天有九重,其中杨雄《太玄》所记九天为:一为中天,二为羡天,三为从天,四为更天,五为睟[zuì]天,六为廓天,七为咸天,八为沈天,九为成天。九重天是立体的,上下九层。

B. 星有九野者,西汉淮南王刘安《淮南子》:"何谓九野?中央曰钧天;东方曰苍天;东北曰变天;北方曰玄天;西北方曰幽天;西方曰颢[hào]天;西南方曰朱天;南方曰炎天;东南方曰阳天。"九野是"平面"的(准确点说是半球面),对应大地九区(九州)。九野之星大致就相当于后来所说的二十八星宿。

C. 地有九泉者,九泉犹九渊,泛指深渊。战国列御寇《列子·黄帝》:"鲵旋之潘(通"泮")为渊,止水之潘为渊,流水之潘为渊,滥水之潘为渊,沃水之潘为渊,沈[guǐ]水之潘为渊,雍水之潘为渊,汧[qiān]水之潘为渊,肥水之潘为渊,是为九渊焉。"

61

D. 人有九窍九数者，人头部有七窍——双眼、双耳、双鼻孔和单窍口，加上下体的尿道和肛门，共有三对双窍和三个单窍，是为九窍。人有三体头、手、足，三体又各分三节：腰为根节（在内为丹田）、脊背为中节（在内为心）、头为梢节（在内为泥丸）；肩为根节、肘为中节、手为梢节；胯为根节、膝为中节、足为梢节。三三得九，是为九数（详见《形意拳学·形意三体学》）。

E. 拳有九宫者，坎一、坤二、震三、巽四、乾六、兑七、艮八、离九，加中宫五，是为九宫（参见右图）。拳在九宫中任意变化。

⑥九宫者，有方之义焉：九宫图象地，故九宫图取方形。

⑦古人以九府而作圜法；以九室而作明堂；以九区而作贡赋；以九军而作阵法：

"九宫诀"
九宫之义，
法以灵龟，
二四为肩，
六八为足，
左三右七，
戴九履一，
五居中央。

九宫图暨九宫诀

A. 以九府而作圜法者，周代掌管财币的机构分为大府、玉府、内府、外府、泉府、天府、职内、职金、职币共为九府。太公望（姜尚）制定了金、帛两种本位制，叫做圜法。

B. 以九室而作明堂者，明堂，原本是为天子办理政治、会见百官、接受诸侯朝拜的地方，共有九室。明堂制度之数，九室以象九州。

C. 以九区而作贡赋者，夏禹治水成功后，划天下为九个区域，即九州（冀州、兖州、青州、徐州、扬州、荆州、豫州、梁州、雍州），以各州土壤性质、物产分布状况作为征收贡赋的依据。

D. 以九军而作阵法者，周代天子六军，诸侯三军，统称为九军。

中国古代作战是非常讲究阵法即作战队形的。布阵得法就能充分发挥军队的战斗力，通过合理排兵布阵发挥最佳效能，克敌制胜。

《孙膑兵法·十阵》记载："凡阵有十：有方阵、有圆阵、有疏阵、有数阵、有锥行之阵、有雁行之阵、有钩行之阵、有玄襄之阵、有火阵、有水阵。"三国诸葛亮作八阵图，则是利用地形地势，列石为阵，是阵法的一种演变。

⑧禹之范、大挠之历：禹之范，指上天赐予夏禹"洪范九畴"（九种治国规范）。语出《尚书·洪范篇》："鲧则殛死，禹乃嗣兴。天乃锡禹洪范九畴，彝伦攸叙。"

大挠之历者，黄帝时史官大挠（或作"大桡"），始作甲子，使十天干与十二地支相配以纪日月。

由此可见，二者都体现了数理。故孙禄堂先生以此补注之。

⑨夫妇之愚，可以与知与能；及其至也，虽圣人亦有所不知不能矣：就是愚蠢的村妇农夫也可以知道并能练习之；然而它所包含的最深刻的道理，就是圣人也不可能全知全能了。语本《礼记·中庸》："君子之道，费而隐。夫妇之愚，可以与知焉。及其至也，虽圣人亦有所不知焉。夫妇之不肖，可以能行焉。及其至也，虽圣人亦有所不能焉。"

⑩四正四根，四隅四根：四正指东、南、西、北四正方；四隅指东南、西南、西北、东北四个斜角方向。四正四隅合为八方，即八卦是也。加中间一根即为九宫。

⑪九竿如同九人，如一人之敌九，左右旋转，屈伸往来，飞跃变化，闪展腾挪：飞九宫实际操作见"飞九宫实际穿行路线示意图（坎一宫起步左旋练法）"。坎一宫左旋（顺时针）而入，则右转（逆时针）过坤二宫；再震三宫左旋而入，右转过巽四宫……以此类推。简单地说，过一、三、五、七、九、七、五、三、一各宫为左旋，过二、四、六、八、六、四、二各宫为右转。返回坎一宫后，可以继续按此走下去，也可转身换式右转过坎一宫……，则过一、三、五、七、九、七、五、三、一各宫为右转，过二、四、六、八、六、四、二各宫为左旋。

一言以蔽之，飞九宫的基本原则是：左出则右入，右出则左入。

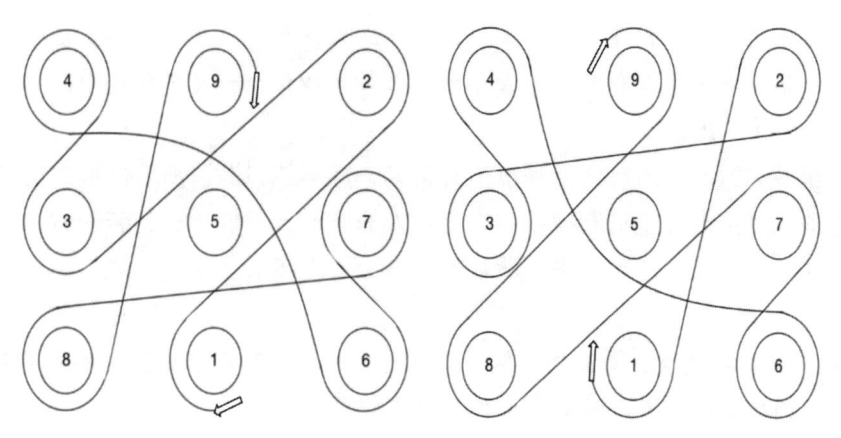

飞九宫图（一）：由一至九　　　飞九宫图（二）：由九返一

飞九宫实际穿行路线示意图（坎一宫起步左旋练法）

⑫乾、坤二卦之理：《乾》：元、亨、利、贞（元始、亨通、和谐、贞正）。《象》曰：天行健，君子以自强不息。《坤》：元、亨、利牝马之贞。《象》曰：地势坤，君子以厚德载物。乾为天、坤为地，乾坤交泰而万物生。九宫图中，阴阳互化，其变无穷。研习飞九宫，也体现了"自强不息""厚德载物"的君子风骨。参见下则"述白西园先生言一则"——《练拳"三要"与"拳术之病"论》一文及其"笺注"③（P$_{65}$）。

63

第二节　述白西园先生言一则

练拳"三要"与"拳术之病"论

白西园先生云：练形意拳之道，实是却病延年，修道之学也。

首段说明形意拳是大学之道：一为却病延年；一为修道求真。

余自幼年行医，今年近七旬矣，身体动作轻灵，仍似当年强壮之时也，并无服过参茸保养之物①。此拳之道，养气修身之理，实有确据，真有如服仙丹之效验也。

此段记录白西园先生原话说明形意拳祛病延年的实效。

惟练拳易，得道难；得道易，养道尤难②。所以练拳术，第一要得真传，将拳内所练之规矩，要知得的确，按次序而练之；第二要真爱惜；第三要有恒心，作为自己终身修养之功课也。

此段白西园先生提出练拳"三要"：要得真传、要真爱惜、要有恒心。

除此三者之外，虽然讲练，古人云："心不在焉，视而不见，听而不闻，食而不知其味。"就是终身不能有得也。

此段白西园先生采用了"反证法"，实际上又增加一"要"：要真用心。用心去练，用心去悟。参见第三板块"十五要论"之第十四论——《孙氏武学练拳"得道"诸要素论》一文（P$_{256}$）。

就是至诚有恒心，所练之道理虽少有得焉，亦不能自骄。所练之形式道理，亦要时常求老师或诸位老先生们看视。古人云：人非圣贤，孰能无过？若一骄，素日所得之道理，亦时常失去。道理一失，拳术就生出无数之病来。即拳术之病，非人所得吃药之病也。

此段实际上又增加了第五个"要"：要戒骄戒躁。就是有所得，也必须戒除骄傲自满情绪，仍需虚心求教。否则拳术便会产生种种弊病。

若是明显之病，还可容易更改，老师功夫大小、道理深浅，可以更正也；若是暗藏错综之病，非得老师道理极深，经验颇富，不能治此病也。

此段说明病分"小病""大病"。"小病"易治，"大病"非"名医"不可。

错综之病，头上之病不在头；脚上之病不在脚；身内之病不在内；身外之病不在外。此是错综之病也。

此段谈"大病"中的一类：错综之病的"症状"。

暗藏之病，若隐若现，若有若无。此病于平常所练之人，亦看不出有病来。自己觉着亦无毛病，心想自己所练的道理亦倒纯熟矣。岂不知自己之病入之更深矣。非得洞明其理、深达其道者，不能更改此样病也。若不然，就是昼夜习练，终身不能入于正道矣。此病谓之"俗自然劲"也，与写字用功入了俗派，始终不能长进之道理相同也。

此段谈"大病"中的另一类：暗藏之病——"俗自然劲"的"症状"，并以书法做比喻加以说明。用豫东话讲，就是把拳练"油"了，像老油条一样。

所以练拳术者，练一身极好之技术，与人相较亦极其勇敢，倒容易练，十人之中可以练成七八个矣。若能教育人者，再自己功夫极纯，身体动作极其和顺，析理亦极其明详，令人容易领会，可以作后学之表率，如此人者，十人之中难得一二人矣！

此段由拳术之病得出结论：武艺易得，道理（道艺）难求。

其言练拳术之道理，神气贯通，形质和顺，刚柔曲折，法度长短，与曾文正公谈书法，言乾坤二卦之理相同也[③]。

此段是孙禄堂以曾国藩论书法所谈乾坤二卦之理佐证形意拳术之道理。

【笺注】

①参茸保养之物：指人参、鹿茸、灵芝、黄芪、枸杞等具有温补作用的中药材。白西园先生作为宫廷御医却一辈子没有服用过滋补佳品，似乎有点"遗憾"，但也证明了"药补不如食补，食补不如气补"的道理。

②练拳易，得道难；得道易，养道尤难：拳术之道是不易得的。但得道后，如何真正爱护珍惜还要看个人修养。拳术之道包括拳艺及武德，二者不可或缺。高超的拳艺难得，而以德性来修持，非有终身不辍的精神不可，故云"养道尤难"。

③与曾文正公谈书法，言乾坤二卦之理相同也：《曾国藩家书·道光二十二年九月十八日与澄温院季诸弟》："予尝谓'天下万事万理皆出于乾坤二卦'。即以作字论之：纯以神行，大气鼓荡，脉络周通，潜心内转，此乾道也；结构精巧，向背有法，修短合度，此坤道也。凡乾以神气言，凡坤以形质言。" 书法讲究形神兼备，形为坤道，神为乾道。简单点说，就是乾为健、坤为顺，乾坤之道即阴阳变化之道。开合、刚柔、虚实、内外、进退、起落横顺、拧裹躜翻……皆是形意拳阴阳变化之道。

曾文正公：即曾国藩，初名子城，字伯涵，号涤生；中国近代政治家、理学家，湘军的创立者和统帅；与胡林翼并称曾胡，与李鸿章、左宗棠、张之洞并称"晚清四大名臣"；官至两江总督、直隶总督、武英殿大学士，封一等毅勇侯，谥曰文正。

曾国藩一生奉行"为政以耐烦为第一要义"，主张凡事要勤俭廉劳，不可为官自傲。他修身律己，以德求官，礼治为先，以忠谋政。他剿灭太平天国，兴起同光新政（洋务运动），是中国近代化建设的开拓者。

曾文正公绘像

第三节 述刘奇兰先生言三则

一则 形意拳术体用论

刘奇兰先生云：形意拳术之道，体用莫分①。自己练者为体；行之于彼为用。

首段刘奇兰先生直接抛出论点。这也是形意拳术体用二者最基本的相互关系与含义。

自己练时，眼不可散乱，或视一极点处，或看自己之手。将神气定住，内外合一，不可移动。

此段先言形意拳之"体"的眼法规矩。"外家"功夫练功有"手眼身法步，精气神力功"十字诀，杨氏曦阳门有"眼与心合"的古诀，都可知眼法的重要性。由于形意拳术基本路线是直行的（炮拳、横拳等虽然是"之"字形路线，但"攻击点"却基本都在一条直线上），因此可以"视一极点处"。

要用之于彼，或看彼上之两眼，或看彼之中心②，或看彼下之两足。不要站定成式③，不可专用成法④。或掌或拳，望着就使；起落进退，变化不穷。是用智而取胜于敌也。若用成法，即能胜于人，亦是一时之侥幸耳。

此段再言形意拳之"用"的眼法、手法、步法、"心法"等的规矩。

所应晓者，须固住自己神气，不使散乱，此谓无敌于天下也。

此段说明无论形意拳之体与用，不管手法、步法、身法如何变化，神气不可变——"固住神气，不使散乱"，也就是不可紧张慌乱，要稳住心神。能做到这一点，就可立于不败之地。

【笺注】

①体用莫分：体与用不可截然区分开。参见第三板块"十五要论"之第十论——《孙氏武学"体用"论》一文（P$_{227}$）。

②中心：指两乳中间膻中穴一带。

③不要站定成式：不要像练"体"时那样站成规规矩矩的三体式。练"体"时三体式可以按前三后七、前二后八甚至可以前一后九去站，但用时重心需前四后六或五五对开（双重之式），且架势宜稍高，手势也要取"虎抱头"式，体式不可站成死架子，步下因敌而灵活变化。

④不可专用成法：实战时不能按练"体"时一招一式的练法生搬硬套地去使用。实战中，拳中太极（一气）、两仪（阴阳）、三才（上中下）、四象（鸡腿龙身熊膀虎抱头）、五行（进退顾盼定）、六合（内三合与外三合）等的规矩不可变。然而招式无定法，七星拳（头肩肘手胯膝足）望着便使，低进高退，走八卦、飞九宫，飘忽不定，如

此方能立于不败之地。

二则　形意拳术"武艺"之用论

《形意拳经》云：养灵根而静心者，修道也；固灵根而动心者，敌将[①]也。

首段引用《拳经》之言立论。

敌将之用者："起如钢锉；落如钩竿[②]。起似伏龙登天；落如霹雷击地。起无形，落无踪，起意好似卷地风。束身而起；长身而落[③]。起如箭，落如风，追风赶月不放松；起如风，落如箭，打倒还嫌慢。打人如走路，看人如蒿草，胆上如风响[④]，起落似箭钻。遇敌要取胜，四梢俱要齐[⑤]。"是内外诚实如一[⑥]也。"进步不胜，必有胆寒之心"也。此是"固灵根而动心者"所用之法也。

此段引用《拳经》具体说明敌将之用——明劲、暗劲之用的法则。

【笺注】

①敌将：武将，匹敌之将。这里指武艺。

②起如钢锉；落如钩竿：此为明劲用法。起如钢锉者，起为躜，起为横，施之于敌，为顾法（截法），像钢锉一样锉开敌人进攻之臂与腿。落如钩竿者，落为翻，落为顺，施之于敌，为打法，像甩出去的鱼竿、鱼钩一样，劈打钩挂。起亦打，落亦打。譬如躜拳，即可躜截，又可躜打（以拳面向上冲对方头面下颌）、还可锉打（以前臂外侧锉击对方前胸、上臂）等。躜拳回手时搂挂，挂打敌手或敌前胸等（手去不空回）。

③束身而起；长身而落：束身而起者，"两肩松开往下垂劲，两肘紧靠肋，两手抱心""腰往下塌劲，两胯里根均平抽劲"，身体如同被绳子捆绑住一般，呈鸡腿、龙身、熊膀、虎抱头之式，有虎离穴之意（参见《形意拳学·形意太极学》）。束身为蓄势动作，蓄而后发。凡有蓄势之意的动作，皆为束身，有"虎抱头"之意。

长身而落者，起为合，故束身；落为开，故展身（长身）。不长身，手足无以发出。束身时气蓄丹田，展身（长身）是气灌四梢。这八个字其实说明的是起落与束展的关系。

④胆上如风响：明代抗倭名将戚继光所著《拳经捷要篇》有云："对敌若无胆向先，空自眼明手便。"对敌之际，未战先怯三分，则不战自败。俗云："艺高人胆大，胆大艺更高。"对敌胆量足，则腾挪闪转，来去如风，好似胆上生风，故曰"胆上如风响"。

⑤四梢俱要齐：四梢者，齿、甲、发、舌。牙齿为骨梢，指（趾）甲为筋梢，毛发为血梢，舌头为肉梢。齐者，牙齿需扣，有"咬牙切齿"之意；指甲（趾甲）需扣，十指有抓扣之意、十趾有抓地之意；毛发警起，有"怒发冲冠"之意；舌顶上腭，小周天贯通。齿扣、甲扣、发竖、舌顶，则气灌四梢，故曰四梢齐。四梢齐则周身一家，劲力充沛。

67

⑥内外诚实如一：通俗点说，形意拳之体用，心意（内）刚则招式（外）亦刚，心意柔则招式亦柔（拳无拳，意无意），表里如一，不同于太极拳的外柔而内刚、形柔而意刚，也不同于八卦拳的外灵动而内坚刚。

三则　形意拳术"道艺"之用论

"道艺①"之用者，心中空空洞洞，不勉而中，不思而得，从容中道，而时出之②。

首段直接道出道艺之用的本质。

"拳无拳，意无意，无意之中是真意。""心无其心，心空也。身无其身。身空也。"古人云："所谓空而不空，不空而空，是谓真空。③"虽空乃至实至诚也。

此段引用《拳经》及前人之言进一步说明何为道艺。

忽然有敌人来击，心中并非有意打他，无意即无火也。随彼意而应之。《拳经》云："静为本体，动为作用。"即是寂然不动，感而遂通，无可无不可也。此是"养灵根而静心者"所用之法也。

此段以遇到实战（遇袭，被动应敌的情况下）来说明"养灵根而静心者"在炼神还虚境界（"虚境"）和炼虚合道境界（"道境"）的用法。修为至虚境、道境者是不太可能主动与人交手的。

夫练拳至无拳无意之境，乃能与太虚④同体。故用之奥妙而不可测。然能至是者鲜矣⑤。

此段说明修为达到道境者，在现实中是极其少见的。由刘奇兰先生的"武艺"论、"道艺"论可知，刘奇兰先生把明劲、暗劲阶段的功夫称为"武艺"，把化劲、无劲阶段的功夫视为"道艺"。参见板块三"十五要论"之第八论——《孙氏武学"三阶"论》一文（P204）。

【笺注】

①道艺：参见第三板块"十五要论"之第四论——《孙氏武学"道艺"论》一文（P173）。

②而时出之：语出《礼记·中庸》："溥博渊泉，而时出之。"形容智慧像深深的泉水一样不断涌出。这里指形意拳道艺用法，无一丝一毫强求，但是招式变化却如泉涌一样源源不断，层出不穷。

③空而不空，不空而空，是谓真空：源于佛经中的"空""不空""空空""空不空"等禅理。在拳术中，空即虚，虚者实之对。不空即是实。这段话的意思是，虚中有实，实而又虚，才是真空。非空之空，谓之真空。这与"心中空空洞洞，不思而得，从容中道，而时出之"之意相同。心空、身空，不是懒人睡大觉，全世界与他无关，而是如老僧入定一般，进入"无我"状态，虽寂然不动，但感而遂通。

④太虚：又名大虚，道教术语。老子《道德经》认为，道大而虚静。故这里的"太虚"实际上指老子、庄子所说的"道"（世界的本源）。《道德经》云："道生一，一生二，二生三，三生万物。"道家认为，世界的本源是道。太虚又指空寂玄奥之境。

⑤然能至是者鲜矣：然而能达到与太虚同体（或称与道合真）这个境界的，很少呀。鲜：少，不多见。参见第四板块"闲谈"之一——《三派前辈神功与交手轶事闲谈》一文（P$_{266}$）。

第四节　述宋世荣先生言三则

一则　形意拳术"格物尽性"论

宋世荣先生云：形意拳之道，是先将拳术已成之着法，玩而求之①，而有得之于心焉。或吾胸中有千万法可也；或吾胸中浑浑沦沦②，无一着法亦可也。

首段指出形意拳之道在于格物（玩而求之）、尽性（有千万法可也、无一着法亦可也）。

无一法者，是一气之合③也。以致于应用之时，无可无不可也。有千万法者，是一气之流行④也。应敌之时，当刚则刚，当柔则柔，起落进退变化，皆可因敌而用之也。

此段指出"无一法""千万法"的实质与运用之道。

千万法者，是一形一着法也，一着法之中，亦皆能生生不已也。譬如练蛇形，蛇有拨草之精，至于蛇之盘旋、屈伸、刚柔、灵妙等式，皆伊之性能也。兵法云：譬如常山蛇阵式：击首则尾应；击尾则首应；击其中则首尾皆应。所以练一形之中，将伊之性能，格物到至善处⑤，用之于敌，可以循环无端，变化无穷，故能时措之宜⑥也。一形之能力如此，十二形之能力皆如是也。

此段以蛇形为例具体说明何为"千万法"。

内中之道理，物之伸者，是吾拳之长劲也；物之屈者，是吾拳之短劲也，亦吾拳之划劲也；物之委曲婉转者，是吾拳之柔劲也；物之往前直去猛快者，是吾拳之刚劲也。

此段仍以蛇形为例指出"千万法"中的劲可分为四类：长劲、短劲（划劲）、柔劲、刚劲。

虽然，一物之性能，刚柔曲直、纵横变化、灵活巧妙，人有所不能及也，所以练形意拳术者，是格物十二形之性能，而得之于心，是能尽物之性也，亦是尽己之性也。因此练形意拳者，是效法天地化育万物之道也⑦。此理存之于内而为德，用之于外而为道也。又，内劲者，内为天德⑧；外法者，外为王道⑨。所以此拳之用，能以无可无不可也。

此段概括指出，形意拳之道，实为"效法天地化育万物之道"。内为天德，外为

69

王道之理，证明形意拳术是性命双修的道艺之学。

【笺注】

①玩而求之：反复揣摩、细心体会而得到拳中之真意。玩：玩味之意，即反复揣摩，为"格物"；求之：探求事务的本源真谛之意，为"致知"。"玩而求之"即《礼记·大学》中八条目的前两条：格物、致知。

②浑浑沦沦：浑沦的叠音词。道教术语，指宇宙形成前的迷蒙状态（浑然一体不可分）。义同"混沌""无极"等形容"道"之初始状态的词汇。《列子·天瑞》："太初者，气之始也。太始者，形之始也。太素者，质之始也。气形质具而未相离，故曰浑沦。浑沦者，言万物相浑沦而未相离也。"

③一气之合：谓将真气收敛于丹田之内。

④一气之流行：谓将真气注于四肢百骸、八节四梢。

⑤格物到至善处：格，至也。物，犹事也，穷至事物之理，即把事物之至理无不研究到其极处，自己得之于心者，亦用之不尽也。

⑥时措之宜：因时制宜之谓也。语出《礼记·中庸》："诚者，非自成己而已也，所以成物也。成己，仁也；成物，知也。性之德也，合外内之道也，故时措之宜也。"

⑦效法天地化育万物之道：语本《礼记·中庸》第二十二章："唯天下至诚为能尽其性；能尽其性，则能尽人之性；能尽人之性，则能尽物之性；能尽物之性，则可以赞天地之化育；可以赞天地之化育，则可以与天地参矣。"

意思是，只有天下极其真诚的人能充分发挥其本性；能充分发挥其本性，就能充分发挥众人之本性；能充分发挥众人之本性，就能充分发挥万物之本性；能充分发挥万物之本性，就可以助天地培育生命；能助天地培育生命，就可以与天地并列为三了。

故形意拳有三体式，三体式亦称三才式，取天地人三才之意。三才相合而万物生。练拳应效法天地化育万物，首先将拳中各形式所赋予的"物"的性能，要察之仔细，无处不明了，假物之性为我之性，使神意形态无处不洽合；练拳时，尽物之性能而化之，使之变化无穷、各造其极；应用时，取胜于人便能得心应手。

譬如虎形，虎有扑食之勇。此外，虎抱头、虎跳涧、虎调尾、虎啸等亦是虎形之性能。

⑧内劲者，内为天德：天德，指天的德性。语出西汉·董仲舒《春秋繁露·人副天数》："天德施，地德化，人德义。"上天的道德在给予。至宋代程朱理学，则以纲常伦理为天德。谓仁、义、礼、智、信是人类与生俱来的美德。德在于人的内心，故"内为天德"。于拳术而言，内劲，即太极一气也、一气之合也、无一法也，仁义礼智信存其内。

⑨外法者，外为王道：外法，即一气之流行也、千万法也。王道，是儒家提出的一种以仁义治天下的政治主张，与霸道相对。语出《尚书·洪范》："无偏无党，王道荡荡。"王道即孟子的仁政思想。外为王道，谓应敌之时，乃是以道理服人，即李存义先生所云"终身未尝有意一次用奸诈之心胜人"也。

二则　形意拳术武艺道艺暨三体论

形意拳术，有道艺、武艺①之分，有三体式单重、双重之别。

首段直截了当点出论题。

练武艺者，是双重之姿势。重心在于两腿之间，全身用力，清浊不分，先后天不辨，用后天之意，引呼吸之气，积蓄于丹田之内。其坚如铁石②，周身沉重，站立如同泰山一般。若与他人相较，不怕足踢手击。《拳经》云："脚打七分手打三，五行四梢要合全，气连心意随时用，硬打硬进无遮拦。"此谓之浊源③，所以为敌将之武艺也。若练到至善处，亦可以无敌于天下也。

此段指出形意拳"武艺"的架势是怎样的、为什么叫武艺，以及武艺的效用如何。

练道艺者，是三体式单重之姿势。前虚后实，重心在于后足，前足亦可虚，亦可实。心中不用力，先要虚其心，意思与丹道相合。丹书云："静坐要最初还虚，不还虚不能见本性；不见本性，用工皆是浊源，并非先天之真性也。"拳术之理亦然。所以亦要最初还虚，不用后天之心意。亦并非全然不用，要全不用，成为顽空矣。所以用劲者，非用后天之拙力，皆是规矩中之用力耳。还虚者，丹书云："中者，虚空之性体也；执中者，还虚之功用也。"是故形意拳术，起点有无极、太极、三体之式，其理是最初还虚之功用也④。丹书云："道自虚无生一气，便从一气产阴阳。阴阳再合成三体，三体重生万物张。"是此意也。

此段指出形意拳道艺的架势是怎样的，并指出道艺入手之法——与丹道相合，亦要最初还虚。

三体者，在身体外为头、手、足也，内为上、中、下三田⑤也，在拳中为形意、八卦、太极三派合一之体也。虽分三体之名，统体一阴阳也；阴阳归总一太极也，即一气也，亦即形意拳中起点无形之横拳⑥也。此横拳者，是人本来之真心，空空洞洞，不挂着一毫之拙力，至虚至无，即太极也。所谓"无名天地之始"也。

此段指出三体的本质：统体一阴阳也，阴阳归总一太极也，即一气也，亦即形意拳之先天横拳也。

但此虚无太极不是死的，乃是活的，其中有一点生机藏焉。此机名曰"先天真一之气"，为人性命之根、造化之源、生死之本也。此虚无中含此一气，不有不无，非有非无，非色非空，活活泼泼的，又曰真空。真空者，空而不空，不空而空。所谓"有名万物之母"也。

71

此段指出虚无太极之中，有一点生机藏焉，故曰真空。其理与"冬至一阳生"意思相同。

虚无中既有一点生机在内，是太极含一气，一自虚无兆质⑦矣。此太极含一气，是丹书所说的"静极而动"，是虚极静笃时，海底中有一点生机发动也。邵子⑧云"一阳初发动，万物未生时"也。在拳术中，虚极时，横拳圆满无亏，内中有一点灵机生焉。丹书云："一气既兆质，不能无动静。"动为阳，静为阴。是动静既生于一气，两仪因此一气开根也。动极而静，静极而动，劈崩躜炮，起躜落翻，精气神即于此而寓之矣。故此三体式内之一点生机发动，而能至于无穷，所以谓之道艺也。

此段阐明三体式中太极含一气，是动极而静，静极而动，先天横拳圆满无亏，劈崩躜炮，起落躜翻，精气神力功均寓于其中矣。三体式一点生机发动而变化无穷，因此谓之道艺。

【笺注】

①道艺、武艺：参见第三板块"十五要论"之第四论——《孙氏武学"道艺"论》一文（P173）。

②用后天之意，引呼吸之气，积蓄于丹田之内，其坚如铁石：参见第二板块"补遗"之二——《论拳术内家外家之别》一文（P123）。宋世荣先生认为，腹坚如铁石，属于武艺，为"技"，尚不高妙。须由技而进乎道，"有若无，实若虚"，以中和为核心的道艺才是武者追求的终极目标。

由此可知，最早明确提出形意拳有道艺、武艺之分的应该是宋世荣先生。但孙禄堂先生将这一思想发扬光大，在《形意拳学》《八卦拳学》《太极拳学》《八卦剑学》和《拳意述真》中，一以贯之的是以"中和"为核心的道艺思想。

③浊源：由于重心在两腿之间，全身用力，因此虚实无法区分，即清浊不分；而用后天之意，引呼吸之气，积蓄于丹田之内，并非真正的先天真气，是为先后天不辨。先天为清，后天为浊；轻清者上升而为天，重浊者下沉而为地。故称双重三体式之武艺为浊源。

④是故形意拳术，起点有无极、太极、三体之式，其理是最初还虚之功用也：在孙氏武学中，不止形意拳有无极式、太极式、三体式，八卦拳、太极拳以及三剑、一刀、一枪等，均有最初还虚之功用。

⑤上中下三田：关于三田有多种不同说法。有说"在两眉间者为上丹田，在心下者为中丹田，在脐下者为下丹田"者。有称"上丹田为督脉印堂之处，又称'泥丸宫'；中丹田为胸中膻中穴处，为宗气之所聚；下丹田为任脉关元穴，脐下三寸之处，为藏精之所"者。

著者以为，既然是"田"，就是有一定规模的区域而不是一个点（"穴"其实就是一个个点），应该是一个较大的球状区域（略大于乒乓球）。因此，上丹田应该在脑中，为性宫，其上应百会穴，前照印堂穴，后倚玉枕关；中丹田在胸中，前照膻中穴，后对夹脊关；下丹田在腹内，为命宫，下应会阴穴，前照神阙、阴交、气海、关元等穴，后倚两肾和命门穴、腰阳关。

⑥形意拳中起点无形之横拳：参见本板块前文"述郭云深先生言·十二则"——《形意拳术先后天横拳论》一文及其"笺注"（P_{57}）。

⑦兆质：显示出本体的征候。兆：事物发生前的征候或迹象。质：本体，本性。

⑧邵子：指邵雍（1011—1077年），字尧夫，宋哲宗赐谥康节。北宋著名理学家、道士，生于林县上杆庄（今河南林州市刘家街村邵康村，一说生于范阳，即今河北涿州大邵村），与周敦颐、张载、程颢、程颐并称"北宋五子"。著有《皇极经世》《观物内外篇》《先天图》《渔樵问对》等，今人汇编成《邵雍全集》。

三则　形意拳术三层调息论

静坐功夫以呼吸为调息①；练拳术以手足动作为调息。

首段旨在指明丹功与拳术在第一层呼吸法——调息上的不同。"以手足动作为调息"是形意拳明劲、易骨、练精化气阶段的调息法则。

起落进退皆合规矩，手足动作亦俱和顺，内外神形相合，谓之息调②。

此段指出了拳术第二层呼吸法——息调的法则。息调是形意拳暗劲、易筋、练气化神阶段的调息法则。

以身体动作旋转，纵横往来，无有停滞，一气流行，循环无端，谓之停息，亦谓之脱胎神化③也。

此段阐明了拳术第三层呼吸法——停息（真息）的法则。停息（真息）是形意拳化劲、洗髓、练神还虚阶段的调息法则。

虽然一是动中求静，一是静中求动，二者似乎不同，其实内中之道理则一也。

此段为结语，概述了静坐功夫（其实就是内丹术）与拳术在形式上好像差别较大，但本质上则是一致的。

予蔚曰：本则宋世荣先生的"述真之言"，与郭云深先生的"形意拳术三层呼吸论"，可以相互印证，互为补充。

【笺注】

①调息：参见本板块"述郭云深先生言·五则"——《形意拳术三层呼吸论》一文及其"笺注"（P_{46}）。

②息调：呼吸调适也。按郭云深先生言，息调即胎息。参见同上。

③谓之停息，亦谓之脱胎神化：按郭云深先生言，此第三层呼吸为"真息"。参见本板块"述郭云深先生言·一则·三节"——《化劲》及其"笺注"（P_{40、41}）。

第五节　述车毅斋先生言一则

形意拳术中和论

车毅斋先生云：形意拳之道，合于中庸①之道也。其道中正广大，至易至简，不偏不倚，和而不流，包罗万象，体物不遗②。放之则弥六合；卷之则退藏于密。其味无穷，皆实学也③。

首段明确提出形意拳是中和的拳术：中正广大，和而不流，包罗万象，体物不遗。

惟是起初所学，先要学一派。一派之中亦得专一形而学之，学而时习之；习之已熟，然后再学他形；各形纯熟，再贯串统一而习之。习之极熟，全体各形之式，一形如一手之式，一手如一意之动，一意如同自虚空发出。所以练拳学者，自虚无而起，自虚无而还也。到此时，形意也、八卦也、太极也，诸形皆无，万象皆空，混混沦沦，一气浑然，何有太极，何有形意，何有八卦也？

此段阐明初学形意拳需要格物以达于致知。专习一形，习之已熟，再学他形；各形纯熟，再贯串习之，是为格物。诸形皆无，万象皆空，混混沦沦，一气浑然，再没有太极、形意、八卦之别，是为致知。

所以练拳术不在形式，只在神气圆满无亏而已。神气圆满，形式虽方，而亦能活动无滞；神气不足，就是形式虽圆④，动作亦不能灵通也。《拳经》云："尚德不尚力，意在蓄神耳。"用神意合于丹田先天真阳之气，运化于周身，无微不至。以至于应用之时，无处不有，无时不然。所谓"物物一太极，物物一阴阳"也。《中庸》云："鬼神之为德，其盛矣乎⑤？视之而弗见；听之而弗闻；体物而不可遗。"亦是此拳之意义也。

此段阐明了练拳术之要义——不在形式，只在神气之圆满无亏。

所以练拳术者，不可守定成规成法而应用之。成法者，是初入门教人之规则，可以变化人之气质，开人之智识，明人之心性；是化除后天之气，以复其先天之气也。以至虚无之时，无所谓体，无所谓用，《拳经》云："静为本体，动为作用。"是体用一源也。体用分而言之：以体言之，行止坐卧，一言一默，无往而不得其道也；以用言之，无可无不可也。

此段承接上段，阐明既然拳术不在形式，因此不可墨守成规成法。拳术练至化劲、洗髓、练神还虚阶段，则动静一道，体用一源，无可无不可也。

余幼年间，血气盛足，力量正大，法术记的颇多，用的亦熟亦快。每逢与人相比较之时，观彼之形式，可以用某种手法正合宜。技术浅者，占人一气之先，往往胜人；遇着技术深者，观其身式，用某种手法亦正合宜，一到彼之身边，彼即随式而变矣。自己的旧力未完，新力未生，往往再想变换手法，有来不及处，一时要进退不灵活，就败于彼矣。

此段车毅斋先生以个人亲身经历说明拳术不在形式，不可固守成法。

以后用力之久，而一旦豁然贯通，将体式、身法全都脱去，始悟前者所练体式，皆是血气⑥；所用之法术，乃是成规。先前用法，中间皆有间断，不能连手变化，皆因是后天用事，不得中和之故也。

此段说明车毅斋先生在悟道之后，才发现以前都是血气、成规这些后天之物在起作用。这是由于没有得到先天"中和"之气的缘故。

昔年有一某先生，亦是练拳之人，在余处闲谈，彼凭着血气力足，不明此拳之道理，暗中有不服之意。余此时正洗面，且吾洗面之姿势，皆用骑马式，并未注意于彼。不料彼要取玩笑，起身用脚望着余之后腰踢去。彼足方到予之身边，似挨未挨之时，予并未预料，譬如静坐功夫，丹田之气始动，心中之神意知觉，即速又望彼接渡⑦也。此时物到神知，予神形合一，身子一起，觉腰下有物碰出。回观，则彼跌出一丈有余，平身躺在地下矣。予先何从知彼之来？又无从知以何法应之。此乃拳术无意之中，"抖擞之神力"也，至哉信乎！《拳经》云："拳无拳，意无意，无意之中是真意也。"

此段车毅斋先生以自己功入化境后所经历之事说明什么是无拳无意之境，什么叫"无可无不可"。

至此，拳术无形无相，无我无他，只有一神之灵光奥妙不测耳。《拳经》云："混元一气⑧吾道成，道成莫外五真形⑨。真形内藏真精神，神藏气内丹道成。如问真形须求真，要知真形合真相，真相合来有真诀，真诀合道得彻灵。固灵根而动心者，敌将也；养灵根而静心者，修道也。""武艺虽真窍不真⑩，费尽心机枉劳神。祖师留下真妙诀，知者传授要择人。"

此段概括最高层次的中和状态：无形无相，无我无他，只有一神之灵光，奥妙莫测。孙禄堂先生复引《拳经》中的论述佐证之。而其中的所谓"真形""真相"，说到底，乃是无形无相；所谓"真诀"，也不过是"虚无一气"等几个字而已。

【笺注】

①中庸：宋朝大儒伊川先生程颐曰："不偏之谓中；不易之谓庸。中者，天下之正道；庸者，天下之定理。此篇乃孔门传授心法，子思恐其久而差也，故笔之于书，以授孟子。"大意是：不偏于一边的叫做中；永远不变的叫做庸。中是天下的正道，庸是天下的定理。这一篇《中庸》，是孔门传授的心得法要，孔子嫡孙子思，恐怕年代久了，传授会有误差，所以把它写成书，传授给孟子。通俗点说，中庸就是"中用"。

②体物不遗：犹言万物无不以鬼神（阴阳）之气而生。体物，生成万物之意。不遗：不留、不漏之意。语出《礼记·中庸》："鬼神之为德，其盛矣乎！视之而弗见，听之而弗闻，体物而不可遗。"

③放之则弥六合；卷之则退藏于密。其味无穷，皆实学也：（这个道理）放开来可以遍布天地四方，收纳起来可以收藏在隐密的方寸之间。它的意思无有穷尽，都是实实在在的学问。语出《伊川先生文集》，伊川先生程颐曰："其书（指《中庸》）始言

75

一理，中散为万事，末复合为一理。放之则弥六合，卷之则退藏于密。其味无穷，皆实学也。"此处的"六合"为其本意，指上下和四方，泛指天地或宇宙。

④形式虽方……形式虽圆：方，指拳术动作开展，棱角分明，动作有间断，动作轨迹如立方体；圆，指拳术动作紧凑，没有明显棱角，动作连绵不断，如环无端。这段话的意思是，形意拳的方圆不在形式而在神气是否圆满无亏。

⑤鬼神之为德，其盛矣乎：鬼神即阴阳二气，德指阴阳二气相合之作用。阴阳二气相合的作用，是非常强大的。

⑥血气：感性、冲动下所产生的力气、勇气。又指年轻人精血旺盛。

⑦望彼接渡：向他接招化解，以我之劲接连对方之劲并引化开去。

⑧混元一气：实际上指的是不区分大小周天（十二正经、奇经八脉）之气或五脏六腑之气，在练习中全身上下想象为一个气的整体，使自身处于无极时的状态。就是没有到太极、两仪、三才、四象、五行、六合、七星、八卦等境地，而是处于最原初、最朴真的一种整体混沌状态。

⑨五真形：五行者，金木水火土也；五行拳者，劈崩躜炮横也；五脏者，心肝脾肺肾也。劈拳似斧属金，"一气之起落也"，此为肺气；崩拳似箭属木，"一气之伸缩也"，此为肝气；躜拳似闪属水，"一气之曲曲流行，无微不至也"，此为肾气；炮拳似炮属火，是"一气之开合，如炮突然炸裂，其弹突出"，此为心气；横拳形圆似弹属土，"一气之团聚也"，此为脾气。故"五真形"者，即斧形、箭形、闪形、炮形、弹形（古代中国土火炮的炮弹其实就是圆铁球，其杀伤力主要来自于巨大的撞击力，及其造成的后续杀伤）。

不独五行拳有"五真形"，十二形拳为五行拳所生，更是不离"五真形"。如龙形，内含弹形、闪形、斧形；如虎形，内含弹形、闪形、斧形；如鹞形，内含弹形、箭形、闪形、炮形；如鸡形，则斧形、箭形、闪形、炮形、弹形，兼而有之。

以上例举的这些只是外形可见的真形。实际上，不独鸡形四把才五真形兼备，更不是五行拳各具一真形，而是一拳一式之中，五真形皆备。如郭云深先生的半步崩拳，便是五真形合一，无论对方如何攻防，都有克敌制胜之神效。

⑩窍不真：指没有得到真诀。窍，即诀，指真诀、真妙诀。

第六节　述张树德先生言一则

形意拳术"以拳为枪"论

张树德先生云：形意拳之道，不言器械。

首段张树德先生言形意拳以拳术为根本，不以器械为能。

予初练之时，亦只疑无有枪、刀、剑术之类。

此段张树德先生欲擒故纵，埋下伏笔。

予练枪法数十年，访友数省，相遇名家，亦有数十余名，所练门派不同，亦各有所长。予自是而后，昼夜勤习，方得其枪中之奥妙。昔年用枪，总以为自己身手快利，步法活动，用法多巧，然而与人相较，往往被人所制。后始知不在乎形式法术。有身如无身，有枪如无枪，运用只在一心耳。心即枪，枪即心也。枪分三节八楞[①]，用眼视定彼之形式，上、中、下三路，或梢节、中节、根节，心一动而手足与枪合一，似蛟龙出水一般，直到彼身，彼即败矣。方知手足动作教练纯熟，不令而行也。

此段先生以自己练枪及与人切磋较技胜败的切身经历说明枪法"不在乎形式法术""只在一心耳"。

予自练形意拳以来，朝夕习练，将道理得之于身心，而又知行合一，故同一长短之枪，已觉自己之枪，昔用之似短，今用之则长[②]；更觉善用者不在枪之形式长短，全在拳中神意之妙用也；又方知拳术即剑术、枪法，剑术、枪法亦拳术也。《拳经》云："心为元帅，眼为先锋，手足为五营四哨，以枪为拳，以拳为枪[③]，枪扎如射箭。"即此意也。故此始悟，形意拳术不言枪剑[④]，因其道理中和，内外如一，体物而不遗，无往而不得其道也。

此段着重阐明"拳术即剑术、枪法，剑术、枪法即拳术"。

【笺注】

①枪分三节八棱：三节者，前节枪头部分、中节枪身部分、后节枪把部分。八棱者，枪头部分大致是一个八棱体（八面菱形体）。参见右图。

②同一长短之枪，已觉自己之枪，昔用之似短，今用之则长：谓自从掌握了形意拳之道，便感觉自己的枪，使用时与过去大不相同。过去总感觉枪短，用着别扭；现在则感到枪出如蛟龙入海，活泼自如。

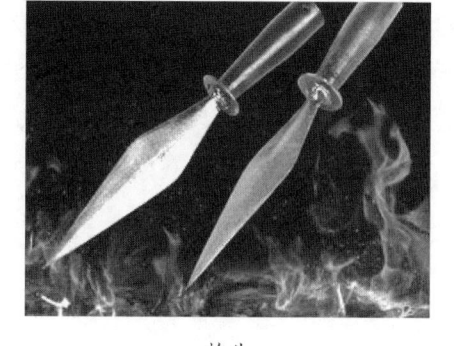

枪头

这说明，只要将道理得之于身心，无论原来你使用的是何种器械，现在用起来都可以得心应手。就算你原来没接触过的器械，一样很快就能掌握并能用之得心应手。所谓"一通百通"是也。

著者原本无意练九节鞭，但跟练九节鞭的拳友在一起久了，有时不由自主地就想抢一下，拳友便教了一个鞭花。结果一般爱好者要一两个月、两三个月才能基本练成的这一鞭花，著者在拳友演示几遍后，用了两三分钟就把鞭花呼啦啦地舞起来了，惊得一众拳友瞪大了眼睛！要知道，著者以前从未学过、练过任何软兵器。如此以来，著者"不得不"继续学下去了。于是网购了一挂二斤的八棱铜鞭和两挂一斤的钢鞭（拳友大多是四两鞭或七两鞭）。后来拳友教其他鞭花，除"绕脖"用了一个星期才练熟外，其他都是拳友给演练两三遍、最多四五遍就看会了，几分钟就练熟了。一个月（八个周末）学会了绝大部分的单鞭、双鞭鞭花，三个月已经可以"指导"某些练九节鞭的拳友了。当然，著者只是附带练练九节鞭，而且主要目的也是通过舞动一二斤的鞭保持臂力和周身的灵活性。

著者写这些不是要表明自己比别人聪明、悟性高（恰恰相反，原来学艺时著者接受力最差，学得最慢），而是由于自己习武多年后终于懂劲了，能够感知、应用和控制劲力，加上身法步法比较灵活，自然好控制鞭的运行。

著者也从没学过八卦子午鸳鸯钺，但偶有两次拿起拳友的鸳鸯钺一样可以走练。当然，具体招式上没那么全面。著者随便地走练，竟然还有人拍录视频呢。

③以拳为拳，以拳为枪：未得形意拳之道时，拳是拳，器械是器械；得其道后，拳不仅是拳，而且也可以当枪、剑等来使了。

④形意拳术不言枪剑：形意拳神意之妙用，已经包括了枪剑等法的运用，所以不谈枪剑，并不是没有枪法、剑术。

由此也可看出，在形意拳第二代弟子郭云深、刘奇兰、车毅斋、宋世荣先生等随李洛能先生学艺时，形意门是只有形意拳而没有器械传授的。

但在刘殿琛先生（刘奇兰先生之子）的《形意拳术抉微》中，却有形意五行枪、十二形枪、五行剑、十二形剑等。在孙氏武学中有套环奇枪、纯阳剑、雪片刀等形意器械。因此，形意门的五行枪、十二形枪、六合大枪等都是第二代弟子在艺成之后，在李存义、刘殿琛、许占鳌、耿诚信、周明泰、李复桢等第三代弟子的协同下，根据形意拳理创编出来的。孙禄堂先生则在此基础上进一步发展，从而形成形意门中独树一帜的孙氏武学形意器械。当然，套环奇枪、纯阳剑、雪片刀等既然属于孙氏武学，同时也兼具八卦、太极的特征。

第七节 述刘晓兰先生言一则

形意拳术中和论暨五行生克制化论

刘晓兰先生云：形意拳之道无他，不过变化人之气质，得其中和而已。从一气而分阴阳，从阴阳而分五行，从五行而还一气。十二形之理，亦从一气、阴阳、五行变化而生也。朱子云："天以阴阳五行化生万物，气以成形，而理亦赋焉[①]。"即此意也。

首段指出形意拳之道，贵在得其中和。无论五行拳、十二形拳，俱从太极一气分阴阳、阴阳分五行，再从五行还阴阳、阴阳还太极一气。此五行本质上就是前述之五真形：斧形、箭形、闪形、炮形、弹形。

余从幼年练八极拳，功夫颇深，拳中应用之法术，如挽肘、定肘、挤肘、挎肘等等之着法。亦极其纯熟。与人相较，往往胜人。其后遇一能手，身躯灵变，或离或合，则吾法无所施，往往拘守成法而不能变。尚疑为自己功夫不纯之过也。

此段言早年习八极拳，着法极其纯熟，常能胜人，但遇着能手，则因拘守成法而致败。

其后改练形意拳，习五行生克②。应用之法则，如劈拳能破崩拳，以金克木；躦拳能破炮拳，以水克火。习至数十年，方悟所得之道，乃知行合一之理。心中极其虚灵，身形亦极其和顺，内外如一。又知五行拳互相生克：金克木，木亦能克金；金生水，水亦能生金。古人云"互相递为子孙③"之意也。以前所用之法则，而随时应用，无不时措之宜也，亦无入而不自得也④。因此始知形意拳是个中和之体，万物皆涵育于其中矣。

此段言改练形意拳数十年后，悟得知行合一之理，五行互相生克制化。因此得出结论：形意拳是个中和之体，千变万化蕴育其中。

【笺注】

①朱子云：天以阴阳五行化生万物，气以成形，而理亦赋焉：朱熹说：天赋予万物气与理的时候，也赋予了与之相符的使命。语出朱熹《中庸章句》："天以阴阳五行化生万物，气以成形，而理亦赋焉，犹命令也。于是人物之生，因各得其所赋之理，以为健顺五常之德，所谓性也。"朱子，对朱熹的敬称。

②五行生克：金、木、水、火、土五行相生相克。五行相生者，金生水、水生木、木生火、火生土、土生金；五行相克者，金克木、木克土、土克水、水克火、火克金。这里的五行生克指形意五行拳劈、崩、躦、炮、横之间的生克关系。劈拳似斧属金；崩拳似箭属木；躦拳似闪属水；炮拳似炮属火；横拳似弹属土。因此劈拳破（克）崩拳、崩拳破横拳、横拳破躦拳、躦拳破炮拳、炮拳破劈拳。劈拳变（生）躦拳、躦拳变崩拳、崩拳变炮拳、炮拳变横拳、横拳变劈拳。

③互相递为子孙：意思是按上边所说拳中互相变化，则金生水（劈拳变躦拳），水亦能生金（躦拳变劈拳），金克木（劈拳破崩拳），木亦能克金（崩拳破劈拳）。以此类推。实际生活中这样事例也很多。譬如师长教授弟子，弟子有所得亦可转教给师长，即互相递为师弟。此理推及拳术，则在拳术纯熟时，一形可变多形；因时因势而变化，一形亦可破多形。当年郭云深先生以半步崩拳打遍天下，可资证明。

④以前所用之法则，而时应用，无不时措之宜也，亦无入而不自得也：这里是指金生水、金克木之类的常规，在得道之后，即便反其道而用之，即水生金、木克金之类的方法，随时应用，同样无不得心应手。

第八节　述李镜斋先生言一则

形意拳术文武体用论

李镜斋先生言：常有练拳术者，多有体用不合之情形。

首段提出论点：许多练拳术的人往往体用不相合。也就是练用分离，练的用不上。

每见所练之体式，功夫极其纯熟，气力亦极大，然而所用之法则，常有与体式相违者。皆因是所练之体中形式不顺，身心不合，则有悖戾①之气也。

此段指出体用不合的表现及成因。

譬如儒家读书，读的极熟，看理亦极深，惟是所作出之文章，常有不顺。亦是伊所看书之理，则有悖谬②之处耶。

此段以儒生读书虽好但作文却不顺来补充说明什么是体用不合。

虽然文武不同道，其理则一也。

此语的主旨是：文武一理。无论演文还是修武，如果道理和顺，则体用不分；反之，如果道理悖谬，则体用必然不合。

【笺注】

①悖戾：［bèi lì］，亦作"悖鷔"，意为违逆；乖张（执拗怪僻）。悖：本意是指迷乱、迷惑，引申义是违背、谬误。

②悖谬：荒谬，不合常理。

第九节　述李存义先生言二则

一则　形意拳术交手体用与本旨体用论

李存义先生言：《拳经》云："静为本体，动为作用，寂然不动，感而遂通。"是化劲、练神还虚之体用也。

首段先言化劲阶段之体用。

明暗劲之体用，是将周身四肢松开，神气缩回，而沉于丹田，内外合成一气；再将两目视定彼之两目或四肢，自己不动而为体也。若是发动，刚柔、曲直、纵横、圜研、虚实、开合、起落、进退、闪展、伸缩①变化之法，此皆为用也。此是与人相较之时，分析体用之意义也。

此段揭示明劲、暗劲阶段交手之体用：自己不动为体；一旦发动，随意变化为用。此为实战之体用。

若论形意拳本旨[②]之体用，是自己练趟子[③]谓之体；与人相较之时，按练时而应之谓之用也。虚实变化不自专用，因彼之所发之形式而生之也。

此段言本旨之体用：练趟子为体；与人交流切磋时，随彼所发而应为用。此用为"友好交流"之用。至于生死搏杀、黑道偷袭之类，其用法与此不同矣。

【笺注】

①刚柔、曲直、纵横、圜研、虚实、开合、起落、进退、闪展、伸缩：此二十字是交手运用变化之要诀。详见第三板块"十五要论"之第十一论——《孙氏武学"交手"论》一文中的"交手运用变化二十字解"一目（P[238]）。

②本旨：本来的意思，原意。

③练趟子：在一般拳术中，练趟子指练习拳术套路。但形意拳尚单操，因此，习者分别反复单练劈、崩、躦、炮、横等五行拳，龙、虎、猴、马、鼍、鸡、鹞、燕、蛇、鲐、鹰、熊等十二形拳，以及练习五行连环拳、八式拳、杂式捶等套路，均为练趟子。

二则　交手防奸诈与四类对手论

余练习拳学，一生不知用奸诈之心。

首段直言自己的光明磊落：一生不使奸诈。引出下文。

先师亦常云："兵不厌诈。自己虽不用奸诈，然而不可不防他人。"

此段复言先师刘奇兰先生的教诲。刘先生之言即俗语所谓"害人之心不可有，防人之心不可无"之意是也。

终身未尝有意一次用奸诈之心胜人，皆以实在功夫也。若以奸诈胜人，彼未必肯心服也。奸诈心有何益哉？与人相较，总是光明正大，不能暗藏奸心。或是胜人，或是败于人，心中自然明晓，皆能於道理[①]有益也。

此段文字充分彰显了李存义先生真诚正直的赤子情怀与孜孜不倦的求道之心。

虽然奸诈自己不用，亦不可不防。惟是彼之道理，刚柔、虚实、巧拙，不可不察也。此六字是道理中之变化也。奸诈者不在道理之内：用好言语将人暗中稳住，用出其不意打人也。

此段再言虽然自己不用奸诈，然而不可不防对方用奸诈；即使对方不用奸诈，也需密切观察对方刚柔、虚实、巧拙的变化——这些是道理中的变化。

刚者有明刚、有暗刚；柔者有明柔、有暗柔也。

此段指出刚与柔在应用时也各有明暗之分，不同于练体时的所谓明劲即刚劲、暗

81

劲即柔劲也。以下四段分别论述之。

明刚者，未与人交手时，周身动作、神气皆露于外。若是相较，彼一用力抓住吾手，如同钢钩一般，气力似透于骨，自觉身体如同被人捆住一般，此是明刚中之内劲也。

此段具体阐明何谓明刚——表里如一，内外皆刚。以性情而言，水浒英雄"黑旋风"李逵类此。

暗刚者，与人相较，动作如平常，起落蹲翻亦极和顺。两手相交，彼之手指软似棉，用意一抓，神气不只透于骨髓，而且牵连心中，如同触电一般。此是暗刚中之内劲也。

此段具体阐明何谓暗刚——看似柔而实刚。水浒英雄"浪子"燕青类此。

明柔者，视此人之形式动作，毫无气力；若是知者视之，虽身体柔软无有气力，然而身体动作，身轻如羽，内外如一，神气、周身并无一毫散乱之处。与彼交手时，抓之似有，再用手或打或撞，而又似无；此人又毫不用意于己，此是明柔中之内劲也。

此段具体阐明何谓明柔——柔非无力，有仁人君子之心者也。"小旋风"柴进类此。

暗柔者，视之神气威严如同泰山，若与人相较，两手相交，其转动如钢球。手方到此人之身似硬，一用力打去，则彼身中又极灵活，手如同鳔胶②相似，胳膊如同钢丝条一般，能将人黏住或缠住，自己觉着诸方法不能得手，此人又无有一时格外用力，总是一气流行。此是暗柔中之内劲也。

此段具体阐明何谓暗柔——看似刚而实柔，侠骨柔肠者也。"花和尚"鲁智深类此。

此是余与人道艺相交③，两人相较之经验也。以后学者若遇此四形式之人，量自己道理之深浅、神气之厚薄而相较量。若是自己不能被彼之神气欺住，可以与彼相较；若是觌面先被彼神气罩住，自己先惧一头，就不可与彼较量。若无求道之心则已，若是有求道之心，只可虚心而恭敬之，以求其道也。兵法云：知己知彼，百战百胜。能如此视人，能如此待人，可以能无敌于天下也。并非人人能胜方为英雄也。

此段概述习武之人遇到此四种形式的武者时，是否与之相较的基本原则：对方神气欺不住自己，说明旗鼓相当，可以相较；被对方神气罩住了，说明对方是上手，不可与之较量，应当虚心求教。李存义先生还告诉我们这样一个道理：何谓天下无敌？仁义者无敌、礼智者无敌！何为真英雄？虚怀若谷真英雄、海纳百川真英雄！

虚实巧拙者，是彼此两人一觌面，数言就要相较，察彼之身形高矮，动作灵活不灵活；又看彼之神气厚薄，一动一静，言谈之中，是内家、是外家④。先不可骤然取胜于人，先用虚手以试探之，等彼之动作，或虚或实，或巧或拙，一露形迹，胜败可以知其大概矣。被人所败不必言矣；若是胜于人，亦是道理中之胜人也。就是被人所败，亦不能用奸诈之心也。

　　前面详论刚柔明暗四种形式之人，此段略言虚实巧拙四字与交手要则。一要观察对方动作，灵活（巧）不灵活（拙）；二要观察对方神气，神气厚者为内家、为实，神气薄者为外家、为虚；三要先用虚手试探，看你观察得是否正确；四是已然交手，无论是否能够取胜，都不可用奸诈之心。

　　余所以练拳一生，总是以道理服人也。以上诸先师亦常言之，亦是余一生所经验之事也。以后学者，虽然不用奸诈，亦不可不防奸诈。莫学余之忠厚⑤，时常被人所欺也。

　　此段归结说明一生都是以道理服人。重申不可用奸诈，但又不可不防奸诈。

【笺注】

①道理：李存义先生上一则"真言"中的"刚柔、曲直、纵横、圆研、虚实、开合、起落、进退、闪展、伸缩诸变化之法"，本则中之明刚、暗刚、明柔、暗柔、虚实、巧拙等，皆是拳中的道理。

②鳔胶：用鱼鳔或猪皮等熬制的胶，粘性大。鳔[biào]，指某些鱼类体内可以涨缩的气囊。

③道艺相交：李存义先生此处所言"道艺"，与以上诸先生所说的"道艺"并不完全是一回事。李先生此言的主要意思是：以求道之心与人切磋交流技艺，共同研求拳中的道理。由此可知，李先生一生与人比武无数，并非为了"踢场子"扬名立万，而是痴迷于探求武学真谛，是武学上真正的高德大能。

④是内家、是外家：此处的内家、外家，非指所谓的"内家拳术""外家拳术"，而是指武者是否具有了"内功"。善养浩然之气者即为内家；反之，不善养气，仅凭血气之勇者即为外家。参见第二板块"补遗"之二——《论拳术内家外家之别》一文（P$_{123}$）。

⑤忠厚：李先生原名存毅，字肃堂；后更名存义，字忠元。李先生人如其名，忠义无双，坚毅肃穆，正大厚重，光明磊落！

第十节　述田静杰先生言一则

形意拳术"身式"论

　　田静杰先生言：形意拳术之理，本是不偏不倚，中正和平，自然一气流行之道也。《拳经》云："身式不可前栽，不可后仰，不可左斜，不可右歪。"即不偏不倚之意也。

　　首段为立论：明确指出形意拳的身式是不偏不倚、中正和平，自然一气流行之道。

83

其气卷之则退藏于密，即丹田也。放之则弥六合；心与意合，意与气合，气与力合，是内三合也；肩与胯合，肘与膝合，手与足合，是外三合也。练之发着于十二形之中。十二形为万形之纲也。

此段阐述一气流行的"卷之""发之""练之"三种状态：藏于密、弥六合、发着于十二形之中。

身体动作，因着形式而有上下大小之分①、动静②刚柔之判、起落进退之式、伸缩隐现之机③也。

此段略述形意拳身体动作在形式上的各种阴阳两仪之别。这里的上下大小、动静刚柔、起落进退、伸缩隐现等两仪变化，主要是从练体上来论的。当然，形意拳到了化劲阶段是体用不分的。因此这十六字其实也是交手运用变化的法则。而且其中"刚柔""起落""进退""伸缩"八个字本来就包括在交手运用变化二十字之中。故田静杰先生的身式变化十六字亦能与李存义先生的交手运用变化二十字相互印证，互为补充。参见板块三"十五要论"之第十一论——《孙氏武学"交手"论》一文中的"交手运用变化二十字解"一目（P238）。

虽然外体动作有万形之分，而内运用一以贯之也。

此段回归论点：形意拳本是一气流行之理，即一以贯之、以一统万之道。

【笺注】

①上下大小之分：上下者，起躜向上，落翻向下；熊形上顶，鹰形下捉；虎形走上三路，龙形走下三路；头向上顶，足向下踩；欲下先上，欲上先下；下中寓上，上中寓下。

大小者，架低为大，架高为小；落为大，起为小；伸为大，缩为小；动为大，静为小；刚为大，柔为小；进为大，退为小；圆为大，研为小；开为大，合为小；放为大，收为小；方为大，圆为小；发为大，蓄为小；出为大，入为小；展为大，束为小；翻为大，裹为小；呼为大，吸为小；顺为大，逆为小；吐为大，吞为小……简而言之，阳为大，阴为小。

②动静：动静者，无极为静，太极为动；太极为静，四象为动；四象为静，三体式为动；三体式为静，五行十二形以至万形为动。柔为静，刚为动；缩为静，伸为动；隐为静，现为动；蓄为静，发为动；束为静，展为动；守拙为静，用巧为动……一动无有不动，一静无有不静；外动内静，内动外静；动中寓静，静中寓动；动即是静，静即是动。

③伸缩隐现之机：伸缩者，发、放、展、出为伸；蓄、收、束、入为缩。缩中寓伸，伸中寓缩。伸者现也，缩者隐也。

隐现者，闪让腾挪为隐，欺身而进为现；收、束、缩、蓄为隐，放、伸、展、发为现。隐中寓现，现中寓隐；伸缩往来，忽隐忽现。

机者，时机也。

第十一节　述李奎垣先生言四则

一则　形意拳术"形""意"二字真解

李奎垣先生云：形意拳术之道，"意"者，即人之元性[①]也，在天地则为土；土者，天地之性也；性者，人身之土也。在人则为性；在拳则为横。横者，即拳中先天圆满中和之一气也[②]。内包四德，即劈、崩、钻、炮也[③]，亦即真意也。

首段先言形意拳的"意"字之意：在人为元性，在拳为先天之横。

"形意"者，是人之周身四肢动作，从其规矩，顺其自然，外不乖[④]于形式，内不悖于神气。外面形式之顺，是内中神气之和；外面形式之正，是内中意气之中。是故见其外，知其内；诚于内，形于外。即内外合而为一者也。先贤云："得其一而万事毕。"此为形意拳术"形""意"二字大概之意义也。

此段进而论述形意拳的"形意"二字的内涵。外面形式顺正、内中神（意）气中和，诚内形外，内外合一。实际即六合归一之意。

坐功虽云"静极而生动"，若丹田之动，是外来之气动，其实还是意动。"群阴剥尽，一阳来复"，是阴之静极而生动矣。丹书《练己篇》云"己者，即我之真性：静则为性，动则为意，妙用则为神也。"不静则真意不动，真意不动而何有妙用乎？所以动者是真意。

此段进而言明形意的"意"有真假之分：外来之气动为阴气之意动；真性静极而生动才是真意之动。

练拳术到至善处，亦是真性至静；真意发动，而妙用即是神也。至于坐功静极而动，采取火候之老嫩[⑤]，法轮升降之归根[⑥]，亦不外性静意动，一神之妙用也。

此段复以道家内丹术之理补充说明，二者道理是一致的，都是"性静意动，一神之妙用"耳。

【笺注】

①元性：指作为具有独立神识的人所不同于其他生命的"道性"，是一种自在真常之道占主导位置的本性。换言之，即人心的自然清虚之本性。亦称真性。

②横者，即拳中先天圆满中和之一气也：指先天无形之横拳。

③内包四德，即劈、崩、钻、炮也："四德"原指《周礼》要求女性具有的妇德、妇言、妇容、妇功四种道德；又指孔子所重的孝、悌、忠、信四种道德；或孟子提出的仁、义、礼、智四种道德；以及佛学所言之常、乐、我、净四德。这里借指先天横拳属土，土生万物，因此金、木、水、火皆生于土，即先天横拳中包含劈、崩、钻、炮四德。孙禄堂先生在《形意拳学·形意太极学》中亦云："太极者，属土也，

85

在人五脏属脾，在形意拳中属横拳，内包四德。四德即劈、崩、躜、炮之拳名也。"

④乖：背离、违背。

⑤采取火候之老嫩：火候者，指道家坐功（内丹术）全过程中应掌握的调息与用意（风与火）的法度。火候的内容非常复杂，有文烹、武炼、下手、休歇、内外、先后、时刻、爻铢、缓急、止足等，一步有一步的火候。《天仙正理直论》把内丹术中的火候，具体地分为生药、采药、封固等火候；进阳火、退阴符的火候；小周天、大周天等火候。

⑥法轮升降之归根：法轮：真气沿任督二脉循环升降，谓之法轮。归根：真气沿任督二脉循环升降后入于丹田，谓之归根。

二则　形意拳术拳法如笔法论

练形意拳术，头层练明劲，垂肩、坠肘、塌腰，与写字之功夫，往下按笔①意思相同也；二层练暗劲，松劲、往外开劲、缩劲，各处之劲，与写字提笔②意思相同也；顶头蹬足，是按中有提、提中有按③也；三层练化劲，以上之劲，俱有而不觉有，只有神行妙用，与写字之随意作草书④者意思相同也。

此段从劲意角度分别以笔法中的按笔、提笔、草书用笔来比喻形意拳的明劲、暗劲与化劲。

其言拳之规则法度、神气结构、转折形质⑤，与曾文正公家书论书字⑥，言乾坤二卦并礼乐之意者，道理亦相同也。

此段为孙禄堂先生的补注文字，认为李奎垣先生所言与曾国藩的家书论写字时所谈乾坤二卦和礼乐之意在实质上是一致的。

【笺注】

①按笔：书法基本用笔法之一，与"提笔"相对。指在垂直方向上由上向下用笔的动作。

②提笔：书法基本用笔法之一，指在垂直方向上由下向上用笔的动作。

③按中有提、提中有按：书法用笔，先有落笔，后有提笔，顿以后必须提，蹲、驻以后亦须提。提笔之分数视落笔分数而定。清朝刘熙载《艺概·书概》云："凡书要笔笔按、笔笔提。辨按尤当于起笔处，辨提尤当于止笔处。"又云："书家于提、按二字，有相合而无相离。故用笔重处正须飞提，用笔轻处正须实按，始能免堕、飘二病。"

④草书：书法是中国特有的一种传统艺术，包括篆、隶、楷、行、草等五种基本书体。草书的特点是结构简省、笔画连绵。形成于汉代，是为了书写简便在隶书基础上演变出来的。有章草（脱胎于隶书）、今草（脱胎于楷书）之分，而今草又分大草（也称狂草）和小草。草书于狂乱中尽显艺术之美。

⑤形质：形体与气质。

⑥曾文正公家书论书字：指曾国藩（谥文正）在信中教导他四个弟弟的一番话："予尝谓天下万事万理皆出于乾坤二卦。即以作字论之：纯以神行，大气鼓荡，脉络周通，潜心内转，此乾道也；结构精巧，向背有法，修短合度，此坤道也。凡乾以神气言，凡坤以形质言。礼乐不可斯须去身，即此道也。乐本于乾，礼本于坤。作字而优游自得、真力弥满者，即乐之意也；丝丝入扣转折合法者，即礼之意也。"

参见"述白西园先生言一则"——《练拳"三要"与"拳术之病"论》一文之"笺注"③（P$_{65}$）。

三则　形意拳术格致论

形意拳术之道，勿拘于形式，亦不可专务于形式。二者皆非正道。先师云："法术规矩在假师傅；道理巧妙须自己悟会。"故练拳术者，不可以练偏僻奇异之形式，而身为其所拘；亦不可以练散乱无章之拳术，而不能通其道。

首段明确指出练形意拳不可拘于形式的高难新美（不练偏僻奇异之形式），**亦不可只要大致形式不求其内在道理**（不练散乱无章之拳术）。

所以练拳术者，先要求明师，得良友，心思会悟，身体力行，日日习练，不可间断，方能有得也。不如是，混混沌沌，一生茫然无所知也。俗语云：世上无难事，就怕心不专。

此段阐明了习武得道必备的三个基本要素：（一）求明师、得良友（真传）；**（二）心思会悟、身体力行**（善悟）；**（三）日日习练，不可间断**（有恒）。**参见第三板块"十五要论"之第十四论——《孙氏武学练拳"得道"诸要素论》一文**（P$_{256}$）。

世人皆云拳术道理深远不好求，实则不然。《中庸》云："道不远人，人之为道而远人。"天地之间，万物之理，皆道之流行分散耳。人为一小天地，亦天地间之一物也。故我身中之阴阳，即天地之阴阳也；万物之理，亦即我身中之理也。《大学》注云："心在内，而理周乎物；物在外，而理具于心①。"《易》注云："远在六合之外；近在一身之中②。远取诸物；近取诸身。"天地之大，六合之远，万物之理，莫不在我一身之中。

此段着重论述形意拳术的道理并不难求："万物之理，莫不在我一身之中。"因此道理得之并不难。

其拳始言一理，即形意拳中之太极三体式之起点也③。中散为万事，即阴阳、五行、十二形，以至各形之理无微不至也。末复合为一理者，即各形之理，总而言之，内外如一也④。

此段阐述形意拳在始、中、末三段的道理。"始言一理，中散为万事，末复合为一理"，源于伊川先生程颐对《中庸》一书内容的评述。下一段"放之则弥六合"

87

"卷之则退藏于密"亦源出于此。

"放之则弥六合"者，即身体形式伸展，内中神气放开，圆满无缺也。高者如同极于天也，远者如至六合之外也。"卷之则退藏于密"者，即神气缩至于丹田，至虚至无之意义也。

此段阐释在形意拳中何为"放之则弥六合"，何为"卷之则退藏于密"。

"远取诸物"者，譬如蛇之一物，曲屈夭矫⑤，来去如风，吾欲取其意也。"近取诸身"者，若练蛇形，须研究其形是五行拳中，即劈、崩、躜、炮、横也。何行合化而生出此形之劲⑥也。劲者，即内中神气贯通之气也。所以要看此形之行动，头尾身伸缩盘旋，三节一气，无一毫之勉强也。

此段以蛇形为例阐明在形意拳中何为"远取诸物"，何为"近取诸身"。

物之性能，柔中有刚，刚中有柔。柔者，如同丝带相似；刚者，缠住别物之体，如钢丝相似。再将物之形式动作，灵活曲折、刚柔之理而意会之；再自己身体力行而效之，功久自然得着此物之形式性能，与我之性能合而为一矣。

此段仍以蛇形为例阐明如何将物（龙虎猴马鼍鸡鹞燕蛇鲐鹰熊等）之性能、形式动作格物致知，"与我之性能合而为一"。

此形之性能格物通了，再格物他形之性能。十二形之理亦然。以至于万形之理，只要一动一静，骤然视见，与我之意相感，忽觉与我身中之道理相合，即可仿效此物之动作而运用之。所以练拳术者，宜虚心博问⑦，不可自是。

此段以王阳明先生的格物致知论为形意拳研习之次第，先格一形（如蛇形），再格他形，十二形格致完成，再推及于万形，则无论何物，只要一动一静，其理即可被我感知，并可仿效运用。所以习武之人应该"博学之，审问之，慎思之，明辨之，笃行之"，切忌自以为是。

余昔年与人相较枪拳之时，即败于人之手，然而又借此他胜我之法术，而得明我所练之道理也。是故拳术即道理，道理即拳术。天地万物无不可效法也，即世人亦无不可作我之师与友也。

此段的中心思想是：天地万物皆可效法；世间之人尽我师友。指明了实现博学、审问的路径。

所以余幼年练拳术，性情异常刚愎，总觉己高于人。自拜郭云深先生为师，受教形意拳术，得着门径。又得先生循循善诱，自己用功，昼夜不断，又得良友相助，忽然豁然明悟，心阔似海。回思昔日所练所行，诸事皆非。自觉心中愧悔，毛发悚惧。自此而知古人云："求圣求贤在于己，功名富贵在于命。"练拳术者，关于人之一生祸福，后学者不可不知也。自此以后，不敢言己之长，议人之短。知道理之无穷，俗云："强中自有强中手，能人背后有能人。"心中战战兢兢，须臾不敢离此道理，一生亦不敢骄矜⑧于人也。

此段李奎垣先生以自己的切身经历与体会，指明拳术"道理之无穷"，须毕生格物致知，万不可骄矜自是。

【笺注】

①心在内，而理周乎物；物在外，而理具于心：语本朱熹《朱子语类》："心包万理，万理具于一心。"大意是说，心意自内所发出道理的变化，可以包括一切事物；物在外的变化也能具备于心。这就是《礼记·大学》所说的"致知在格物"。也就是说，只要穷至事物之理，即便极深的知识也能得到。

②远在六合之外，近在一身之中：语出朱熹《周易本义·序》："是以六十四卦为其体，三百八十四爻互为其用，远在六合之外，近在一身之中。暂于瞬息，微于动静，莫不有卦之象焉，莫不有爻之义焉。至哉《易》乎！其道至大而无不包，其用至神而无不存。"

远在六合之外：即远取诸物，远的取象于宇宙万物。如乾为天，坤为地，坎为水，离为火等，如八卦拳中取象：乾为狮，坤为麟，震为龙，巽为凤，坎为蛇，离为鹞，艮为熊，兑为猴等。

近在一身之中：即近取诸身，近的则取象于人之一身。如八卦取象，头为乾，坤为腹，足为震，股为巽，耳为坎，目为离，手为艮，口为兑等。

③其拳始言一理，即形意拳中之太极三体式之起点也：一理即太极也。即无极而生太极一气也。

④末复合为一理者，即各形之理，总而言之，内外如一也：五行十二形以至万形，各形有各形之理，但万法归一，内外仍是一气之流行而已。如太极拳之"无极还原学"："此时全体不要用力，腹内心神意俱杳，无一毫之思想，空空洞洞，仍还于无极，所谓神行是也。"

⑤曲屈夭矫：蛇天性是直的，但能屈能伸，随时变化。夭矫，形容姿态的伸展屈曲而有气势。夭，屈也。矫，直也。

⑥何行合化而生出此形之劲也：如蛇形，主要是由五行拳中的金（劈拳）、土（横拳）、水（躜拳）合化而成。再如虎形，主要是由劈拳、炮拳和躜拳合化而成。

⑦博问：博学、审问的略语。语出《礼记·中庸》："博学之，审问之，慎思之，明辨之，笃行之。"博学：系统广泛的学习。审问：在学问的探究上，深入追求。

⑧骄矜：指一个人骄傲专横，傲慢无礼，自尊自大，好自夸，自以为是。矜[jīn]，自尊，自大，自夸。

四则　形意拳术"魔乱"论

形意拳之道，练之有无数之曲折层次，亦有无数之魔力混乱①。一有不察，拳中无数之弊病出焉。

首段先抛出论点：形意拳有无数之魔力混乱。

故练者，先以心中虚空为体；以神气相交为用；以腰为主宰；以丹田为根；以三体式为基础；以"九要"之规模为练拳之具；以五行、十二形为拳中之物。故将所发出散乱之气，顺中用逆②，缩回归于丹田。用呼吸锻炼，不用口鼻呼吸，要用真息积于丹田。口中之呼吸，舌顶上腭，口似张非张，似吻非吻，还照常呼吸，不可有一毫之勉强，要纯任自然耳。所以要除"三害"。挺胸、提腹、努气，是练形意拳之大弊病也。

此段先从体、用、主宰、根、基础、工具、内容、顺逆、内呼吸（真息）、外呼吸（口鼻）诸方面指出形意拳的正确练法。然后指出形意拳最大的"魔乱"就是三害（挺胸、提腹、努气）。

或有练的规矩不合，自己不知，身形亦觉和顺，心中亦觉自如，然而练至数年功夫，拳术之内外不觉有进步，以通者观之，是入于俗派自然之魔力也。

此段指出形意拳常见的一种魔乱：俗派自然之魔力。也就是人们常说的"把拳练'油'了"。

或有练者，手足动作亦整齐，内外之气亦合得住。以旁人观之，周身之力量看着亦极大无穷；自觉亦复如是。惟是与人相较，放在人家之身上，不觉有力。知者云："是被拘魔所捆也。"因两肩根、两胯里根不舒展，不知内开外合③之故也。如此，虽练一生，身体不能如羽毛之轻灵也。

此段指出形意拳又一魔乱：为拘魔所捆，练出的是拙劲，劲路不通。根源在于不知内开外合。

又有时常每日练习，身形亦和顺，心中亦舒畅。忽然一朝，身形练着亦不顺，腹中觉着亦不合，所练的姿势，起落进退亦觉不对，而心中时觉郁闷。知者云："是到疑团之地也。"其实拳术确有进步，此时不可停功，千万不可被疑魔所阻，即速求师说明道理而练去。用力之久，而一旦豁然贯通，则众物之表里精粗无不到，而吾拳之全体大用无不明矣④！至此诸魔尽去，道理不能有所阻也。邱祖⑤云："经一番魔乱，长一层福力也。"

此段指出形意拳一种另类"魔乱"：疑魔。疑魔出现，实际上是拳术进步的表现，经师长点拨，继续用功，一旦豁然贯通，则诸魔尽去，道理无有不明。

【笺注】

①魔力混乱：形意拳之魔乱有多种，努气、拙力、挺胸提腹（三害）是最大的魔乱。此外，常见的还有本文指出的三种魔乱：俗派自然之魔力、拘魔、疑魔。前文郭云深先生指出的"专好刚劲之气，身外又务奇异之形"等也是魔乱。

②顺中用逆：参见第三板块"十五要论"之第六论——《孙氏武学"内开外合顺中用逆"论》一文（P$_{186}$）。

③内开外合：同上。

④用力之久……而吾拳之全体大用无不明矣：语本朱熹《大学章句》："至于用力之久，而一旦豁然贯通焉，则众物之表里精粗无不到，而吾心之全体大用无不明矣。"孙禄堂先生改"心"为"拳"。

⑤邱祖：指邱处机（1148—1227年），字通密，道号长春子，登州栖霞（今属山东省）人，道教全真道第二代掌教，被奉为全真道"七真"之一。所以习武修道之人尊之为"邱祖"。

第十二节　述耿诚信先生言一则

形意拳术三种练法及其变化人之气质论

耿诚信先生云：幼年练习拳术①之时，肝火太盛，血气甚旺，往往与人无故不相和，视同道如仇敌，自己常常自烦自恼。此身为拙劲所拘，不知自己有多大力量。

首段先言自己幼年习练花拳时，为"拘魔"所捆，气血肝火过盛。为下一段亮明论点做好了铺垫。

有友人介绍深州刘奇兰先生，拜伊为门下。先生云："此形意拳是变化气质之道，复还于初；非是求后天血气之力也。"

此段以刘奇兰先生之言——"此形意拳是变化气质之道，复还于初"——为全文论点。

自练初步明劲之功夫，四五年之时，自觉周身之气质、腹内之性情，与前大不相同。回思昔年所作之事，对于人所发之性情言语，时时心中甚觉愧悔。

此段耿先生以自己习练明劲的切身体悟初步证实形意拳的确可以变化人之气质。

自此而后，习练暗劲又五六年，身中内外之景况，与练明劲之时又不同矣。每见同道之人，无不相合，遇有技术在我以上者，亦无不称扬之。此时自己心中之技术，还有一点吝啬之心，不肯轻示于人。

此段耿先生以自己习练暗劲的切身体悟进一步证实形意拳的变化人之气质之效。

嗣又迁于化劲，习之又至五六年工夫，由身体内外刚柔相合之劲而渐化至于无。至此方觉腹内空空洞洞、浑浑沦沦、无形无象、无我无他之境矣！自此方无有彼此之分、门户之见。遇有同道者，无所不爱；或有练习未及于道者，无不怜悯而欲教之；偶遇同道之人相比较者②，并无先存一个打人之心在内。所用所发皆是道理③，亦无入而不自得矣。此时方知形意拳是个"中和"之道理，所以能变化人之气质，而入于道也。

此段耿先生以自己习练化劲的切身体悟验证了刘奇兰先生"真言"的正确性。耿先生自己不仅再无血气之力，而且也断了争强斗勇之心，哪怕面对挑衅者，也存爱怜之意。

【笺注】

①幼年练习拳术：耿诚信先生幼年练习的拳术是花拳（相传系甘凤池所创，该拳长于

化，据谐音取名"花拳"）。

②偶遇同道之人相比较者：此时的耿诚信先生不再主动找人相较。所谓偶遇，是一种委婉的说法，实际上一般是专门前来比武较技的。

③所用所发皆是道理：即"拳无拳，意无意，无意之中是真意"，内外不过是"一气之流行"而已。

第十三节　述周明泰先生言一则

形意拳术练体莫拘束　施用莫骄惧论

周明泰先生云：形意拳之道，练体之时，周身要活动，不可拘束。

首段周明泰先生提出本文的第一个论点：练体要灵动，不可拘束。

《拳经》所云"十六处练法"①之中，虽有"四就"之说：就者，束身也。束身，非拘也。是将身体缩住，内开外合。虽往回缩，外形之式要舒展，顺中有逆，逆中有顺。是故形意拳之道，内中之神气要中正相交；外形之姿势要和顺不悖。所以练体之时，周身内外不要拘束也。

此段以"十六处练法"中的"就"字诀阐明，束身并非拘束，束之中有"展"，即内开外合，顺中用逆。参见板块三"十五要论"之第六论——《孙氏武学"内开外合 顺中用逆"论》一文（P₁₈₄）。

练体之时，不可拘束；然而所用之时，外形亦不可有散乱之式，内中不可有骄惧之心也②。

此段提出本文第二个论点：施用之时，不可有骄惧之心（若有骄傲或惧怕之心，外形必然散乱）。

就是遇武术至浅之人，或遇不识武术之人，内中亦不可有骄傲之心存焉。亦不可以为以一手法必胜他人。务要先将自己之两手或虚或实，要灵活不可拘力；两足之进退，要便利不可停滞。或一二手、或三五手不拘，将伊之虚实真情引出，再因时而进之，可以能胜他人也。

此段阐明对待武艺水平低的人甚至不懂武术的人，也不可有骄矜之心，须把下手当作上手来对待。

倘若遇武术高超之人，知其功夫极深，亦见其身体动作神形相合，自己心中亦赞美伊之功夫，亦不可生恐惧之心。务要将神气贯注，两目视定伊之两眼，再视伊之两手两足，或虚实、或进退。相较之时，彼进我退，彼退我进；彼刚我柔，彼柔我刚；彼短我长，彼长我短。亦得量彼之真假、虚实而应之，不可拘定一成法而必胜于人也。如此用法，虽然不能胜于彼，亦不能一交手即败于彼也。

此段阐明对待武艺高超之人，不可生恐惧之心，要有"亮剑"精神，明知会败，

也要败得体面，要败中有所得。

故练拳术之道，不可自负其能，以为无敌于天下也；亦不可有恐惧心，不敢与人相较也。所以务要知己知彼。知己而不知彼，不能胜人；知彼而不知己，亦不能胜人。故能知己知彼，可以能胜人，而亦能成就大英雄之名也。

此段概而言之：不可盲目自大，亦不可畏敌如鼠，务要知彼知己，方能立于不败之地。

【笺注】

①十六处练法：详见本板块第七章《〈形意拳谱〉摘要》之"十六处练法"条目（P$_{106}$）。

②骄惧之心：骄傲或惧怕之心。即下文中所言"自负其能"，以为自己"无敌于天下"；或"有恐惧心，不敢与人相较"。两者都是要不得的。

第十四节　述许占鳌先生言二则

一则　练形意拳术勿求速效　勿生畏难之心论

许占鳌先生云：练形意拳之道，万不可有轻忽易视①之心。五行十二形，以为七日学一形，或十日学一形，大约少者半年可以学完，多者一年之工夫足以学完全矣。如此练形意拳，至于终身不能有所得也。所会者，不过拳之形式与皮毛耳。

首段先指出初习形意拳易出现的一种错误认知，以为形意拳可以很快学完，实际上是轻视形意拳。

或者又知此拳之道理精微，不易得之于身，而有畏难之心。总疑一形两形，大约三年五年亦不能得其精微；若于全形之道理，大约终身亦得不完全矣。

此段又指出习练形意拳的另一种错误认知，以为形意拳太难学，终生也难学全。

二者有一，虽然习练，始终不能有成也。

无论存在哪一种错误认知，习练终生都不能有所得。

二者若是全无，再虚心求老师传授。第一，"三害"之病不可有；第二，"九要"之规矩要真切；第三，三体式要多站。"九要"要整齐，身子外形要中正，心中要虚空，神气呼吸要自然，形式要和顺。不如此，不能开手开步练习也。

此段阐明在两种错误认知都不存在的情况下，习者一方面学艺要诚心；一方面习练时要做到"三害"莫犯、"九要"须真、三体式为根，外要中正和顺，内要虚静空灵。如此一来才可以练趟子。

若是诚意练习，总要勿求速效。一日不和顺，明日再站；一月不和顺，下月再站。因三体式是变化人之气质之始，并非要求血气之力，是去自己之病耳。拙气拙力之病也。所以站三体式者，有迟速不等，因人之气质禀受②不同也。

此段提出本文核心论点：勿求速效。并阐明"勿求速效"的第一步就是从多站三体式开始。要站到身形和顺了，才能开始练趟子。

至于开手开步练习，一形不顺，不能练他形；一月不顺，下月再练；半年不顺一年练。练至身体和顺，再练他形。非是形式不熟，亦是内中之气质未变化耳。一形通顺，再练他形自易通顺，而其余各形皆可一气贯通。《拳经》云："一通无不通也。"

此段阐明开练拳趟时，仍然要"勿求速效"，将一形格物至极处，再格他形。如此他形自易练通，所谓"一通百通"是也。

所以练形意拳者，勿求速效，勿生厌烦之心。务要有恒，作为自己一生始终修身之功课，不管效验不效验。如此练去，功夫自然而有得也。

此段把本文论点"勿求速效，勿生畏难（厌烦）之心"概括为两个字：有恒。"修道者多如牛毛，得道者凤毛麟角"，何故？"行百里者半九十"，能够坚持达到最终目的地者太少。然有恒者，终必有得。

【笺注】

①轻忽易视：轻视忽略之意。

②禀受：指受于自然的体性或气质。禀[bǐng]，秉承。

二则　形意拳术三体论

形意拳术三体式者，天、地、人三才①之象也。即人身中之头、手、足也；亦即形意、八卦、太极三派合一之体②也。

首段阐明三体式的含义与地位。三体式是三拳合一论的理论和实践基础。

此式是自虚无而生一气，是自静而动也；太极、两仪至于三体式，是由动而静也；再至虚极静笃③时还于本性也。此性是先天之性，不是后天之性。此是形意拳术之本体也。

此段阐明了三体式本体动静之理：静极而动，动而复静，得见先天本性。

此三体式，非是后天拙力血气所为，乃是拳中之规矩，传授而致也。此是拳术最初还虚之道也。此理与静坐之功相合也。静坐要最初还虚，俟虚极静笃时，海底动而生知觉。要动而后觉，是先天动。不可知而后动。知而后动，是后天妄想而生动也。俟一阳动④时，即速回光返照，凝神入于气穴，神气相交，二气合成一气⑤。再有传授文武老嫩火候，呼吸得法，能以此锻炼，进退升降亦可以次第而行功也。因此是最初还虚，血气不能加于其内，心中空空洞洞，即是明心见性⑥矣。

此段以道家内丹术（静坐）之理阐释形意拳三体式最初还虚之道。

前者自虚无至三体式，是由静而动，动而复静，是拳中起躜落翻之未发，谓之"中"也。中者，是未发之和也⑦。"三体重生万物张"者，是静极而再动，此是起蹲落翻之已发，谓之"和"也。已发是拳中之横拳起也。内中之五行拳、十二形拳，以至万形，皆由此而生也。《中庸》云："天命之谓性，率性之谓道⑧。"不动是未发之中也；动作能循环三体式之本体，是已发之和也。和者，是已发之中也。

此段以儒家《礼记·中庸》的"中和"之道阐明形意拳术三体式与五行十二形之理。

将所练之拳术，由过犹不及之气质，俯而就、仰而止，教人改变气质，复归于中，是谓之"教"也。

此段阐明形意拳实有教化之功，可以改变人的气质。

故形意拳之内劲，是由此中和而生也。俗语云："拳中之内劲是鼓小腹，硬如坚石。"非也。所以形意拳之"内劲"，是人之元神、元气⑨相合，不偏不倚，和而不流，无过不及，自无而有，自微而著，自小而大，由一气之动而发于周身，活活泼泼，无物不有，无时不然，《中庸》云："放之则弥六合；卷之则退藏于密。"其味无穷，皆是拳之内劲也。善练者，玩索而有得⑩焉，则终身用之，有不能尽者矣！

此段阐明什么是形意拳内劲，并指出，善练善悟者，可得着形意拳内劲，则终身受用无穷。

三体式无论变更何形，非礼不动，礼即拳中之规矩姿势也。所以修身也。故一动一静，一言一默，行止坐卧，皆有规矩。所以此道动作，是纯任自然，非勉强而作也。

此段归纳概括形意拳术三体式之要义：非礼勿动，所以修身，循规蹈矩，纯任自然。

古人云："内为天德，外为王道，并非霸术所行。"亦是此拳之意义也。

此语为孙禄堂先生所补注。请参见"述宋世荣先生言三则·一则"——《形意拳术"格物尽性"论》一文及其"笺注"（P$_{69~70}$）。

【笺注】

①三才：天、地、人为三才。天在上，地在下，人在其中（顶天立地）。天有三才日、月、星，地有三才水、火、风，人有三才精、气、神。形意拳中以三才喻三体，则为头、手、足，即上、中、下三盘之意。参见第三板块"十五要论"之第五论——《孙氏武学"三体"论》一文（P$_{180}$）。

②形意、八卦、太极三派合一之体：孙氏武学形意、八卦、太极均以三体式为拳术之本体。三拳在无极、太极（一气）、两仪、三体、四象、五行、六合、七星、八卦、九宫方面的理论是相互融通的；避"三害"、守"九要"的要求是一致的；内开外合、中正空灵、顺逆和化等要义是共有的。故孙氏武学三拳合一。

③虚极静笃：语出老子《道德经·第十六章》："致虚极，守静笃。万物并作，吾以观其复。"意思是使心灵保持虚和静的至极笃定状态，不受外物干扰。当万事万物并行发生时，我用这种心态观察事物循环往复的规律。此为道家求道之法。

④一阳动：即三体式中或静坐中会阴穴有真气萌动，暖暖融融，此时阳物似有欲

95

泄之意。会阴穴真气萌动，为阴极而阳，谓之一阳动，或一阳生。

⑤凝神入于气穴，神气相交，二气合成一气：心神凝聚于丹田，把先天之气（一阳萌动之气）和后天之气（全身周流之气，包括五脏六腑之气和中医所谓营气、卫气等）引入丹田，谓之神气相交，二气合为一气。气穴，即下丹田。

⑥明心见性：此为佛家禅宗悟道之语，谓彻见自心本性。明本心，见不生不灭的本性。明心是发现自己的真心；见性是见到自己本来的真性。

⑦中者，是未发之"和"也：语出《礼记·中庸》："喜怒哀乐之未发谓之中；发而皆中节谓之和。中也者，天下之大本也；和也者，天下之达道也。致中和，天地位焉，万物育焉。"朱熹注释说："喜怒哀乐，情也；其未发，则性也。无所偏倚，故谓之中。"性即本性，本来的状态。对喜怒哀乐能按应有状态掌握，无所偏倚，这就叫"中"；平时能持中，一旦表现出来，就能中节，这就叫和。"中"是方法，"和"是效果。

在形意拳中，三体式由静而动，动而复静，此时有起落躜翻之意，而无起落躜翻之形，不偏不倚，刚柔内敛，谓之"中"；一旦行拳，则起落躜翻、虚实开合一定是合乎法度的。因此说"中者，是未发之和也"。下文"和者，是已发之中也"，意思与此对应。参见板块三"十五要论"之第三论——《孙氏武学"中和"论》一文（P$_{169}$）。

⑧天命之谓性，率性之谓道：出处同上。"天命之谓性"，是说上天所赋予人的自然气质叫做性；"率性之谓道"是说按照本性的要求自然发展就叫做道。

⑨元气、元神：元气指人之精气，亦即先天之气。元神是道家语，指灵魂（原指来源于父母双方精气结合之神）。元神、元气相合便生出拳中之内劲。《黄帝内经·灵枢·本神篇》："生之来谓之精，两精相搏谓之神。"

⑩玩索而有得：在玩味和思索之中得到了知识。语出朱熹《中庸章句》："善读者玩索而有得焉，则终身用之，有不能尽者矣。"

第五章　八卦拳

述程廷华先生言一则

八卦拳术之要义及其习练先后次序论

程廷华先生云：练八卦拳之道，先要得明师传授，晓拳中之意义并先后之次序。

首段明确立论：练八卦拳者，必须明白"拳中之意义"（由明师传授而得）及习练先后次序。

其实八卦本是一气变化之分，一气者即太极也。一气仍是八卦、四象、两仪[①]之合。是故太极之外无八卦；八卦、四象、两仪之外亦无太极也。所以一气者，八卦为其体；六十四卦[②]以及七十二暗足[③]互为其用。体亦谓之用，用亦谓之体。体用一源，动静一道。远在六合之外，近在一身之中。一动一静，一言一默，莫不有卦象焉，莫不有体用焉，亦莫不有八卦之道焉。其道至大而无不包；其用至神而无不存。

此段阐明八卦拳的本质：八卦由一气变化，一气是八卦、四象、两仪之合。并指出了太极一气的体、用及其相互关系。

若是言练，先晓伸缩、旋转、圜研之理。

此段承上段，在理解八卦拳本质意义的基础上，还要知晓伸缩、旋转、圜研之理（形意拳、太极拳亦有这些道理，但三者既有共同之处，又各有特点），才能谈到练。

先以伸缩而言之：缩者，是由高而缩于矮，由前而缩于后。从高而缩于矮之情形，身子如同缩至于深渊；从前而缩于后之意思，身体如同缩至于深窟。若是论身体伸长而言之：伸者，自身体缩至极矮极微处，再往上伸去，如同手扪于天；往远伸去，又如同手探于海角。此是拳中开合抽长[④]之精意也。古人云："其大无外，其小无内，放之则弥六合，卷之则退藏于密。"所以八卦拳之道，无内外也。

此段阐明"伸""缩"的基本练法与意象，孙禄堂先生进而指出伸缩之理即"拳中开合抽长之精意也"。

研者，身转如同几微的螺丝细轴一般，身体有研转之形，而内中之轴无离此地之意也。圜者，旋转之意，是放开步法，迈足望着圆圈一旋转，如身体转九万里之地球一圈之意也。

此段阐明何谓"研"，何谓"圜"，并说明了旋转与圜研的关系。若以地球言之，则研为地球之自转，圜为地球绕太阳之公转。

至于身体刚柔，如玲珑透体，活活泼泼，流行无滞；又内中规矩的的确确不可易；胳膊如百炼之纯钢化为绕指之柔。

此段承前，在知晓伸缩、旋转、圈研之理的基础上，深入论及刚柔之理。

两足动作，皆勾股三角；两手之运用，又合弧切八线⑤。

此段又进而指出两手两足的动作运用符合几何学的勾股三角（弧切八线）之理。

所以数不离理，理不离数；数理兼该，乃得万全也。将此道理得之于身心，可以独善其身，亦可以兼善天下⑥。身之所行，是孝弟忠信⑦；无事口中可以常念阿弥陀佛⑧。行动不离圣贤之道⑨，心中亦不离仙佛之门⑩。非知此，不足以言练八卦拳术也；亦非如此，不能得着八卦拳之妙道也。

此段归纳八卦拳之道理：数不离理，理不离数；数理兼该，万全之道。得着此理，可以超凡入圣，得大自在。

【笺注】

①八卦、四象、两仪：八卦者，乾、坤、坎、离、震、巽、艮、兑是也。四象者，太阳（或曰老阳）、少阴、少阳、太阴（或曰老阴）是也。两仪者，阴阳是也。它们的关系是：无极生太极，太极生两仪，两仪生四象，四象生八卦。参见右图。

在孙氏八卦拳中，单换掌走前后，为两仪；双换掌走前后左右，为四象；狮形狮子掌（内外上下一气，刚健之至）、麟形返身掌（内外上下和顺）、蛇形顺势掌（外柔顺而内刚健，内外如水曲曲顺流）、鹞形卧掌

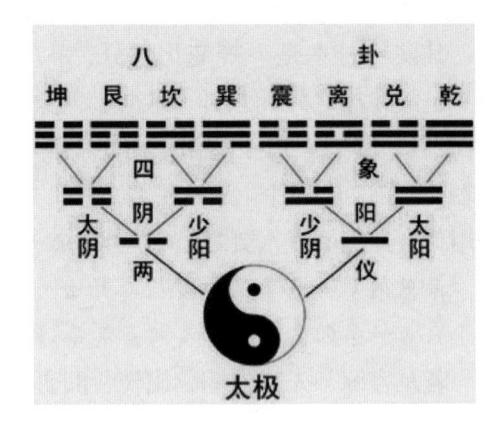

太极、两仪、四象、八卦关系图

（外刚健而内柔顺，心中有空虚之象）、龙形平托掌（外静而内动，一阳初动）、熊形背身掌（上刚健而中下柔顺，有静止之形）、凤形风轮掌（上刚健而下柔顺，有风轮之形）、猴形抱掌（上柔顺而中下刚健，有缩短之形）等八大掌分别为乾、坤、坎、离、震、艮、巽、兑八卦。参见板块三"十五要论"之第七论——《孙氏武学"数理"论》一文中的对应条目（P$_{194}$、$_{196}$、$_{198}$）。

②六十四卦：六十四卦者，指八卦相配，成六十四卦。如乾上坤下为否（天地否），坤上乾下为泰（地天泰）。如水火既济、火水未济等。此处指在两仪掌、四象掌、八大掌基础上的变掌，六十四非实指，因为拳中道理的变化是无穷的。参见板块三"十五要论"之第七论——《孙氏武学"数理"论》一文之条目（三十八）"六十四卦"（P$_{201}$）。

有以八大掌动作之和有六十四个为六十四卦，谬矣。在孙氏八卦拳中，八大掌只练一面不足六十四之数，但一般要求是左右互变，如此则达一百多个动作，显然也不是六十四卦之数；两仪掌本身就是左旋右转方为两仪，因此四象掌、八大掌都是左右

互变的。其中蛇形顺势掌要加一个单换掌（两仪掌之一仪）才能变换成另一面的练法。

③七十二暗足：参见第三板块"十五要论"之第七论——《孙氏武学"数理"论》一文之条目（三十九）"七十二截腿、七十二暗腿"（P_{201}）。

④开合抽长：伸为开，为长；缩为合，为抽。抽，缩短之意。此为就肢体外形动作而言。须知孙氏武学还有"内开外合、外开内合"之理。

⑤两足动作，皆勾股三角；两手之运用，又合弧切八线：指拳术之道符合数学原理。

勾股三角：指不等腰直角三角形，股为较长的边，勾为较短的边，对着直角的边叫作弦。三边的任意比即构成三角函数。下文的"弧切八线"即三角函数，二者意义相同。参见板块三"十五要论"之第七论——《孙氏武学"数理"论》一文之条目（十三）"勾股三角"（P_{196}）。

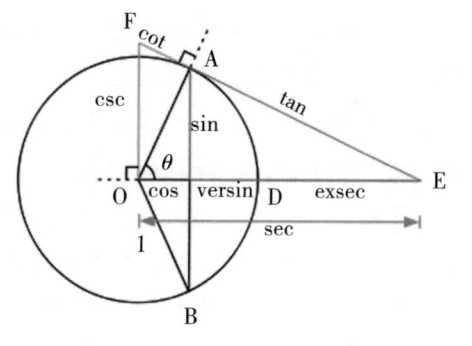

勾股三角（弧切八线）图

弧切八线：圆上任意两点间的部分叫弧。和圆上有一个公共点的直线叫作圆的切线。直角三角形之三边，关于其任一锐角，可组成任意比，而名之此角之正弦、余弦、正切、余切、正割、余割、正矢、余矢，称三角函数，亦称圆函数，亦称弧切八线。

在平面直角坐标系Oxy（OE在x轴上，OF在y轴上）中，与x轴正向夹角为θ的动径上取点A，A的坐标是（x，y），OA=r，则正弦函数$\sin\theta=y/r$，余弦函数$\cos\theta=x/r$，正切函数$\tan\theta=y/x$，余切函数$\cot\theta=x/y$，正割函数$\sec\theta=r/x$，余割函数$\csc\theta=r/y$，正矢函数$\text{vers}\,\theta=r-x$，余矢函数$\text{covers}\,\theta=r-y$。参见板块三"十五要论"之第七论——《孙氏武学"数理"论》一文之条目（二十七）"弧切八线"（P_{199}）。

⑥可以独善其身，亦可以兼善天下：语本《孟子·尽心上》："穷则独善其身，达则兼善天下。"原意是说，不得志时就洁身自好，修养个人品德，不随波逐流，坚持正道；得志时就要济世安民，匡正天下。这里的意思是，八卦拳实为修道之学，可以自渡，成为圣贤仙佛；亦可以渡人，人人可为圣贤仙佛。

⑦孝弟忠信：指孝顺父母，尊敬兄长，忠于君主，取信于朋友的伦理道德。

孝，从老，从子，子奉老为孝，即对父母尽心奉养并顺从曰孝。

弟，音tì，通"悌"。本意为弟弟敬爱哥哥，引申为顺从长［zhǎng］上。

忠，从心，从中。指发自本心的行为。尽己心力以奉公、任事、对人之美德曰忠；竭尽心力以任其事、服其职曰忠；赤诚无私曰忠；尽心力做事者曰忠。

信，从言，从人。人言为信，即诚实，不欺骗之意。所谓"君子一言，驷马难追""一言九鼎""言必信，行必果"是也。

⑧阿弥陀佛：其名号梵音为amitayusa（无量寿）、amitaba（无量光），别名无量寿

99

佛、无量光佛、观自在王佛、甘露王。密号为清静。他是西方极乐世界的教主，与观音菩萨、大势至菩萨合称"西方三圣"。大乘佛经如《无量寿经》《阿弥陀经》《观无量寿佛经》等，对阿弥陀佛及其西方极乐世界均有描述。

中国佛教徒对阿弥陀佛有着特别的信仰，口中常颂阿弥陀佛。

⑨圣贤之道：圣贤之道即君子之道。孔子认为君子之道者三："仁者不忧，智者不惑，勇者不惧。"又提出君子的行为准则四条："君子义以为质，礼以行之，逊以出之，信以成之，君子哉！"概括孔孟颜曾等圣贤提出的君子之德，则君子之道有：仁、义、礼、智，信、勇、和、平，忠、孝、节、烈，恕、让、逊、廉等美德。

圣贤：儒家所尊崇的古圣先贤的简称。孔子所称的古圣有尧、舜、禹、汤、文（周文王）、武（周武王）、周（周公旦）七大圣人。孔人又被后人尊为圣人，孟子被尊为亚圣。

阿弥陀佛像

先贤则有孔子的七十多位著名弟子，如颜回、闵损、冉耕、冉雍、冉求、仲由、宰予、端木赐、言偃、卜商、颛孙师、曾参、澹台灭明、宓不齐、原宪、公冶长、南宫括、公晳哀、曾点、颜无繇、商瞿、高柴、漆雕启、公伯缭、司马耕、樊须、有若、公西赤、巫马施、梁鳣等。后来贤者有汉代董仲舒、三国诸葛亮、唐代韩愈、柳宗元、宋代周敦颐、张载、邵雍、二程（程颢、程颐）、朱熹、陆九渊、明朝王阳明等等。

⑩心中亦不离仙佛之门：此处并非劝人修仙成佛之意，实为让人心中常怀善念，如此则可以尽心知性（儒家），或曰修心练性（道家）、明心见性（释家）。仙佛之门，指道家和释家。

第六章 太极拳

第一节 述郝为桢先生言一则

太极拳术三重境界论及其知己知人功夫练法

郝为桢先生云：练太极拳有三层之意思。

首段提出本文核心论点：练太极拳有三重境界。

初层练习，身体如在水中，两足踏地，周身与手足动作如有水之阻力。

此段言第一重境界：身在水底，水的阻力大。

第二层练习，身体手足动作，如在水中而两足已浮起不着地，如长泅者浮游其间皆自如也。

此段言第二重境界：身在水中，浮游自如。

第三层练习，身体愈轻灵，两足如在水面上行。到此时之景况，心中战战兢兢，如临深渊，如履薄冰[1]，心中不敢有一毫放肆之意。神气稍为一散乱，即恐身体沈[2]下也。《拳经》云："神气、四肢总要完整，一有不整，身必散乱，必至偏倚而不能有灵活之妙用。"即此意也。

此段言第三重境界：足行水面，神气不敢有丝毫散乱。此种状态正合太极拳的"五字诀"：（心）静、（身）灵、（气）敛、（劲）整、（神）聚。

练太极拳的三重境界，同样适用于形意拳、八卦拳，乃至于任何一门有系统传承的拳艺。

又云：知己功夫，在练十三式；若欲知人，须有伴侣[3]。二人每日打四手，即掤、捋、挤、按也。功久即可知人之虚实轻重，随时而能用矣。

此段复言本文另一论点：知人功夫需常练。有同伴一同进行四正打手最好。

倘若无人与自己打手，与一不动之物当为人，用两手或身体与此物相较，视定物之中心，或粘，或走，或即，或离，手足总要相合，或如粘住它的意思，或如似挨未挨它的意思。身子内外总要虚空灵活，功久身体亦可以能灵活矣。

此段言实在无有同伴时的替代练法——与不动之物（如树干、木桩、篮球架等）**"对练"。**

或是自己与一个能活动之物，物之来去，我可以随着物之来去，以两手接随之，身体屈伸往来，上下相随，内外一气，如同与人相较一般。仍是求不即不离[4]、不丢

101

不顶⑤之意也。

　　此段言实在无有同伴时的又一替代练法——与一活动之物（如可以摆动的吊沙袋）"对练"。

　　如此心思会悟，身体力行，功久引进落空之法，亦可以随心所欲而用之也。此是自己用功，无有伴侣之法则也。

　　此段归纳无同伴时的两种替代练法坚持练下去的功效。

　　郝为桢先生与陈秀峰先生所练之架子不同，而应用之法术同者极多。所不同者，各有心得之处或不一也。

　　此段孙禄堂先生以郝为桢先生与陈秀峰先生为例补充说明，功夫到了，虽然拳架不同，用法其实大同而小异。有所不同实际上并非因为拳架的不同，而是由于个人心得各有不同的缘故。

【笺注】

①战战兢兢，如临深渊，如履薄冰：语出《诗经·小雅·小旻》："不敢暴虎，不敢冯河。人知其一，莫知其他。战战兢兢，如临深渊，如履薄冰。"战战：恐惧的样子。兢［jīng］兢：谨慎的样子。履：践踩。

②沈：音［chén］，通"沉"。

③伴侣：同在一起生活、工作或旅行的人（多指同性）。与今天称夫妻为伴侣的意思完全不同。这里指一起练拳的伙伴。

④不即不离：既不过于靠近，又不离开。即：接近，靠近。离：疏远，离开。

⑤不丢不顶：语出王宗岳《打手歌》："引进落空合即出，沾连粘随不丢顶。""不丢"是指打手时手臂不离开对方。在打手实践中是人去我随的动作，在粘住对方时，随彼之屈而吾伸之，逼使对方陷于不利或不稳的境地。"不顶"是指打手时毫不与对方抵抗。在打手实践中是人进我退、人刚我柔的动作，顺彼之伸而吾屈之，用弧形走化的动作引使对方前进而落空。

　　"不顶不丢"是"不即不离"的本质意义。不即不离是外形上的，而不顶不丢则是劲力上的。

第二节　述陈秀峰先生言一则

太极八卦与六十四卦论

　　陈秀峰①先生言：太极八卦与六十四卦，即手足四干四肢共六十四卦②也。其理《八卦拳学》言之详矣。

首段陈秀峰先生明确指出太极拳也有八卦与六十四卦。本文孙禄堂先生所记陈秀峰先生言仅此一语而已。以下是孙禄堂先生对陈秀峰先生的拳技与程廷华先生的拳技所作的比较。

与程廷华先生言游身八卦并[3]六十四卦，两派之形式用法不同，其理则一也。陈秀峰先生所用太极八卦，或粘、或走、或刚、或柔，并散手之用，总是在不即不离内求玄妙；不丢不顶中讨消息。以至引进落空，四两拨千斤，动作所发之神气，如长江大海，滔滔不绝也。此拳之道理，王宗岳先生所著《太极拳经》[4]论之最详。

孙禄堂据陈先生在打手与实战应用中的表现，阐明其太极八卦与程廷华先生的游身八卦的道理是一致的。

程廷华先生所用之遊身八卦，或粘或走，或开或合，或离或即，或顶或丢，忽隐忽现。或忽然一离相去一丈余远；忽然而回，即在目前。或用全体之力，或用一手、或二指、或一指之一节。忽虚忽实，忽刚忽柔，无有定形，变化不测。

此段以程廷华先生的游身八卦与陈秀峰先生的太极八卦作对比，进一步证明二者的道理是一致的。如运用之时，二者都是忽刚忽柔、忽虚忽实，无有定法，变化莫测；动作所发之神气，都如长江大海，滔滔不绝。

当然二者也各有不同之处。如陈先生的太极拳运用之时不即不离、不顶不丢，而程先生的八卦拳运用之时忽即忽离、忽顶忽丢；陈先生沉稳如泰山，程先生轻灵似羽毛。

形意、八卦、太极三家诸位先生所练之形式不同，其理皆合其应用，亦各有所当也。

此段作为三派拳家"真言"最后一篇的最后一段，孙禄堂先生做了最后总结：三派拳家所练形式不同，道理却是一致的，不外刚柔、粘离、开合、虚实、太极、一气等。应用之时，多有相同之处，又各有独特心得。

【笺注】

①陈秀峰：又名陈敬亭，生卒年月待考。清末贡生，直隶广平府永年县何营村人，师从杨班侯学习太极拳，得其精髓。据说他也向郝为桢先生请益过（其当世传人的拳架有开合活步练法）。1900年前后入袁世凯府中，教其子袁克定习太极拳，由此在天津传拳多年。1929年，永年成立国术馆，陈秀峰先生任教练，三年之间，授徒多人，为永年培养了很多武术人才和传人。

陈秀峰先生技击功夫深厚，名闻当时，深受后辈技击家推崇。有《太极拳真谱》手写本石印传世。陈秀峰先生弟子祝景元先生在南碾头一带传拳，传人有刘其林、祝振坤。

由于陈秀峰先生与孙禄堂先生分属同辈，故书中没有为其立传（孙禄堂先生与杨健侯先生之子杨澄甫先生为盟兄弟，因此与杨班侯先生的弟子陈秀峰先生同辈；同时孙禄堂又是郝为桢先生弟子，陈秀峰先生也曾向郝为桢先生请益，因此又算有同门之谊）。但即使这样，陈秀峰先生也是同辈人中唯一被记录其述真之言的。由此可知，陈秀峰先生的太极技艺之精深。

②手足四干四肢共六十四卦：《陈敬亭太极拳说》（见于《郝为真太极拳秘本》）："夫拳以太极为名者，有所以然也。非若旁门之拳立名以卦，而此拳独以太极为名，独占鳌头者也。太极者，举人一身而言也。然乾为首，坤为腹，人所共知；至于腰为太极，谁得而知？何以言之？两肾为腰，腰像太极，太极生两仪，两仪既脊骨两旁两股大筋也。两仪生四象，四象即四肢也。两仪之筋上通两腋嵌于胳膊下；下后之大筋由两胯后嵌于两腿。四象生八卦，八卦即四肢八节也。八八六十四卦，即手足指节五十六节，合四肢八节，即六十四卦也。"

在《八卦拳学·八卦拳形体名称》中，孙禄堂先生写到："腹为无极；脐为太极；两肾为两仪；两胳膊、两腿为四象；两胳膊、两腿各两节为八卦。两手两足共二十指也，以手足四拇指皆是两节，共合八节；其余十六指，每指皆三节，共合四十八节；加两胳膊两腿八节、与四大拇指八节，共合六十四节，合六十四卦也。此谓无极生太极，太极生两仪，两仪生四象，四象生八卦，八八生六十四卦之数也。此四肢八卦之名称。以上近取诸身也。"

四干：指两胳膊、两腿。两胳膊、两腿各两节，共八节，成八卦之数。

四肢：这里指四干之末端的两手、两足。两手各五指、两足各五趾，每五指（趾）有十四节，共五十六节。再加上四干的八节，总为六十四节，即八八六十四卦之数。

③并：先师孙叔容先生疑"并"字为"共"之误。著者以为"并"字其实无误，意为"及""与"。

④王宗岳先生所著《太极拳经》：王宗岳：明朝万历人，内家拳名家，主要代表作有《阴符枪谱》《太极拳论》。后者又被称为《太极拳经》，被太极拳界奉为经典理论。全文如下：

太极者，无极而生，动静之机，阴阳之母也。动之则分，静之则合。无过不及，随曲就伸。人刚我柔谓之走，我顺人背谓之粘。动急则急应，动缓则缓随。虽变化万端，而理惟一贯。由着熟而渐悟懂劲，由懂劲而阶及神明。然非用力之久，不能豁然贯通焉。虚灵顶劲，气沉丹田；不偏不倚，忽隐忽现；左重则左虚，右重则左杳；仰之则弥高，俯之则弥深；进之则愈长，退之则愈促；一羽不能加，蝇虫不能落；人不知我，我独知人。英雄所向披靡，盖皆由此而及也。

斯技旁门甚多，虽势有区分，概不外乎壮欺弱、慢让快耳。有力打无力，手缓让手快，此皆先天自然之能，非关学力而能有所为也。察"四两拨千斤"之句，显非力胜；观耄耋能御众之形，快何能为？立如枰准，活似车轮。偏沉则随，双重则滞。欲避此病，须知阴阳。粘即是走，走即是粘。阴不离阳，阳不离阴；阴阳相济，方为懂劲。懂劲后，愈练愈精，默识揣测，渐至从心所欲。

  本是舍已从人，多误舍近求远。所谓"差之毫厘，谬之千里"，学者不可不详辨焉，是为论。

第七章 《形意拳谱》摘要

＊《拳经》云：形意拳之道，有七拳、八字、二总、三毒、五恶、六猛、六方、八要、十目、十三格、十四处打法、十六处练法、九十一拳、一百零三枪之论。恐后来学者，未见过《拳经》①，不知有此论，故述之以明其义。

＊七拳②：头、肩、肘、手、胯、膝、足，共七拳也。

＊八字③：斩、劈拳也。截、躜拳也。裹、横拳也。胯、崩拳也。挑、践拳也，即燕形也。顶、炮拳也。云、鼍形拳也。领、蛇形拳也。

＊二总：三拳三棍为二总。三拳是天地人生法无穷；三棍是天地人生生不已④。

＊三毒：三拳三棍精熟，即为三毒⑤。

＊五恶：得其五精，即为五恶⑥。

＊六猛：六合练成，即为六猛⑦。

＊六方：内外合一家，为六方⑧。

＊八要⑨：心定神宁；神宁心安；心安清净；清净无物；无物气行；气行绝象；绝象觉明。觉明则神气相通，万气归根矣。

＊十目：即十目所视⑩之意。

＊十三格：自七拳格起，至士、农、工、商，为十三格⑪。

＊十四处打法：肩、肘、手、胯、膝、足，左右共十二拳，头为一拳，臀尾为一拳，共十四拳。名为七拳故有十四处打法⑫。此十四处打法，变之则有万法；合之则为五行、两仪而仍归于一气也。

头打落意随足走，起而未起占中央。脚踏中门抢地位，就是神仙也难防。

肩打一阴反一阳，两手只在洞中藏。左右全凭盖他意，束展二字一命亡。

肘打去意占胸膛，起手好似虎扑羊。或在里拨一旁走，后手只在胁下藏。

拳打三节不见形，如见形影不为能。能在一思进，莫在一思存。能在一气先，莫在一气后。

胯打中节并相连，阴阳相合得之难。外胯好似鱼打挺，里胯藏步变势难。

膝打几处人不明，好似猛虎出木笼。和身展转不停势，左右明拨任意行。

脚打踩意不落空，消息全凭后脚蹬。与人较勇无虚备，去意好似卷地风。

臀尾起落不见形，猛虎坐卧出洞中。臀尾全凭精灵气，起落二字自分明。

＊十六处练法：一寸、二践、三躜、四就、五夹、六合、七齐、八正、九胫、十警、十一起落、十二进退、十三阴阳、十四五行、十五动静、十六虚实。

寸：足步也。　　践：腿也。　　躜：身也。　　就：束身也。　　夹：如夹剪之夹也。

合：内外六合。心与意合，意与气合，气与力合，是为内三合；肩与胯合，肘与膝合，手与足合，是为外三合。

齐：疾毒也，内外如一⑬。

正：直也。看正却是斜；看斜却是正。

胫：手摩内五行⑭也。磨胫磨胫，意气响连声⑮。

警：警起四梢也。火机一发物必落。

起落：起是去也；落是打也。起亦打，落亦打，起落如水之翻浪，才成起落。

进退：进是步低；退是步高。进退不是枉学艺。

阴阳：看阴而却有阳；看阳而却有阴。天地阴阳相合才能下雨；拳术阴阳相合才能打人。成其一体，皆为阴阳之气也。

五行：内五行要动；外五行要随⑯。

动静：静为本体；动为作用。若言其静，未漏其机；若言其动，未见其迹。动静是发而未发之间，谓之动静也。

虚实：虚是精也；实是灵也。精灵皆有成其虚实。《拳经》歌曰："精养灵根气养神，养功养道见天真。丹田养就长命宝，万两黄金不与人！"

*九十一拳：三拳分为二十一拳，五行生克是十拳，分为七十拳。共九十一拳。一拳分为七拳：是前打、后打、左打、右打、不打、打打、不打打打⑰。

*一百零三枪：天地人三枪各分四柱，是三四一十二枪；五行五枪，是五七三十五枪；八卦八枪，是七八五十六枪。共一百零三枪也⑱。

*《拳经》云：混元一气吾道成，道成莫外五真形，真形内藏真精神，神藏气内丹道成。如问真形须求真，要知真形合真象，真象合来有真诀，真诀合道得彻灵。固灵根而动心者，敌将也；养灵根而静心者，修道也。

*赤松子胎息诀⑲云："气穴之间，昔人名之曰生门死户，又谓之天地之根⑳。凝神于此，久之元气日充，元神日旺。神旺则气畅；气畅则血融；血融则骨强；骨强则髓满；髓满则腹盈；腹盈则下实；下实则行步轻健，动作不疲，四体康健，颜色如桃李，去仙不远矣！"此亦是拳术内劲之意义也。

【笺注】

①拳经：形意拳脱胎于心意拳，二者形式有所不同，道理却并无轩轾。因此，这里的"形意拳经"直接摘录自《心意六合拳谱》。也就是说，形意拳、心意拳是共享一部拳经。《拳意述真》正文、传文中所引的"《拳经》云"，也均指《心意六合拳谱》。

A. 虽为"摘录"，孙禄堂先生并非仅仅原文照抄，而是择其要者录出，并对其中部分内容加以阐释。当然孙禄堂先生选择的是《心意拳六合谱》中切合于形意拳的一些重要内容，与形意拳内容相抵牾的部分则不选。然而不管怎么说，孙禄堂先生是第一个将《形意拳经》（《心意六合拳谱》）公诸于世，并第一个公开对《拳经》进行阐释的人。这一点从宝显庭先生的《形意拳谱》对孙禄堂先生的个别阐释提出不同看

107

法可以得到反证（参见第四板块"闲谈"之七——《"能说形意拳经"辨伪》一文，P$_{297}$）。而现今流行的各种版本的"形意拳经谱"及部分"心意拳经谱"，基本上都是以孙禄堂先生的阐释为准的，而且几乎都是当成"经文"的一部分来看待的。岂不知，原来的经文有的项目就是寥寥几个字，解释说明文字是属于孙禄堂先生的！严格说来，孙禄堂先生的阐释文字应该称为"传"，就如同孔子著《春秋》，微言大义，仅战国时期为之阐释的"传"就有三大家：《春秋公羊传》《春秋穀梁传》《春秋左氏传》（后者即俗称的《左氏春秋》《左传》）。宝显庭先生的《形意拳谱》实际上是从心意六合拳的角度阐释作"传"的，而孙禄堂先生是从形意拳角度阐释作"传"的，二者并不矛盾。修形意拳者宗"形意拳经孙氏传"，习心意六合拳者宗"形意拳经宝氏传"，二者并行而不悖。毕竟，形意拳虽然源于心意拳，但与心意拳在许多地方还是有不少差异的。

B. 形意拳有"九数歌"，是为形意拳量身打造的，是纯粹的"形意拳谱"，心意拳谱中没有此项内容。它的实际创编者为杜之堂先生（最早帮李存义先生整理拳谱者），编写时间在1915—1918年间。1929年姜容樵先生出版《形意杂式捶》一书收入此歌，名为"形意拳桩法九歌"，又名"开式歌三体式"。1934年出版的李存义先生的《岳氏意拳五行精义》（实际编著者为董秀升先生）一书中，也收入此歌。参见板块六"摘录"之五——《李存义先生〈岳氏意拳五行精义〉摘录》（P$_{425}$）。

C. 由于本书重点是对前辈"真言"和孙禄堂先生传文的探究，对于《拳经》部分，原则上不做过度解读。就算著者愿意解读，也非三言两语所能说得清，所以这一部分主要是为孙禄堂先生的传文适当作注。如有必要，容后专文或专著对形意拳有关经谱进行阐释。

②七拳：参见"十四处打法"。

③八字：当今有些形意拳门派有正八字、奇八字之说。正八字为"展、截、裹、跨、挑、顶、云、拎"八字；奇八字为"斩、截、裹、胯、挑、顶、云、领"八字。其中奇八字名称与《拳经》中的八字完全相同，但练法各有特色，与孙禄堂先生的注释也略有不同。一般称为"八字功"，八字连演即为"八字功连环拳"。

需要说明的是，在各派形意拳中，孙氏形意拳是最为简洁明了的，也最为符合"大道至简"的意旨。

杜之堂先生还编创有"八字诀"，为身法八要：顶、扣、圆、毒（姜容樵先生改为"敏"）、抱、垂、曲、挺，各有三事，共二十四项。孙禄堂先生提出的初学入门"九要"（塌、扣、提、顶、裹、松、垂、缩、起躜落翻分明），其中前八字也是身法"八要"。二者时间不相上下，不知何者为先。但孙禄堂先生1916年《八卦拳学》中的"九要"论是在1915年《形意拳学》中的"七要"论基础上发展来的。因此杜之堂先生的"八字诀"借鉴孙禄堂先生"九要"论的可能性更大。

另外，据称李存义先生传有硬八手、软八手、岳家八手（或称阳八手、阴八手、阴阳八手，或习称上、中、下八手）。上八手为：麟盖、撑拔、虎贲、劈捉、推掠、龙战、猿肱、马击，著者以为应该是明劲打法；中八手为：鹞打、换形、熊攀、摄引、雁翼、鸡搓、豹捶、鹏搏，著者以为应该是暗劲打法；下八手为：狮吼、扣锁、蛇影、鸱缠、雁肘、鹰相、鹤列、鸢趋，著者以为应该是化劲打法。

④三拳是天地人，生法无穷；三棍是天地人，生生不已：参见第三板块"十五要论"之第七论——《孙氏武学"数理"论》一文之条目（四）"二总"（P_{194}）。

⑤三毒：参见《孙氏武学"数理"论》一文之条目（七）"三毒"（P_{195}）。

⑥得其五精，即为五恶：参见《孙氏武学"数理"论》一文之条目（十八）"五恶"（P_{197}）。

⑦六合练成，即为六猛：参见《孙氏武学"数理"论》一文之条目（二十）"六猛"（P_{198}）。

六猛、五恶、三毒，含义其实是一致的。

⑧内外合一家，为六方：参见《孙氏武学"数理"论》一文之条目（二十一）"六方"（P_{198}）。

⑨八要：即心定、神宁、心安、清净、无物、气行、绝象、觉明。八要为道艺之学，至觉明之境，则神气相通，万气归息于丹田之中。

无物，即心中空空洞洞，无所挂碍。

绝象，即神意之中连幻象也不存在了。

觉明，即真我觉醒、诸事通达之意。

⑩十目所视：参见《孙氏武学"数理"论》一文之条目（三十）"十目"（P_{199}）。

⑪十三格：参见《孙氏武学"数理"论》一文之条目（三十四）"十三格"（P_{200}）。

⑫十四处打法：具体七拳的十四处打法（头打、肩打、肘打、拳打、胯打、膝打、脚打、臀尾打）的文字，原书放在了一百零三枪之后，可能位置有误。为了方便爱好者阅读理解，著者将其移至"十四处打法概说"之下。

⑬齐，疾毒也，内外如一：内五行发动，外五行相随，气溉四梢，一动百枝摇，劲整且疾快如电，故曰齐。

⑭手摩内五行：在习练形意拳过程中始终两肘不离肋，两手不离心，如此反复摩动五脏，而五行拳也是分别通于肺、肝、肾、心、脾，故曰"手摩内五行"。

⑮磨胫磨胫，意气响连声：磨胫：形意拳、八卦拳、孙氏太极拳都是两小腿相磨而行，故称磨胫步，也称鸡腿步。胫，指小腿，从膝盖到脚跟的一段。

由于形意拳习练过程中，两小腿相磨，两前臂也相磨，两臂又不断磨动胸腹两肋，实际上是在摩动五脏六腑，这样，十二正经、奇经八脉都得到摩动，使得周身一气贯通，故曰"磨胫磨胫，意气响连声"。

⑯内五行要动，外五行要随：内五行者，心、肝、脾、肺、肾。心属火，肝属木，脾属土，肺属金，肾属水。外五行者，舌、目、鼻、耳、人中（口唇）。舌通

心，目通肝，鼻通肺，耳通肾，人中通脾。

然而在拳术中，外五行并非仅仅指五官，也指躯干和四肢，头颈为木，肩臂为火，胸胁为土，腹髋为金，腿足为水。

内五行要动者：心动似火焰；肝动似飞箭；肺动成雷声；脾肾夹加攻。五心合一处，翻胆即成功。

外五行要随者：内五行一动，五官与四肢百骸无不随之而动。如舌顶上颚，目观六路，耳听八方，鼻主呼吸，闭口扣齿等。

⑰不打、打打、不打打打：不打，即闪展腾挪。打打，即截打，"彼微动，吾先动"。不打打打，即"拳无拳，意无意，无意之中是真意"。

⑱天地人三枪各分四柱，是三四一十二枪。五行五枪，是五七三十五枪。八卦八枪，是七八五十六枪。共一百零三枪也：人生而立于天地之间，礼义廉耻为其四维，即四柱，故天地人三才枪是三四一十二枪。

五行五枪，劈枪、崩枪、躜枪、炮枪、横枪是也。每一枪又分前打、后打、左打、右打、不打、打打、不打打打七枪，是为五七三十五枪。

八卦即乾、坤、坎、离、震、巽、艮、兑八卦八枪（八卦八枪为乾卦狮形枪、坤卦麟形枪、震卦龙形枪、巽卦凤形枪、坎卦蛇形枪、离卦鹞形枪、艮卦熊形枪、兑卦猴形枪），每一枪又分前打、后打、左打、右打、不打、打打、不打打打七枪，是为七八五十六枪。参见《孙氏武学"数理"论》一文之条目（四十一）"一百零三枪"（P$_{202}$）。

⑲赤松子胎息诀：载于题为尹真人著、实为明代邹元标编纂的《性命圭旨全书》。全书分元、亨、利、贞四集，本胎息诀记于《性命双修万神圭旨》"亨集"中。

赤松子，亦名赤涌子，号左圣南极南岳真人、左仙太虚真人。秦汉传说中的上古仙人。相传神农时为雨师，能入火自焚，随风雨而下。

此段文字非拳经文字，而是孙禄堂先生对"混元一气吾道成"一诗所做的补充引文，以此强调拳术内劲在修道（道艺）方面的意义。

⑳气穴之间，昔人名之曰生门死户，又谓之天地之根：气穴：气穴是足少阴肾经的常用腧穴之一，出自于《针灸甲乙经》，别名胞门、子户。位于脐中下三寸，前正中线旁开半寸。

生门死户：《黄庭内景经》："后有密户前生门，出日入月呼吸存。"又注云："密户乃夹脊关，主督脉，在后；生门乃脐堂穴，主任脉，在前。"两气穴之间则为关元穴。依下文"凝神于此，久之元气日充，元神日旺"一语来看，生门死户（或天地之根）是一处而非两处。以著者之见，这一处不是具体指关元穴或丹田，而是指包括内为丹田，外有肚脐（脐堂穴）、关元穴、气穴在内的"丹田区"。

第八章　练拳经验及三派之精意

余自幼练拳以来，闻诸先生之言，云："拳即是道。"余闻之怀疑。至练暗劲，刚柔合一，动作灵妙，一任心之自然。与同道人研究，彼此各有所会悟。惟练化劲之后，内中消息与同道之人言之，知者多不肯言；不知者茫然莫解。故笔之于书，以示同道。倘有经此景况者，可以互相研究，以归至善。

首段孙禄堂先生阐明把自己的练拳经验写出来的原因与目的。

余练化劲所经者，每日练一形之式①，到停式时，立正，心中神气一定，每觉下部海底处，即阴窍穴②处。如有物萌动。初不甚着意。每日练之，有动之时，亦有不动之时；日久亦有动之甚久之时，亦有不动之时。渐渐练于停式，心中一定，如欲泄漏者。想丹书坐功有"真阳发动③"之语，可以采取。彼是静中求动，练静坐者知者亦颇多。乃彼是静中求动也；此是拳术动中求静，不知能消化否？又想《拳经》亦有"处处行持不可移④"之言，每日功夫总不间断。

此段孙禄堂先生谈到其练化劲出现会阴处"有物萌动"，如欲泄露之意，为"真阳发动"，不论能否消化，每日用功不间断。这是化劲基础上练虚合道的"第一阶段"。

以后练至一停式，周身就有发空之景象，真阳亦发动而欲泄。此情形似柳华阳先生所云"复觉真元"之意思⑤也。自觉身子一毫亦不敢动，动即要泄矣！心想仍用拳术之法以化之，内中之意，虚灵下沉注于丹田。下边用虚灵之意，提住谷道。内外之意思，仍如练拳趟子一般。意注于丹田片时，阳物即收缩，萌动者上移于丹田矣。此时周身融和，绵绵不断。当时尚不知"采取""转法轮"之理，而丹田内如同两物相争之状况，四五小时方渐渐安静。心想"不动"之理，是余练拳术之时，呼吸二息仍在丹田之中；至于不练之时，虽言谈呼吸，并不妨碍内中之真息，并非有意存照，是无时不然也。《庄子》云："真人之呼吸以踵。"大约即此意也。因有不息而息之火⑥，将此动物消化⑦，畅达于周身也。

此段孙禄堂先生谈的是练虚合道的"第二阶段"，"真阳发动"由原来的时有时无，到一停式即有周身发空、真阳发动之景象。此时孙禄堂先生尚不知丹道"采取""转法论"之法，但能以丹田真息将其消化，畅达于周身。

以后又如前动作，仍提在丹田，仍是练拳趟子，内外总是一气，缓缓悠悠练之，不敢有一毫之不平稳处。动作练时，内中四肢融融，绵绵虚空，与前站着之景况无异。亦有练一趟而不动者，亦有练二趟而不动者。嗣后亦有动时，仍提至丹田，而用练拳之内呼吸、转法轮之意用之于丹田，以神用息而转之。从尾闾至夹脊，至玉枕，至天顶⑧而下，与静坐功夫相同，下至丹田。亦有二三转而不动者，亦有三四转而不

111

动者。所转者，与所练趟子"消化"之意相同。

此段孙禄堂先生谈练虚合道的"第三阶段"，将真息注于丹田练拳趟子，此时发空之境况与前无异，但萌动不再常有；再有发动之时，即以采取、转法轮之法，或两三转、或三四转，即可将其消化。

以后有不练之时，或坐立，或行动，内中仍然用练拳之呼吸，身子行路亦可以消化矣。

此段孙禄堂先生谈练虚合道的"第四阶段"，不练之时，或坐、或立、或行，都可能出现真阳发动的境况，亦能随时将其消化。

以后甚至于睡熟，内中忽动，动而即醒，仍然用练拳之呼吸而消化之。以后睡熟而内中不动，内外周身四肢，忽然似空，周身融融和和，有如沐如浴之景况。睡时亦有如此情形，而梦中亦能用神意呼吸而消化之，因醒后已知梦中之情形也。以后练拳术及睡熟时，内中即不动矣。后只有睡熟时，内外忽然有虚空之时；白天行止坐卧，四肢亦有发空之时。身中之情意，异常舒畅。

此段孙禄堂先生谈的是练虚合道的"第五阶段"，熟睡之时亦会出现真阳发动、周身发空的境况，梦中亦能将其消化。

每逢晚上练过拳术，夜间睡熟时，身中发虚空之时多；晚上要不练拳术，睡时发虚空之时较少。

此段孙禄堂先生谈睡梦中周身发空的境况出现的频率与晚上练拳与否的关系。

以后知丹道有"气消"之弊病，自己体察内外之情形，"人道"缩至甚小[9]，消除百病，精神有增无减。以后静坐亦如此，练拳亦如此。到此方知拳术与丹道是一理也。

此段孙禄堂先生谈到周身发空的境况，怀疑是"气消"之弊，但体察内外，为得道之景象。至此方知，"拳术与丹道是一理"。这是这篇文章的核心思想，也是《拳意述真》诸前辈"真言"的核心思想。孙禄堂先生"拳与道合"的思想由是而产生。这也就是本文标题的后半部分"三派之精意"。

以上是余练拳术，自己身体内外之所经验也，故书之以告同志。

此段孙禄堂先生说出了写作此文的初衷：以自己亲身体验，与同道之人相互交流。

拳术至练虚合道，是将真意化到至虚至无之境。不动之时，内中寂然空虚，无一动其心；至于忽然有不测之事，虽不见不闻，而能觉而避之。《中庸》云："至诚之道，可以前知。"是此意也。

此段阐述练虚合道的境况及其神奇效验。三派之精意若何？以一言以蔽之，曰："至诚之道，可以前知！"

能到"至诚之道"者，三派拳术中，余知有四人而已：形意拳李洛能先生、八卦拳董海川先生、太极拳杨露蝉先生、武禹襄先生。四位先生皆有不见不闻之知觉。其余诸先生皆是见闻之知觉而已。如遇有不测之事，只要眼见耳闻，无论来者如何疾快，俱能躲闪。因其功夫入于虚境而未到于至虚，不能有不见不闻之知觉也。其练他派拳术者，亦常闻有此境界，未能详其姓氏，故未录之。

此段孙禄堂先生谈到形意、八卦、太极三派拳术中，达到"未卜先知"境界的，有四位先生。其他人，包括郭云深先生，"遇有不测之事，只要耳闻目见，无论何物、来的如何勇猛速快，随时身体皆能避之（见郭云深先生"小传"P$_{12}$）。"

由此文可知，孙禄堂先生实为三派拳术中第五位达到至虚之境者。形意拳得以发扬光大，孙禄堂先生贡献至大。

李存义先生是形意拳第三代的核心人物，对河北派形意拳的形成与发展，居功至伟。但李存义先生尚未达到至虚之境，否则也不至于发出"以后学者，虽然不用奸诈，不可不防奸诈，莫学余忠厚，时常被人所欺也"这样的感慨。

【笺注】

①每日练一形之式：由此句可知，孙禄堂先生平日演练最多的还是形意拳，而且每日练习时，并非把五行、十二形、五行连环、八式、杂式捶、十二洪捶等全部走一遍，而是一日之内可能只演练一两形（行），或三四形（行）而已。这就告诉我们，形意拳的习练，不仅不重套路，而且不是要求五行拳、十二形拳每天全部操练。于练拳过程中，静心体悟内气（内劲）的运行是非常重要的。

②阴窍穴：阴窍穴即会阴穴，位于前阴、后阴之间，在人体经脉中所处的位置十分重要。是任、督、冲三脉所起之处，任脉由会阴而行腹中，督脉由会阴而行背中，冲脉由会阴而行足少阴，故此穴一动，诸脉皆通。

③真阳发动：真阳，又称"肾阳""元阳"，中医学名词。中医认为阴阳相互对立，又相互依存，互为因果。以人体脏器及其功能来说，阴指脏器实质，阳指脏器的功能活动，二者也互相依存，不可分离。真阳寓于命门之中，为先天之真火，是肾生理功能的动力，亦可说是人体热能的源泉。真阴则与真阳相对而言，指肾的阴液（包括肾所藏的精），是真阳功能活动的物质基础。

然而在拳功中，"真阳"的发动并非始于命门或两肾，而是始于会阴穴，阴极而生阳，是为真阳，亦称元阳。《拳经》歌诀云："精养灵根气养神，养功养道见天真。丹田养就长命宝，万两黄金不与人。""天真"即先天真阳之气。将其采取、转法轮，养育于丹田之中，即为"长生不老药"——"长命宝"。

④处处行持不可移：无论何时何地，不为"魔乱"所动摇，仍然按拳中之规矩毫不动摇地练下去。行持，本为佛教语，谓精勤修行，持守佛法戒律。

⑤柳华阳先生所云"复觉真元"之意思：柳华阳，生于清乾隆元年（1736年），洪都（今江西南昌）人。幼而好佛，在皖水双莲寺落发。后遇伍冲虚传秘旨，"豁然通悟，乃知慧命之道即我所本来之灵物"。著《慧命经》《金仙证论》二书。此派修丹力主清静修持，仙佛合宗。伍柳一派被称为"伍柳仙宗"。

"复觉真元"者，虚极静笃之时，恍惚杳冥之中（先天作用）底下阳生，然后速放到外边去心息相依，故谓之"真元"。

⑥不息而息之火：真息采练的火候。一呼一吸为一息。不息而息即丹田内呼吸，也称真息。

⑦将此动物消化：将这个萌动的真元之气炼化吸收。

⑧从尾闾至夹脊、至玉枕、至天顶：这是小周天（转法轮）督脉逆运的几个重要又不易通过的"关卡"。

尾闾[wěi lú]：指尾闾关（并非尾闾穴，尾闾穴又名长强穴）。在武术和气功中，尾闾指的是尾骶骨，又名尻骨、尾底骨、尾脊骨。是尾骨和骶骨的合称。尾闾中正是内家拳术和气功修炼的基本要求，尾闾不正则小周天不通。

夹脊：指夹脊关（并非夹脊穴），又称轳辘关，位于脊柱二十四节正中，与中医针灸之"中脘穴"前后对应。它上通百会，下彻尾闾。于此处做功夫，称为"添油接命法""伏气法"，对于祛病健身乃至激发潜能都有着立竿见影的奇效，它一直贯穿于整个丹道修炼的始终。

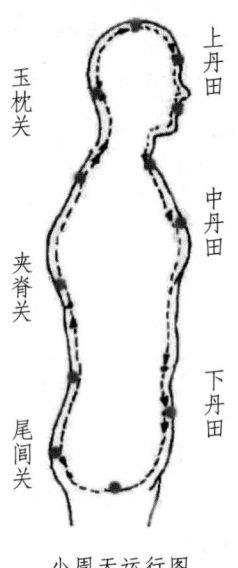

小周天运行图

玉枕：指玉枕关（两玉枕穴中间的玉枕骨），位于脑后，是后三关中的上关。真气通过夹脊关后，下一个重要的部位就是玉枕关。在后三关中，玉枕关是最难通过的部位，故内丹修炼中称过玉枕关须用"牛车"，意谓非牛之力过不去。

⑨"人道"缩至最小：普通人所常见的情绪、欲望已经差不多没有了。

"人道"者，人有七情六欲，是为"人道"。七情，指一般人所具有之七种感情：喜、怒、哀、惧、爱、恶、欲。六欲，按佛典说法，指凡夫俗子对异性所具有的六种欲望：色欲、形貌欲、威仪欲、言语音声欲、细滑欲、人相欲；或指眼、耳、鼻、舌、身、意等六欲。泛指人的情绪、欲望等。

第二板块

《拳意述真》补遗

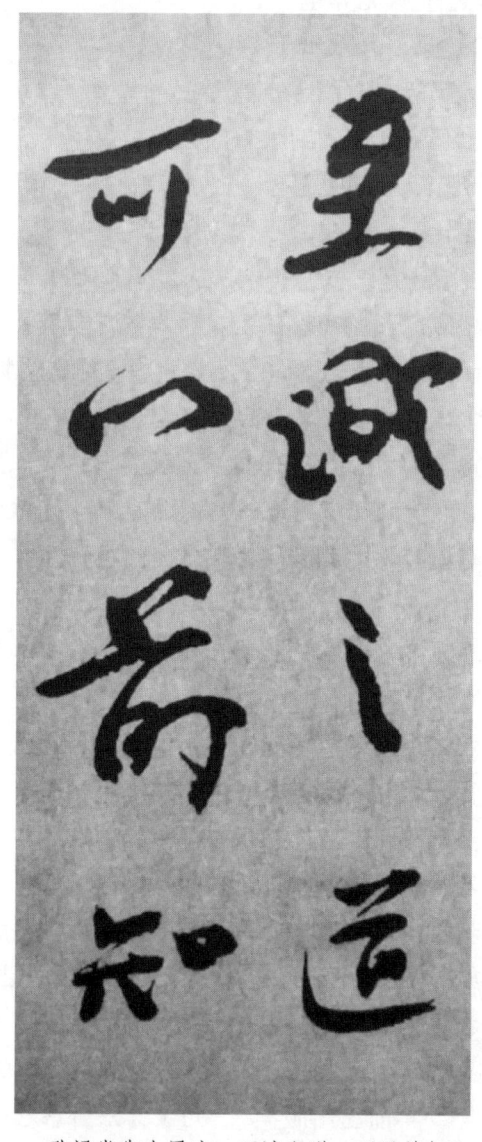

孙禄堂先生墨迹：至诚之道　可以前知

第一章

补遗之一——《八卦拳学》原序

……（书稿首页遗失）天之所覆，地之所载，日月所照，霜露所坠，凡有血气者，皆秉天地之全气全理而成其形体百骸，五官四肢，推之全球无异也。人既无异，即万理出于一源，万派出于一脉也，何拳术之道，偏分许多门径？甲藐乙，乙藐甲，各出己技，互相朋比。推原其故，实因拳理未明，内具不和之气，而始生出许多支节耳。

> 本板块共收录"补遗"五篇，计7200多字。另有著者所加"段落大意"，计2200多字；笺注73条，计16700多字。总计约26100多字。

此段着重指出万理出于一源，万派出于一脉。拳术之理亦然。

余思万法既由一脉相传，形骸百官又无差异，彼所能者，己亦当能；己所学者，彼亦当学。存彼己之见者，大抵因初学时气质未化，不能得格物慎独①之功也。

此段阐明万法一脉相传，本当没有彼此（己）之别，但却存彼此之见的原因。

先哲②云：圣人之道无他，在启良知良能③，顺其自然，作到极处，而成一个全知全能之完全人耳。拳术亦然。凡初学习练时，但顺其自然气力练去，不必格外用力，练到极处，亦自成一个有体有用之英雄耳。彼自分门径，独守一支者，是自划限制，不能扩充己之知识也。

此段阐明拳术之道在开启人的良知良能，顺其自然练去，最终亦能成为全知全能的完全人——体用兼备的英雄。

夫学业之途无尽，彼之技艺，己不能知、不能行者，是己之身体有亏也；己之技艺，彼不能知、不能行者，是彼之身体有亏也。故志士豪杰，欲练拳术，必须先将内家拳学，无论何派，先格物致知，身体力行以至极处，嗣后再与内外二派同道之人，互相研究，各得其益。若能研究十数家技艺，将理得之于心，与己之理化合而为一，其余无论中外技艺④，即使形名相别，习练相殊，其理可一见而知也。《孟子》云："尧舜之道，孝弟而已矣⑤。"拳术之道亦无他，气力和顺而已矣⑥。

此段阐明彼此之间技艺不能融通，在于身体有亏。因此有志之士，需将所学内家拳术格致到极处，再参通中外各派技艺——拳术所求者，"气力和顺而已"。

余所述《形意拳学》，年前已出版矣⑦。乃于"八卦拳学"，未能笔之于书，每怀谦然未安。因思幼从余师李魁元先生时，先生常云"天地之理，变化无穷"；晤对闲谈，常提及北京有八卦拳术一门，其技之精、理之细，亦甚奥妙莫测。余当时存诸心中，总未得门而入。

此段讲述自己与八卦拳最初的渊源。

至乙亥年（《武魂》杂志公开刊出时误作"丁亥年"——著者注）⑧，因事赴京，在白西园先生处遇程廷华先生，白君与余指引相见，云先生精通八卦拳术。初见先生练时，其意与形意拳大相悬殊。时余练形意拳方三四年功夫，于彼此之劲，不能周知，心虽爱慕，又恐与自己所练之拳气力不和。后先生见余屡怀疑惑，极力开导拳中之理，余始免去疑心。

此段讲述开始随程廷华先生习八卦拳之因由。

方入手时，觉与形意拳术气力相背；至年余功夫，两拳之劲微觉相合。每日早习形意，晚习八卦，如是十余年，两拳之劲，始不分彼此，练习亦不分早晚，两体亦觉如一。此时始悟十年前，初与先生练时，并非两拳之劲相背，乃我身中之气力有亏也。自此以后，每遇同道之人，不分门类，互相研究，又十余年，自觉身中两拳之劲合一。又有各家同道之人，各法相助，以至用时，起落进退刚柔伸缩，无不自如。当此之时，艺贯二家，学业精进，心中愉悦，自以为全体无所不知⑨矣。

此段阐述随程廷华先生学八卦拳以来二十几年的收获——学业精进，艺贯形意八卦二家，并自以为无所不知。为下文埋下伏笔。

乃至辛丑年，又遇同道张秀林、杨春甫二君⑩，精于太极拳学，余心又甚爱之。及与二君互相研究，询问此拳之劲，心中大相骇异⑪，觉余所练两拳之劲，又有各家之法相助，然并不能与此技之劲相符合。因此又与彼等加意研究三四月功夫，始略得其当然之理。如是复练习三四年，并不能知其底确详细之理。

此段记述遇到精于太极拳的张策、杨澄甫先生，才知太极之劲与形意、八卦之劲有很大不同。虽然略有所得，但仍然不明就里。

后至民国元年，在北京得遇郝为桢先生，先生精于太极拳学，初见面时互相爱慕。余因爱慕此技，即将先生请至家中，请先生传授讲习，三四个月功夫，此技之劲，方知其所以然之理。

此段承上一段，讲述遇到郝为桢先生，得太极拳真谛的经过。

自此以后昼夜习练，至三年豁然大悟⑫，能将三家之劲合为一体。心中方无形意、八卦、太极之意。又始知三家皆三元之理：夫八卦，天也；形意，地也；太极，人也。三家合一之理也⑬。练习之法，形意以经之，八卦以纬之，太极以和之——即圣人云：兴于诗，立于礼，成于乐也⑭。

此段阐明了三拳合一论形成的时间（公元1914年）及三拳相互关系。

余尝自揣三元性质：形意譬如钢球铁球，内外诚实如一；八卦譬如绒球与铁丝盘球，周围玲珑透体；太极如皮球，内外虚灵，有有若无、实若虚之理。此是三元之性质也⑮。形象虽分三元，要不出人丹田之气也。天地人三才，亦即太极一气之流行也，故三家合为一体。以后好武诸君，务去彼此之见。谚云："一处不到一处迷。"此言

117

良非虚谬。吾人练艺，总要与同道中人互相研究，始能有益。

此段以三球阐明三元性质，并指明三元、三才终归是丹田太极一气之流行，因此三家合为一体，并由此发出感慨："吾人练艺，总要与同道中人互相研究，始能有益。"

然八卦拳学，不知创自何代何人，前吾师程先生，亦未知其源流，但云此技古时未传于世，大都隐于释道两门。至前清有董海川先生，直隶文安县人，平生好武，尝遨游四方。一日至江皖地方，遇一异人传授此技，数月得其精奥。后至北京传授弟子多人，余师亦在其数。以后诸弟子又各传门徒，此技之妙，遂流传于社会矣。

此段讲述了董海川得艺后，传于程廷华先生等，诸先生再分别下传，从而使八卦拳流行开来的概况。

但此拳俱是口授，并无谱可证；或间有抄本附会之说，并无教科［书］入门堪作真本。且有者多存私心，不肯轻示于人。现精此技者虽不乏人，然隐于世者多，传与人者少。社会后生弟子爱慕此技，因无书籍可考，又不得口传授受，遂使人举步望洋而生止足之叹。

此段阐明八卦拳流传的"遗憾"之处：俱是口授，无谱可证，不利于此拳的进一步传承。

余得程先生传授后，朝夕练习，又有李先生存义亦精是技[16]，时常指示，数十年略得其中梗概。思欲立谱以传后世，然无依据在前，诚恐断定有谬。但步步循理设想，夫太极、八卦、形意三门，实出一人遗传，盖万物生于一理，拳学生于一气，理既相合，而形又何别？孔子云："吾道一以贯之。"余所著《形意拳学》，外表由明善以复初，亦即万殊一本之道也[17]。故公余之暇，探辑群言，付以己意[18]，不揣冒昧，遂将所习之技，编纂成书，以聊助爱技击后世钦好者或作入门之径，是则余之志也。余本武士，才短于文，书中有不合之处，望乞诸君子随时指示为感。

此段进一步阐明撰述《八卦拳学》的缘由。

一九一六年四月
孙福全　序[19]于京门[20]

【笺注】

①慎独：即我们必须能够坦然面对自己的内心。一个人在没有别人在场和监督的时候，也能够严格要求自己，不做违背道德、纪律和法律的事。语出《礼记·中庸》："莫见乎隐，莫显乎微，故君子慎其独也。"也就是说：于最隐密的言行上最能看出一个人的品质；于最微小的事情中最能显示一个人的灵魂。慎独是对人格、品质、意志和修行的考验。

"四知先生"杨震的故事充分说明了这一点。东汉时，贤士杨震出任东莱太守，途经昌邑，县令王密带十斤黄金深夜去拜访，请杨震收下黄金，并称"暮夜无人知"。杨震回答说："天知、地知、你知、我知，何谓无人知？"这就是"慎独"之功。也就是人们常说的"举头三尺有神明,不畏人知畏己知"。

②先哲:指孟子。

③良知良能:指人先天所赋予的正确观念和本能。语出《孟子·尽心上》:"人之所不学而能者,其良能也;所不虑而知者,其良知也。"

④中外技艺:中国与世界各国的武技。

清末以来,西洋的拳击、日本的空手道、剑道等在中国登陆,并有多次中外之间的比武较技。孙禄堂先生虽有战胜日本、俄罗斯武者的记录,但并没有盲目排斥外洋武技,而是兼容并蓄,吸收利用,进一步丰富了自己的武学体系。

⑤尧舜之道,孝弟而已矣:古圣尧舜二帝为人之道,不过孝敬父母、友爱兄弟罢了。语出《孟子·告子上》:"孟子曰:人皆可以为尧舜,又曰:尧舜之道,孝弟而已矣。有子谓:'君子务本,本立而道生。'孝弟也者,其为仁之本欤?"

⑥拳术之道亦无他,气力和顺而已矣:拳术之道,不过求一个"得劲儿"罢了!

⑦年前已出版:指《形意拳学》一书已于1915年出版。

⑧乙亥年(《武魂》杂志公开刊出时误作"丁亥年"——著者注):此文由吾师孙叔容先生整理后,刊于《武魂》杂志1999年第八期。原稿为乙亥年,不意杂志社在排版时,误把"乙"字当成了"丁"字,造成孙禄堂先生习武经历被人怀疑的严重后果。

参见第四板块"闲谈"之九——《丁亥乎 乙亥乎》一文(P_{309})。

⑨自以为全体无所不知:此为自我反省之语。

⑩辛丑年,又遇同道张秀林、杨春甫二君:1901年遇到了武林同道张策、杨澄甫。

辛丑年:清光绪二十七年,1901年。这一年,清政府被迫与西方列强签订了空前丧权辱国的《辛丑条约》。

张秀林,即张策,秀林是他的字,直隶香河县人(1866—1935年),通臂拳名家,人称"臂圣"。曾随杨健侯习练杨氏太极拳二十余载。与孙禄堂先生相遇时习太极拳有十余年。

杨春甫,实为杨澄甫(属于孙禄堂先生笔误),生于1883年,辛于1936年,杨氏太极拳第三代代表人物之一,杨氏太极拳大架的定架人。

孙禄堂先生与张策、杨澄甫二人相遇后,三人结为盟兄弟,相互研究。

然而……尽管孙禄堂先生不耻下问,杨澄甫先生却似乎对这位长自己二十三岁的盟兄多有顾忌,并没有全力支持孙禄堂先生的三拳合一研究工作,在相互交流中多有保留,以致孙禄堂先生"如是复练习三四年,并不能知其底确详细之理"。当然,也可能是杨澄甫先生虽然幼承家学,但当时尚未得着太极拳的切实道理,毕竟当时才十八九岁,因此也就没有更多的心得可以告诉孙禄堂先生。而比孙禄堂先生小六岁的张策先生不管是否得到了杨氏太极的精髓,由于有杨澄甫先生的存在,都不可能"越俎代庖",和盘托出。

这才有了孙禄堂先生与郝为桢先生的太极拳因缘。

⑪询问此拳之劲，心中大相骇异：对张、杨所述太极拳之劲力，感到非常惊讶和意外。太极劲力有八：掤、捋、挤、按、採、挒、肘、靠，在当时太极拳还没有在社会上广泛传播的情况下，这些说法足以惊世骇俗了，故而孙禄堂先生感到惊讶也就不足为奇了。并非两位先生的功夫让孙禄堂先生惊异。

⑫昼夜习练，至三年豁然大悟：自1912年得郝为桢先生授太极拳真传，得着太极拳之道理，到1914年，终于将三拳之劲融为一体。

在实现三拳合一后，孙禄堂先生开始融合三家，创立别开生面的开合活步太极拳——今人谓之"孙氏太极拳"。1919年，《太极拳学》正式刊行，标志着孙氏太极拳正式问世。

⑬始知三家皆三元之理：夫八卦，天也；形意，地也；太极，人也。三家合一理也：三元，即三才，天、地、人是也；在拳术则八卦、形意、太极也。三拳合一之理由是而生。参见第三板块"孙氏武学'十五要论'"之第七论——《孙氏武学"数理"论》一文之条目（九）：三元（P_{195}）。

⑭形意以经之，八卦以纬之，太极以和之——即圣人云：兴于诗，立于礼，成于乐也：形意为主线，八卦为附线，太极为人，将二者织成"布"——也就是孔夫子所谓：人的修养始于学《诗》，自立于学《礼》，完成于学《乐》。

经、纬：织布中的经纱和纬纱。机织物是由两组互相垂直的纱线反复交织而成的织物。

经纱：织物织造时处于纵向的纱，即一匹布长度方向的纱，就是经纱。

纬纱：织物织造时处于横向穿梭的纱，即一匹布宽度方向的纱，就是纬纱。

由是可知，孙氏武学的根基在于形意拳，根基坚实，然后由八卦拳成其主体结构，再由太极拳完成"宫殿"的建造，并通过太极拳实现三拳合一，让孙氏武学这座"宫殿"不仅坚固耐用，而且富丽堂皇，熠熠生辉。

⑮形意譬如钢球铁球……八卦譬如绒球与铁丝盘球……太极如皮球……此是三元之性质也：三种球的比喻实际上说明三拳在劲力风格上的差异：形意拳尚明劲；八卦拳尚暗劲；太极拳尚化劲。然而三拳均有三种劲：形意拳由明劲起手，至暗劲，至化劲；八卦拳由暗劲起手，至化劲，再返璞归真于明劲；太极拳由化劲入手，再暗劲，再还于明劲。如此则再无形意八卦太极之分、明暗化劲之别，三回九转是一式也。

⑯李先生存义亦精是技：李存义先生中年师从形意拳名家刘奇兰学艺，后至京师与程廷华先生友好，从董海川先生习八卦拳，但其八卦拳技艺实多为程廷华所授。1900年李、程二人分别在天津、北京参加了抗击八国联军的战斗，程先生不幸为国捐躯。大约同年，郭云深先生逝世。此后孙禄堂先生的形意拳、八卦拳主要请益于李存义先生（当然此前也多有请益），以致于不少人误以为孙禄堂先生是李存义先生的弟子。他们有师徒之实，却无此名分。由此也可知二人情谊之深。参见第四板块"闲谈"之六——《尊师重道存古风 传承有序兴孙门》一文（P_{294}）。

⑰由明善以复初，亦即万殊一本之道也：明善以复初：明白本性的善良而恢复人

性最初的本善。

万殊一本：亦作"一本万殊"，事物虽然千差万别，其实本源同一。形容事物万变不离其宗。语出宋·朱熹《朱子语类》："到这里只见得一本万殊，不见其他。"

这句话的意思是，虽然名为《形意拳学》，其实还是三拳合一的。拳学之道，一气流行而已矣。

⑱探辑群言，付以己意：探究辑录众先贤之言，加上自己的一些研究心得。

各位前辈拳家，虽然各有体会，然而文化程度不一。有的文化程度较高，如郭云深、李镜斋、宋世荣、白西园先生等，大致可以准确表达自己意思；有的则没有或基本没有什么文化，不能用"文言"来表达，甚至用白话表述也往往词不达意。这就需要孙禄堂先生对诸位前辈所述的心得体会用"文言"来统一整理出来，在此过程中，不可避免地会或多或少加入自己的认识。

虽然事实如此，然而这样的表述可能使一般爱好者产生误解，认为不符合"述而不作""无所发明"（《形意拳学》自序）的本意了，甚至可能会认为是孙禄堂先生自己编造出来的。再加上内容多秉笔直书，显得不够"谦逊"；又由于太极拳还未成书，公布"三拳合一"论时机尚不成熟等原因，尽管这篇"八卦拳学原序"内容充实，信息量极大，孙禄堂先生最后还是忍痛割爱，将其搁置。于该年11月另命内容极为简略的新序，用于书中。然而孙禄堂先生终不忍将其毁去，于是留传了下来。吾师孙叔容先生将此文整理，在北京《武魂》杂志1999年第八期上刊出，才使孙禄堂先生习武经历与创立新论的真相得到更加清晰地展现。参见第四板块"闲谈"之九——《丁亥乎 乙亥乎》一文（P$_{309}$）。

⑲中华民国五年四月孙福全序：1916年4月孙禄堂先生写此序文。

福全：孙禄堂先生的本名。"禄堂"是先生的字。前人自称名以表示谦虚，对他人则呼其字以示尊重。

由于此"原序"被搁置，为了便于爱好者理解孙禄堂先生的良苦用心，兹将1916年11月所撰《八卦拳学·自序》（新序）全文录之于下，以作参照：

"易之为用，广大精微。上自内圣外王之学，下迄名物象数之繁，举莫能外。而于修身洽己之术尤为详尽。乾文云：'天行健，君子以自强不息。'然健也，自强也，非虚无杳冥而无可朕兆也。

余自幼年即研究拳术，每欲阐易之义蕴，一一行之于拳术，如是者有年。嗣来京，获见程先生廷华，始知有"八卦拳"，因从而受业焉。拳式始于无极，终于八卦，中分两仪、四象、先天、后天、缩力、顺行、正变错互，无不具<俱>备。然后知易之为用之广大精微也。

但程先生只凭口授，未著专书。余恐久而失其传也，爰不辞固陋，每式绘之以图，并于各式后附以浅说，非敢自矜一得，亦聊以广先生之传已耳。

'八卦拳'不知创于何时何人。闻有董海川先生者，精技击，好遨游。尝涉迹江皖间，遇一异人，传以此技。后董先生传之程先生廷华、李先生存义、尹先生福、马先生维祺、魏先生吉、宋先生永祥、宋先生长荣、刘先生凤春、梁先生振圃、张先生占魁、史先生六、王先生立德。自是而后，尹先生复传之马桂等；李先生传之尚云祥、李文豹、赵云龙、郝恩光、郭永禄<祿>、黄柏年、李海亭、耀亭兄弟等；张先生传之王俊臣、韩金镛等；余与张玉魁、韩英奇、冯俊义、阚龄峰、周祥、李汉章、李文彪、秦成等，则皆亲炙程先生之门者。缕覼述之，以示不忘所自也。

一九一六年十一月
直隶完县孙禄堂序"

⑳京门：指北京。辛亥革命后，中华民国临时政府建都于南京，但袁世凯成功逼清帝退位，结束清朝统治。按照协定，孙中山先生将临时大总统之位让与袁世凯。然而袁并未赴南京就职，而是于1912年3月10日在北京就任临时大总统。此后直至1928年6月张作霖退往关外前，一直仍称北京，并将其作为首都。

第二章

补遗之二——论拳术内家外家之别

今之谈拳术者，每每有内家、外家之分。或称少林为外家、武当为内家；或以在释为外家、在道为内家。其实皆皮相之见也。名则有少林、武当之分，实则无内家、外家之别。少林，寺也；武当，山也。拳以地名，并无轩轾。至竞言少林而不言武当者亦自有故。按少林派之拳，门类甚多，名目亦广，辗转相传，耳熟能详。武当派则不然，练者既少，社会上且有不知武当属于何省者，此非予之过言也。浙之张松溪①，非武当派之嫡传乎？迄今浙人士承张之绪者，何以未之前闻也②？！近十年来，人始稍稍知武当之可贵矣。少林、武当之一隐一现者其故在此，安得遽分内外耶？

首段先亮明论点：拳术并无内家、外家之分，少林、武当不是区分内外家的依据。

或谓拳术既无内外之分，何以形势有刚柔之判？不知一则自柔练而致刚，一则自刚练而致柔。刚柔虽分，成功则一。夫武术以和为用，和之中知勇备焉③。

此段论证刚柔之别也不是区分内外家的标志。刚柔相济，乃得中和，中和为用，智仁勇兼备。

予练拳术亦数十年矣。初亦蒙世俗之见，每日积气于丹田，小腹坚硬如石。鼓动腹内之气，能扑人于寻丈外。行止坐卧，无时不然。自谓积气下沉，庶几得拳中之内劲矣。彼不能沉气于丹田小腹者，皆外家也。

此段孙禄堂先生自曝曾经的不足之处：原来也认为积气下沉于丹田者，即为内家，反之即为外家。

一日，山西宋世荣前辈，以函来约，余因袱被往晋。寒暄之后，因问内外之判，宋先生曰："呼吸有内外之分，拳术无内外之别。善养气者即内家，不善养气者即外家。故'善养浩然之气'一语，实道破内家之奥义。拳术之功用，以动而求静；坐功之作用，由静而求动。其动中静、静中动，本系一体，不可歧而二之。由是言之，所谓'静极而动，动极而静'，动静既系相生，若以为有内外之分，岂不失之毫厘，差以千里？我所云'呼吸有内外'者，先求其通而已。通与不通，于何分之？彼未知练拳与初练拳者，其呼吸往往至中部而止，仍行返回，气浮于上，是谓之呼吸不通。极其弊则血气用事，好勇斗狠，实火气太刚过躁之故也。若呼吸练至下行，直达丹田，久而久之，心肾相交，水火既济，火气不至炎上，呼吸可以自然，不至中部而返。如此方谓之内外相通，上下相通，气自和顺，故呼吸能达下部。气本一也，误以为两个，其弊亦与不通等。子舆氏曰：求其放心④。放心收而后道心生，亦即道家收视返听之理。"

此段宋世荣先生阐明内外家的本质区别：拳术本身并无内外家之别，区别在于练拳术之人耳：善养浩然之气者即为内家，不善养浩然之气者即外家。以此言之，习形意、八卦、太极者如果不善养浩然正气，血气用事，甚至见利忘义，出卖他人、集体与国家利益，这样的人只能是外家。习少林等其他拳种者，甚至不练拳术、手无缚鸡之力者，只要善养浩然正气，也是内家。

以《水浒传》中的两个典型"英雄好汉"李逵、鲁达来说，李逵鲁莽蛮干，不分善恶，并非真英雄，为外家；花和尚鲁智深看似酒肉穿肠，实则正直仁善，明辨是非，见义勇为，是真英雄，为内家。或者说，梁山好汉中，相当一部分并非真英雄，而是十恶不赦的杀人越货的强盗。真英雄并不太多。各位看官自行辨析可也。

余曰："然则鄙人可谓得拳术中之内劲乎？盖气已下沉，小腹亦坚硬如石矣。"

宋先生曰："否！否！汝虽气通小腹，若不化坚，终必为累，非上乘也。"

此段宋先生说明"练气"似为内家，但终非上乘。

余又问：何以化之？

先生曰："有若无，实若虚。腹之坚，非真道也。《孟子》言'由仁义行，非行仁义也⑤。'《中庸》极论'中和'之功用。须知古人所言皆有体用。拳术中亦重中和，亦重仁义。若不明此理，即练至捷如飞鸟，力举千钧，不过匹夫之勇，总不离乎外家。若练至中和，善讲仁义，动作以礼，见义必为，其人虽无百斤之力，即可谓之内家⑥。迨养气功深，贯内外，通有无；至大至刚，直养无害；无处不有，无时不然；卷之放之，用广体微⑦。昔人云：'物物一太极，物物一阴阳。'吾人本具天地中和之气，非一太极乎？《易经》云：近取诸身，远取诸物。心在内而理周乎物，物在外而理具于心。内外一理而已矣。"

此段宋世荣先生进一步说明重仁义者、得中和者即为内家（哪怕他并非武者），反之则为外家。这就是孟子所说的"仁者无敌"！

余敬聆之下，始知拳道即天道，天道即人道。又知拳之形式、名称虽异，而理则一。向之以为有内外之分者，实所见之不透，认理之未明也。由是推之，言语要和平，动作要自然。吾人立身涉世，处处皆是诚中形外，拳术何独不然？试观古来名将如关壮缪、岳忠武等⑧，皆以识春秋大义，说礼乐而敦诗书，故千秋后使人生敬仰崇拜之心。若田开疆、古冶子辈⑨，不过得勇士之名而已。盖一则内外一致，表里精粗无不到；一则客气⑩乘之，自丧其所守，良可慨也。

此段孙禄堂先生谈自己的会悟：拳道＝天道＝人道。做人立身中正即为内家，拳术亦然。关羽、岳飞让后人千秋万代敬仰的，不单单是他们的赫赫战功（古往今来战功卓著的名将有很多），更是因为他们"识春秋大义，说礼乐而敦诗书"。

宋先生又云："拳术可以变化人之气质。"

此段此语为画龙点睛之笔！

余自审尚未能见身体力行，有负前辈之教训。今值江苏省国术馆有十八年度年刊之发行，余服务馆中，亦即两载⑪，才识浅陋，尸位贻讥⑫，故以闻之前人者略一言之，以志吾愧。

此段孙禄堂先生自谦地说明写出这篇文章的缘由。

（此文原刊于《江苏省国术馆十八年度年刊》）

【笺注】

①浙之张松溪：浙江张松溪先生。

张松溪，明代浙江宁波府鄞县人。今武当松溪派（松溪内家拳）尊之为创始人。师事孙十三老，自言其法承元代的张三丰。嘉靖年间以内家拳享名于宁波府。

张松溪练拳有五字诀，即"勤、紧、径、敬、切"。传徒仅三四人，以叶近泉为最。得叶近泉之传者，有吴昆山、周云泉、单思南、陈贞石、孙继槎等人，皆各有授受。吴昆山传李天目、徐岱岳。周云泉传卢绍岐。陈贞石传夏枝溪、董扶舆。孙继槎传柴元明、姚石门、僧耳、僧尾。而单思南之传，则有王征南。王征南传黄百家（著名思想家黄宗羲之子）。李天目传余波仲、陈茂弘、吴七郎。

②迄今浙人士承张之绪者，何以未之前闻也：到现在浙江人士能够继承张松溪统绪的，为什么从没人听说过？

的确，后来松溪派内家拳是由四川南充传出，公开于世。现在松溪派内家拳得以发扬光大，贡献最大的是游明生先生。惜乎游先生英年早逝，是武当派功夫的一大损失。

③和之中知勇备焉：中和之中，智、仁、勇已经兼备了。知，通"智"。

智、仁、勇为儒家所提倡的三种德行。《论语·子罕》："子曰：'知者不惑，仁者不忧，勇者不惧。'"《礼记·中庸》："知、仁、勇三者，天下之达德也，所以行之者，一也。……子曰：'好学近乎知，力行近乎仁，知耻近乎勇。知斯三者，则知所以修身；知所以修身，则知所以治人；知所以治人，则知所以治天下国家矣。'"

也就是说，好学者差不多就是有智，有智慧的人就不会为外物所诱惑、被他人所蛊惑；身体力行者已经接近于仁人君子了，而仁人君子是能够不以物喜、不以己悲的；知耻而后勇，真正的勇者是无所畏惧的。

习武者达到化劲层次，内外中和，智、仁、勇三达德已经兼备。以李存义先生为例，本来没什么文化，却在他人帮助下，留下多部武学著作，是为智；与人较技，从不使诈，是为仁；国难当头，老龙头火车站浴血杀敌，是为勇。

④子舆氏曰：求其放心：孟子说：（学问之道没有别的什么）不过就是把那失去了的本心找回来罢了。

子舆氏，指孟子。孟子，名轲，字子舆（另外曾参也是字"子舆"），中国古代著名的思想家、教育家，战国时期儒家学派的主要代表人物，被后世尊为"亚圣"。

"求其放心"，语出《孟子·告子上》："学问之道无他，求其放心而已矣。"

⑤由仁义行，非行仁义也：按社会规定的要求去做符合仁义规定的事，可以叫做

125

"行仁义"。人在本性中有仁义，我由自性而行，即是"由仁义行"。这是一个人自主自发的行为，而不是社会在指派他、规定他，也不是他在为了遵守服从社会规定而这样做的。

就如同今天有许多人，在默默地帮助他人，不求任何回报，这是"由仁义行"。但有些人却高调做慈善，这是"行仁义"，其主观出发点甚至可能并非为了帮助他人，而是为了自己获取更多的利益、更大的回报。所以有些"行仁义"者并非出于本心，而是在"作秀"。甚至有些人明面上做慈善，背地里做的却尽是违法勾当、龌龊行为，这就是典型的"伪君子"。

⑥若练至中和，善讲仁义，动作以礼，见义必为，其人虽无百斤之力，即可谓之内家：此言足证文武一道。

儒者得中和之道，可以修身、齐家，可以治国、平天下。如宋末三杰张世杰、陆秀夫、文天祥，其人几乎手无缚鸡之力，却成为百世流芳的民族英雄。

武者得中和之道，同样可以修身、齐家，可以治国、平天下。如关羽，白日作战，夜读《春秋》，忠义无双，被后世尊为武圣。他使用的兵器本是枪或矛，但后世演绎为青龙偃月刀，又名之为"春秋大刀"。今人习武练功所用之大刀名为"春秋大刀"即源于此。

⑦卷之放之，用广体微：卷之放之，是"放之则弥六合，卷之则退藏于密"的略语。用广体微，语本《礼记·中庸》："君子尊德性而道问学，致广大而尽精微，极高明而道中庸。"指其应用广大，"终身用之，有不能尽者矣"（许占鳌先生言）；其本体精微，体物而不可遗。参见板块一《述车毅斋先生言一则》（P$_{74}$）、《述田静杰先生言一则》（P$_{83}$）、《述李奎垣先生言·三则》（P$_{85}$）、《述许占鳌先生言·二则》（P$_{93}$）、《述程廷华先生言一则》（P$_{97}$）等文。

⑧关壮缪、岳忠武等：关壮缪（通"穆"），即三国蜀汉名将关羽。壮缪是宋高宗赵构于建炎二年（1128年）追赠给关羽的封号。表明赵构国难思良将，但后来却谋杀了岳飞。

岳忠武：即岳飞，字鹏举，宋相州汤阴县（今河南安阳汤阴县）人，南宋抗金名将，中国历史上著名军事家、民族英雄，南宋中兴四大名将之首。绍兴十一年腊月廿九日（1142年1月），岳飞被以"莫须有"的"谋反"罪名，与长子岳云和部将张宪同被杀害。宋孝宗（南宋第二位皇帝，系宋太祖赵匡胤之四子赵德芳的六世孙）时岳飞冤狱被平反，改葬于西湖畔栖霞岭。追谥武穆，后又追谥忠武，封鄂王。

⑨田开疆、古冶子辈：指田开疆、古冶子、公孙接三人。他们是春秋时齐国人，共以武力事景公。曾助景公打败敌人，战功彪炳，后被晏子设计，争桃论功事致使自杀，这便是有名的"二桃杀三士"的故事。

一日，齐景公把三位勇士请来，要赏赐他们三人两颗"仙桃"。然而三个人无法平分两颗桃子，晏子便提出协调办法——三人比功劳，功劳大的就可以取一颗桃。公孙接与田开疆都先报出他们自己的功绩，然后就心安理得地各拿了一个桃子。然而后发言的古冶子认为自己功劳更大，气得拔剑指责二人。而公孙接与田开疆听到古冶子的功劳之后，也自觉不如，羞愧难当，便将桃子让出并拔剑自刎。见此情景，古冶子对先前自己羞辱别人抬高自己并导致同僚羞愤自杀的恶行开始感到万分羞耻，因此也拔剑抹了脖子——就这样，只靠着两颗值不了几个铜子的桃子，就兵不血刃地去掉三个威胁。

三人中人奸计，一时激愤便拔剑自尽，死得实在不值。但也可知三人胸无城府，不是什么坏人，倒是性情中人。与其说三人之死是解除了对齐景公的威胁，不如说是实现了晏子对齐国政权的掌控。由此可知晏子其人，不仅仅个头矮小，心胸更是狭隘、阴毒——这是题外话，有感而发。

⑩客气：一时的意气；偏激的情绪。与主气相对而言。

⑪今值江苏省国术馆有十八年度年刊之发行，余服务馆中，亦即两载：江苏国术馆：1927年国民政府建都于南京后，张之江将军、李景林将军向立法院建议，创建中央国术馆，1928年6月底宣告成立，并要求各省、市（县）成立分馆。1929年6月27日，江苏省政府委员会第76次会议修正通过《江苏省国术研究分馆章程》，7月1日宣布正式成立江苏省国术馆。地点设在南京道署街江苏水陆公安管理处旧址。1929年7月正式批准镇江为江苏省省会。1930年2月江苏省国术馆迁至镇江，地点在新西门阳彭山北五省会馆。馆长和董事长由省主席钮永健亲自担任，孙禄堂先生任教务长（江苏省国术馆的实际当家人）。孙存周、孙振岱、胡凤山、李庆澜、郝月如等先生都曾在国术馆任教习。淮安万良先生、南京吴章淮等先生均为江苏国术馆学员。

十八年度年刊：1929年发行的总结江苏国术馆当年工作的刊物，相当于今日之"年鉴"。

余服务馆中，亦即两载：从1928年7月至1929年年底，时间为一年半，接近两年，固有此一说。又过两载，也就是1931年的10月，孙禄堂先生辞职归隐。

⑫尸位贻讥：空占着职位而不做事，招致讥责。此为孙禄堂先生自谦语。尸位，空占着职位。贻，留下。

127

第三章

补遗之三——拳术述闻

余幼时即好拳术。初不知〈存〉（草稿无误，排版误为"存"）有门派之见，故于各种拳术，均涉足而研究之。然拳术之为道也至大，体万物而不遗。余既无身体力行之实功，亦未明此中（草稿作"其内里"）之精义，仅略窥其大概而已。

此第一段先言明孙禄堂先生自己于拳术一道广泛涉猎。

曩居（草稿作"於"）北平，有高道天〈夫〉（草稿无误，排版误为"夫"）君者，汉中人①，工书法，于大小篆及汉魏源流②殆无所不通。从余习拳年余（草稿作"有年"），伊云（草稿作"曾云"）："吾兹习此，为日不久（草稿作"迄今虽仅一年余"），而心领神会，乃知拳术之与书法及身体，故有莫大之关系者。运用虽不同，其理则一也。"

此段述书法家高道天先生习练孙氏武学仅一年多，就领悟到"拳术与书法……运用虽不同，其理则一"的道理。

余诘之。伊云："拳术有五纲之起点；书法有五锋之起笔。"余复询二五之理，[对]对曰："拳术之五纲，为劈、崩、躜〈趜〉、炮、横〈橫〉，即五行中金、木、水、火、土也。至十二形之奥妙，亦不外五拳中和之起点，进退、起落、变化之要道。古人云：五行合一，致其中和，天地之事，无不可推矣。书法则有五锋，为中、逆、齐、侧、搭，即写〈临〉（草稿无误，排版误为"临"）碑帖之五笔法也。碑中张迁、郑文公③、大小篆等，都不外乎五锋。虽有中、逆、齐、侧、搭之分及用笔之不同，然皆中锋。故拳术五拳之中和，书法五锋之中锋，二者运用虽有不同，然其精奥、其原理，固二而一者也。吾习拳术〈此〉（草稿无误，排版误为"此"）虽[仅]（原稿有"仅"字，排版脱字）年余，而观今日之书法，及乎一己之精神，与去岁已迥然不同，故知拳术实与书法、身体，俱有密切之关系也。"

此段高道天先生详细阐述形意拳五纲与书法五锋之理，并得出结论："拳术实与书法、身体，俱有密切之关系也。"

嗣高君因事返汉中，数年阔别，直至去秋，余在新都供职本馆，高君闻讯来访，斯时高君则已由王铁珊先生之介绍，充冯焕章司令书法教授④矣。

此段补充说明高道天先生后来的去向和孙禄堂先生在南京江苏国术馆的再次相逢。

又余在北平时，直隶督办李芳宸⑤先生，在天津创武士会专人相约。余素昧平生，虽〈雅〉不欲往，继悉先生精剑术，朝夕锻炼，数十年如一日，深得斯道奥妙，因应约来津，与先生长谈数日。乃知先生于剑术，已得其中三昧〈味〉。其动作道

拳術述聞

孫祿堂

余幼時，即好拳術。初不存门派之见。故於各種拳術。均涉足而研究之。然拳術之為道也至大。體萬物而不遺。於儿無身體力行之實功。亦未明此中之精義。僅略窺其大概而已。余居北平。有高道夫君者。漢中人。工書法。於大小篆及漢魏源流殆無所不通。從余習拳年餘。一日。吾茲習此。而心領神會。乃知拳術之與書法及身體。雖不同。其理則一也。余詰之。伊云。拳術有五綱。即五行之起點。書法有五鋒之起點。亦無不可推矣。都不外乎五鋒。進退、起落、變化之要道。古人云。五行合一。致其中和。至十二形之奧妙。亦不外乎五鋒之中鋒。二者運用雖有不同。然其精奧其原理固一而二者也。吾習此拳。公大小篆等。並其推敲。即五鋒之分。及用筆之力不同。然皆可中鋒。碑中張遷鄭文公其五拳之中和。書法則有五鋒。進退、起落、變化之要道。古人云。五行合一。致其中和。至十二形之奧妙。其理則一也。余復詢三五年。用功。故有其大之關係者。用功年餘。而觀今日之書法。及乎一己之精神。與去歲已迴然不同。故知拳術實奧書法身體。俱有密切之關係也。

刊於《江苏省国术馆十八年度年刊》

孙禄堂先生《拳术述闻》草稿

理，无所不善，盖出自武当太极剑之嫡传也。据先生云，为陈士钧（按：为安徽人，自幼好道，学问渊博，隐居于峨嵋山——原注）前辈所授，朝夕不辍，数年始知剑术之道理甚广，包罗无穷，与各派之理皆相连贯。又云："余自隶军籍，用兵之法则，天时、地利、人和之道；察人动作奸诈虚实之情；山川向背形势利害之式；进退开合之理；以进为退，以退为进，若隐若现之机；[以]至于武侯八阵之大义，殆无不师效剑术之理焉。"

此段述与李景林（字芳宸）先生结识的经过及其所谈的武当剑术之道。

民十七，中央设国术馆，先生受聘副馆长⑥。七月，沪上法公园举行游艺会⑦，先生亦参加表演。四日中，观先生舞剑时，其精神动作，刚柔开合，伸缩婉转，曲尽剑术奥妙之能事。于是知先生向日之作为，经过之情形，实于剑术神而明之，令吾人叹观止矣。

此段记述再遇李景林先生并观其剑术之神妙的情形。

今年夏，小住焦山，通〈统〉志局庄思缄⑧先生来访。谈及剑术，先生询李芳宸之剑与余之剑是否同派。余曰："芳宸先生所练为太极剑，而余则八卦剑也。但二者门派虽不同。其所用之法。则十同五六。如八卦之名称，老阴老阳、少阴少阳⑨是也。"又问："二者之巧妙孰善？"余曰："芳宸先生孜孜于剑者廿〈念〉余年，已至炉火纯青之候；余非专门，得其形势与大概之道而已。安能同日语哉？"

此段记述庄志缄先生来访，孙禄堂先生与其交谈了李景林武当太极剑与自己八卦剑的异同。

129

先生复倩余舞。余以荒疏日久，身步两法皆迟滞不灵谢却之。先生敦促再四，并认略舞数式，观其意义而已。余逐按八卦之名称，错综变互之形势，为舞数十节。

此段记述孙禄堂先生在庄志缄先生一再恳请之下，演示了八卦剑数十节。

又询拳剑之理。余曰："拳剑之理，大致〈别〉有三：其一，上下相连，手足相顾，内外如一；其二，不即不离，不丢不顶，勿忘勿助；其三，拳无拳，意无意，无意之中是真意也。"

此段孙禄堂先生谈到拳剑之理有三：内外如一；勿忘勿助；无拳无意。

先生曰："内外如一，是诚中也，合乎〈呼〉儒家；不丢不顶，勿忘勿助，是虚中也，合乎道家；无拳无意，是空中也，合乎释家⑩。斯三者，修身之大法则，亦人生之不可或缺者也。又观乎舞剑之形势，行如游龙，屈曲婉转，变化之意义，与草书用笔之法度、神气、结构〈搆〉、转折、形式实相同。始信昔人观公孙大娘舞剑⑪，而曰'得书法之道'为不虚也。是则古人之善草书者，迨皆明剑术之理。盖不如是，焉能得草书中之实质与其精神乎？"

此段庄先生言拳剑"三意"合乎儒道释三家，并指出剑法与草书之理相通。

余初闻前辈云，"拳术之道，体万物而不遗"，颇疑惑不解。兹聆高、李、庄三先生之言，始茅塞顿开，一扫胸中疑团，因笔而书之，以告我同志。

此段说明这篇文章的主旨：通过高、李、庄三先生之言，再次验证了"拳术之道，体万物而不遗"的道理。

（此文原刊于《江苏省国术馆十八年度年刊》）

【笺注】

①曩居北平，有高道天君者，汉中人：从前居住在北京，有一个叫高道天的先生，是陕西汉中人。

A. 北平：即北京。自元朝建都，名为大都。洪武元年（1368年），元朝灭亡，改名为北平。燕王朱棣靖难之役攻克南京成为明朝皇帝（即庙号成祖、年号永乐者）后，永乐十九年（1421年）改北平为北京，并迁都于此。此后一直到1928年蒋介石先生再次兴师北伐，推翻张作霖北洋政府，6月20日国民政府宣布设立北平特别市。1949年9月21日，第一届中国人民政治协商会议在北平中南海怀仁堂隆重开幕。会议确立了中华人民共和国首都设于北平市，同时将北平改名为北京。

因此1928年6月以前是北京而不是北平。孙禄堂先生之所以称北平，是因为此地已经改名为北平，不再是首都。为了表达对南北统一的拥护，笼统称为北平。

B. 高道天：1900—1959年，陕西汉中城固县人，少从蜀人文伯子先生学书，攻六朝，笔力雄健。曾在北京设立"双魏书法研究社"。著有书学专著《书通》。

C. 君：本是民国建立以后仿效日本的一种称呼，属于同辈或年龄、地位相仿的人之间的相互尊称。这里把跟其学艺的高道天以同辈来对待，足见孙禄堂先生品行之高尚，丝毫没有一代宗师的架子。

②大小篆及汉魏源流：大篆，是西周时期普遍采用的字体，相传为夏朝伯益所创。针对不同的书写媒介，大篆亦称金文（或称"钟鼎文"）、籀［zhòu］文或石鼓文。

小篆又称秦篆，是由大篆省略改变而来的一种字体，产生于战国后期的秦国，通行于秦代和西汉前期。

汉魏源流：指的是汉代到三国（曹魏）时期汉字由隶书到楷书的发展历程。汉代通行的文字是汉隶，是在秦代出现的隶书基础上进一步发展完善的；汉隶的草书写法称章草，也是由秦代的草隶发展而来；汉末三国曹魏钟繇去掉汉隶的波折笔法，从而创立楷书，被尊为楷书鼻祖；其草书为今草，由章草去掉波折笔法发展而来。

③碑中张迁、郑文公：碑中张迁指《张迁碑》，全称《汉故谷城长荡阴令张君表颂》，亦称《张迁表颂》。东汉中平三年（186年）刻石，现存于山东泰安岱庙。《张迁碑》古朴淳厚，雄强大气，堪称汉隶书法中的代表之作。

郑文公：即《郑文公碑》，又称《魏兖州刺史郑羲碑》，北魏摩崖刻石，分上、下二碑。是"魏碑体"书法的突出代表。

④由王铁珊先生之介绍，充冯焕章司令书法教授：王铁珊（1884—1942年），号南微，广西融水人。幼年随父至福建。清光绪三十年（1904年）东渡日本，就读于早稻田大学经济系，学习四年毕业回国。获钦赏法政科举人衔称。旋授职弼德院秘书，保荐道尹。民国成立，被任为民国特保荐任官留守京畿；1920年于冯玉祥西北军任职；1924年，应孙中山邀至广州，于元帅府被聘为顾问；同时又受粤桂军总司令刘震寰之聘，为参谋长；又任黄埔军校第一大队学科教官。孙中山逝世后，因与蒋介石政见分歧，不愿与之相谋共处，1942年避居香港。后因染患恶性疟疾而逝于九龙医院。

冯焕章：即冯玉祥（1882—1948年），字焕章，原名基善，原籍安徽省巢县（今安徽巢湖市），生于直隶青县（今属河北沧州市），行伍出身。中国国民革命军陆军一级上将，西北军阀。1911年辛亥革命爆发后参加滦州起义。1921年7月后任陕西督军。1924年发动首都革命，推翻了直系军阀控制的北京政府，并将所部改称为国民军，电请孙中山北上主持大计。不久被排挤出任西北边防督办。

高道天出任冯玉祥的书法教授应该始于冯任陕西督军时，时间在1921—1923年之间。

⑤直隶督办李芳宸：李芳宸，即民国时期著名"剑仙"李景林。李景林（1885—1931年），字芳宸、芳苓，号"广古川"。清末直隶枣强（今河北省枣强县）人。

李景林自幼随父习武，后入奉天"育字军"陆军青年学校就读，据说在此期间被管带宋唯一收为弟子（本文中李景林先生则自述学自陈士均前辈），秘授武当剑术。1924年第二次直奉战争中，李景林任奉军第一军军长。战后，出任直隶军务督办及奉军第一方面军司令。后退出军界，寓

李景林将军

住天津、上海。1928年，任国民政府军事委员会委员。1929年杭州国术游艺会后曾一度执教浙江国术馆。1930年创建山东国术馆。

⑥民十七，中央设国术馆，先生受聘副馆长：1928年3月24日，国术研究馆在南京内桥金陵大舞台召开成立大会，租借韩家巷基督协进会的数间房屋为临时馆址。6月，国术研究馆正式易名为中央国术馆。馆长仍为张之江，副馆长为李景林。

⑦沪上法公园举行游艺会：上海法租界的公园里举行带公共娱乐性质的集会——游艺会。

法公园：上海法国租界内的公园。上海法租界，紧邻黄浦江和老上海县城，是上海的两个租界之一（另一个是上海公共租界，由其他各国租界合并而成）。

游艺会：自近代上海开埠以后，仿效西方而形成的一种娱乐活动。是一种由不同团体或组织者为了娱乐、赈灾、教育等不同目的，组织人员举行的一种文娱活动。游艺会多是一种慈善演艺。

⑧通志局庄思缄：江苏通志局总编庄思缄。

通志局，指江苏省通志局。是为了编修江苏省地方志而设立的机构，相当于现在的江苏省地方志办公室。

庄思缄（1866—1932年），字蕴宽，江苏武进人，晚清至民国期间著名的政治活动家，国学大师，佛教界名流居士。清光绪十七年（1891年）考中副榜。1912年为江苏都督。1914年，任都肃政史。1915年，任审计院院长。1929年任《江苏通志》总编。

庄思缄先生

庄思缄诗词书画俱佳，尤其对佛教的研究造诣颇深，曾与白普仁、马冀平等发起中华佛教联合会。主政期间主张"以重典治乱世"。

⑨老阴老阳、少阴少阳：孙禄堂先生在《八卦剑学》第一章《左右手纳卦诀》写到："剑之动作运用，与左右手之诀法，不外乎阴阳八卦之理，里裹外翻扭转之道，亦即阳极生阴，阴极生阳之道也。

右手执剑，手虎口朝上或向前，谓之中阴中阳。

自中阴中阳往里裹，裹至手心侧着，谓之少阳。

自少阳往里裹，裹至手心向上谓之太阳。

自太阳再往里裹，裹至极处，谓之老阳。

又自中阴中阳往外扭，扭至手背斜侧着，谓之少阴。

自少阴扭至手背向上谓之太阴。

自太阴再往外扭，扭至极处谓之老阴……"

八卦剑中里裹外翻（扭）所形成的老阴老阳、少阴少阳之理同样适用于八卦拳。即便孙氏太极拳与太极剑、孙氏形意拳与纯阳剑、雪片刀等，同样适用此理。

⑩内外如一，是诚中也，合乎儒家；不丢不顶，勿忘勿助，是虚中也，合乎道家；无拳无意，是空中也，合乎释家：在《拳意述真自序》中，孙禄堂先生写道：

"三派拳术之道，始于一理，中分为三派，末复合为一理。其一理者，三派亦各有所得也：形意拳之诚一也；八卦拳之万法归一也；太极拳之抱元守一也。三派之理，皆是以虚无而始，以虚无而终。所以三派诸位先生所练拳术之道，能与儒、释、道三家诚中、虚中、空中之妙理，合而为一者也。由此可见，庄思缄先生的说法与孙禄堂先生的理论似乎有所不同：孙禄堂先生认为八卦虚中为释家，太极空中为道家；庄先生则认为虚中合乎道家，空中合乎释家。

其实二者并无本质区别：孙禄堂先生原来是分别以三拳对应三家来论证的。但在与庄先生谈论时是把孙氏武学拳械之理概述为三点："其一，上下相连，手足相顾，内外如一；其二，不即不离，不丢不顶，勿忘勿助；其三，拳无拳，意无意，无意之中是真意也。"进一步概括大约就是：**内外如一，勿忘勿助，无拳无意**。也就是说，无论形意八卦太极（拳、剑等），都同时兼具诚中、虚中、空中之理。这是孙禄堂先生对孙氏武学理论的进一步升华。这一点务请爱好者诸君注意。

⑪观公孙大娘舞剑：唐代大诗人杜甫有诗《观公孙大娘弟子舞剑器行》，极赞公孙大娘的剑舞，并在诗序中记述："昔者吴人张旭，善草书帖，数常于邺县见公孙大娘舞西河剑器，自此草书长进，豪荡感激，即公孙可知矣。"这就是张旭观公孙大娘舞剑而成"草圣"的典故。

公孙大娘：开元盛世时唐朝宫廷乐舞的第一舞者。善舞剑器，舞姿惊动天下。她在民间献艺，观者如林；应邀到宫廷表演，无人可匹。她的"剑器舞"风靡一时，常舞的主要有"西河剑器""剑器浑脱"等。随着"安史之乱"的发生，公孙娘子最终结局却是流落江湖，寂寞而终。然而，她的剑器舞成就了草圣张旭，成就了绝妙丹青画圣吴道子，也使诗圣杜甫的作品多了一份洒脱。以一人而成就三大圣，这位曾经的绝代佳人当含笑九泉，了无遗憾了。

133

第四章

补遗之四——国术源流之管见

古者国有术，非挽近①国术之意义也。然则国术何自昉乎穴居之世②？禽兽逼之，于是制竹木之器械以御之。待黄帝、蚩尤兵刃相接，始兴三代③。而史称走及奔马、手接飞鸟及托梁举鼎，率能以力自雄。然天赋之欤？仰人为之欤？不可得而知也。

此第一段先阐明远古"国术"与近代国术有别。

有周肇兴，兼重武舞。诗曰："有力如虎"是也④。厥后猿公教刺，为剑术之权舆。而干将、莫邪、湛卢、巨阙之名，相望于册然，不过剑之名称耳⑤。炎黄游侠踵起，而剑道、手搏、角抵并载诸史，惜未详其法⑥。东汉末之五禽⑦，至今颇有承其绪者。是诚国术之萌芽也。

此段阐明西周至东汉为国术（武术）的萌芽时期，周代宫廷的武舞、春秋猿公教越女刺剑之术、战国时期的剑道、手搏、角抵、东汉华佗的五禽戏，都是国术的萌芽。

梁武帝时，达摩东来⑧，虑其徒众未谙动静相养之道，于是著"易筋""洗髓"两经，内外交修，为强健身体之初步，否则禅寂枯坐，易兹流弊。继之者，分刚柔两派，而少林、内家之拳自兹始矣。

此段阐明内外二家均起源于达摩"易筋""洗髓"两经。

岳武穆得"筋、髓"两经，复阐发"易骨"之功用，命名曰"形意"。然则形意拳者，实达摩倡之，而武穆成之者也。太极则滥觞于唐之李道子、许宣平；张三丰从而扩之，参以点穴诸法；张松溪、单思南、王征南等传其衣钵⑨。若梅花八式则始于志公长老，世所称峨眉派者。八卦拳当咸同时，文安董海川先生得自南省，传之北方，闻其源流甚远。

此段概述形意拳、太极拳、八卦拳、峨眉派之起源。

至炮捶、心意、罗汉、无极、五极、八极、弥祖、太祖、劈挂、通臂、阮、俞、孔诸家⑩，各树一帜，或论理、或论气、或论力，皆有精辟独到之处。以意度之，今时之国术大半脱胎于达摩、三丰两派⑪，其所以有种种派别者，后之人从而变化耳。管窥之见，尚祈海内明达有以教之。

此段阐明近代国术虽然门派众多，实际上基本上都是脱胎于少林、武当二派。

（此文原刊于《江苏省国术馆十九年度年刊》）

【笺注】

①挽近：即晚近，离现在最近的时代。

②昉乎穴居之世：（中国武术）起源于穴居时代。昉：[fǎng]，起始，起源。

穴居：从居住方式上讲，人类进化过程中经历了树居时代、巢居时代、穴居时代、宫室时代。由树上到地上（最早是居住天然洞穴，后来有人工洞穴的窑洞、平地上的半穴式建筑），是人类进化史上的具有转折意义的事件。穴居促使人类直立行走，但同时便逐渐失去了在树上自由行动的能力，直接面对猛兽的威胁而无处躲藏。在与猛兽搏杀的过程中，原始武术产生了。

③黄帝、蚩尤兵刃相接，始兴三代：黄帝部落与蚩尤部落发生战争，才有了后来夏、商、周三代的兴替。

A. 黄帝：距今4700年前古华夏部落联盟首领，中国远古时代华夏民族的共主，五帝之首，被尊为中华"人文初祖"。本姓公孙，居轩辕之丘（今河南新郑？），号轩辕氏，建都于有熊，亦称有熊氏。也有人称之为"帝鸿氏"。史载黄帝因有土德之瑞，故号黄帝。黄帝统一了华夏部落，征服东夷、九黎族等部族。黄帝时期，大力发展生产，始制衣冠、造文字、建舟车、制音律、创医学等。

B. 蚩尤：上古时代九黎部落酋长，传说蚩尤曾与炎帝大战，并把炎帝打败。于是，炎帝与黄帝一起联合起来，在涿鹿与蚩尤展开激战。蚩尤率81个兄弟与黄帝激战。传说蚩尤有八只脚，三头六臂，铜头铁额，刀枪不入，善于使用刀、斧、戈作战，不死不休，勇猛无比。黄帝不能力敌，请天神助其破之，杀得天昏地暗，血流成河。蚩尤被黄帝所杀，帝斩其首葬之，首级化为血枫林。后黄帝尊蚩尤为"兵主"，即战争之神。

C. 三代：指夏、商、周三个中华文明早期的王朝。

④有周肇兴，兼重武舞。《诗》曰："有力如虎"是也：周朝兴起，既重武术，也重舞蹈。《诗经》上说：动作有力似猛虎呀！

有力如虎：语出《诗经·简兮》"简兮简兮，方将万舞。日之方中，在前上处。硕人俣俣，公庭万舞。有力如虎，执辔如组。"

⑤猿公教刺，为剑术之权舆。而干将、莫邪、湛卢、巨阙之名，相望于册然，不过剑之名称耳：猿公教授越女击剑之法，是剑术的起源。至于史书上记载的干将、莫邪、湛卢、巨阙等名目，不过是宝剑的名字罢了。

A. 猿公教刺：据《吴越春秋》记载，越王又问相国范蠡……范蠡对曰："臣闻古之圣君，莫不习战用兵，然行阵队伍军鼓之事，吉凶决在其工。今闻越有处女，出于南林，国人称善。愿王请之，立可见。"越王乃使使聘之，问以剑戟之术。处女将北见于王，道逢一翁，自称曰袁公。问于处女："吾闻子善剑，愿一见之。"女曰："妾不敢有所隐，惟公试之。"于是袁公即杖箖箊竹，竹枝上颉桥未堕地，

135

女即捷末。袁公则飞上树，变为白猿。遂别去。

B. 权舆：本指草木初发，引申为起始。

C. 干将、莫邪：宝剑名，也是铸剑者的名字。干将，春秋时吴国人，是楚国最有名的铁匠，后与其妻莫邪（欧冶子之女）奉楚王之命铸成宝剑两把，一曰干将，一曰莫邪（也作镆铘）。由于知道楚王性格乖戾，特在将雌剑莫邪献与楚王之前，将其雄剑干将托付其妻传给其子，后干将果真被楚王所杀。其子成人后终于完成父亲遗愿，将楚王杀死，为父报仇。

D. 湛卢、巨阙：越王允常先后命欧冶子铸造五把宝剑，欧冶子乃因天之精神，悉其伎巧，造为大刑三、小刑二：一曰湛卢，二曰纯钧，三曰胜邪（又名磐郢、豪曹），四曰鱼肠，五曰巨阙，并称越五剑。

其中湛卢剑是欧冶子携妻朱氏、女莫邪，来到了山高林密的湛卢山，在这里发现了铸剑所需的神铁（铁母）和冷泉（圣水），于是辟地设炉，用了三年的时间，才最终炼成的。

⑥炎黄游侠踵起，而剑道、手搏、角抵并载诸史，惜未详其法：华夏子孙中游侠不断涌现，而史书上也不乏击剑术、徒手搏斗、摔跤的记载，可惜的是并没有详细记述具体的练用之法。

A. 游侠：泛指古代豪爽好交游、轻生重义、勇于排难解纷的人。西汉司马迁《史记》中有《游侠列传》，记述了汉代著名侠士朱家、剧孟和郭解等人的事迹。他将侠士分为布衣之侠、乡曲之侠、闾巷之侠，赞扬了他们"其言必信，其行必果，已诺必诚，不爱其躯，赴士之厄困……不矜其能，羞伐其德"等高贵品德。

B. 剑道：猿公教越女击剑即为剑道之开端。

C. 手搏：指徒手搏斗。春秋战国时期即有"拳勇"一词，秦汉三国时称"卞""手搏"。

D. 角抵：起于中国战国时代的传统角力游戏，秦、汉、魏晋、南朝、隋、唐均十分盛行。角抵在唐代又称相扑，是宫廷、军队中的主要游戏之一。宋元以后，多称为相扑、争交。其方法为两两相当的壮士，裸袒相搏以争胜负，类似于今之摔跤。清朝专设"善扑营"，研习相扑技艺。唐代传入日本，至今日本仍盛行"相扑"。

E. 并载诸史：司马迁《史记·游侠列传》、班固《汉书·艺文志》、赵晔《吴越春秋》等早期史学著作中都有关于剑道、手搏、角抵等武技的记述。

⑦东汉末之五禽，至今颇有承其绪者。是诚国术之萌芽也：东汉末年著名医学家华佗编创的五禽戏，到现在还有继承者，它们实际上是武术的萌芽。

A. 五禽：指华佗的五禽戏。据《后汉书·方术列传·华佗传》记载："吾有一术，名五禽之戏：一曰虎、二曰鹿、三曰熊、四曰猿、五曰鸟。亦以除疾，兼利蹄足，以当导引。体有不快，起作一禽之戏，怡而汗出，因以著粉，身体轻便而欲食。普施行之，年九十余，耳目聪明，齿牙完坚。"五禽戏属于导引术（古代无气功一词，但有导引、吐纳、按蹻、独立守神、内丹术等功法）。

B. 在郭云深先生论"明劲"一文谈到岳武穆王定三经并制成拳术时，孙禄堂先生注文曰："与古之五禽、八段练法有体而无用者不同矣。"此处孙禄堂先生又认为五禽戏等是国术之萌芽，二者似乎自相矛盾，其实不然。近世武术，讲求体用兼备，而古之手搏，今之拳击、泰拳、散打、自由搏击等都属于有其用而无其体，实为技艺之末，与养浩然之气无关。五禽、八段，练体养气，但不尚技击之术，属于有体无用。然而以体、用言之，则体为本，用为末。故剑道、手搏、角抵、五禽、八段等都是近世国术的萌芽。

C. 国术：民国时期对武术的称法。这里的国术、武术，是指包括套路、系统的训练方法、技击术在内，并形成各具特色的武术流派的整个武术体系。

D. 近世国术广义上讲是指唐宋以来的武术。

⑧梁武帝时，达摩东来：南朝梁武帝（萧衍）普通年间（约470年左右），南天竺菩提达摩（？—535年），略称达摩，泛海东来，先到达雷州。不久被虔诚信佛、三次舍身同泰寺的梁武帝迎请到金陵，召请进宫，两人有过一段著名的对话。

然而二人不相契合，达摩遂一苇渡江北上。当时统治北方的是鲜卑人拓跋氏建立的北魏，达摩在嵩山面壁九年，创立佛教禅宗。

⑨太极则滥觞于唐之李道子、许宣平；张三丰从而扩之，参以点穴诸法；张松溪、单思南、王征南等传其衣钵：太极拳发端于唐朝的李道子、许宣平。到元明时期的张三丰在李、许太极的基础上加以扩充，并把点穴等功夫融进其中，形成太极拳术。能够继承张三丰先生真传的有张松溪、单思南、王征南等。

A. 据《宋氏太极功源流支派论》，"宋氏太极功"授自唐代许宣平，名太极拳三十七式。书中又记载"俞氏太极功"，称俞氏先祖得唐朝李道子所传"先天功"，也叫"三十七式"，太极之别名也。后俞莲舟与宋远桥等武当七子又在玉虚子张三丰门下深造，张松溪、张翠山拳名"十三式"，亦是太极功之别名，又名长拳。

B. 另一种比较公认可信的说法是张松溪的师父是孙十三老，但张松溪自言为三丰一脉。而且从"十三老"这个名字来看，显然不是真实的名字，应该代指太极十三式。因此不管唐代的李道子、许宣平所创的"太极拳"是否流传了下来，张三丰或者其衣钵传人创太极拳是可信的，并非杜撰。

C. 单思南：张松溪弟子之一。张松溪的弟子还有吴昆山、周云泉、陈贞石、孙继槎等人，皆各有授受。

D. 王征南：字来咸，是单思南唯一衣钵传人。

⑩炮捶、心意、罗汉、无极、五极、八极、弥祖、太祖、劈挂、通臂、阮、俞、孔诸家：这些是清末民国时期存在的一些较有名的武术流派。

A. 炮捶：是传统武术长拳的一种，是技击与气功相结合的拳术，强调"以气为主，以理当先。上步有情理，脚下有圈劲"。河南的一支炮捶即陈氏太极拳（大架）。

B. 心意：指河南派心意六合拳。姬际可先生所创心意拳，分为两大支派：河南派、山西派。河南派一般称心意六合拳或六合拳，以十大形为主；山西派一般称心意拳，以五行拳为主，形意拳即由山西派心意拳发展演变而来。

C. 罗汉：指南少林的罗汉拳，它源于北少林的罗汉十八手。因该拳取十八罗汉之姿，故称罗汉拳。罗汉拳要求上下相随，步随手变，身如舵摆，灵活多变，劲力要求刚柔相济。

D. 无极：指无极拳。无极拳是指以北宋理学"无极"理论为指导，以华山"无极图"为拳理的古老内家武术。1929年在杭州召开的第1届国术国考大会上，无极拳传人张绍贤多次上台表演无极拳。

E. 五极：此拳今已不闻，五极何指已经不得而知。

F. 八极：指八极拳。八极拳法，为中国传统武术优秀拳法之一。该拳法以动作刚猛、暴烈为特点，是一种极具实战性的拳种。

据清同治十二年（1874年）直隶沧县罗疃《八极拳谱》记载："八极拳乃河南少林寺所传也"。清雍正至嘉庆年间，沧县吴钟得八极拳之传，并将此拳传于其女吴荣，弟子吴永、丁孝武。此后经再传弟子李大忠将八极拳发扬光大，遂成一大名拳。参见板块一第一章"刘晓兰先生小传"之"笺注"③（P_{19}）。

G. 弥祖：即迷踪拳，又名燕青拳、秘宗拳、迷踪艺等。其特点是动作轻灵敏捷，灵活多变，讲究腰腿功，脚下厚实，功架端正，发力充足。燕青拳被列为第二批国家级非物质文化遗产。

一代大侠霍元甲即精于此拳。

H. 太祖：指太祖拳。相传为宋太祖赵匡胤所传，故称太祖拳。实际上太祖拳拳法有两种：一曰宋太祖长拳，一曰明太祖洪拳。两套太祖拳法套路严谨，动作舒展，招式鲜明，步法灵活，刚柔相济，虚实并兼，长打短靠，爆发力强。

I. 劈挂：劈挂拳是典型的长击远打类的传统拳种之一。古称披挂拳，亦名抹面拳，因多用掌，故而又称劈挂掌。劈挂拳擅长中、远距离克敌制胜，讲究放长击远，近则抽打，可收可放，可长可短。

明代名将戚继光的《纪效新书》中，就有对劈挂拳的精辟论述。

J. 通臂：即通臂拳，今多名为通背拳。通背拳流派繁多，起源不一，流传于京津一带的通背拳，相传为清末时直隶霸州人祁信所创。祁门通背拳有十二连杆、八步十三刀、一百零八单操手等。

此外，以通臂或通背命名的拳种还有猿猴通背（六合通背）、白猿通背、两翼通背、五行通背、金丝合叶通背等，都与祁家通背不尽相同。

K. 阮：即阮家拳。南少林的一支，流行于广东等地。

L. 俞：即源于少林的俞家教。又称俞派少林拳、俞家少林拳（俞派少林金刚门），是少林拳体系中一个特殊的拳种，共有徒手套路16个，分为上八路和下八路。"俞家"少林拳源于河南，目前主要流传于贵州、江西两省。

M. 孔：即孔门拳。与俞家同出于少林太祖门，主要流行于江西等地。

⑪以意度之，今时之国术大半脱胎于达摩、三丰两派：以个人的推断，现在流行的众多传统武术，大多是由达摩少林、三丰武当两派演化而来。

第五章

补遗之五——详论形意八卦太极之原理

1932年中央国术馆《国术周刊》85期发表孙禄堂先生的《详论形意八卦太极之原理》一文（局部）

拳术之荦荦大者[①]，约分三派：一少林、二武当、三峨眉。其余门类繁多，大半不出此范围。少林始于达摩之易筋、洗髓两经。至有宋岳武穆，始有形意拳之名，即易筋之作用也。谓之形意，形即形式，意即心意，由心所发，而以手足形容也。其拳有五纲十二目。五纲者，金、木、水、火、土五行也。而拳中有劈、崩、躜、炮、横之五拳。十二目者，即十二形也，有龙、虎、猴、马、鼍、鸡、鹞、鮐〈鸽〉、燕、蛇、鹰、熊是也。其取此十二形者，即取［其］性能，而又能包括一切。所谓尽人之性，则能尽物之性。

首段言武当派形意拳出于少林达摩易筋洗髓二经。形意拳有五纲十二目，五纲（即五行——劈崩躜炮横）为意（金木水火土），十二目（即十二形）为形，此形意拳所以名。十二形者，尽物之性，即尽人之性也。

何以知其然也？劈拳属金，在人属肺；崩拳属木，在人属肝；躜拳属水，在人属肾；炮拳属火，在人属心；横拳属土，在人属脾。练之既久，可以去五脏之病，此谓居人之性也。

此段阐明五纲（五行）与五脏的关系，证明练形意拳能去五脏之病，故有开发人

140

之良知良能的作用。

至若龙有搜骨之法；虎有扑食之猛；猴有纵山之灵；鼍〈熊〉有浮水之性；推之其他八形，各有其妙②，所谓居物之性也。

此段阐明十二目（十二形）与十二种动物的关系，证明练形意拳能将万物之性能格致到极处（居物之性）。

人、物之性既居，起落进退，变化无穷，是其智也；得中和，体物不遗，是其仁也。心与意合，意与气合，气与力合，为内三合；肩与胯合，肘与膝合，手与足合，为外三合。内外如一，成为六合，是其勇也。三者既备③，动作运用，上下相连，手足相顾，至大至刚，养吾浩然之气，与儒家诚中形外之理，一以贯之。此形意拳之大概也。

此段阐明形意拳中智、仁、勇"三达德"兼备，至大至刚，善养浩然正气，因此形意拳合乎儒家。

八卦拳始于有清咸同之季④。直隶文安董海川先生，漫游南省，于皖属渝花山得异人之传⑤。谓之八卦者，由无极而太极，太极生两仪，两仪生四象，四象生八卦，参互错综，拳即运用八卦之理。何以言之？今腹为无极，脐为太极，肾为两仪，两臂膊与腿为四象。其生八卦者，两臂与腿，曲之为八节。共生八八六十四卦者，两手十指，每指三节，惟大拇［指］系两节，八指〈卦〉共二十四节；加两拇指四节，得二十八节；加两足廿〈念〉{十}八节，为五十六［节］；又加两臂两腿之八节，为六十四节。故六十四卦为拳之体；体为三百八〈六〉十四爻，则互为其用也。

此段阐明八卦拳的起源及其基本原理，以及取象之"近取诸身"之理。

每爻有每爻之意。阳极而阴，阴极而阳，逆中行顺，顺中用逆，求其中和，气归丹田。含有静极而动，动极而静之意。上下相通，是为内呼吸。此拳〈奉〉与道家功夫相为表里。不特此也，乾坤坎离等卦，或为龙、或为马、或为牛，皆取象于物⑥。心在内，而理周于物；物在外，而理具于心。近取诸身，远取诸物。奇正变化，运用不穷，而又刚柔相济，虚实兼到。空而不空，不空而空。此八卦拳之妙用也。

此段阐述八卦拳之真意："逆中行顺，顺中用逆，求其中和，气归丹田。""空而不空，不空而空。"与道家功夫相表里。

太极拳发明于张三丰祖师⑦，尽人知之。惟练此拳之起点，当先求一个不偏不倚、不上不下、至简至易之极〈道〉。《拳经》云："抱元守一而虚中；虚空而念化；实其腹而道心生。"⑧即此意也。

此段阐明了太极拳之起源，并强调练太极拳必先求其起点之极。

太极从无极而生，为无极之后天，万极⑨之先天，承上启下，能与天地合德，日月合明，四时合序，与鬼神合其凶吉⑩。练之到至善处，以和为体，和之中智勇生焉。

此段阐明了太极拳所蕴含的大道至理。

极⑪未动时，为未发之和；极已动时，为已发之中。所以拳术一道，首重中和，中和之外，无元妙⑫也。故太极拳要纯任自然，不尚血气，以蓄神为主。周身轻灵，不即不离，勿妄勿助，内天德而外王道⑬。将［此］起点之极⑭，逐渐推之，贯于周

141

身，无微不至。易曰："黄中通理，正位居体。"即此意也。

此段阐明太极拳首重中和，纯任自然，不尚血气，太极一气，贯于周身。

昔年曾闻之师云：此起点之极，与丹道中之元关⑮相同。鄙人研究数十年，不敢云确有心得，然考其本源，实与形意八卦之〈其〉理相通。不过名称与形式之动作不同耳。至若善养气练神，则初无少异。

此段阐明太极拳与形意八卦在本源（即所谓"起点之极"）**上是道理一致的，故三家合为一体。**

譬之，形意，地也；八卦，天也；太极，人也⑯。天地人三才合为一体，浑然一气，实无区分。练之久而动静自如〈如自〉，头头是道⑰。又何形意、八卦、太极之有哉！

此段归论：形意八卦太极，三拳一理，实无区别。

至峨眉派，传之梅花八式⑱，志公禅师⑲亦重养气之功，兹不必更赘也。

最后言及峨眉派之功夫亦不出此三拳一理之范围。孙禄堂先生在此文中肯定峨眉派是与武当少林比肩的三大派别之一。

（此文原刊于1932年中央国术馆《国术周刊》第85期）

【笺注】

①荦荦大者：指明显的、重大的方面。荦荦［luò luò］，明显。

②推之其他八形，各有其妙：其他八形之妙分别为：马有疾蹄之功，鸡有争斗之性，鹞有蹾天之势，燕有抄水之巧，蛇有拨草之精，鮐有崩撞之形，鹰有捉拿之技，熊有竖项之力。

③三者既备：指智、仁、勇三者兼备。

④有清咸同之季：清朝咸丰（1850—1861年）、同治（1862—1874年）年间，也就是1850—1874年间。

⑤于皖属渝花山得异人之传：在安徽省渝花山得到武林奇人的传授。

渝花山：1930年立石的董公墓志铭云："……弱冠后，侠游江南九华山上，得遇仙传艺，遂大精。"因此一般认为渝花山实为九华山。九华山，位于安徽省池州市青阳县境内，素有"东南第一山"之称。

异人：关于董海川先生的师尊，有毕澄霞、毕云震、云盘老祖等说法，也有说实为碧月侠、碧灯侠、碧尘侠三人。究竟是何人，已成谜团，无从考稽。但董海川先生必有师承是肯定的，只是最初可能只有走转之理，并无完善之形式，亦无八卦掌、八卦拳之名。就连董海川先生传出时，虽已有八卦之名，但拳式仍然尚未完备。第一个把八卦拳的拳理、拳式系统化、规范化的正是孙禄堂先生。

⑥乾坤坎离等卦，或为龙，或为马，或为牛，皆取象于物：孙禄堂先生在《八卦拳学·八卦拳形体名称》中写道："若远取诸物，则乾为马，坤为牛，震为龙，巽为鸡，坎为豕，离为雉，艮为狗，兑为羊。""拳中则乾为狮，坤为麟，震为龙，巽为

凤，坎为蛇，离为鹞，艮为熊，兑为猴。"

⑦太极拳发明于张三丰祖师：关于太极拳的起源及其流变，参见板块四"闲谈"之四——《太极拳源流闲谈》一文（P$_{283}$）。

⑧抱元守一而虚中；虚空而念化；实其腹而道心生："抱元守一而虚中"者，即太极拳（也包括形意拳、八卦拳）无极式是也。

"虚空而念化"者：即无极之中真阳发动是也。

"实其腹而道心生"者，即无极生太极，太极生万极是也。

"实其腹"就是孟子所言"养吾浩然之气"，太极一气充盈于丹田，法轮常转，便开启了往圣贤之路迈进的造化。

⑨万极：即拳中之万千变化。

⑩能与天地合德，日月合明，四时合序，与鬼神合其凶吉：语出《周易·乾·文言》："夫大人者，与天地合其德，与日月合其明，与四时合其序，与鬼神合其吉凶。先天而天弗违，后天而奉天时。天且弗违，而况于人乎？况于鬼神乎？"

A.（太极一气）能与"天地合德"者，天行健，君子以自强不息；地势坤，君子以厚德载物。

B. 与"日月合明"者，太阳有升有落，太阴有圆有缺，人生也有高潮低谷，要做到"达则兼济天下，穷则独善其身"。

C. 与"四时合序"者，寒来暑往，春生夏长秋收冬藏，循环往复。人不可以违背自然规律。春夏秋冬又像人一生中的四个阶段：孩提、青壮年、中年、老年。以武者而言，孩提时期打基础，青壮年时尚明劲，中年时尚暗劲，老年时则尚化劲。

D. "与鬼神合其凶吉"者，阴阳相合则得中和之道，可以逢凶化吉，遇难成祥。《礼记·中庸》："鬼神之为德，其盛矣乎。"程颐章句："鬼神，天地之功用，而造化之迹也。张子曰：'鬼神者，二气之良能也。'愚谓以二气言，则鬼者阴之灵也，神者阳之灵也。以一气言，则至而伸者为神，反而归者为鬼，其实一物而已。"朱熹："鬼神只是气，屈伸往来者，气也。"也就是说，鬼神代指的是阴阳二气（先天之气与后天之气）。参见板块一第四章"述车毅斋先生言一则"——《形意拳术中和论》一文之"笺注"⑤（P$_{76}$）。

⑪极：即前文之"起点……之极"和后文的"起点之极"。

⑫元妙：玄妙，奥妙。

⑬内天德而外王道：参见板块一第四章"述宋世荣先生言三则·一则"——《形意拳术'格物尽性'论》一文及其"笺注"⑧（P$_{69~71}$）。

⑭起点之极：在《太极拳学·太极学》中，孙禄堂先生写道："太极者，在于无极之中，先求一至中和、至虚灵之极点，其气之隐于内也则为德，其气之现于外也则为道。内外一气之流行，可以位天地，孕阴阳。故拳术之内劲，实为人身之基础。在天曰命，在人曰性，在物曰理，在技曰内家拳术。名称虽殊，其理则一，故名之曰太极。古人云：无极而太极……"

143

这里的"至中和、至虚灵之极点"即"起点之极"。通俗一点说，就是由无极到太极的关键之点。打一个不太恰当的比方：水的结冰点是零度，因此，零度就是由水结成冰的"起点之极"。零度时，水面似结冰似未结冰。由零度开始，温度越低，冰层结得越厚。

⑮元关：元关亦称元牝、玄关、玄牝，亦即赤肚子所谓"生门死户""天地之根"。参见板块一第四章"述郭云深先生言四则·六则"——《形意拳术中和内劲论》之"笺注"⑤（P_{49}）。

⑯形意，地也；八卦，天也；太极，人也：形意拳演练走前后左右，在十字中求生活，为方，地之象；八卦拳演练走圈，为圆，天之象（天圆地方）；太极拳方圆兼济，天地阴阳和合，人生于其间，故曰："太极，人也。"

⑰头头是道：本为佛家语，指道无所不在。又指开悟之后，一言一默、一举一动无不暗合妙道。语出《续传灯录·慧力洞源禅师》："方知头头皆是道，法法本圆成。"

⑱峨眉派，传之梅花八式：孙禄堂先生应该是壮行天下寻师访友时，在峨眉山与峨眉派传人有所交流，见到他们演练过梅花八式。应该是类似八字功一样由八个基本招式（或小套路）组成。然而峨眉派早已式微，世人已经难见峨眉派功夫真面目。

A. 开封孟宪超先生在《峨眉拳》一文中说，峨眉派祖师原为一道姑，后入佛门。她另辟蹊径，创不接手之拳法，独树一帜。呼之玉女拳法，"同道相誉，称曰峨眉拳，后弟子至峨眉山，偶谐其音，始称峨眉，此拳名之始末也"。

B. 另有一种说法，历史上的峨眉武术起源于春秋战国时期，创始人是战国武师司徒玄空。

C. 还有人认为开创峨眉派的应为南宋峨眉山的白云禅师和白眉道人。

D. 至于郭襄创峨眉派，不过是金庸先生的妙笔生花而已。金庸先生笔下的大部分人物，甚至大部分门派，在历史上是不存在的——毕竟，武侠小说不是武术史。

⑲志公禅师：志公禅师即宝志（418—514年），又称"保志""保公""志公"等，谥曰"广济"。俗姓朱，金城（今甘肃兰州）人，南朝宋、齐、梁时著名僧人。年少出家，参禅开悟。至梁武帝建国，被尊奉为国师。遗有《志公和尚十四科颂》传世。按孙禄堂先生《国术源流之管见》一文，则志公禅师创梅花八式，又兼善养气之功，为峨眉派创始人。

第三板块

《拳意述真》妙理拾慧
——孙氏武学"十五要论"

孙禄堂先生墨迹：天地中和之气　　孙禄堂先生墨迹：太极即一气　一气即太极

孙氏武学"十五要论"归类

——《孙禄堂〈拳意述真〉探微》理论归类

笔者由孙禄堂先生的武学著述中共提炼出理论文章十五篇。以著者愚见,这是孙禄堂先生所创孙氏武学的十五个方面的重要理论,著者将其概称为"十五要论"。当然,孙氏武学包含的论点非常多,但这些论点基本上都已经包含在"十五要论"中的某些篇章中了。还有的包含在著者为三派老前辈的

> 本板块16篇,共16万余字,是著者着墨最多的一个板块,代表了著者对孙氏武学的粗浅认知,基本都是著者已发表过的文章,收入本书时又做了进一步修订。希爱好者勿以等闲视之。

"述真之言"所强加的小标题之中了。请爱好者自行寻找。十五要论之间存在着相互包含、互为印证的关系。或者说,十五要论就是一个整体,共同构建起了孙氏武学理论体系的基本框架。著者又根据各要论的内容在孙氏武学理论体系中所占的地位而将其分为核心理论、关键理论、基本理论、基础理论等四个层次。十五要论归类请见孙氏武学"十五要论"简表。

孙氏武学"十五要论"简表

理论归类		理论名称	字数（取整）	备注
绪论		遍访前辈探辑群言　付以己意自成一家	6900	大约相当于孙氏武学理论的"总纲"
核心理论	首论	孙氏武学"太极一气"论	5000	四者同质而异名
	第二论	孙氏武学"内劲"论	7100	
	第三论	孙氏武学"中和"论	2800	
	第四论	孙氏武学"道艺"论	6200	
关键理论	第五论	孙氏武学"三体"论	5400	另：未独立成文的"和顺自然"论、"里裹外翻"论亦为至关重要之论
	第六论	孙氏武学"内开外合　顺中用逆"论	6000	

146

（续表）

理论归类		理论名称	字数（取整）	备注
基本理论	第七论	孙氏武学"数理"论	9100	其中包含了"太极一气""三体""四象"等之外的三十余"小论"
	第八论	孙氏武学"三阶"论	10600	含大小周天论、火候论等多个小论
	第九论	孙氏武学"四象"论	6800	孙氏武学的技击原理与基本技术主要体现在这三个要论中
	第十论	孙氏武学"体用"论	6600	
	十一论	孙氏武学"交手"论	8000	
基础理论	十二论	孙氏武学"三拳合一"论	4100	孙氏武学立论的基础所在
	十三论	孙氏武学与"三教"密切相关论	8200	其中包含了"中一""四德""良知良能"等数十"小论"
	十四论	孙氏武学练拳"得道"诸要素论	4000	本篇所论实为习武者必备的基本素养
	十五论	孙氏武学变化人之"气质"论	4200	"武亦载道"的重要实证

147

绪论

——遍访前辈探辑群言 付以己意自成一家

孙禄堂先生,清末民初一代武学宗师。他艺宗多门,学贯三家,是中国武术史上第一位以传统的儒、道、释三教文化来系统阐释中国传统武学文化的泰斗级人物。为了提振民族精神,奠定强国根基,孙禄堂先生将历来基本上都是通过耳提面命所传授的武学技艺,分别整理成书,一一刊行于世,相继出版了《形意拳学》《八卦拳学》《太极拳学》等拳学专著。又"恐久而失其真也,乃作《拳意述真》"（吴心穀序言）。

一、《拳意述真》是否完全"述而不作"

孙禄堂先生在《拳意述真·自序》中写道："余深恐诸位先生之苦心精诣,久而湮没,故述之以公同好。"

孙禄堂先生为其著作取名"述真","盖本述而不作之意"（吴心穀序言）。在《形意拳学·自序》中,孙禄堂先生也说："余习艺四十余年,不揣固陋,因本闻之吾师所口授,暨所得旧谱加以诠释,盖亦述而不作之意也。"

"述而不作",语出《论语·述而篇》："子曰：'述而不作,信而好古,窃比于我老彭。'"朱熹《论语集注》云："述,传旧而已。作,则创始也。"同时,朱熹又认为这是夫子"辞之谦也"。进而指出："然当是时,作者略备,夫子盖集群圣之大成而折衷之,其事虽述,而功则倍于作矣！"

那么孙禄堂先生的《拳意述真》果真是"述而不作"吗？

答案显然是否定的。

其一,从孙禄堂先生"自序"看。

孙禄堂先生虽然说"述之以公同好",但接着又说,"惟自愧学术谫陋无文,或未能发挥诸位先生之妙旨"。显而易见,孙禄堂先生并非原话记录各位前辈之言,也不可能是原话记录。一来口头语言和书面文字是有差别的,口头语言可以天马行空,书面文字表述却必须符合逻辑；二来有文化的人与没文化的人在语言表达上也是不一样的。而事实上孙禄堂先生的师爷辈（如车毅斋、张树德、刘晓兰诸先生）、师父师叔辈（如程廷华、李存义、田静杰、耿诚信、周明泰诸先生）大多不识字或文化程度很低（只是勉强能识字、记账而已）,虽然武学造诣高深,但要用口头语言或专业术语来准确表述自己的拳学心得,显然是有一定困难的。实际情况可能是,他们的表述往往是词不达意的。因此,这就要求孙禄堂先生必须以自己的拳道体悟去理解和阐释诸位前辈的"真言"，并转换成书面文字表述出来。这种情况与孔子直接整理删定三代文化典籍有着天壤之别。就连孔夫子在整理删定过程中都不可能完全只"述"不"作"（他采取了"折衷"之法），那么在孙禄堂先生整理编订过程中，只有"述"而没有"作"显然更是不可能的，更需要对诸前辈之言进行"折衷"处理。所谓"折衷"，大约就是取各家之长及与孙禄堂先生见地相同、相近者，略去彼此相矛盾之处，使"吾道一以贯之"。

其二，从孙禄堂先生的两位文人弟子陈微明、吴心毂的序言看。

陈微明先生（1881—1958年），又名慎先，字曾则，湖北蕲水人，清末举人，民国北洋政府清史馆纂修，是《清史稿》二十多位作者之一。他又是著名武术家，孙氏武学第二代传人、杨氏太极拳第四代传人。他在为《拳意述真》所写的"序言"（参见陈微明（曾则）先生序图）中认为，孙禄堂先生是"述先辈传授之精意而加以发挥""融会三家而能得其精微，笔之于书，表彰先辈，开示后学"。

吴心毂先生，原名秉钊，字忍庵，号秋水轩主人，原籍江苏东台角斜（角斜今属海安市），清末秀才，后留学日本，曾在清政府邮传部任职，民国建立后，相继在袁世凯、徐世昌总统府任秘书官，后任江苏通志局编纂、上海世界书局印刷所副所长等职。他平生尚武，公元1915年拜孙禄堂先生为师学习孙氏形意拳、孙氏八卦拳和孙氏太极拳，为孙氏武学第二代传人。他在为《拳意述真》所作的序言（参见吴心毂先生序图）中也认为："其以'述真'名者，盖本'述而不作'之意，于此益见先生之谦德矣。"

吴心毂先生序图　　陈微明（曾则）先生序图

从两位重量级文人的序言来看，陈微明先生直言孙禄堂先生是融会三家武学，得其精髓，对先辈传授的精意加以个人发挥，从而有了《拳意述真》一书之作。吴心毂先生也认为孙禄堂先生取"述而不作"之意，是谦谦君子之德的反映，并非真的只"述"不"作"。

其三，从《拳意述真》书中内容来看。

《拳意述真》一书内容中，反映孙禄堂先生"作"的地方很多，仅举一例以资明证。

在《拳意述真》诸先生"真言"中，四次出现"九要"：

① "述郭云深先生言·一则·一节"——《明劲》："易骨者……用'九要'之规模锻炼，练至于六阳纯全，刚健之至。"

② "述郭云深先生言·六则"——《形意拳术中和内劲论》："初学入门，有'三害'、'九要'之规矩。'三害'莫犯，'九要'不失其理。"

③ "述李奎垣先生言·四则"——《形意拳术"魔乱"论》："故练者……以'九要'之规模为练拳之具；以五行、十二形为拳中之物。"

④ "述许占鳌先生言·一则"——《练形意拳术勿求速效 勿生畏难之心论》："第一，'三害'之病不可有；第二，'九要'之规矩要真切；第三，三体式要多站。'九要'要整齐；身子外形要中正；心中要虚空；神气呼吸要自然；形式要和顺。"

避"三害"、守"九要"是孙氏武学的入门基础要求。"九要"说最早出现于1916年出版的《八卦拳学》一书中，但其前身却是1915年出版的《形意拳学》中的"七要"。《形意拳学》是孙禄堂先生公开出版的第一部拳学专著，而郭云深先生（孙禄堂先生师祖）在1900年前后就去世了，如果郭云深先生或其弟子李奎垣先生（孙禄堂先生业师）、许占鳌先生（孙禄堂先生师叔）对孙禄堂先生直接讲过"九要"，就不会先有《形意拳学》中的"七要"论，后来才有《八卦拳学》中的"九要"论这样的道理。同理，孙禄堂先生的八卦拳业师程廷华先生在1900年八国联军侵华战争中壮烈殉国，也不可能说过"九要"。因此，无论"七要"说还是"九要"说，都是孙禄堂先生在融会形意、八卦、太极三派诸位前辈所传拳理的基础上总结升华而成的。

何谓"七要"、何谓"九要"？

《形意拳学·形意演习之要义》："形意拳演习之要：一要塌腰，二要缩肩，三要扣胸，四要顶，五要提，六横顺要知清，七起躜落翻要分明。"是为"七要"。

《八卦拳学·入门练习"九要"》："'九要'者何？一要塌，二要扣，三要提，四要顶，五要裹，六要松，七要垂，八要缩，九要起躜落翻分明。"塌、扣、提、顶、裹、松、垂、缩、起躜落翻分明，是为"九要"。

需要说明的是，"七要""九要"都是孙氏三拳共同的入门练习要义，并非"七要"仅属于形意拳，"九要"只合乎八卦拳。

其四，从"弃用"的"《八卦拳学原序》"看。

在恩师孙叔容先生家中曾珍藏着一篇孙禄堂先生的手迹，首页不慎遗失，是孙禄堂先生最初为《八卦拳学》写的自序，但后来弃而不用，因此我们习惯上称之为《八卦拳学原序》。孙叔容先生在《武魂》杂志1999年第八期上将它公诸于世（见第二板块补遗之一，P$_{116}$）。同"七要"说相比，"九要"说一是文字更加精炼；二是把"横顺要知清"省入"九要起躜落翻分明"中；三是加上了"裹""松""垂"三要；四是重新调整了次序，使九要之间相互关系更加明晰（参见本板块第三论——《孙氏武学"中和"论》一文，P$_{169}$）。显然，"九要"说是对"七要"说的发展完善，这当然归功于孙禄堂先生。而从孙禄堂先生是借师爷郭云深先生、师父李奎垣先生、师叔许占鳌先生等三位拳学"嫡亲"长辈之口而不是借刘奇兰、李存义等其他先生之口说出,也恰恰表明了这一点。

在"原序"中,孙禄堂先生写道:"余所著《形意拳学》,外表由明善以复初,亦即万殊一本之道也。故公余之暇,探辑群言,付以己意,不揣冒昧,遂将所习之技,编纂成书,以聊助爱技击后世钦好者或作入门之径,是则余之志也。"

这段话的核心与关键是八个字:"探辑群言,付以己意!"这也是拙作篇名的由来。这八个字无须解释,相信大家都明白它的意思。然而也可能正是因为这个序言太过直白,实话实说,显得不够谦逊,最终孙禄堂先生决定"另起炉灶",尽可能低调些。这就有了新版《八卦拳学·自序》。原序从此被束之高阁,直至八十多年后才"得见天日"。

从以上几点我们不难得出结论:《拳意述真》并非孙禄堂先生对各位前辈拳家武学心得的简单记录与整理,而是将自己的武学体悟与前辈心得融合一体,折衷取舍,既有"述"也有"作",借诸位前辈之口,表述自己的武学理论体系。作为孙氏门人,我们把孙禄堂先生的拳学技术体系和武学理论体系概称为——"孙氏武学"!

二、孙氏武学体系的渊源

孙禄堂先生都采辑了哪些前辈的武学心得呢?对孙氏武学形成影响最大的又是那几位前辈呢?

孙禄堂先生的《拳意述真》一书内容共有五部分:第一部分——"序言"(三则:陈微明序、吴心穀序、孙禄堂先生自序);第二部分——"拳家小传"(第一、二、三章);第三部分——"述真之言"(第四、五、六章);第四部分——《形意拳谱》摘要;第五部分——孙禄堂先生自己的"述真之言"——"练拳经验及三派之精意"。

在《拳意述真》第二部分中,孙禄堂先生共为19人立传,他们是:李洛能、郭云深、刘奇兰、宋世荣、车毅斋、张树德、刘晓兰、李镜斋、李存义、田静杰、李奎垣、耿诚信、周明泰、许占鳌(以上为形意拳家)、董海川、程廷华(以上为八卦拳家)、杨露蝉、武禹襄、郝为桢(以上为太极拳家)诸先生。

在《拳意述真》第三部分中,记述其"真言"的有:郭云深先生(十四则)、白西园先生(一则)、刘奇兰先生(三则)、宋世荣先生(三则)、车毅斋先生(一则)、张树德先生(一则)、刘晓兰先生(一则)、李镜斋先生(一则)、李存义先生(二则)、田静杰先生(一则)、李奎垣先生(四则)、耿诚信先生(一则)、周明泰先生(一则)、许占鳌先生(二则)、程廷华先生(一则)、郝为桢先生(一则)、陈秀峰先生(一则),共17人,39则。

从真言数量和实质内容两方面结合考量可以发现,形意拳方面对孙禄堂先生影响最大的毫无疑问是郭云深先生,其次还有刘奇兰、宋世荣、李奎垣、李存义四位先生。形意拳也是孙禄堂先生的武学根基所在。

八卦拳方面对孙禄堂先生影响最大的人当然是程廷华先生。但实际上,在庚子之变程廷华先生殉国后（郭云深先生也大约在同年辞世），孙禄堂先生在形意、八卦方面主要请益于李存义先生，以至有些李存义先生的弟子、再传弟子都误以为二人是师徒关系。因此，李存义对孙禄堂先生形意、八卦的实际影响力仅次于郭云深先生、程廷华先生。另外还有太极拳的陈秀峰先生（杨班候先生高足），虽然只有一句话（"太极八卦与六十四卦，即手足四千四肢共六十四卦也"），但亲身演示的太极八卦，却使孙禄堂先生进一步领悟到形意、八卦、太极三拳合一之理。

太极拳方面，孙禄堂先生早前虽曾接触过某些太极拳家，但无从听到与看出太极拳的真谛所在，真正让孙禄堂先生在太极拳方面迅速登堂入室进而登峰造极的是郝为桢先生以及陈秀峰先生。

综合起来看，对孙氏武学体系的形成影响最大的人是郭云深、程廷华、郝为桢、李存义四位先生，其次是刘奇兰、宋世荣、李奎垣、陈秀峰四位先生。前四位先生的传授奠定了孙氏武学的技术体系，同时也是孙氏武学理论体系的奠基者；后四位先生的文武之道进一步促进孙禄堂先生"道艺"武学理论的形成。

除了以上八位前辈外，孙禄堂先生在武学游历过程中遇到的一些武林隐贤，尤其武当山某道长所授易经与内丹术，对孙禄堂先生"道艺"论的形成也产生了巨大影响。

当然，白西园、车毅斋、许占鳌等九位前辈之言，也进一步印证了前述八位前辈的心得和孙禄堂先生自己的体悟，因此也对孙氏武学理论体系的构建产生了相当大的影响。

三、孙氏武学体系的内涵

孙氏武学体系包括孙氏武学技术体系和孙氏武学理论体系两个方面。

孙氏武学技术体系简单地说就是三拳、三剑、一刀、一枪等和技击术。"三拳"，即孙氏形意拳、孙氏八卦拳和孙氏太极拳；"三剑"是孙氏纯阳剑（形意剑）、孙氏八卦剑和孙氏太极剑；"一刀"是孙氏雪片刀（由李存义先生的雪片刀发展而来）；"一枪"是套环奇枪；另外还有八卦七星杆等。技击术有太极之八法、五步、手法、腿法、掌法、捶法等；八卦之四德、八能、八卦六十四变掌、"七十二暗腿"等；形意明劲阶段"硬打硬进无遮拦"的技击法、暗劲阶段"打破身式无遮拦"的技击法等。至于孙禄堂先生、孙存周先生神妙莫测的"无拳无意"之功，因今人无人能真正达此"还虚"之境，遑论"合道"之境，已化为了"广陵散"，难以再现了。当然，有些"普通"的技击术，由于特定的年代，孙存周先生也没有把这些东西传下来。虽然没传下来，但如果有人能像孙禄堂先生、孙存周先生一样用功之深，并经常与同道之人友好交流切磋，许多失传的技击术也可能会被重新悟出。吾师孙叔容先生说过："世上只有无敌的功夫，没有无敌的拳法。"

孙氏武学的技术体系主要体现在《形意拳学》《八卦拳学》《太极拳学》和《八卦剑学》四部武学专著中，还有些通过孙叔容先生整理编订、口传身授流传了下来。

152

然而在孙氏武学体系中，"固灵根而动心"的技术为"武艺"，是"小学"之道；以技术为载体，"养灵根而静心"的"道艺"才是"大学"之道。"大学之道，在明明德，在亲民，在止于至善。"

技术体系是形式，内容与实质则包涵在理论体系中。尤其是道艺论，只有在理论体系中才能充分反映出来。

那么孙氏武学理论体系主要包括哪些基本内容呢？它的核心又是什么呢？

孙氏武学理论体系的基本内容主要包括：

①孙氏武学"三阶"论：三层道理、三步功夫、三种练法、三种形态、三层呼吸、三层火候、三层用法、三重境界等。

②孙氏武学"数理"论：无极、太极（一理）、两仪（二气）、三才、四象、五行、六合、七星、八卦、九宫、十二形、十三式、六十四卦、万法、万形、万卦等。

③孙氏武学"两仪"论：虚实、开合、动静、刚柔、束展、收（卷）放、伸缩、往来、蓄发、顾打、进退、闪战、隐现、起落、升降、横竖、顺逆、拧裹、蹬翻、圜研、曲直、内外、上下、大小、天地、方圆等。

④孙氏武学练拳基本规矩：避"三害"、守"九要"、切"六合"等。

⑤孙氏武学重要论点："三拳合一"论、练拳格物论、练拳"魔乱"论、练拳如写字论、勿忘勿助论、练拳勿求速效论、内开外合论、知己知彼论等。

⑥其他理论：《形意拳谱》（即"心意拳谱"或"心意六合拳谱"）中为形意门、心意门共享的"数理"，如二总、三毒、五恶、六猛、六方、八字、八要、十目、十三格、十四处打法、十六处练法、九十一拳、一百零三枪等；王宗岳先生的《太极拳论》，武禹襄先生《十三势行功要解》《太极拳解》《太极拳论要解》，李亦畬先生的《五字诀》《撒放秘诀》《走架打手行功要言》，以及孙存周先生搜集编订的《太极拳歌诀秘本》等；还有李存义先生著作中的"八字诀""九数歌"等。

孙氏武学理论体系的核心是：

①太极、一气、内劲、中和（四者同质而异名，也就是孙氏武学"吾道一以贯之"的"一"）。

②内家道艺，动静交修（仍是"一以贯之"）。

这些核心理论贯穿于孙氏武学理论体系的基本内容之中，是孙氏武学理论体系的灵魂所在。也只有悟透这个"一"，你的孙氏武学技艺才能真正登堂入室，才有可能功入虚境、道境。

四、余论

孙氏武学的理论体系集中体现在《拳意述真》一书中，它不仅是研习孙氏武学的理论依据，而且对所有内家拳术流派及具有内家风格的"外家拳"都具有指导或借鉴意义。因此有人甚至把《拳意述真》喻为武学之"圣经"、拳道之"论语"。

虽然《形意拳学》《八卦拳学》《太极拳学》《八卦剑学》四部书主要反映了

孙氏武学的技术体系，但也包括了孙氏武学的部分理论，这些理论主要集中在四部书的"自序""凡例"、陈微明序、吴心穀序，以及形意拳、八卦拳、太极拳和八卦剑的总论与每一个拳式的分论中。如《形意拳学》中的上编"形意混沌辟地开天五行学"的"总纲——形意无极学"，劈拳、崩拳、躦拳、炮拳、横拳、五行合一进退连环学、五拳生克五行炮学各章的分论（各章的第一段文字）；下编"形意天地化生十二形学"的"总论"，龙形、虎形、猴形、马形、鼍形、鸡形、鹞形、燕形、蛇形、鲐形、鹰形、熊形、十二形全体合一学（杂式捶）、十二形全体大用学（安身炮）各章的分论。如《八卦拳学》，共有二十三章，除第六至第十七章是无极、太极、两仪、四象与乾、坤、坎、离、震、艮、巽、兑诸卦外，第一至第五章、第十八至第二十三章都是纯粹的孙氏武学理论（并非仅仅是八卦拳的理论）；而第六至第十七各章的第一段也都是分论。

另外，孙禄堂先生一些"佚文"（著者把孙禄堂先生五部著作以外的所有已经刊载过的和未曾发表过的文章、文稿统称为"佚文"，佚文主要有五篇），如《八卦拳学原序》《论拳术内家外家之别》《详论形意八卦太极之原理》《拳术述闻》等，也都体现了孙氏武学的理论。也就是说，孙禄堂先生的五部著作和散佚文稿中的内容，共同构成了完整的孙氏武学体系。

本文是"'孙禄堂《拳意述真》探微'系列"的开篇之作，对《拳意述真》一书和孙氏武学理论体系的形成与基本内容作了概要介绍。以下将对孙氏武学的部分理论和《拳意述真》中有关的某些人与事分别做出浅显的解读。理论解读即本书第三板块——《〈拳意述真〉妙理拾慧》；人、事解读即第四板块——《〈拳意述真〉闲谈》（当然，"闲谈"有时也不可避免地会或多或少涉及到拳理问题）。这些篇章基本上都已经在《少林与太极》《武魂》《武当》杂志上刊出，收入本书时又都根据需要做了必要的细微修订。

第一章

孙氏武学"太极一气"论

"太极一气"论是孙氏武学的核心理论，是孙氏武学有别于其他内家拳派的重要基石之一（本文所言"太极"均指与内劲、一气意义相同的"太极"，并非作为"太极拳"的简称而存在）。在《拳意述真》一书中，14处用到"太极"一词、45处用到"一气"一词。另外，在孙禄堂先生的四部拳学专著及数篇佚文中，"太极"一词出现66次，"一气"一词出现多达154次。

那么何谓太极？一气又何指？太极一气又是何意？孙氏三拳中又是如何体现其意义的呢？

一、太极说

"太极"是中国历史上道家和儒家常用的一个重要文化符号。太极之名最早见于战国时期宋国庄周的《庄子》："夫道……在太极之先而不为高；在六极之下而不为深。"稍后又见于战国时期逐渐成书的《易传》："易有太极，是生两仪。两仪生四象，四象生八卦。"宋代理学家根据儒学发展的需要，进一步发展完善了太极学说。

北宋周敦颐认为："无极而太极，太极动而生阳，动极而静，静而生阴，静极复动，一动一静，互为其根，分阴分阳，两仪立焉。"这是以阴阳混合未分为太极。

北宋张载则认为："一物而两体，其太极之谓与？"这是给太极、两仪二者划了等号。

北宋邵雍曰："太极，一也，不动生二，二则神也。"又云："太极分而为二，先得一为一，后得一为二，一二谓两仪。"这是以数来定义太极。

而集宋代理学之大成的南宋朱熹则认为："极是道理之极至，总天地万物之理便是太极。""人人有一太极，物物有一太极。"这是以理来定义太极。

在《太极拳学·太极学》中，孙禄堂先生写道："太极者，在于无极之中，先求一至中和、至虚灵之极点，其气之隐于内也则为德，其气之现于外也则为道。内外一气之流行，可以位天地，孕阴阳。故拳术之

孙禄堂先生墨迹：
"太极即一气 一气即太极"

内劲，实为人身之基础。在天曰命，在人曰性，在物曰理，在技曰内家拳术。名称虽殊，其理则一，故名之曰太极。"

在《八卦拳学·太极学》中，孙禄堂又说："太极之形式者，无极而生，阴阳之母也。"

从以上孙禄堂先生的阐述中可以看出，孙氏武学的太极论，数理兼赅，取儒道诸家之说为我所用。概括起来说，孙禄堂先生认为：所谓太极，生于无极。无极为混沌未分状态，内含真阳，也就是中和之气；太极为开辟状态，孕育阴阳，开合、动静、收放、伸缩由此而生。无极状态先天真一之气隐于内；太极状态中和之气现于外。内外一气，流行不息，这就是太极。

不仅太极拳、八卦拳中有太极，形意拳中也是离不开"太极"的，并不因为"形意拳与方图皆属地，在地成形，所以形意拳在十字当中求生活"（见《八卦拳学》），形意拳中就没有太极了。

陈微明先生在《形意拳学序》中写到："形意有往体有来体，于顺中而求逆，一屈一伸，不运气而气充，不加力而力无穷。究其功之所至，合阴阳、参造化而与太极同体。故先生是书，首论太极之体。昧者不察，乃言'形意非太极'，岂知拳术精微之理乎？盖能得浑圆一气之意则合乎太极。式与法，其粗焉者也。世之习太极拳术者，未得浑圆一气之意，虽能演长拳及十三势之形，又焉得谓之太极也！"

由此反推之，不论什么拳术，只要能达到"有往体有来体，于顺中而求逆，一屈一伸，不运气而气充，不加力而力无穷"之境，"能得浑圆一气之意"，则合乎太极，都可谓"内家"，也就是宋世荣先生所说的"善养气者即内家"；反之，空有太极拳之形，而无太极拳之意（此"意"即浑圆一气，或太极一气），也算不得太极。

二、"一气"说

"一气"在不同领域或范围内，各有所指：或指一口气、空气、一个呼吸、一个节气等；或指一阵、一伙等（多含贬义）；音乐上指有气音乐才有灵魂；在道家哲学上则指混沌之气。《庄子·大宗师》："彼方且与造物者为人，而游乎天地之一气。"这里的一气就是混沌之气，被认为是构成天地万物之本原。

而在神话小说《封神演义》中，还有所谓老子"一气化三清"的故事。

在孙氏武学中，所谓一气，就是太极的别名。"太极即一气，一气即太极。以体言，则为太极；以用言，则为一气。"孙禄堂先生在《八卦拳学》《太极拳学》中反复强调这一思想。可见，孙禄堂先生的"一气"说，是在庄子道家哲学理论基础上形成的，同时也受到了"一气化三清"故事的影响。其实"一气"也好，"三清"也罢，都只不过是说明一个"道"字。一气即是道，道便是一气。

实际上，一气才是其最通俗同时也是最本质的名称。这个"一气"，可以是"先天真一之气"，可以是元气、丹田气，可以简称"一"，可以称作"道"；在形意拳中它是"先天无形之横拳"，在八卦拳中它是顺逆和化四德，在太极拳中它是掤劲；

儒家谓之执中，佛家谓之圆觉，道家谓之谷神；一般内家拳家则称之为内劲，孙氏武学中也有这一直白的称法（参见本板块之第二论——《孙氏武学"内劲"论》一文，P_{161}）。

三、孙氏武学"太极一气"论

由前述已知，太极、一气，二者一体两面，区别仅在于体与用。然而在内家拳术的高级阶段，动静互根，体用莫分，因此太极、一气构成联合词组才能更准确地表达孙氏武学的核心理论。

在孙禄堂先生五部武学著作和五篇"佚文"

形意拳太极图　　八卦拳太极图　　太极拳太极图

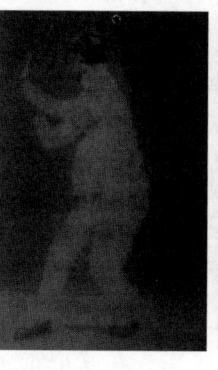

中，明确使用"太极一气"这一联合词组者并不常见，仅有5处，但它恰恰是最核心的理论。如《形意拳学·形意虚无含一气学》："虚无生一气者，是逆运先天真一之气也……将动而未动之时，心内空空洞洞，一气浑然，形迹未露，其理已具，故其形象太极一气也。"如《太极拳学·太极拳之名称》："人自赋性含生以后，本藏有养生之元气……是为真阳，所谓中和之气是也……拳之开合动静即根此气而生；放伸收缩之妙，即由此气而出……开合像一气运阴阳，即太极一气也。"

在孙氏武学之形意、八卦、太极三种拳学中，关于太极一气，既有共性的表达，也分别有各自特点的描述。

在《形意拳学》中，孙禄堂先生认为："太极者，属土也，在人五脏属脾，在形意拳中属横拳，内包四德……形者，形象也。意者，心意也……是故心意诚于中，而万物形于外，内外总是一气之流行也。"太极生阴阳两仪，阴阳燮和，万物生焉；五行者，金木水火土是也，五行五方土居中，土生万物。故孙禄堂先生认为太极属土。五脏中脾属土，习内家拳可以改变人的"脾气"（气质品性）；形意拳中横拳（包括先天之横、后天之横、一行之横）亦属土，为太极，而生劈、崩、躜、炮四种劲力。心意一动，五行之劲出焉；五劲（即五气）交合，十二形乃至万形生焉。故曰："心意诚于中，而万物形于外，内外总是一气之流行也。"形意拳五行五气说源于中医宝典《黄帝内经》。

在《八卦拳学》中，孙禄堂先生写到："太极之形式者，无极而生，阴阳之母也。左旋之而为阳，右转之而为阴，旋转乃一气之流行……此气是天地之根，阴阳之母，即太极是也，故两仪由此而生焉。"大致是说，太极生阴阳两仪，左右旋转，阴阳互化，一气流行，八卦八形以至万形生焉。其中枢便是太极一气。太极一气是"天地之根，阴阳之母"的说法出自庄子的混沌论。

157

在《太极拳学》中，孙禄堂先生如是说："圜者，有形之虚圈〇是也；研者，无形之实圈●是也。斯二者，太极拳虚实之理也……此气周流无碍，圆活无方，不凹不凸，放之则弥六合，卷之则退藏于密，其味无穷，用之不竭，皆实学也。"举个简单的例子，两手弧形运动的轨迹即有形之虚圈；两手两臂的拧裹自转即无形之实圈。圜研相合就是太极拳的虚实之理，虚实之理即阴阳两仪，两仪还是太极一气。此气至广至微，源源不断，变化无穷，这就是太极拳。

太极拳虚圈实圈说系由宋代周敦颐的《太极图说》演化而来。

既然三拳太极一气说的表述并不一致，那是不是说三拳便不能相融而合一？答案显然是否定的。

如形意拳术，有形、有意，故名形意拳，然而八卦拳、太极拳中实际上也含有龙、虎、猴、马、鼍、鸡、燕、鹞、蛇、鲐、鹰、熊诸形，也是象其形、取其意；形意拳有劈、崩、躜、炮、横五拳，在太极拳、八卦拳中也含有这五拳（参见拙作《孙氏太极拳中的"形意拳"》）。在这个意义上，内家拳都是"形意拳"。

如八卦拳术，有左旋有右转而成阴阳两仪。然而形意拳的左右回身其实就是左旋右转，太极拳的左顾右盼、回身换式也是左旋右转。因此，形意拳、太极拳中也都有八卦拳的影子。

如太极拳术，其圜研相合即虚实之理。然而形意拳、八卦拳的每招每式也一样离不开虚圈实圈、圜研相合。因此，形意拳、八卦拳亦可谓之太极拳。

无论是左旋右转、左顾右盼还是左右回身，都是裹翻走转，都是圜研相合，都是内外一气流行耳，因此三拳合为一体。

四、太极一气论在孙氏武学具体拳式中的实际意义

孙氏武学的具体拳式很多。其大者，形意拳有五行拳、十二形拳等，八卦拳有两仪掌、四象掌、八大掌等，太极拳有开手、合手、懒扎衣、单鞭、搂膝拗步、手挥琵琶、玉女穿梭、倒撵猴、三通背、搬拦捶、践步打捶、指裆捶等；其小者，如鸡形有金鸡独立前式、金鸡独立后式、金鸡食米、金鸡抖翎前式、金鸡抖翎后式、金鸡上架、金鸡报晓等式；其微者，则一个简单拳式中有多重之变化。

兹择其大者、要者，摘录孙禄堂先生之语以飨爱好者。

（一）先摘《形意拳学》

"劈拳者，属金，是一气之起落也……是气之起落上下运用之，有劈物之意。""崩拳者，属木，是一气之伸缩，两手往来之理也。""躜拳者，属水，是一气之曲曲流行，无微不至也。""炮拳者，属火，是一气之开合，如炮忽然炸裂，其弹突出。""横拳者，属土，是一气之团聚……万物土中生，所谓横拳似弹属土者是也。"

可见，在形意拳中，劈、崩、躜、炮、横五拳不过是太极一气的五种不同流行方式而已。

其实形意十二形也只是太极一气的不同流行方式而已。兹举其最主要的龙、虎、鹰、熊四形以说明之。

"龙形者……在腹内而谓心火下降。""虎形者……在腹内为肾水清气上升。""（龙形之气）与虎形之气轮回相接，二形一前一后，一升一降是也。""鹰形者……在腹内能起肾中之阳气升于脑，即丹书穿夹脊，透三关，而升于泥丸之谓也。""熊形者……在腹内能接阴气下降，还于丹田。""（熊形与鹰形）二形相合演之，谓之鹰熊斗志，亦谓之阴阳相摩。虽然阴阳升降，其实亦不过一气之伸缩也。"

（二）次录《八卦拳学》

"两仪者，是一气伸缩之理。左旋之则为阳仪，右转之则为阴仪也……左右有序，莫非一气之往来屈伸乎？""（四象走转）要法亦与两仪走步换式，上下相连、内外一气之理相同。""乾卦狮形学……此式以两手极力伸出，内外上下一气，有乾三连之象，又有起首三点之式，故取象为乾卦。""坤卦麟形学……此拳之两手含往，返身转去，内外上下和顺，有坤六断之形，故取象为坤卦。""坎卦蛇形学……此拳外柔顺而内刚健，有丹田气足之形，内外如水曲曲顺流，无隙而不入，故取象为坎卦。""离卦鹞形学……此拳则外刚健而内柔顺，心中有空虚之象，故取象为离卦。""震卦龙形学……此拳外静而内动。丹书云：静中求动之象，又一阳初动之意。故取象为震卦。""艮卦熊形学……此拳上刚健而中下柔顺，有静止之形，故取象为艮卦。""巽卦凤形学……此拳上中刚健而下柔顺，有风轮之形，故取象为巽卦。"

"兑卦猴形学……此拳上柔顺而中下刚健，有缩短之形，故取象为兑卦。"

以上条文中反复出现的由"内外""上（中）下""柔顺""刚健""动静"等词汇组成的语句，其实仍是"上下相连、内外一气"之意，也就是"一气流行"之意。

八卦中每卦由下、中、上三爻构成，上、下两爻为外，中间一爻为内。━为阳爻，代表"刚健""动"等；━ ━为阴爻，代表"柔顺""静"等。请爱好者自行验证。

（三）再撷取《太极拳学》

孙式太极拳拳式较多，不计重复动作，有40多个拳式。著者仅以最能体现八门五步的"懒扎衣"中的两节为例，说明太极一气在太极拳拳式中的应用（文中的"劲"即内劲，也就是太极一气）。

"（懒扎衣第二节）……腰要塌住劲；昔人云：以腰为主宰，刻刻留意在腰间，是此意也。两腿里根同时往回缩劲；右足后跟，极力往上蹬劲；语云：劲起于脚跟，亦此意也。头亦极力往上顶劲；心要虚灵。将两肩松开，再将气力用意往回收缩，用神逆运于丹田，则心自然虚灵矣。"

"（懒扎衣第五节）……腹内要虚空，即是松静。舌顶上颚，谷道上提，腰要塌劲，足蹬劲，头顶劲，古人云：腹内松静气腾然，尾闾正中神贯顶，满身轻利顶头悬。是此意也。两肩两腿里根缩劲仍如前。亦皆是用意，不是用拙力，以后仿此。"

159

自起点至五节，要一气流行。不惟五节如此，由始至终亦要周身节节贯串，勿令丝毫间断，学者不可忽也。"

　　文中的"周身节节贯串"，仍是一气流行之意。

　　综上所述，太极一气论是孙氏武学最核心、最本质的理论，也是最常用、最常见的一个理论，分而言之则为"太极""一气"，合而言之便是"太极一气"！学者能领悟此理并身体力行之，便掌握了窥探孙氏武学堂奥的"秘钥"，假以时日，必有所成也！

第二章

孙氏武学"内劲"论

内劲，是孙氏武学理论体系的核心之一。孙氏武学是内家武学，离开内劲，就不要奢谈内家武学了。孙氏武学作为将形意、八卦、太极三大内家拳融为一体、独树一帜的一大武学门派，离开内劲更是不可能的。

在《拳意述真》一书中，"内劲"一词出现16次。在四部拳学专著中也数次用到"内劲"一词：《形意拳学》中出现4次、《太极拳学》中出现1次。另外，在孙禄堂先生佚文《论拳术内家外家之别》中两度出现"内劲"一词。

"内劲"一词在孙禄堂先生著述中的反复出现，充分彰显出其于孙氏武学中的地位与重要性。

一、什么是内劲

郭云深先生云："其拳术最初积蓄之真意与气，以致满足，中立而不倚，和而不流，无形无相，此谓拳中之内劲也（P_{47}）。"通俗点说就是：拳术中逐渐积蓄以至充盈起来的真意真气，它中正平和，看不见摸不着，这就是内劲。

在"述李奎垣先生言·三则"《形意拳术格致论》一文中，孙禄堂先生所附注文给内劲下了一个最简洁的定义："劲者，即内中神气贯通之气也（P_{88}）。"这个"劲"即"内劲"。

这里又出现一个关键词——"神气"。神气一词在《拳意述真》一书中出现了42次之多。另外，在《八卦拳学》中出现了5次，在《八卦剑学》中有1处，在《太极拳学》中"曝光度"达32次。其出现频率比内劲还高得多。因此，要搞清楚什么是内劲，就首先要弄明白何谓"神气"。

在"述郭云深先生言·四则"《形意拳术神气论》一文中，郭云深先生开宗明义："形意拳之道无他，神、气二者而已（P_{44}）。"

在"述郭云深先生言·一则·二节"《暗劲》中，郭云深先生说："拳中所用之劲，是将形、气、神合住，两手往后用力拉回……"在"神"字下面孙禄堂先生批注曰："神即意也（P_{38}）。"

在"述郭云深先生言·一则"中，郭云深先生在解释"化劲"时又说："练之周身四肢动转、起落进退皆不可着力，专以神意运用之。虽是神意运用，惟形式规矩仍如前二者不可改移。虽然周身动转不着力，亦不能全不着力，总在神意之贯通耳（P_{33}）。"

可以看出，这里的神就是意（因此在内家拳习练的高级阶段"神意"二字是一起用的），也就是现代人所说的精神意念。当然，这个意必须是真意（拳无拳，意无意，无意之中是真意）。因此，真意与真气的交融即为神气。二者相融合就是"六合"中的内三合——"心与意合、意与气合、气与力合"。也就是《太极拳论》中所说的"以心行气，务令沉着，乃能收敛入骨"。

这样看来，按照孙禄堂先生的定义，即：内中与真意、真形意相贯通的真气即为内劲。或者换句话说就是："真意、真气、真形相合而形成的真劲就是内劲。"这一定义也是符合孙氏武学"太极一气"论的（详见本板块之首论——《孙氏武学"太极一气"论》一文P155）。

二、内劲是怎样形成的

郭云深先生曰："将人之散乱于外之神气，用拳中之规矩，手足身体动作，顺中用逆，缩回于丹田之内，与丹田之元气相交，自无而有，自微而著，自虚而实，皆是渐渐积蓄而成，此谓拳之内劲也。"也就是说，神气是每个人本身都具有的，但又是散乱无章的，习练内家拳者，以避三害、守九要的规矩，六合归一，于顺中行逆，将散乱的神气逆收于丹田中，与丹田中的先天元气相融，从无到有、从少到多、从虚浮到盈实，不断积蓄起来的中和之气，这就是拳术中的内劲。

郭云深先生弟子许占鳌先生也说："形意拳之内劲，是人之元神、元气相合，不偏不倚、和而不流、无过不及、自无而有、自微而著、自小而大，由一气之动而发于周身，活活泼泼，无物不有，无时不然，其味无穷，皆是拳之内劲也。"许先生用语略有不同，但本质意义并无二致。

著者简而言之：避三害，守九要，六合归一，神气合一，内劲由是而得，并不断充盈。

三害、九要、六合，从根本上说皆是"意"，意、气贯通，内劲生焉。

在《拳意述真·〈形意拳谱〉摘要》中，孙禄堂先生又引用"赤肚子胎息诀"："气穴之间，昔人名之曰生门死户，又谓之天地之根。凝神于此，久之元气日充，元神日旺。神旺则气畅，气畅则血融，血融则骨强，骨强则髓满，髓满则腹盈，腹盈则下实，下实则行步轻健，动作不疲，四体康健，颜色如桃李，去仙不远矣。"接着孙禄堂先生批注指出，"此亦是拳术内劲之意义也（P107）"。

由此可知，内劲的蓄养也可以通过修习内丹术来实现。或者说，练拳术至暗劲阶段，结合内丹术的修炼效果会更快、更好。也可以将内丹术的某些心法结合进三体式和拳路之中，效果也很好。

三、内劲在拳术的哪一阶段开始形成

上文所谓"将人之散乱于外之神气，用拳中之规矩，手足身体动作，顺中用逆，缩回于丹田之内，与丹田之元气相交"，其实就是形意拳第二阶段（暗劲、易筋、炼气

化神阶段）的呼吸法——息调的法则。

形意拳修炼有三个阶段：

第一阶段是明劲、易骨、炼精化气阶段，属于筑基阶段，重在外练，强调动作合乎规矩，因此内劲尚未真正产生，但它为内劲的形成奠定了坚实基础。

第二阶段是暗劲、易筋、炼气化神阶段，"其劲纵横联络，生长而无穷""练之神气要舒展"，运用则"圆通活泼"，因此内劲产生于内家拳修炼的第二阶段。

第三阶段是化劲、洗髓、炼神还虚阶段，"神气运用，圆活无滞，身体动转，其轻如羽""起落进退皆不着力，专以神意运用之"。拳经云：三回九转是一式。因此第三阶段是内劲的锤炼升华阶段。

四、如何区分真假内劲

郭云深先生进一步指出："拳术调呼吸，从后天阴气所积，若致小腹坚硬如石，此乃后天之气勉强积蓄而有也。总要呼吸纯任自然，用真意之元神，引之于丹田。腹虽实而若虚，有而若无。此理即拳中内劲之意义也。"这段话的意思大致就是，以有意之呼吸，积累后天阴气（不同于先天真阳之气）所形成的小腹坚硬如铁石的"内劲"是假内劲；以纯任自然的外呼吸，引动丹田之内呼吸，使元神、元气相交，形成虽然充盈但又并不特别凸显的浩然之气，这才是内劲的本质意义。

当然，最早说这段话的其实是宋世荣先生（见板块二补遗之二——《论拳术内家外家之别》一文，P$_{123}$），孙禄堂先生为了保持文章的逻辑性，把它移植给了郭云深先生。

对于外呼吸与内呼吸的关系，孙禄堂先生引用丹书上的话"以凡人之呼吸，寻真人之呼吸"和庄子之言"真人之呼吸以踵"加以补充说明。踵，就是脚后跟。"真人之呼吸以踵"不是说修道之人用脚后跟呼吸，而是指内呼吸深沉悠长，丹田之气可以随呼吸行至足底，有大周天运行之意。

著者在长期站孙氏武学三体式后，每一站三体式时，或自然静立时，或走八卦、飞九宫时，或练太极拳时，或柔练形意拳时（大约相当于化劲练法吧），或坐下静心研读武学书籍、文章时，或冥思苦想武学问题以及撰写武学文稿时，乃至在骑电动车两足前蹬、神不外驰时，两胫、两足（尤其脚后跟）都会暖融融的，而且越是天气寒冷的时节，这种感觉越明显。不知这算不算"呼吸以踵"？当然，不管算不算"踵呼吸"，鄙人只能是"鄙人"，不是"真人"。然而著者多年来一到冬季就脚后跟生冻疮，让人其痒无比的烦恼终于消失了，这也许就是"呼吸以踵"意想不到的神效吧？

鄙人不仅两胫、两足经常暖融融的，背部、两肾、两肋、胸口乃至阴囊等处也时常会暖暖的，只是手心劳宫穴、足心涌泉穴却是往往处于发热状态，而丹田虽较

孙氏武学三体式

163

为充实却已经很少有温热与盈涨的感觉了。此种境况，先天乎？后天乎？余亦不明所以。

当然，著者两胫并非总是暖融融的，每过一段时间（二三十天到四十多天，长短不等）便会有万千"寒毒之针"不断透出肌肤，导致裤管里面像冰窖一样酷寒的状况出现。这种状况一般要持续五六分钟的样子，"寒针"才逐渐减少，到最后"暖流"逐渐涌出，化去"寒针"，裤管里重现"内气外放暖裤管，裤管回照暖肌肤"这样一种无比舒爽的"景象"。何故如此？著者也一直未能探明究竟。希望能与有过相似经历的同道共同探讨之。

孙禄堂先生在《论拳术内家外家之别》一文中有这样一段话："予练拳术亦数十年矣。初亦蒙世俗之见，每日积气于丹田，小腹坚硬如石，鼓动腹内之气，能仆人于寻丈外，行止坐卧，无时不然。自谓积气下沉，庶几得拳中之内劲矣。彼不能沉气于丹田小腹者，皆外家也。"

而宋世荣先生曰："呼吸有内外之分，拳术无内外之别，善养气者即内家，不善养气者即外家。故'善养浩然之气'一语，实道破内家之奥义。"

也就是说，善养浩然之气者即为内家；反之，不善养气，仅凭血气之勇者即为外家。

以此而论，就算你练的是形意、八卦、太极、心意等所谓"内家拳术"，但如果你没有修炼出内劲来，也是外家；虽然你练的是滑拳、华拳、查拳、炮捶、大小红拳等所谓"外家拳术"，但只要养就浩然之气，也就成为内家了。功夫是殊途同归的。少林寺以少林拳法见长，看家功夫却是姬际可先生留下的心意把；杨立顺先生所传杨氏曦阳掌和太极同源，相传为仙师观蛇鹤相争而悟得此拳，其心法和主要手法招式都是"内家"的，但套路中又有许多"外家拳"的腿法、步法。由此可见，内家拳、外家拳在形式上并非截然不同，而是你中有我、我中有你的。起初不管你练什么拳，都是外家；只有到后来能够得道（即"得劲"）者，方可称曰内家。

五、内劲之应用有哪些类型

李存义先生把拳术内劲之应用分为四种类型：即明刚、暗刚、明柔、暗柔。

尚未交手时，其人周身动作、神气都充分显露出来；两人相搏，手用力一抓，则如同钢钩一般，气力似透于骨，被抓之人身体如同被人捆住一般，无法自由动转。这就是明刚中之内劲。

其人动作看起来平平常常，和顺自然，似无稀奇之处；交手时，其手指看似柔若无骨，然而用意一抓，神气透于骨髓，牵连心中，被抓之人如同遭到电击一般。这就是暗刚中之内劲。

其人形式动作，看似身体柔软，毫无气力，然而"身体动作，身轻如羽，内外如一，神气、周身并无一毫散乱之处"；与其交手时，抓之似有，打时似无，其人又没有丝毫要打人的意思。这是明柔中之内劲。

其人神气威严如同泰山。若与人相较，其转动如钢球；身体看似硬，一用力打去，身体又极灵活。手如同鳔胶，胳膊如钢丝条，能将人粘住或缠住，让对手感觉无招可用，其人又从没有格外用力，始终是一气流行而已。这就是暗柔中之内劲。

四类内劲，如以个性鲜明的《水浒》英雄作不恰当的比喻，勇武好斗、率直鲁莽的黑旋风李逵为明刚；看似柔而实刚的浪子燕青为暗刚；柔非无力，有仁人君子之心的小旋风柴进为明柔；侠骨柔肠、忠肝义胆的花和尚鲁智深属于暗柔。当然，这里的比喻主要是指他们性情上的，并非指他们的武技水平。

四类内劲应用方式并非内劲的四个层次，除了明刚稍嫌"低级"外，后三者彼此之间并无高下之分，更多地与施为者的性格、品德、涵养以及体型的高矮胖瘦有关。

六、内劲与人的品性修养有何关系

宋世荣先生云："内劲者，内为天德；外法者，外为王道。"

天德，指天的德性。语出西汉·董仲舒《春秋繁露·人副天数》："天德施，地德化，人德义。"董氏认为上天的道德在给予。至宋代程朱理学，则以纲常伦理为天德。谓仁、义、礼、智、信是人类与生俱来的美德。德在于人的内心，故"内为天德"。

于拳术而言，内劲，即一气之合也、无一法也，仁义礼智信存于其内。积蓄内劲的过程就是不断发现和完善人们固有的伦常美德的过程。

外法，即一气之流行也、千万法也。

王道，是儒家提出的一种以仁义治天下的政治主张，与霸道相对。语出《尚书·洪范》："无偏无党，王道荡荡。"王道即孟子的仁政思想。"外为王道"，谓应敌之时，乃是以道理服人，即李存义先生所云"终身未尝有意一次用奸诈之心胜人"也。

刘奇兰先生也曾告诫耿诚信先生："此形意拳是变化气质之道，复还于初，非是后天血气之力也。"耿先生由先前的常常与人为敌到后来的时时心存善念，不再存打人之心于内，就是通过形意拳的修炼而实现的。

由此可见，习练内家拳、蓄养内劲的过程，同时也是道德自我完善的过程。关于这一点，著者也略有体会，这里就不细说了。

一旦人的道德品性变得高尚起来了，气度自然随之一变。粗鄙者变得儒雅了，怯懦者变得轩昂了，浮躁者变得深沉了，功利者变得恬淡了。

七、劲与力有何区别与联系

什么是力？《康熙字典》的解释是："'说文'：筋也，象人筋之形。'徐曰'：象人筋立束其身作力，劲健之形。'增韵'筋，力气所在也……又'韵会'：凡精神所及处皆曰力。"用现代汉语解释就是，力是人（也包括动物）体内筋肉运动所产生的效能。

什么是劲？抛开前述武学解释，从汉字结构看"劲"：形声。从力，𢀖（jīng）声。𢀖，水脉也。因此，"劲"字可训为"力之径也"，即筋肉效能发挥作用的路线。

由此可知，有力方有劲。但力大不等于劲大。一般人的力为后天拙力，能够有效发挥作用的部分很少。而拳术以规矩来改变、规范力量运行路线，使力量能够集中起来释放出去，这就是劲。一个200多斤"胖子"的负重能力一般比体重百十斤"瘦子"要大得多，这是胖子力量大；但摔跤时可能斗不过训练有素的瘦子，这是瘦子劲大。然而如果胖子和瘦子一样接受了同等的摔跤训练，那么瘦子就很难成为胖子的对手了。因此，对于武者而言，劲与力呈正相关。

然而无论劲与力，都离不开气，我们常说气力、力气，就是说明了力和劲一样，也离不开气。内家拳的修炼培养了浩然之气，人的力量也会大增，以力量为基础，劲自然大了。气与力合即为劲，这个劲就是我们所说的"内劲"。

著者自幼体弱多病，是有名的"药篓子"。直到大学读书时，提自己的一暖瓶水都费劲，一路200米左右，要停五六歇。同寝室12位兄弟一起上街，遇到测力器，大家轮流测试，结果，体重最大的我（124斤）只拉了180斤，倒数第一。后来学气功接着学太极拳仅仅三四个月（其时学鹤翔桩气功、练杨氏太极拳的目的很明确——强身健体，尚未真正步入武学之门），再自己去测试，双手拉了390斤，单用左手还拉了180斤呢（测力器最大值是450斤）。这个"成绩"已经上升到寝室第二，仅次于好友王耀亭的420斤。再去打开水时，一人提5暖瓶水，中间停歇一两次也不是因为累而是因为暖水瓶的把手勒得手有点疼。体育成绩，著者大一时样样不及格，老师同情地给了各项勉强及格；到大二结束体育结业测试时（其时学练气功和太极拳五个月），5个项目3个满分（其中仰卧起坐做了103个）、一个98分、一个96分，由班级30名男生倒数第一变成班级前三名。著者长到22岁，才第一次真正体味到什么叫"青春的活力"！所以著者深深体会到了习武养气的好处！不仅如此，著者练拳不足一年，就获得了腹部丹田与胸部初步抗重击的能力（当然，最软弱的心窝部位和两肋部位具备一定的抗击打能力是十多年后才获得的）。从此，武术、气功成了著者个人生活中不可或缺的一部分。因此，对于气与力的关系，著者应该有充分的发言权。

八、劲与力需要外练吗

许多武术爱好者、甚至一些所谓的武术"大师"们都相信，只要好好练习武术套路就能练出功夫。当然，如果仅仅限于粗浅的"功夫"，那这样的确就可以了。

其实习武最直接的目标就是求"得劲"。要得劲，就要先"得力"。人常说"四两拨千斤"，这是强调劲的运用，借力打力。然而如果真的以为四两可以拨千斤就大错特错了。要拨动千斤，你起码要有400斤的力才行，否则只能是蚍蜉撼树，自取其辱。

孙氏武学重视三体式，那是不是多站三体式就能获得足够的劲力了？以著者个人观点，内家拳不仅仅需要内练，也需要外练辅助增加劲力。

清代武举考试有3项功力测试：一个是举制石，一个是拉硬弓，还有一个是舞重刀。制石，又称石制子，有300斤、250斤、200斤3个级别，现代习武者别说举起，就是能提抱起200斤制石的恐怕也少之又少了。著者现在的杨氏曦阳掌恩师杨立顺先生，其先辈是武举世家，在老宅中至今存有250斤制石一个（但先生说是240斤，原因你懂得），先生1986年盖新房子时是自己提抱制石夯砸的地基。著者2019年试过，能移动，但提抱不起！著者虽然抱不起制石，开不了硬弓（毕竟不再正当年），但一直明白力量训练的重要性，前些年就已经用厚铁板和钢管加工了重刀、重剑和沉重的春秋大刀，又买了20斤、40斤的石锁，还订做了18斤木球和丈余长大枪。通过这些器材的锻炼，腕力、臂力、腰力明显增强，下盘也进一步稳固，感觉筋骨皮都得到了加强。通过外练，先天元气被进一步激发、培固。因此，内家拳不仅仅以内壮外，也能以外壮内。

据说当年郝为桢先生用80斤的铁棒来练功。先生本业米号，大车运米来，"辄左右手各平举袋米重百斤卸之以练力，故其力倍于常人"。可知练太极拳并不排斥功力型外练。那些以为练内家拳不需要外练者，要么是出于自大短视，要么就是为自己不愿下苦功找借口。

著者练重刀情景（自编春秋大刀）

无论孙氏武学还是杨氏曦阳门，都不主张铁砂掌、铁砂鹰爪功之类的自戕性练法，但适当打打踢踢树桩、沙袋之类还是有必要的。孙叔容先生曾告诉我，孙禄堂先生曾与人换艺，得到打"千层纸"的掌功练法。著者还在孙叔容先生的藏书里看到署名为"二可"者所抄录的练功洗手药方，询问先生，方知"二可"为孙存周先生的自号（同时先生还告诉著者，孙存周先生十几岁开始便以"二可"之名号，背着孙禄堂先生和家人，在北京城不断与有些名气的武林人士比武较技）。由此可知，孙禄堂先生、孙存周先生也是练过"硬功"的。

著者身在校园之中，就地取材，喜欢打篮球架的铁柱，而且七拳（头肩肘手胯膝足）可以并用。毕竟要爱护花草树木，又没有地方栽木桩，只好打"铁桩"了。有元气护体，再掌握好力度，手足身体并不会受伤。打桩时结合身法、步法、招法，把桩作为假想敌（神气贯注），效果更好。打桩重在练劲力和肢体硬度（击打和抗击打能力），也是武者的"必修科目"之一。著者还喜欢在练功间歇拿钢管或三节棍边走边拍打当作休息；有时没带钢管或三节棍，干脆拿刀用刀背和"刀刃"砍敲（当然是没开刃的武术刀）。

当然，著者的练功方式未必适合于每一个习武者。爱好者不妨选择打沙袋，效果也许更好。

九、赘言：内劲还有哪些别名

一、一气、元气、真阳、真意、先天真一之气、丹田之气、太极、中和之气、道、先天无形之横拳（形意拳）、掤劲（太极拳）、顺逆和化四德（八卦拳）、执中（儒家）、圆觉（释家）、谷神（道家）等，皆内劲之别名也。既然名称有异，则必各有侧重，容后①以《孙氏武学"太极一气"论》《孙氏武学"中和"论》《孙氏武学"道艺"论》及《孙氏武学与"三教"密切相关论》等文分别阐述之。

【笺注】

①容后：孙氏武学"十五要论"写作、刊出顺序与本书有很大不同。原作是按"'孙禄堂《拳意述真》探微'系列"来进行的，一开始也没有这么多。而重新归类、排序是在"十五要论"全部完成以后才进行的，其中包括21年前的《孙禄堂"三拳合一"论研究》和七年前完成的《孙禄堂武学之"四象"学研究》两文，也统一按"孙氏武学'××'论"的格式分别改名为《孙氏武学"三拳合一"论》《孙氏武学"四象"论》，参与了归类、排序。

由于《遍访前辈探辑群言 付以己意自成一家》是"探微系列之一"，接着写的"系列之二"是本篇——《孙氏武学"内劲"论》，因此《孙氏武学"太极一气"论》一文是"容后"完成的。

第三章

孙氏武学"中和"论

"起躜落翻之未发谓之中；发而皆中节谓之和。中也者，形意拳之大本也；和也者，形意拳之达道也。五行合一，致其中和，则天地位焉，万物育矣！"在《形意拳学·五拳合一进退连环学》中，孙禄堂先生如是写到。这段文字所论述的就是孙氏武学的"中和"论。

中和论和内劲论、太极一气论一样，也是孙氏武学的核心理论之一，更是孙氏武学特有的理论。如果说内劲论是各派内家拳共有的理论，太极一气论是各派内家拳受道家文化影响而形成的理论，那么中和论则完全是孙禄堂先生在长期浸淫孔孟儒学文化的过程中逐渐形成的武学新论，是其他拳学流派所不具备的。在《拳意述真》一书中，有14处使用"中和"二字。另外，在孙禄堂先生其他四部拳学著作以及几篇佚文中共有24处涉及"中和"一词。

"中和"思想，出自儒家经典《礼记·中庸》："喜怒哀乐之未发谓之中；发而皆中节谓之和。中也者，天下之大本也；和也者，天下之达道也。致中和，天地位焉，万物育焉。"

南宋理学家朱熹注释说："喜怒哀乐，情也。其未发，则性也，无所偏倚，故谓之中；发皆中节，情之正也，无所乖戾，故谓之和。""……极其中而天地位矣……极其和而万物育矣。"大致意思是说：喜怒哀乐的情感没有表现出来，就叫作"中"；喜怒哀乐的感情表现出来时，是适中且有节制的，就叫作"和"。中是稳定天下的根本，和是天下共同遵循的规矩法度。中和之极致，天地就会各安其位，万物便生长发育了。

显而易见，孙氏武学的中和论完全是孙禄堂先生在述圣子思中庸儒学思想的影响下而形成的独特武学理论。也正是这一理论使武艺由技进乎道，由此又形成了孙氏武学独有的"道艺"武学理论；孙氏武学的太极一气论也是在中和思想的指导下形成的；孙氏武学的内劲论也因有中和思想作为其硬核而区别于他派。

在"述许占鳌先生言·二则"《形意拳术三体论》一文中，孙禄堂先生进一步明确写到："自虚无至三体式，是由静而动，动而复静，是拳中起躜落翻之未发，谓之"中"也。中者，是未发之和也。'三体重生万物张'者，是静极而再动，此是起躜落翻之已发也，谓之'和'。""不动是未发之中也；动作能循环三体式之本体，是已发之和也。和者，是已发之中也（P_{95}）。"

上文中的"由静而动，动而复静"，指的是三体式由无极式的"静"，到太极式两仪、四象的"动",再到三体式定形的"静"。这一过程中,先天无形横拳已具,起蹚落翻之意已生,但形迹未露,刚柔内敛,不偏不倚,这就叫作"中"。"三体重生万物张",指的是三体式由静而再动,起蹚落翻、五行拳、十二形拳,以至万形,皆由此而产生。虽然拳式千变万化,但万变不离三体式本体,无过无不及,这就是"和"。静是未发动的中;中是未发动的和。动是已发动的和;和是已发动的中。

那么,究竟怎样才能做到三体式的"中"呢?郭云深先生说:"是用规矩之法则,缩回身中散乱驰外之灵气,返归于内,正气复初,血气自然不加于其内,心中虚空,是谓之中,亦谓之道心。"

究竟怎样能得到形意拳的"和"呢?郭云深先生接着说:"拳术再动练去,谓之先天之真意,则身体手足动作即有形之物,谓之后天,以后天合着规矩法则,形容先天之真意,自最初还虚,以至末后还虚循环无端之理、无声无臭之德,此皆名为形意拳之道也。"这里郭云深先生所说的"形意拳之道",就是形意拳之"和"。

由上可见,要得中和,合着"规矩法则"是关键!

那么,形意拳,或者说形意、八卦、太极三拳,它们的规矩法则又是什么呢?

三体式 　　　　　金鸡上架 　　　　　青龙飞升

白猿献果 　　　　搂膝拗步 　　　　　云手下势

三拳的规矩法则不外乎"三、六、九",也就是避三害、守九要、六合归一!

"三害者何:一曰努气,二曰拙力,三曰挺胸提腹……三害不明,练之可以伤身,明之自能引人入圣,必精心果力,剔除净尽,始得拳学入门要道。"(《形意拳学》)

"九要者何?一要塌,二要扣,三要提,四要顶,五要裹,六要松,七要垂,八要缩,九要起躜落翻分明。

塌者,腰往下塌劲,尾闾上提,督脉之理也。

扣者,开胸顺气,阴气下降,任脉之理也。

提者,谷道内提也。

顶者,舌顶上腭、头顶、手顶是也。

裹者,两肘往里裹劲,如两手心朝上托物,必得往里裹劲也。

松者,松开两肩如拉弓然,不使膀尖外露也。

垂者,两手往外翻之时,两肘极力往下垂劲也。

缩者,两肩与胯里根,极力往回缩劲也。

起躜落翻者,起为躜,落为翻;起为横,落为顺;起躜是穿,落翻是打;起亦打,落亦打;打起落,如机轮之循环无间也。"(《八卦拳学》)

九要之中,前八要为三体式身法要领,其中前四字(塌、扣、提、顶)主要为躯干要领,是一个整体,相辅相成;后四字(裹、松、垂、缩)主要为四肢要领,是一个整体,不可分割。两个整体中,前者为干,后者为支;前者支配后者,后者辅助前者;二者结合,共同构成三体式身法整体要领。三体式之整劲,也就是形意拳之内劲,由此八字而孕育。

第九要"起躜落翻分明"是形意五行拳、十二形拳、八卦八形乃至万形、太极八法五步十三式以至万式实现内外一气的基础。而欲做到起躜落翻分明,前八要须臾不可离。换句话说,前八要为起躜落翻之未发,是为中;起躜落翻分明是其已发,是为和。

六合者何?"心与意合、意与气合、气与力合,是为内三合;肩与胯合、肘与膝合、手与足合,是为外三合。""心气稳定,看阳而有阴,看阴而有阳,阴阳相合,上下相连,内外如一,此之谓六合也。虽云六合,实则内外相合。虽云内外相合,实则阴阳相合也。阴阳相合,三体因此而生也。"

由是可知,内外六合本质上与身法"八要"是一致的。不同的是,六合论是内家拳固有的理论,而九要论是孙禄堂先生对内家拳理论的重新提炼和升华,它的可操作性也更强。六合归一处,也是九要合一处,即为内家拳中和之极致。中和之极致,则三拳各安其位,又相互融通,一可化为万法,万法复归于一。

在形意门中有"万法不离三体式"之说。而在孙氏武学,三体式是"形意、八卦、太极三派合一之体也"。也就是说,三体式是孙氏武学三拳共有之根基,是三拳合一重要的理论和实践基础。三体式之静也,无极、太极、两仪、三才、四象已在其内，是为中。三体式之动也，五行、六合、七星、八卦、九宫、十二形、十三式、六十四卦、刀、枪、剑、杆，千变万化，而时出之。虽有千变万化，终不离八卦、五行，八卦、五行不离四象，四象不离两仪，两仪终归是太极一气，是为和。太极一气即中和之气，三拳共此中和之一气，故形意、八卦、太极三拳合而为一。

在补遗之五——《详论形意八卦太极之原理》一文中，论及八卦拳时，孙禄堂先生说："阳极而阴，阴极而阳，逆中行顺，顺中用逆，求其中和，气归丹田。"论及太极拳时，又如是说："太极，从无极而生，为无极之后天，万极之先天，承上启下……练到至善处，以和为体，和之中智勇生焉。极未动时，为未发之和；极已动时，为已发之中。所以拳术一道，首重中和。中和之外，无元妙也（P_{139}）。"

由此可见，在孙氏武学中，无论形意拳、八卦拳还是太极拳，都是以中和为旨归。习者能心思会悟，身体力行，中和之气庶几乎可得；能得中和之气，则得蜕其赳赳武夫之貌，而成儒雅超尘之气质焉。

第四章

孙氏武学"道艺"论

陈微明先生在《〈拳意述真〉序》中写道:"先生（指孙禄堂先生）融会三家而能得其精微，笔之于书，表彰先辈，开示后学，明内家道艺无二之旨、动静交修之法，其理深矣！"陈先生的这段文字明确指出了孙氏武学的本质与内核——"内家道艺、动静交修"！

一、"道"字含义与孙氏武学"道艺"的内涵

什么是道艺呢？简单地说，拳（武术）与道合就是道艺。然而，要切实弄清楚什么是"道艺"，首先就要搞明白"道"字何指。

"道"字含义有多重，其主要者有以下几种。

①天地万物的本源。老子《道德经》云："道可道，非常道。""道生一，一生二，二生三，三生万物。"道经《太上老君说常清静经》云："老君曰：大道无形，生育天地；大道无情，运行日月；大道无名，长养万物。吾不知其名，强名曰道。"这里的"道"就是指天地万物的本源。

②指道家或道教、道士。

③指道学，即宋明儒学之程朱理学与陆王心学。

④自然规律。《礼记·中庸》："天命之谓性，率性之谓道，修道之谓教。"

⑤道德天理。《礼记·中庸》："子曰：道之不行也，我知之矣！知者过之，愚者不及也。"

⑥修己治人之术之谓。朱熹《大学章句》注："是故君子有大道，必忠信以得之，骄泰以失之。"

⑦阴阳平衡。《易传·系辞上》："一阴一阳之谓道。若偏阴偏阳，皆谓之病。"

⑧道路，方向，途径；方式，方法。《孟子·告子下》："尧舜之道，孝弟而已矣。"《拳意述真》："行动不离圣贤之道；心中亦不离仙佛之门。""故更易之道，弱者易之强……"

⑨志向，宗旨。《礼记·大学》："大学之道，在明明德，在亲民，在止于至善。"

⑩非礼勿言，言出理遂。孙禄堂先生《论拳术内家外家之别》："故'善养浩然之气'一语，实道破内家之奥义。"

173

当然，"道"字还有许多其他意思，因与本文内容不相干，就不一一列举了。

那么孙氏武学的道艺所求的"道"究竟是什么呢？

著者以为：孙氏武学的"道"或者说"道艺"，由低到高包括以下几个层次。

①益寿延年——安命之道。

②提升个人修养——立身之道。

③修身齐家治国平天下——圣贤之道。

④去人欲，存天道，清静无为，得大自在——仙佛之道。

⑤穷究天地万物之本源——太上之道。

孙氏武学5个层次的道，实际已经把上文诸方面的含义基本上都涵盖进去了。

二、孙氏武学之"道艺"与"武艺"

在孙氏武学中，"有道艺、武艺之分，有三体式单重、双重之别（"述宋世荣先生言·二则"——《形意拳术武艺道艺暨三体论》，P_{70}，下同）。"

"练武艺者，是双重之姿式。重心在于两腿之间，全身用力，清浊不分，先后天不辨……若与他人相较，不怕足踢手击。此谓之浊源。所以为敌将之武艺也。"孙禄堂先生注解说："若练到至善处，亦可以无敌于天下也。"

据著者研究发现，最早提出"道艺"论的应该就是宋世荣先生。然而在今日宋派形意拳中，似乎更重视武艺，对道艺并没有给予足够的重视。孙禄堂先生在自身武学实践的基础上，将此理论发扬光大，成为孙氏武学独有的理论。

在孙氏武学中，武艺为小学之道。与人交手，取双重三体式之姿势。但孙氏武学尤重道艺之用，因此一般不站成五五对开或四六开的"双重"三体式，而是三七开或二八开的单重三体式。

"武艺"虽为小学之道，却是拳术最原初的本质属性。孙禄堂先生在《拳意述真·自序》中写道："三派拳术，形式不同，其理则同；用法不一，其制人之中而取胜于人者则一也。""一派拳术之中……其运用，或有异耳。"先生一生与人交手无数，从无败绩。

正是基于对武艺的切实体验与深刻领悟，才把武学由技（武艺）的层次升华到道（道艺）的层次，从而形成了"道艺"武学理论。"道艺"为大学之道。

"练道艺者，是三体式单重之姿式。前虚后实，重心在于后足，前足亦可虚，亦可实。心中不用力，先要虚其心，意思与丹道相合。"孙禄堂先生引"丹书"注解云："'道自虚无生一气，便从一气产阴阳。阴阳再合成三体，三体重生万物张。'是此意也。"

"道自虚无生一气"中的"道"，便是天地万物的本源在人身中之体现，模拟"道生一，一生二，二生三，三生万物"之理，三体式得名即源于此。故孙氏武学单重三体式必由无极式而起，至太极、两仪，身具四象，再成三体式。此三体式与道教内丹术殊途而同归。

孙禄堂先生在"自序"中还写道："三派拳术之道，始于一理（即太极一气），中分为三派，末复合为一理……所以三派诸位先生所练拳术之道，能与儒、释、道三家诚中、虚中、空中之妙理，合而为一者也。"这是孙禄堂先生自己对道艺论的确认。

三、拳与道合的历史依据

武术起源于远古人类与猛兽凶禽搏斗的需要。

春秋战国时期，五侯争霸、七国称雄，征战不休，用于战场杀伐的武技逐渐成熟，出现了许多武功高强的人，也出现许多著名军事家。

齐国孙武著有《孙子兵法》，并指挥吴军打了不少胜仗。还有众人皆知的替吴王练女兵的故事，主角也是孙武。他是中国历史上第一位真正意义上的军事家，也是中国历史上最早体现"拳（武）与道合"的人。

三国时期的关羽，忠义无双，百代传颂；张飞勇猛无敌，忠诚不二。然而"羽刚而自矜，飞暴而无恩""羽善待卒伍而骄于士大夫，飞爱敬君子而不恤小人"，两种性格与做法恰恰都是为将之道的大忌，最终导致二人败亡。不仅二人死得不够体面，而且使诸葛亮的"隆中策"付诸东流。二人大局观与诸葛亮、鲁肃根本无法相提并论。反观关羽的对手吕蒙，本来只是一员猛将，但在孙权的劝导下始发奋读书，以致鲁肃再与吕蒙论道时，大惊："卿今者才略，非复吴下阿蒙！"声名显赫的关羽败给了籍籍无名的吕蒙就不足为怪了。吕蒙做到了"拳（武）与道合"，关羽并没有完全做到，张飞则完全没有做到。

岳飞，中国历史上最伟大的民族英雄，少年即怀报国志，喜读《春秋左传》《孙吴兵法》，并先后师从周侗、陈广习骑射、刀枪武艺。国难当头之际，岳母刺字"精忠报国"，岳飞投身抗金前线，浴血杀敌，终成一代名将。岳飞以拳法枪刀弓马之术训练军队，屡次打败金寇。岳飞还多次上书请求迎回二圣，岳家军也多次收复失地，并欲"直捣黄龙"。虽然岳飞被时为宰相的金国奸细秦桧构陷，屈死风波亭，但岳武穆王的民族大义，光耀千秋、泽被万代！明清以来的武术家，尊岳王为形意拳（心意拳、心意六合拳）的创始人。由此可见，不仅岳飞体现了拳与道合，形意拳前贤姬际可、曹继武、戴龙邦等人独尊岳王，将武术与民族大义相结合，也都在一定程度上体现了拳与道合。

在戴龙邦先生为马学礼先生的"六合拳谱"所写的序言中，有这样一段话："但见世有勇敢之士，未尝无兼人之力，及观其艺，再叩其学，手不应心、语不合道者，何也？不得个中真传故耳。所谓真传者，名虽曰武，其实贵和。和者，智与勇顺成，自然之理也。而非近世所习捉拿、钩打、封闭、闪展，逞其跳跃，悦人耳目者之可比。"由这段文字不难看出，戴龙邦先生已经初步体现了拳与道合的思想（和、智、勇）。请见板块六"摘录"之一——《六合拳谱原序》（P410）。

不仅形意拳如此，清初中原红拳（后区分出大小红拳、关西红拳等）和闽粤洪拳的创始人，也在某种程度上体现了拳与道合。红，谐音也为"洪"，洪指的是洪武皇帝朱元璋，大明王朝的开创者。因此，无论"洪拳"之名还是"红拳"之名，均表达了驱除鞑虏，复兴汉人天下的爱国志向。

然而清末北方武术团体义和团，虽有爱国之志，却没有寻找到真正的救国之道，仅凭血气之勇，不可能改变中华民族遭受外侮的命运。由是孙禄堂先生进一步认识到，文武一理，不可偏废。从而逐步形成了"道艺"武学理念。

四、武艺与道艺的区别与联系

武艺与道艺，二者即相互区别，又相互关联。

二者的区别有如下几个方面。

①不善养浩然之气，仅凭血气之勇者为外家，为武艺；善养浩然之气者为内家，为道艺。养就浩然之气，虽无缚鸡之力，亦可谓之道艺。宋末文天祥，一介书生，没有岳武王那样的盖世武功，却揭竿而起，力图挽狂澜于既倒。虽然不敌，一样成为流芳百世的民族英雄。岳忠武王留下了壮怀激烈的《满江红》，文忠烈公留下了荡气回肠的《正气歌》和"人生自古谁无死，留取丹心照汗青"的千古名言。他们的浩然正气，激励起一代又一代中国人的报国情怀。

②得中和之太极一气之前为武艺；得其中和，一气浑然者为道艺。以习武者不同阶段而言：习武之初，往往心浮气躁，全凭血气之力，是为武艺；待浮躁之气渐除，中和之气始得，则进入道艺阶段。至神气交融，无时不然，则道艺之功有成矣。拳经云："混元一气吾道成，道成莫外五真形。真形内藏真精神，神藏气内丹道成。"

③明劲阶段为武艺；暗劲、化劲阶段为道艺。因明劲阶段，"人身中先天之气与后天之气不合，体质不坚。""皆是后天血气用事"，故此阶段为"炼精化气、易骨之道"，为武艺。暗劲阶段，内外如一，浩然之气沛然，故此阶段为"练气化神、易筋之道"，为道艺。化劲阶段，阴阳混成，刚柔悉化，为炼神还虚、洗髓之道，为道艺之纯化。

④尚技者为武艺；尚德者为道艺。"大学之道，在明明德，在亲民，在止于至善。"通过武学的修炼而达到道德的至善，这就是道艺；反之，孔武有力，争强好胜者，为武艺。

⑤双重三体式为武艺；单重三体式为道艺。因双重三体式为对敌之式，故为武艺；单重三体式为自我身心的琢磨，故为道艺。

⑥与传统文化不能相融的技艺为武艺；与传统文化融为一体的武学为道艺。一味注重拳脚功夫，忽视传统儒道释文化、传统国粹文化（如书法、围棋、国画、音乐、戏曲、建筑艺术等）的熏陶，受现代"快餐文化"的影响，急功近利者，为武艺；将武学与传统文化有机交融，宁静淡泊者，为道艺。

然而二者并非截然对立的，而是相互关联的，并且在一定条件下是可以相互转化的。

①武艺是道艺的起始阶段，是基础；没有武艺，便没有真正意义上的道艺。

②道艺是武艺的升华；没有道艺，单纯的武艺难以守得住。习武者多有练几个月或一两年却半途而废的情形；也有习武数年，也小有成就，此后却终生不再练拳者。何故？其武艺未能升华到道艺，因此最终却将好不容易得来的武艺弃之若敝屣。

③尚武艺之人一旦开悟，即成道艺；修道艺者一旦为外物蒙蔽，迷失本心，所练所为便只剩下"武艺"了。

④武艺之中有道艺；道艺之中亦有武艺。二者相互包含，不可截然分割。

⑤暗劲阶段，体为道艺，用为武艺。化劲阶段，"拳无拳，意无意，无意之中是真意"。此阶段"体用一道"，无所谓体，无所谓用；体即是用，用即是体；无所谓武艺，无所谓道艺；武艺即道艺，道艺即武艺。

⑥有武艺未必有道艺；有道艺一定有武艺。

五、孙氏武学道艺的五重境界

（一）第一重境界：益寿延年——安命之道

成语有"安身立命"一说，著者反其义而言之，曰"立身安命"。

白西园先生云："练形意之道，实是却病延年，修道之学也。余自幼年行医，今年近七旬矣，身体动作轻灵，仍似当年强壮之时也，并无服过参茸保养之物。"白西园先生是宫廷御医，又是李洛能先生"八大弟子"之一，其形意拳既不同于郭云深先生的刚，也不同于宋世荣先生的柔，而是独得一个"巧"字。因此白西园先生的"现身说法"更具有权威性。

查《拳意述真》三派前辈"小传"，享寿80多岁、70多岁者各7人，60多岁者二人。没有记载年龄的三人中，杨露蝉先生寿74岁（虚岁，下同），武禹襄先生享年69岁，程廷华先生庚子之役壮烈殉国，年50岁。显然，内家三拳前辈基本都在70岁以上，最少也在60多岁。这在平均寿命不足40岁的近代，是比较罕见的。毕竟，过去有句话：人过七十古来稀！

孙禄堂先生寿74岁，孙存周先生寿71岁，吾师孙叔容先生寿88岁，师叔孙宝亨先生寿84岁，师姑孙婉容先生现已九十有五（2021年），依然精神矍铄，完全看不出是耄耋老人。

因此，孙氏武学最低层次的道艺"安命之道"，实有确据。

（二）第二重境界：提升个人修养——立身之道

耿诚信先生云："幼年练习拳术之时，肝火太盛，血气甚旺，往往与人无故不相和，视同道如仇敌，自己常常自烦自恼。……自练初步明劲之功夫，四五年之时，自觉周身之气质、腹内之性情，与前大不相同。回思昔年所作之事，对于人所发之性情言语，时时心中甚觉愧悔。自此而后，习练暗劲又五六年，身中内外之景况，与练明劲之时，又不同矣。每见同道之人，无不相合……嗣又迁于化劲……自此方无有彼此之分、门户之见。遇有同道者，无所不爱；或有练习未及于道者，无不怜悯而欲教之……所以能变化人之气质。"耿先生以自己的切身经历告诉了我们道艺武学对提高个人品性修养、改变人的精神气质的巨大作用。

如果一个人练习"内家拳"多年，气质修养没有什么改变，甚至反而戾气更重，则无论如何也算不得入了内家之门。换句话说，只要是真正的内家拳，一定是道艺之学。不得其道者，皆是外家。

（三）第三重境界：修身齐家治国平天下——圣贤之道

程廷华先生曰："将此道理（指数理兼赅）得之于身心，可以独善其身，亦可以兼善天下。"在《论拳术内家外家之别》中，宋世荣先生曰："拳术中亦重中和，亦重仁义。若不明此理，即练至捷如飞鸟，力举千钧，不过匹夫之勇，总不离乎外家。若练至中和，善讲仁义，动作以礼，见义必为，其人虽无百斤之力，即可谓之内家。"孙禄堂先生由此认识到："吾人立身涉世，处处皆是诚中形外，拳术何独不然。试观古来名将如关壮缪、岳忠武（即关羽、岳飞）等，皆以识春秋大义，说礼乐而敦诗书，故千秋后使人生敬仰崇拜之心。若田开疆、古冶子辈，不过得勇士之名而已。"武圣关羽、战神岳飞，其事迹国人耳熟能详，此不赘述。田开疆、古冶子、公孙接三人是春秋时齐国人，共以武力事景公。曾助景公打败敌人，战功彪炳。然而后来被晏子设计，争桃论功，三人相继抹了脖子，这便是著名的"二桃杀三士"的故事。三人四肢发达，头脑简单，所以孙禄堂先生说他们"不过得武士之名而已"。

因此，武者必须具有家国情怀。而当今中国武术界，伪大师层出不穷，既不修武功，更不管什么春秋大义，一心只想出名和捞钱。因此他们与道艺是扯不上任何关系的。

（四）第四重境界：去人欲，存天道，清静无为，得大自在——仙佛之道

孙禄堂先生在《拳意述真》书末附有《练拳经验与三派之精意》一文，文中写道："……自己体察内外之情形，'人道'缩至甚小，消除百病，精神有增无减。以后静坐亦如此，练拳亦如此。到此方知，拳术与丹道是一理也。"文中的"人道"，即指人的七情六欲。丹道本质上就是清静无为之道。程廷华先生云："无事口中可以常念阿弥陀佛""心中亦不离仙佛之门"。这里的常念阿弥陀佛、不离仙佛之门，并不是要你出家或者做居士，将来成仙成佛，而是要清静无为，慈航普度。肉体上虽不能脱离凡胎，但精神上已远离红尘。

（五）第五重境界：穷究天地万物之本源——太上之道

老子著《道德经》，穷究天地万物之本源，是为道。这个道就是太上之道。人生而立于天地之间，应该与天地之道相契合，是为德。此德即太上之德。孙氏武学三体式，天地人三才之象也。修习三体式，即为以身证道之学也。得其太上之道，即成太上之德。老子云："上德不德，是以有德；下德不失德，是以无德。上德无为而无以为；下德为之而有以为。……是以大丈夫处其厚，不居其薄；处其实，不居其华。故去彼取此。"孙氏武学道艺的最高境界就是修大道、成上德。

金庸先生的武侠世界体现了一个重要思想：侠之大者，为国为民！于"拳与道合"思想而言，金庸先生的武侠思想就是最好的注脚。金庸先生的作品之所以老少皆宜、雅俗共赏，经久而不衰，原因就在于他把中国优秀传统文化——三教文化和仁人志士的家国情怀有机地结合了进去，实现了"武亦载道"！因此，拳与道合并非虚妄之说，道艺武学是武术发展的必然选择和归宿。能够把握武术发展的历史脉搏，这正是孙禄堂先生的又一伟大之处！

第五章

孙氏武学"三体"论

"形意拳术三体式者，天、地、人三才之象也；即人身中之头、手、足也；亦即形意、八卦、太极三派合一之体也。"在"述许占鳌先生言"第二则中，孙禄堂先生借许先生之口道出了三体式的内涵及其在孙氏武学中的核心地位。三体式是孙氏武学三拳共有之本体，是三拳合一论的重要实践依据。

一、三体论及其渊源

形意拳创立于李洛能先生。他把心意拳重心在前的弓箭步改为重心在后的"三体步"，从而创立了三体式，心意拳也因此发展为形意拳。其实作为一脉同源的心意拳，山西戴氏心意拳与河南派心意六合拳、少林心意把相比，已经把低箭步变为了高箭步，并创出了五行拳，与后二者在技法上已经有了很大不同。李洛能先生正是在戴氏心意拳的基础上有了进一步的创新与发展，从而形成形意拳，三体论也由此而萌芽。孙禄堂先生则是第一个系统阐述"三体"论的人。

孙禄堂先生接着写道："此式是自虚无而生一气，是自静而动也；太极、两仪至于三体式，是由动而静也。再至虚极静笃时还于本性。此性是先天之性，不是后天之性。此是形意拳术之本体也。"

"此三体式，非是后天拙力血气所为，乃是拳中之规矩，传授而致也。此是拳术最初还虚之道也。此理与静坐之功相合也。……因此是最初还虚，血气不能加于其内，心中空空洞洞，即是明心见性矣。"

上面两段文字，加上本文起首的一段文字，就是孙禄堂先生阐述的孙氏武学"三体"论。

三体论由何而来？曰：来自于道教"丹经"、北宋张伯端的《悟真篇》。《悟真篇》中有诗云："道自虚无生一气，便从一气产阴阳。阴阳再合成三体，三体重生万物张。"然而追本溯源，则来自老子《道德经》第四十二章："道生一，一生二，二生三，三生万物。万物负阴而抱阳，冲气以为和。"

孙禄堂先生的三体式

"道"自虚无中生混沌一气，此为"道生一"；一气分阴分阳，轻清者上升而为天，重浊者下降而为地，此为"一生二"；天地和合，人生于其间，此为"二生三"；天地生养万物，人类培育、驯化乃至制造万物，是为"三生万物"。孙氏武学的主旨便是返璞归真，效大道之学，成道艺之体。

二、站好孙氏武学三体式的基本要求与达成目标

如何才能站好三体式？许占鳌先生云："第一，'三害'之病不可有；第二，'九要'之规矩要真切；第三，三体式要多站。"

避"三害"、守"九要"是孙氏武学入门的基本要求，前文已述，不再重复。

"三体式要多站"有两方面的含义：一是开始练拳前，每天要反复多站三体式；二是开手开步练拳后，三体式仍要长期坚持练习。

三体式站到什么程度算合格呢？标准大致有以下几点：一是没有"三害"之病，符合"九要"之规矩；二是身体外形要中正安舒；三是心中空空静静；四是神气呼吸纯任自然。概而言之，三体式要内外和顺自然，不可有一丝强为。

达不到这种程度，不能开手开步练拳。

站三体式不可急于求成，因为站三体式本身就是改变人的气质的开始，是要祛除自己的浮躁之气与后天拙力。"一日不和顺，明日再站；一月不和顺，下月再站"。三体式和顺了，气质也就改变了，才可以开手开步练习劈拳。

孙氏形意拳的劈拳是定步劈拳，实际上相当于一步一个三体式。这种练法，目的是为了巩固三体式的成果。孙氏武学的三体式是单重三体式，为道艺；定步劈拳也属于道艺练法。当然，在初步明劲阶段，内外尚未合一，算不得真正的道艺，只有进入暗劲阶段后才是真正意义上的道艺。

三、孙氏武学三体式与孙氏武学核心理论之间的关系

孙氏武学的核心理论——太极一气、内劲中和、内家道艺、动静兼修，都是基于此三体式而产生。

（1）太极一气：在《形意拳学·形意虚无含一气学》中，孙禄堂先生写道："虚无生一气者，是逆运先天真一之气也。但此气不是死的，而是活的，其中有一点生机藏焉。……将动而未动之时，心内空空洞洞，一气浑然，形迹未露，其理已具，故其形象太极一气也。""虚无含一气"是三体式由无极到太极的过渡阶段，即半面右转45°之式，其形象为太极一气。而此太极一气，一经产生，便贯穿于三体式和三拳之始终。

（2）中和："自虚无至三体式，是由静而动，动而复静，是拳中起躜落翻之未发，谓之'中'也。中者，是未发之和也。'三体重生万物张'者，是静极而再动，此是起躜落翻之已发，谓之'和'也。……和者，是已发之中也。"以上便是孙禄堂先生的中和论。显然，中和论正是基于三体式而形成的。

（3）内劲：在阐述了中和论之后，孙禄堂先生接着写道："故形意拳之内劲，是由此中和而生也。所谓形意拳之内劲，是人之元神、元气相合，不偏不倚、和而不流、无过不及、自无而有、自微而著、自小而大，由一气之动而发于周身，活活泼

181

泼，无物不有、无时不然，其味无穷，皆是拳之内劲也。"元气指人之精气，亦即先天真一之气。元神指灵魂，心中空空洞洞，即是元神用事。元神、元气因三体式而相合，二者相合便是拳中之内劲。不偏不倚、和而不流、无过不及，就是三体式的中和。因此，内劲亦由三体式而得之。

（4）内家道艺、动静兼修：在《论拳术内家外家之别》一文中，宋世荣先生云："呼吸有内外之分，拳术无内外之别，善养气者即内家，不善养气者即外家。"显然，站三体式就是养就浩然之气最好的方式。因此，孙氏武学为内家武学。

刘奇兰先生云："道艺之用者，心中空空洞洞，不勉而中，不思而得，从容中道，而时出之。""心中空空洞洞"正是三体式的基本要求；"不勉而中，不思而得，从容中道，而时出之"，也正是三体式所追求的道艺境界，因此孙氏武学为道艺。

郭云深先生曰："拳术……起点，从平常自然之道逆转，其机由静而动，再由动而静，成为三体式。"孙氏武学三体式，由静而动，动而复静；动中有静，静中有动；内静外动，外静内动。因此孙氏武学是动静兼修的内家道艺。

另外，如孙氏武学的无极论、"四象"论、"内圣（德）外王"论、"一以贯之"论、"明心见性"论、"智仁勇三达德"论、"非礼不动"论等绝大部分基本理论，也都与三体式有密不可分的关系。

由此看出，三体式是孙氏武学之根。没有三体式，孙氏武学的灵魂便无处可寄。没有了灵魂，便不成其为孙氏武学了。

四、著者与三体式的"恩怨情仇"

在河南大学读书期间，著者有幸开始师从孙叔容先生研习孙氏武学。练拳之暇，先生讲过一则关于齐公博先生的故事。齐公博先生当年随孙禄堂先生习武，"笨"到学啥都学不会、练什么都练不像，后来孙禄堂先生命他什么都不再学、不再练，每天就站三体式。齐先生虽然"笨"，却有一股子毅力、韧劲，三体式一站就是3年。3年后，孙禄堂先生检验其三体式成效，一手搭其前手，一腿横扫其腿，只见齐先生腾空而起，空中翻滚两圈，"啪"的一声落地，还是原来的三体式！整个翻滚过程中架子就没有变过。孙禄堂先生说：成了，可以学拳了。这时的齐先生，学啥有啥，同期的师兄弟们再与其交手，基本都不再是对手了。后来又知道齐先生还是随孙禄堂先生南下的三弟子之一，可见其成就之高。听了齐先生的故事，我暗下决心，要向齐先生学习。因为我也是笨得可以，少时与比我小两三岁的孩子打架都打不过，是个常常被人欺负的主（本人最初走上习武之路并不是为了与人打架或复仇，而是为了强身健体，当然也希望能够自卫防身——这是题外话，按下不表）。

孙叔容先生告诉我，学形意拳要先站3个月三体式。我按先生要求，每天练了太极拳后便站三体式，一站便是3个月。3个月里，先生反复为我纠正架势，讲解要领。可孙氏武学的三体式太难站了，我从最初的每次40秒，3个月后才站到1分30秒。与那些师兄们有的能站到8分钟、有的能站到一刻钟相比，我差得太远了。但就是这3个月，我感觉已经焕然一新了。后来合肥的祖雅宜师姑应吾师孙叔容先生之邀到开封。祖师姑鼓励我们试手，我先后与两位同学试手时使出突发灵感而自创的"锁手别腿摔"，感觉下盘"稳如泰山"，颇为沾沾自喜。然而在先生开始教授劈拳后，我就很少专门站三体式了。

毕业后，一个人一直在练拳、传拳，只是很少专门站三体式了。10年里，几乎夜夜梦回河南大学练功点。后来终于决定去北京寻找先生，这才重新站三体式，这一次，由原来的1分30秒逐渐站到了3分30秒。在北京找到先生并正式拜入孙氏门后，能够持续站到了5分钟。站到5分钟时，开始出现真气发动的一些现象，很美妙，后来却又没有坚持站下去。由于一再浅尝辄止，因此，虽然习武多年，功夫却一直没有什么实质性长进。

直至先生去世，功夫仍然一无所成，深感愧对恩师。又翻书看到先生的赠言："涉浅滩者得鱼虾，探深海者得蛟龙。"益发羞愧难当，深感有负先生厚望！至此，再次回忆起齐先生的故事，下定决心效法齐公博先生，苦站三体式。这一次，著者用了将近两年时间，逐步由每次站3分钟、4分钟、5分钟（恢复期）到6分钟、8分钟、10分钟；再到12分钟、14分钟、15分钟。15分钟是个坎，到这时候才真正尝到了三体式的甜头，再站时也不再感觉痛苦不堪了。此后每个月加2分钟或3分钟（有的阶段站2个月），终于站到左右腿可以各站半小时了。2年里，每天有效站三体式的时间累计不少于1小时。之后，我又坚持了1年时间巩固三体式效果。而这期间，不仅坚持站三体式，我还练习从李延龙师兄那儿学来的易筋经。当然孙氏三拳也不可能丢下，每天练功时间累积有五六个小时或者更多。

功夫不负苦心人，经过3年的三体式和易筋经修炼，终于稍窥孙氏武学之门径。虽然无法跟前辈相提并论，但总算艺业小有所成。此时再练太极拳、形意拳、八卦拳，感觉劲道跟原来大不相同。再回头看恩师及本门前辈的练拳视频，才真正看懂了恩师及其他前辈拳艺的高妙之处。当然，一些门派的所谓"名家""大师"，一看视频便能辨出其功夫之优劣真伪。

著者写出个人站三体式的经历，并非为了炫耀（何况本也就不值得卖弄），而是为了提醒后学之人，莫学余之意志不坚、毅力不够，以致虚度光阴多年！

著者演练易筋经内功之一式——"老僧推碑"

183

五、站三体式注意事项

要练成三体式，以下事项必须注意。

①要心存敬畏，非礼勿动。心：要态度端正，一丝不苟，致敬前贤，礼约后人。身：要避三害、守九要，逐一检查身上每一处、拳中每一个动作是否合乎规矩。

②要意志坚定，不可动摇。孙氏武学的三体式，初站之时非常痛苦，有如受酷刑一般。没有坚强的意志，是站不了的。

③要持之以恒，心无旁骛。孙禄堂先生曰："练拳者如牛毛，得道者如麟角。"何以如此？皆是因为大多数学者要么三分钟热度、要么三心二意、要么好高骛远，不能守得住这个"道"，自然不可能得其道。只有那极少数的人，专心致志，一如既往，耐得住寂寞，终究可以登临绝顶，一览众山。

④要有传承与弘扬孙氏武学文化的坚定信念。习武的目的不是为了争强好胜，更不可好勇斗狠。如果仅仅是出于这样的目的，那基本上可以断定，这样的人不可教，也不能学，学了也坚持不下去。孙氏武学的三体式比绝大部分形意门派的三体式都难站，没有理想信念的支撑，是难以坚持下去的。

⑤要有自信心。相信自己，坚信"付出终会有回报"。清代著名文学家、《聊斋志异》的作者蒲松龄有句座右铭："有志者事竟成，破釜沉舟，百二秦关终属楚；苦心人，天不负，卧薪尝胆，三千越甲可吞吴。"只要有恒心，能吃苦，就一定能够成功。所以，只要具备了前面四条，成功便一定属于你！请相信自己！

⑥要循序渐进，不可急躁冒进。每次站三体式的时长，一开始可以每月加半分钟，四五分钟后可以每月加一两分钟，15分钟后可以每月加两三分钟。如果一个月的时间你的三体式仍然不够稳固，就要适当延长半个月到一个月，直到站这么长时间不会再出现"崩架"现象，才能继续增加时长。站三体式要左右互换，均衡发展。每次站三体式的累计有效时长要有保证。余以为站到每条腿半小时已经足够，再多站其实效果并不大。能站到半小时，就能站到四五十分钟甚至一个小时。

著者的武术启蒙恩师聂连增先生教过浑圆桩，是张占魁先生所传八卦门的。著者按接近四平马来站浑圆桩已经练到每次能站5分钟，但再练孙氏武学的三体式，一开始咬牙坚持，也只有40秒，可见孙氏武学三体式之难。因此，学者一定不可急功近利，试图一蹴而就，必须循序渐进才行。至于站每个时长所用的天数，可以根据个人的情况自行掌握。鄙人愚钝，所花时间自然较长。然而就算聪明如你，也不要以为三两个月甚至十天半月就能站成三体式。最起码也要一年半载才能有所成吧？

⑦除了以上6条内在条件外，外在环境也很重要。最好在室内练功，面对钟表练，计着时间，方便坚持下去。

⑧三体式不仅练腿练身，还练两臂。当腿虽然能站得下去但前出之肩臂实在酸痛支撑不住时，可以向前抖几下劲，或者缓缓做一次里裹，再缓缓外翻回正。最好不要把臂放下，尽可能保持三体式架子不散。

⑨站三体式结束后，放松很重要。站三体式结束，不代表练功结束，需要缓缓来回走转放松，然后站定，双手快速轻柔密集地拍打两腿。拍打的顺序是：从上向下拍打前面，再从下往上拍打后面，再从上向下拍打内侧，再从下往上拍打外侧；拍完腿后再拍腰一周；然后再简单拍拍两肩、两臂、两腋、两肋及颈项，就可以结束了。走转和拍打放松的目的是防止肌肉过于发紧，让筋骨得到舒缓。

只要能做到以上这些，你就一定能够脱胎换骨、涅槃重生！孙氏武学的真谛已经基本上被你掌握了。

综上所述，三体式是孙氏武学的根基所在，没有三体式的根基，形意拳所尚的明劲、八卦拳所尚的暗劲、太极拳所尚的化劲都难以真正体会到，更不用说三拳劲力相融为一、"三回九转是一式"了。因此，学者欲窥孙氏武学堂奥，非苦站三体式，并达到"苦尽甘来"的地步不可。唯有如此，"拳无拳，意无意，无意之中是真意"的境界才有可能向你招手。

第六章

孙氏武学"内开外合 顺中用逆"论

可能有些爱好者会感到奇怪,"探微"系列的作者把不成"对偶"的两个术语并列在一起是怎么回事?

说起来,"内开外合"相对应的应该是"外开内合";"顺中用逆"相对应的又是"逆中行顺"。然而孙禄堂先生的著作中并没有出现"外开内合"这一术语;"顺中用逆"(或顺中有逆、顺中求逆)一语数次单独使用,"逆中行顺"(或逆中有顺)虽然存在却没有单独使用过。在某种意义上说,顺中用逆又是外开内合的代名词。因此孙禄堂先生实际上是将"内开外合"与"顺中用逆"二者对应,作为一组理论来对待的。著者不过是遵循孙禄堂先生之意而已。

一、关于"内开外合"论的表述有哪些

孙禄堂先生的著述中关于"内开外合"论的表述并不多,一共只有5处涉及"内开外合"这一概念。《八卦拳学》一书中有两处、《拳意述真》一书中有3处。

| 八卦之内开外合
太极式 | 八卦之内开外合
黑熊返背 | 形意之内开外合
蛇形 | 太极之内开外合
提手上式 |

(1)在《八卦拳学·太极学图解》中,孙禄堂先生如是写道:"……扣胸不可往里显着扣。只要两肩齐往回缩力,自然而然就内开外合,是谓之扣胸也。"

(2)在《八卦拳学·两仪学》中,第二式"左青龙缩尾":"……两胯里根均向回抽劲,又兼向外开劲。此式是内开外合之意。腰要塌住劲,此时上身两手仍合住劲不动,两肩似乎有往回缩劲之意,亦谓之含胸。"两仪学即单换掌。单换掌是八卦

拳的母掌，它离不开"内开外合"。至于四象掌、八大掌，更不用说八卦变掌，都须臾离不开内开外合。

（3）在《拳意述真》一书中，周明泰先生在论述"形意拳术练体莫要拘束"时说到："……就者，束身也。束身，非拘也。是将身缩住，内开外合。"

（4）郭云深先生在论述三体式时指出："双重三体式者，形式沉重，力气极大，惟是阴阳不分、乾坤不辨、奇偶不显、刚柔不判、虚实不明、内开外合不清、进退起落动作不灵活。"这是郭云深先生从反面阐明内开外合的重要性。虽然双重形成的主要原因是虚实不明，但根本原因却是"内开外合不清"。

（5）李奎垣先生在关于形意拳的"魔乱"论一文中也谈到："或有练者，手足动作亦整齐；内外之气亦合的住。以旁人观之，周身之力量，看著亦极大无穷；自觉亦复如是。惟是与人相较，放在人家之身上，不觉有力。知者云：是被拘魔所捆也。因两肩根、两胯里根不舒展，不知内开外合之故也。如此虽练一生，身体不能如羽毛之轻灵也。"李奎垣先生所描述的"拘魔"之病其实仍然属于"双重"之病，根本原因仍在于"不知内开外合之故也"。

由孙禄堂先生和周、郭、李三位先生的论述可知，内开外合是练出内劲的前提和关键。孙禄堂先生和周明泰先生阐明了什么是内开外合、怎样做到内开外合，郭云深先生、李奎垣先生则从反面论述了内开外合的重要性。

孙禄堂先生的《太极拳学》和郝为桢先生的太极拳三重境界论中虽然没有使用内开外合一词，但太极拳仍然离不开内开外合之理。如在《太极拳学·懒扎衣学》的第二节中，孙禄堂先生写道："头亦极力往上顶劲，心要虚灵。"随之又作注曰："将两肩松开，再将气力用意往回收缩，用神逆运于丹田，则心自然虚灵矣。"这里的"松开"和"收缩"就是内开外合，也是逆中行顺。

二、关于"顺中用逆"及"逆中行顺"的叙述有哪些

关于二者的叙述也不是很多，主要体现在《拳意述真》《八卦拳学》和《太极拳学》三书及《详论形意八卦太极之原理》一文中，一共只有8处。

（1）郭云深先生在论述"丹道与拳术关系"时说："大周天之功夫，无非自无而生有，由微而至著，由小而至大，由虚而实，皆呼吸火候之变化。文武刚柔，随时消息，此皆是顺中用逆，逆中行顺，用其无过不及中和之道也。"

（2）在论述形意拳的"内劲"时，郭云深先生又说："拳中之内劲，是将人之散乱于外之神气，用拳中之规矩，手足身体动作，顺中用逆，缩回于丹田之内，与丹田之元气相交，自无而有，自微而著，自虚而实，皆是渐渐积蓄而成，此谓拳之内劲也。"

郭云深先生这两段文字说明的是在形意拳第二阶段（暗劲、易筋、炼气化神阶段）息调与身体手足动作的法则，这也是形意拳内劲形成之道。换言之，就是孙氏武学内劲形成之道。

（3）李奎垣先生在形意拳"魔乱"论一文中云："故练者，先以心中虚空为体；以神气相交为用。……故将所发出散乱之气，顺中用逆，缩回归于丹田；用呼吸锻炼，不用口鼻呼吸，要用真息积于丹田。"

李奎垣先生的这段文字和上面郭云深先生的后一段文字都是谈"顺中用逆"的。

（4）周明泰先生在讲述内开外合时说："虽往回缩，外形之式要舒展，顺中有逆，逆中有顺。"

（5）在《八卦拳学·入门练习九要》中，孙禄堂先生写道："易经虽有方圆二形，其理无非逆中行顺，顺中用逆，以复先天之阳也。……形意、八卦虽分方圆二派，其理无非动中缩劲，使气合一归于丹田也。"

（6）在《八卦拳学·太极学》中，孙禄堂先生言："手腕极力往上挺劲，手虎口亦极力往前推劲，上下挺推要均停方为整劲。两眼看前手食指稍为准则。……后胳膊靠着身子，极力往上如画半圆形，虎口至前胳膊肘子停住。两肩均往回抽住劲，此是顺中求逆，如卦位顺行，卦序逆行之意也。两肘极力往下垂劲。两手极力一气往前推劲，两手心随着两肩极力往回缩劲。"

（7）在《太极拳学·披身伏虎学》中，孙禄堂先生云："……身子又徐徐往上起，头亦有往上顶之形式。身子虽然往上起，而内中之气，仍然往下沉注于丹田。所以拳中要顺中有逆，逆中有顺也；身子往上起为顺，气往下沉则为逆矣。"

（8）孙禄堂先生在《详论形意八卦太极之原理》一文中说："阳极而阴，阴极而阳，逆中行顺，顺中用逆，求其中和，气归丹田。"

"顺中有逆，逆中有顺"是比较中性的表述，没有详细区分。"逆中行顺，顺中用逆"，二者则有主次本末之别。

三、孙氏武学"顺逆"理论源于何处

在丹道与武学相结合的理论研究方面，孙禄堂先生受素朴散人悟元子的《周易阐真》影响最大。在《八卦拳学·八卦拳先天后天合一式说》中，孙禄堂先生大段引用《周易阐真》原文以说明孙氏武学"顺逆"之理，并附上自己注释的拳理。这段文字明确了"逆中行顺"与"顺中用逆"二者的地位与相互关系。著者将这段文字整体录入，一飨爱好者。能大致读通（不一定要弄懂）这段文字并理解孙禄堂先生注文者（理解注文是关键），可得孙氏武学内劲之妙矣。

"《周易阐真》曰：先天八卦，一气循环，浑然天理，从太极中流出，乃真体真体者，即丹田生物之元气，亦吾拳中之横拳也。未破之事；后天八卦，分阴分阳，有善善者，拳中气、式之顺也。有恶，恶者，拳中气、式之悖也。在造化中变动，乃真体已亏之事。

真体未破，是未生出者，未生出者，即拳中起蹱落翻未发之式也。须当无为，无为者，无有恶为。无为之妙，在乎逆中行顺，逆藏先天之阳，顺化后天之阴，归于未生以前面目，即拳内阴阳未动以前形式。不使阴气有伤真体也。真体有伤，是已生出者，即拳起落蹱翻，发而不中也。须当有为。有善有恶之为。有为之窍，在乎顺中用逆，顺退后天之

阴，逆返先天之阳，归于既生以后面目，即拳中动静正发而未发之间之气力也。务使阳气还成真体也。即还于未发之中和之气也。

先天逆中行顺者，即逆藏先天阴阳五行，而归于胚胎一气之中，即归于横拳未起之一气也。顺化后天之阴，而保此一气也；保一气者，不使横拳有亏。后天顺中用逆者，即顺退已发之阴，归于初生未发之处，返出先天之阳，以还此初生也。阳健阴顺，复见本来面目，仍是先天后天两而合一之原物，从此（原书中误作"北"著者注）别立乾坤，再造炉鼎，行先天逆中行顺之道，则为九还七返大还丹矣。"

"今以先天图移于后天图内者，使知真体未破者，行无为自然之道，以道全形，逆中行顺，以化后天之阴；真体已亏者，行有为变化之道，以术延命，顺中用逆，以复先天之阳。先后合一，有无兼用，九还七返，归于大觉，金丹之事了了。"

孙禄堂先生接着阐发道："再以金丹分而言之。金者，气质坚固之意；丹者，周身之气圆满无亏之形。总而言之，拳中气力上下内外如一也，此为易筋之事也。今借悟元子先后天八卦合一图，以明拳中拙劲归于真劲也。"

显而易见，孙禄堂先生的"逆中行顺，顺中用逆"理论是从悟元子的丹道理论中直接移植过来的。但它却是对"内开外合"论最完美的诠释，与"内开外合"论高度契合。

著者简单概括一下《周易阐真》中的顺逆之理：逆中行顺为先天，为体，当行无为之道；顺中用逆为后天，为用，当行有为之道。逆中行顺是体，为本；顺中用逆是用，为末。

补充说明一点，在孙禄堂先生的第一部武学专著《形意拳学》（1915年）中，既没有出现"逆中行（或有、求）顺，顺中用（或有、求）逆"八个字，也没有出现"内开外合"这一术语。这两组术语最早见于《八卦拳学》（1916年）一书中。虽然《形意拳学》中的"推""伸""顶""抽""扭""垂""扣"等劲其实就包含了顺逆开合之理，但毕竟没有出现这两个术语。但在1919年再版的《形意拳学》中，增加了晚清翰林陈微明（名曾则，字慎先，师从孙禄堂先生已近四年）所写的序言，其中使用了

形意之顺中用逆　　八卦之顺中用逆　　太极之顺中用逆
　　蛇形　　　　　　青龙返首　　　　　通背掌

189

"顺中求逆"一语："……形意有往体有来体，于顺中而求逆，一屈一伸，不运气而气充，不加力而力无穷，究其功之所至，合阴阳参造化而与太极同体。"这也说明了这两个理论是孙禄堂先生在《形意拳学》初版刊出以后才总结提炼出来的，而且是孙氏三拳共有的理论，是三拳合一论的重要理论依据。

四、究竟何为顺、何为逆？何为逆中行顺、何为顺中用逆

在《八卦拳学》第四章"四德八能四情"中，孙禄堂先生还提出了孙氏武学的"四德"论："四德者，顺、逆、和、化。四者，即拳中合宜之理也。

顺者，手足顺其自然往前伸也；逆者，气力往回缩也；和者，气力中正无乖也；化者，化其后天之气力归于丹田而返真阳也。"

以"顺逆"与"和化"的关系而言：顺则能和，逆则能化。可见和化仍是顺逆之理。

所谓逆中行顺，从身体动作上讲就是手足缩回时（逆），肩胯里根向外松开（顺）。从神意上说，就是"逆藏先天之阳，顺化后天之阴"。

所谓顺中用逆，从身体动作上讲就是手足自然向前伸时（顺），肩胯里根往回缩（逆）。从神意上说，就是"顺退后天之阴，逆返先天之阳，归于既生以后面目"。

五、内开外合、外开内合究竟又是什么

在孙禄堂先生的武学著述中并没有出现"外开内合"一词，然而事实上孙氏武学不仅有"内开外合"，也存在"外开内合"，故著者不揣浅陋，增补"外开内合"一说。内开外合对应的是逆中行顺，外开内合对应的则是顺中用逆。当然，内开外合为体，为本；外开内合为用，为末。孙禄堂先生略去外开内合一说，恐怕也是基于这个缘故。

再者，孙禄堂先生应该是习惯于用"内开外合"替代"逆中行顺"，因此"逆中行顺"没有单独出现过；同理，又以"顺中用逆"替代"外开内合"，这可能也是"外开内合"一词没有出现的又一个重要原因吧。这就有了孙氏武学的"内开外合、顺中用逆"论。

其实孙禄堂先生这样做也有类似的例子。如关于拧裹、蹲翻，蹲为里裹，翻为外拧；或者说，裹为里蹲，拧为外翻。但孙禄堂先生既不用"里裹外拧"，也不用"里蹲外翻"，而是把二者混用，提出"里裹外翻"这一术语。当然，这一术语出现更晚，直至1925年出版的《八卦剑学》才首次使用。虽然它仅仅在"剑学"中出现过一次，却是孙氏武学的理论内核。孙氏武学的体用，归根到底就是"里裹外翻"这四个字。先太夫子孙存周先生说过："孙家拳法，里裹外翻而已！"而"里裹"时就是"内开外合（逆中行顺）"；"外翻"时就是"顺中用逆（外开内合）"。

其实在孙禄堂先生的著作中也有关于"外开内合"方面的表述。如《太极拳

学·三通背学》第二节："将左手虎口朝上着,同时于胁下往前伸直,手虎口仍朝上着,与心口相平。……两眼顺着左手食指梢看去,将神气沉住,且内外开合须要分明。"这里的"内外开合"实质上就是"外开内合"。

再如《形意拳学·虎形学》第二节"虎扑"："两肩向外开劲,又向后抽劲。"再如《八卦拳学·兑卦猴形学》之"右白猿献果"："再迈左足,两手亦极力往外开劲……两肘亦极力往一处抱劲,……两肩极力往回缩劲。"这里的"外开劲"与"后抽（回缩）劲"也就是"外开内合"。

因此在孙禄堂先生著作中实际上是存在"外开内合"这一理论的,只是没有明确写出来,而是以"顺中用逆"一词代替了而已。

"内开外合"主要包含以下几层内涵：一曰手足回缩时（外合）,肩胯里根向外松开（内开）。二曰周身四肢往回缩劲时（外合）,脊柱与四肢乃至周身关节节节松开（内开）。三曰外静内动——身体四肢无动作,为静,为外合;心意放开、一气流行,为动,为内开。四曰"内三合"开时"外三合"要合——心、意、气、力放开,而肩胯、肘膝、手足要往里合（即往回缩。此"合"为分合之"合",非配合之"合"）。

"外开内合"也包含以下几层内涵：一曰手足自然前伸时（外开）,肩胯里根往回缩劲（内合）。二曰周身四肢展开时（外开）,脊柱与四肢乃至周身关节节节缩劲（内合）。三是外动内静——身体四肢动,为外开;心静意专,为内合。四曰"外三合"开时"内三合"要合——肩胯、肘膝、手足发劲时（外开）,心意气力要合成一体、专注于一点（内合）。

虽然二者均写了四个方面的内涵,其实各自四个方面只是从不同角度说明而已,归根到底还是内外一家而已。

如果仅以身体四肢外形动作言之,则开合就是伸缩。程廷华先生曰："缩者,是由高而缩于矮,由前而缩于后。从高而缩于矮之情形,身子如同缩至于深渊;从前而缩于后之意思,身体缩至于深窟。若是论身体伸长而言之,伸者,自身体缩至极矮极微处,再往上伸去,如同手扪于天;往远伸去,又同手探于角。此是拳中开合抽长之精意。"

简单说来,静时、蓄势时（蓄势皆有"虎抱头"之意）为内开外合（逆中行顺）;动时、出势时（出势皆有"虎扑"之意）为顺中用逆（外开内合）。

六、顺逆之理与开合之理存在怎样的关系

"内开外合,外开内合"与"逆中行顺,顺中用逆"其实是一个问题的两个方面。前者是形式,后者是内容;或者说前者是结果,后者是过程。

逆中行顺时,是内开外合;顺中用逆时,为外开内合。前者为本,后者为末。

另外,孙氏太极拳为开合太极拳,其开合并非仅仅是因为有13组开手合手而已,本质上是指太极拳处处不离开合。参见拙作《孙氏太极拳"开合"论》一文。

七、余论

某种意义上说，内开外合、顺中用逆论是孙氏武学的"不传之秘"。

概括说来，孙氏武学的"不传之秘"有三：一曰和顺自然；二曰里裹外翻；三曰内开外合，顺中用逆。然而，尽管三者各有侧重，其实还是一码事。

习武究竟有没有秘诀？曰：习武没有秘诀。曰：习武也有秘诀。

何以如此"自相矛盾"？功夫本不存在什么"不传之秘"，若说有，恒、苦二字，就是习武的秘诀（参见本板块之第十四论——《孙氏武学练拳"得道"诸要素论》一文，P_{253}）。所谓"秘诀"，就是明师传授的道理规矩，加上自己的身体力行、心思会悟。内开外合、顺中用逆等三者就是孙氏武学中至为关键的道理规矩，六合、九要之理都在其中，三毒、五恶、六猛由此而生，千万法、无一法因之而得。

明师是前提，却是外因；恒苦自励、专心悟道，才是得到"秘诀"的根本原因所在。

第七章

孙氏武学"数理"论

关于拳意之道，郭云深先生曰："大概皆是河洛之理。以之取象命名，数理兼该，顺其人动作之自然，制成法则，而人身体力行之。"又云："飞九宫……河图之理藏之于内，洛书之道形之于外也。所以拳术之道，体用俱备，数理兼该，性命双修，乾坤相交，合内外而为一者也。"

在《太极拳学·自序》中，孙禄堂先生又写道："元顺帝时，张三丰先生修道于武当……遵前二经之义，用周子太极图之形，取河洛之理，先后易之数，顺其理之自然，作太极拳术，阐明养身之妙。"

河图、洛书（见下图）是中国古代传统文化最具代表性的文化符号，甚至说它们是中国传统文化的源头也不为过。《易经·系辞上》："河出图，洛出书，圣人则之。"河图由分布于东西南北中五个方位的十个数字符号构成（一至十）；洛书有分布于八方和中央的九个数字符号构成（一至九）。阴阳、五行、八卦、九宫、天地方圆等理由此而孕育。数理兼该，于河图洛书中体现的最为显明。

程廷华先生云："两足动作，皆勾股三角，两手之运用，又合弧切八线。所以数不离理，理不离数；数理兼赅，乃得万全也。将此道理得之于身心，可以独善其身，亦可以兼善天下。"

孙禄堂先生在《八卦拳学·凡例》中也说："是编为修身而作，取象于数理，立体于卦形，命名于拳术，谓之游身八卦

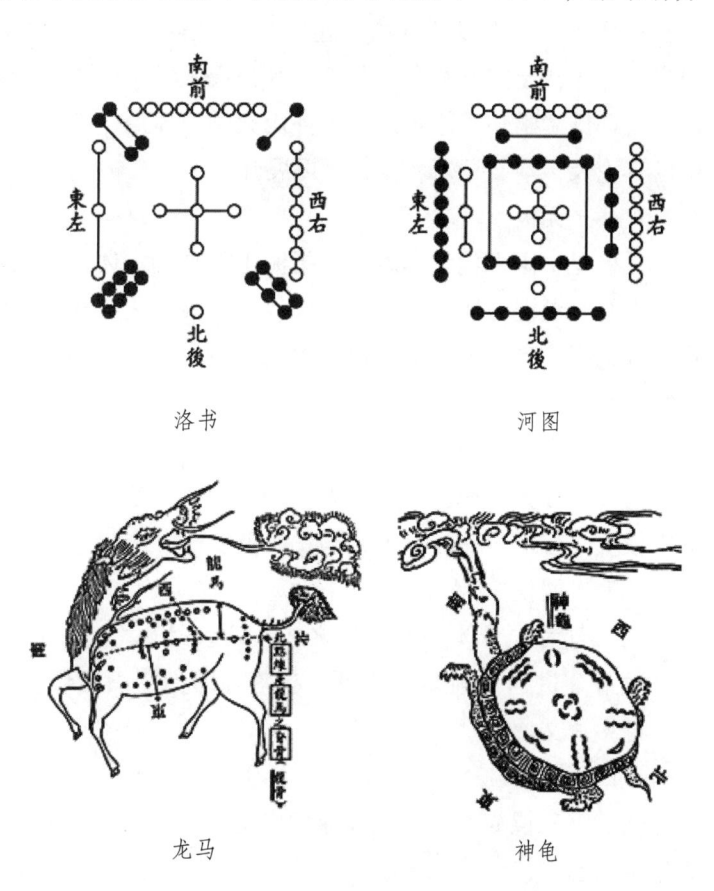

洛书　　　　河图

龙马　　　　神龟

193

连环掌。内藏十八趟罗汉拳，兼有七十二截腿、七十二暗脚……"

显然，数理兼赅（该、赅互通）是孙氏武学理论的一个重要特点和最基本的表述方式。

什么是"数理兼赅"呢？数理兼赅指的是天地万事万物之数与人伦天理兼备。何谓"数"？易学认为，"世间万事万物皆有数"，它既描述了一切物体从发生到消亡的发展过程，也描述了预测所用的方法，如大衍之数，梅花易数等。何谓"理"？理即道理——天地、人生的道理，所谓人伦天理是也。兼赅，亦作"兼该"。指兼备，包括了各个方面。简单地说，数理兼赅就是理中有数，数中有理。

在孙禄堂先生的五部武学专著中，涉及到的"数理"之处很多。总括起来，孙氏武学的数理主要有：无极、太极（一理、一气）、两仪（二气）、二总、三才（三体）、三害、三毒、三阶、三拳合一、体用三中、三元、三达德、勾股三角、四象、四德、四情、五行（五纲）、五恶、六合、六猛、六方、七星、八卦、八要、八字、八能、八法、八卦剑体剑八字、弧切八线、九宫、九要、十目、八卦剑用剑十字、十二形（十二目）、十三势、十三格、十四处打法、十六处练法、六十四卦、七十二截腿、七十二暗腿、九十一拳、一百零三枪、千万法等。

以下分别简略述之。其中，无极、太极（一理、一气）、两仪（二气）、三才（三体）、三阶、三拳合一、体用三中、三达德、四象、六合、八字、八能、八法、九要等在拙作《孙式太极"八法"述要》（上下篇）、《孙式太极拳"开合"论》和本板块之《孙氏武学"三拳合一"论》《孙氏武学"四象"论》《孙氏武学"太极一气"论》《孙氏武学"三体"论》《孙氏武学"体用"论》《孙氏武学"三阶"论》等文中已有论及，本文只列名目，不再展开。

（一）无极

无极是中国古代哲学术语，指派生万物的本体，它无色、无味、无声、无臭、无始、无终，混混沌沌，无可指名，故曰无极。无极在数为〇。孙禄堂先生创造性地把这一概念引入到孙氏武学理论之中来。参见本板块第十二论——《孙氏武学"三拳合一"论》一文（P_{243}）。

（二）太极（一理、一气）

太极，在数为一。"一理者，即太极拳术起点，腹内中和之气，太极是也"。详见本板块之首论——《孙氏武学"太极一气"论》一文（P_{153}）。

（三）两仪（二气）

"二气者，身体一动一静之式，两仪是也"。一阴一阳谓之两仪。如开合、虚实、动静、进退、刚柔、呼吸、起落等即为阴阳两仪。参见拙作《孙式太极拳"开合"论》一文。

（四）二总

"三拳三棍为二总"。孙禄堂先生注云："三拳是天地人生法无穷；三棍是天地人生生不已。"

在形意门、心意门中有"老三拳"之说。据《戴龙邦拳谱》："三拳者，躜拳、裹拳、践拳是也。躜拳似闪电，裹拳类虎践，践拳似马奔，连环一气演。躜拳无孔不入，裹拳无坚不摧，践拳无远不近。"著者以为，老三拳实为三种基本劲法，践拳即燕形、马形之劲意，箭步、挑把在其中，为"地盘拳"；裹拳即横拳之劲意，有身法之裹束在内，为"人盘拳"；躜拳即五行拳之躜拳，有躜截之劲意，有鹞子躜天之形，为"天盘拳"。三拳错综互变，生出无穷变化，故曰三拳"生法无穷"。

《戴龙邦拳谱》又云："三棍者，崩棍、炮棍、反背棍是也。崩棍只要猛，炮棍似风行，反背疾如矢，真乃在其中。"崩棍在滚扣而戳扎，即枪中之拦拿扎是也；炮棍在封压加左右擢、挑；反背棍在闭挎兼刺。炮棍防上，为"天盘棍"；反背棍防左、后与下，为"地盘棍"，崩棍防前、右与中，为"人盘棍"。三者循环往复，变化无穷，虽不必胜人，亦不至速败于人也，故曰三棍"生生不已"。

（五）三才（三体）

"三才者，头、手、足，即上、中、下也。"详见本板块之第五论——《孙氏武学"三体"论》一文（P_{180}）。

（六）三害

"三害者何？一曰努气，二曰拙力，三曰挺胸提腹。

用努气者，太刚则折，易生胸满气逆，肺炸诸症。譬之心君不和，百官自失其位。

用拙力者，四肢百骸，血脉不能流通，经络不能舒畅，阴火上升，心为拙气所滞，滞于何处，何处为病，轻者肉中发跳，重者攻之疼痛，甚之可以结成疮毒诸害。

挺胸提腹者，逆气上行，不归丹田，两足无根，轻如浮萍，拳体不和，即万法亦不能处时中地步。"

三害之病是初学者易犯的毛病。欲避此三害，需谨守"九要"之法则。

（七）三毒

"三拳三棍精熟，即为三毒"。三毒本为佛学名词，指一切痛苦的根源——贪、嗔、痴（贪欲、憎恨、愚痴）。这里指天、地、人（上、中、下）三绝之意。

（八）三阶

"三阶"是著者用来概括孙氏武学低中高三个阶段各方面的修为而命名的，包括三步功夫、三层道理、三种练法、三层呼吸等。详见本板块之第八论——《孙氏武学"三阶"论》一文（P_{204}）。

（九）三元

三元即三才，三拳有天地人三才之象。在《八卦拳学（原序）》中，孙禄堂先生写道："……始知三家皆三元之理：夫八卦，天也；形意，地也；太极，人也。三家合一理也。……余尝自揣三元性质：形意譬如钢球铁球，内外诚实如一；八卦譬如绒球与铁丝盘球，周围玲珑透体；太极如皮球，内外虚灵，有有若无、实若虚之理，此是三元之性质也。形象虽分三元，要不出人丹田之气也。天地人三才，亦即太极一气之流行也，故三家合为一体。"

三元者，八卦为圆，天之象；形意"十字当中求生活"，为方，地之象；太极有八卦、有五行，外圆内方，人之象。

"三球"之喻即三拳诚中、虚中、空中之理，简单点说，即形意尚明劲、八卦尚暗劲、太极尚化劲之意也。

（十）三拳合一

参见"三元"。详见本板块之第十二论——《孙氏武学"三拳合一"论》一文（P$_{243}$）。

（十一）体用"三中"

孙氏武学三拳体之"三中"为"诚中、虚中、空中"；用之"三中"为"直中、变中、空中"。详见本板块之第十论——《孙氏武学"体用"论》（P$_{227}$）、第十三论——《孙氏武学与"三教"密切相关论》二文（P$_{248}$）。

（十二）三达德

三达德者，智、仁、勇是也。参见《孙氏武学与"三教"密切相关论》一文（P$_{248}$）。

（十三）勾股三角

勾股三角本指不等腰直角三角形三个边，股为较长的直角边，勾为较短的直角边，对着直角的斜边叫作弦。三边的任意比即构成三角函数。下文的"弧切八线"亦即三角函数，二者意义相同。孙氏武学中的所谓"勾股三角"主要指形意、八卦、太极的步型、步法为三角形，即所谓"三角步"是也。也指松肩坠肘、舒腰坐胯所形成的"鸡腿龙身熊膀虎抱头"的形态，上中下三节、中节之肩肘腕、下节之胯膝足，甚至手指、足趾的每一个关节，处处不离三角状态。换句话说，孙氏武学作为内家拳，是没有挺臂、挺膝、挺指与笔直站立的状态的。

（十四）四象

形意四象为鸡腿、龙身、熊膀、虎抱头；八卦四象曰太阳（朱雀）、太阴（玄武）、少阳（青龙）、少阴（白虎）、即水、火、木、金；太极四象是前进、后退、左顾、右盼。关于几者意义及其相互关系，详见本板块之第九论——《孙氏武学"四象"论》一文（P$_{217}$）。

（十五）四德

"四德者，顺逆和化。四者，即拳中合宜之理也。顺者，手足顺其自然往前伸也；逆者，气力往回缩也；和者，气力中正无乖也；化者，化其后天之气力归于丹田而返真阳也。"

（十六）四情

四情，即起落躜翻也。四情与四德、八能密不可分："顺逆合化，为六十四卦之德也。六十四卦含之于顺逆合化四者之中，而为德行，行之于身而为道，用之于外而为情。""至于拳内用法名目虽广，然无论如何动作变化，总以四情为表则也。四情用的合当，则能与性德合而为一道也。"

四情其实就是孙氏武学的"不传之秘"：里裹外翻！

（十七）五行（五纲）

在形意拳即劈、崩、躜、炮、横五拳（五纲）；在八卦为心、肝、脾、肺、肾五脏（先天内五行），东、西、南、北、中五方（后天外五行）；在太极拳为进、退、顾、盼、定五步。

形意拳的"五纲"："劈拳者，属金，是一气之起落也。……劈拳者，是气之起落上下运用之，有劈物之意，故于五行之理属金，其形象斧，在腹内则属肺，在拳中即为劈。"

"崩拳者，属木，是一气之伸缩，两手往来之理也。势如连珠箭，在腹内则属肝，在拳中即为崩，所谓'崩拳如箭属木'者是也。"

"躜拳者，属水，是一气之曲曲流行、无微不至也。躜拳如水在地中忽然突出，亦如泉水之上翻似闪。在腹内则属肾，在拳中即为躜。所谓'躜拳似闪属水'是也。"

"炮拳者，属火，是一气之开合也，如炮忽然炸裂，其弹突出，其性最烈，其形最猛。在腹内则属心，在拳中即为炮。所谓'炮拳似炮属火'者是也。"

"横拳者，属土，是一气之团聚也。在腹内则属脾，在拳中即为横。其形圆，是以性实……所谓'横拳似弹属土'者是也。"

关于八卦拳的五行，在《八卦拳学·八卦拳先天后天合一式说》中，孙禄堂先生引用《周易阐真》之论："先天逆中行顺者，即逆藏先天阴阳五行，而归于胚胎一气之中，即归于横拳未起之一气也。顺化后天之阴，而保此一气也。保一气者，不使横拳有亏也。"这里的"先天阴阳五行"指的就是内五行（五脏）。

在《八卦拳学·八卦拳神化之功借天地之气候形式法》中，孙禄堂先生又说："此理练法是借天地之灵气，受日月之照临，得五行之秀美，而能与太虚同体，是为上乘神化之功也。"这里的"五行"指的就是外五行（五方）。

关于太极"五行"的进、退、顾、盼、定，参见本板块之第九论——《孙氏武学"四象"论》一文（P$_{217}$）。

（十八）五恶

"得其五精，即为五恶"。五精，指心、肺、肝、脾、肾五脏所藏的精气，即八卦拳中所谓"先天内五行"也。五行拳者，劈、崩、躜、炮、横是也。劈拳似斧属金，得肺之精气；崩拳似箭属木，得肝之精气；躜拳似闪属水，得肾之精气；炮拳似炮属火，得心之精气；横拳似弹属土，得脾之精气。五精合一处，劲力招法毒辣之极，是为五恶。

（十九）六合

孙氏武学关于"六合"的表述有两种：一是形意拳、八卦拳的"六合"——内外六合，心与意合、意与气合、气与力合是为内三合；肩与胯合、肘与膝合、手与足合，是为外三合。二是太极拳的"六合"——六合者，即精合其神，神合其气，气合其精，是内三合也；肩与胯合，肘与膝合，手与足合，是外三合也。内外如一，是为六合。二者表述形式不一，实质上却是一致的，请爱好者自行揣摩。

（二十）六方

"内外合一家，为六方"。六方本指前后左右（或南北东西）上下，此指六合归一。

（二十一）六猛

"六合练成，即为六猛"。心与意合、意与气合、气与力合（内三合），肩与胯合、肘与膝合、手与足合（外三合），六合归一处，勇猛无匹敌。

六猛、五恶、三毒，含义其实是一致的。

（二十二）七星

"七星者，头、肩、肘、手、胯、膝、足，共七拳，是七星也"。参见下文"十四处打法"。

（二十三）八卦

太极拳中，"八卦"即太极八法"掤、捋、挤、按、采、挒、肘、靠，即八卦也"。

八卦拳中，"是以八卦取象命名，制成拳术。近取诸身言之，则头为乾、腹为坤、足为震、股为巽……。若在拳中，则头为乾，腹为坤，肾为坎，心为离，尾闾第一至第七大椎为巽，项上大椎为艮，腹左为震，腹右为兑。此身体八卦之名也。自四肢言之，腹为无极，脐为太极，两肾为两仪，两胳膊两腿为四象，两胳膊两腿各两节为八卦。……此四肢八卦之名称"。

"若远取诸物，则乾为马，坤为牛……拳中则乾为狮，坤为麟，震为龙、巽为凤，坎为蛇，离为鹞，艮为熊，兑为猴等物，以上皆远取诸物也"。

形意拳中也有八卦，孙禄堂在《形意拳学·自序》中说："余于形意一门稍窥门径，内含无极、太极、五行、八卦起点诸法，探原论之，彼太极、八卦二门及外家、内家两派，虽谓同出一源可也。"无论孙氏武学之形意、八卦还是太极，其起点都离不开无极、太极、两仪、三才、四象诸法。而八卦拳之四德、八能、四情也包含在形意五行、十二形、八式、杂式捶等之中。

（二十四）八要

八要即"心定神宁；神宁心安；心安清净；清净无物；无物气行；气行绝象；绝象觉明"。简单地说，八要指心定、神宁、心安、清净、无物、气行、绝象、觉明八个火候层次。八要为道艺之学，至觉明之境，则神气相通，万气归息于丹田之中。

（二十五）八字、八能、八法

形意劲法有八字：斩、截、裹、胯、挑、顶、云、领。八卦劲法曰八能：搬、拦、截、扣、推、托、带、领。太极劲法称八法（八门）：掤、捋、挤、按（四正），采、挒、肘、靠（四隅）。详见本板块之第十一论——《孙氏武学"交手"论》（P$_{234}$）与拙作《孙式太极"八法"述要》（上下篇）两文。

（二十六）八卦剑体剑八字

"走、转、裹、翻、穿、撩、提、按，为练剑要法八字。走者，行走步法也；转者，左右旋转也；裹者，手腕往里裹劲也；翻者，手腕向外翻扭也；穿者，左右前后上下穿法也；撩者，或阴手或阳手，望着前后撩去，或半弧或圆形，因式而出之也；提者，剑把往上提也；按者，手心里边向下按也"。

（二十七）弧切八线

弧切八线是数学概念：圆上任意两点间的部分叫弧；和圆上有一个公共点的直线叫作圆的切线。直角三角形之三边，关于其任一锐角，可组成任意比，而名之此角的正弦、余弦、正切、余切、正割、余割、正矢、余矢，称三角函数，亦称圆函数，亦称弧切八线（参见右图）。弧切八线和勾股三角都是借用数学概念。参见"勾股三角"。

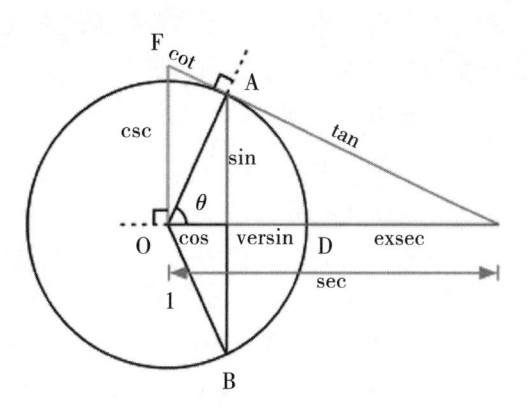

弧切八线（三角函数、圆函数）图

（二十八）九宫

在太极拳中，"九宫者，以八手（八法、八门）加中定，是九宫也"。在八卦拳和形意拳飞九宫中，乾、坤、震、艮、坎、离、兑、巽八卦加中宫为九宫。不同的是八卦为圆图，九宫为方图（参见右图）。太极拳之九宫则为虚图，不见实际的方圆。

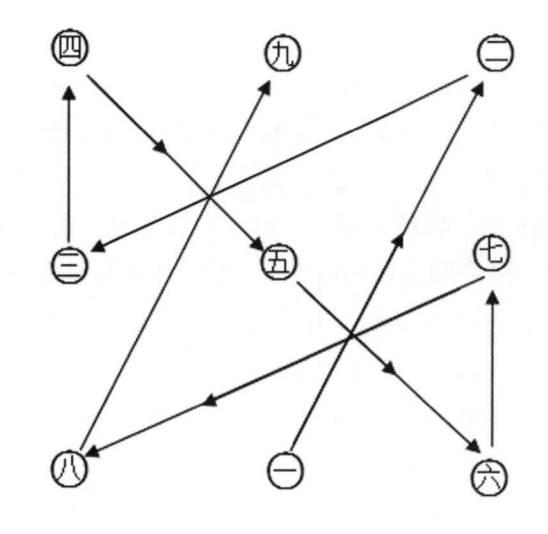

飞九宫示意图

（二十九）九要

"九要者何？一要塌，二要扣，三要提，四要顶，五要裹，六要松，七要垂，八要缩，九要起躜落翻分明"。其中塌、扣、提、顶、裹、松、垂、缩八字为三体式和孙氏三拳身法八要，起躜落翻分明为行拳要诀。详见本板块之第三论——《孙氏武学"中和"论》一文（P$_{169}$）。

（三十）十目

即"十目所视之意"。十目所视，指个人的言论行动总是在公众的监督之下，不允许做坏事，做了也不可能隐瞒。十目，五人有十只眼睛，代指众人。语出《礼记·大学》："曾子曰：'十目所视，十手所指，其严乎。'"这里是强调武学应为

199

道艺之学，练拳即做人，要堂堂正正，光明磊落。

（三十一）八卦剑用剑十字

八卦剑用法十字为：挑、托、抹、挂、刷、搜、闭、扫、顺、截。

（三十二）十二形（十二目）

形意拳中之十二形者，"是天地所生之物也，为龙、虎、猴、马、鼍、鸡、鹞、燕、蛇、鲐、鹰、熊是也。诸物皆受天地之气而成形，具有天理存焉。此十二形者，可以概括万形之理。故十二形为形意拳之目，又为万形之纲也。所以习十二形拳者，可以求全天地万物之理也。"五行为纲，为母；十二形为目，为子。但同时十二形又是万形之纲，即万形之母也。

（三十三）十三势

太极拳十三势者，"掤捋挤按，採挒肘靠，进退顾盼定也。掤、捋、挤、按，即坎、离、震、兑。四正方也；採、挒、肘、靠，乾、坤、艮、巽。四斜角也，亦即八卦之理也。进步、退步、左顾、右盼、中定也，即金、木、水、火、土也。此五行也。合上述之四正四斜为十三势，此太极拳十三势之所由名也。其中分为体、用，以太极架子，进退顾盼定言，谓之体；以掤捋挤按，採挒肘靠言，谓之用。又或以五行谓之经，八卦谓之纬。"

（三十四）十三格

"自七拳格起，至士、农、工、商为十三格"。十三格指习形意拳需要格物致知的十三个方面。在《拳意述真·〈形意拳谱〉摘要》中，前述的九个方面加上士、农、工、商"四民"，总为十三格：一曰七拳、二曰八字、三曰二总、四曰三毒、五曰五恶、六曰六猛、七曰六方、八曰八要、九曰十目、十曰士、十一曰农、十二曰工、十三曰商。格四民者，指习武者必是四民之一，不存在高高在上的武士阶层，自然需识四民之业、知四民之性。

（三十五）十四处打法

前述七拳（七星），共有十四处打法。

"肩、肘、手、胯、膝、足，左右共十二拳，头为一拳，臀尾为一拳，共十四拳。名为七拳，故有十四处打法。"孙禄堂先生注云："此十四处打法，变之则为万法；合之则为五行两仪而仍归一气也。"

"头拳"一："头打落意随足走，起而未起占中央，脚踏中门抢地位，就是神仙也难防。"

"肩拳"二："肩打一阴反一阳，两手只在洞中藏，左右全凭盖他意，束展二字一命亡。"

"肘拳"二："肘打去意占胸膛，起手好似虎扑羊，或在里（裹）拨一旁走，后手只在胁下藏。"

"手拳"二："拳打三节不见形，如见形影不为能。能在一思尽；莫在一思存。能在一气先；莫在一气后。"

"胯拳"二："胯打中节并相连，阴阳相合得之难，外胯好似鱼打挺，里胯藏步变势难。"

"膝拳"二："膝打几处人不明，好似猛虎出木笼，和身展转不停势，左右明拨任意行。"

"足拳"二："脚打踩意不落空，消息全凭后脚蹬，与人较勇无虚备，去意好似卷地风。"

"臀尾拳"一："臀尾起落不见形，猛虎坐卧出洞中，臀尾全凭精灵气，起落二字自分明。"

（三十六）十六处练法

十六处练法为："一寸、二践、三躜、四就、五夹、六合、七齐、八正、九胫、十警、十一起落、十二进退、十三阴阳、十四五行、十五动静、十六虚实。"

孙禄堂先生注云："寸——足步也。践——腿也。躜——身也。就——束身也。……虚实——虚是精也；实是灵也。精灵皆有成其虚实。拳经歌曰：精养灵根气养神，养功养道见天真。丹田养就长命宝，万两黄金不与人。"限于篇幅，孙禄堂先生注文不一一录入。详见板块一第七章《〈形意拳谱〉摘要》之"十六处练法"（P$_{104、105}$）。

（三十七）十八趟罗汉拳

佛门中有十八罗汉之说，分别是坐鹿罗汉、欢喜罗汉……降龙罗汉、伏虎罗汉等。十八罗汉其实是代表了十八种、或者说无数种人生态度或者生活方式，少林派模仿十八罗汉的形象而有十八罗汉拳。但孙禄堂先生的所谓"十八趟罗汉拳"，实际是指虽云"游身八卦连环掌"，却不仅仅是"掌"，其中包含了无穷的拳法变化，可以是掌、可以是拳、可以是肘、可以是一二手指或手指之某一节等，并不是说八卦拳中包括具体形式上的十八罗汉拳。

（三十八）六十四卦

乾、坎、艮、震、巽、离、坤、兑八卦中的每一卦再分别与八卦相配而成六十四卦。六十四卦为乾、坤、屯、蒙、需、讼、师、比、小畜、履、泰、否等。以近取诸身而言，"两手两足共二十指也，以手足四拇指皆两节，共八节，其余十六指，每指皆三节。共合四十八节，加两胳膊两腿八节，与四大拇指八节，共合六十四节，合六十四卦也。"

六十四卦，言八卦拳八大掌纵横联络，变化无穷，非实指也。

（三十九）七十二截腿、七十二暗腿

程廷华先生云："一气者，八卦为其体；六十四卦以及七十二暗足互为其用。"孙禄堂先生则细分为"七十二截腿、七十二暗脚"。其中的截腿主防，暗腿主攻。七十二暗足与七十二截腿、七十二暗腿之说，均指八卦拳练体时没有高腿法，也没有明确的踢、弹、蹬、踹、扫、铲、撩等腿法招牌动作与名称，而是在长期走转习练过程中自然形成的一些实用低腿法，如践步、寸踩、扣挤、摆挤、钩挂、底鞭、泼脚、

201

缠腿、蹬枝、前后跪压、撩阴、穿裆等腿法变化。"七十二"亦非实指，而是因为足在下，行于地面，暗藏腿法变化，而七十二属于地煞之数，故以七十二称八卦拳之暗足数。其实粗分腿法也就十几种吧，但因临敌应用，法无定法，又与身法、手法相结合，变化无穷，则腿法数量又岂止七十二种？

（四十）九十一拳

"三拳分为二十一拳，五行生克是十拳，分为七十拳。共九十一拳。"孙禄堂先生注云："一拳分为七拳：是前打、后打、左打、右打、不打、打打、不打打打。"其中的"不打"即闪展腾挪；"打打"即打实不打虚；"不打打打"即无所谓闪、无所谓打，随手而应之。三拳者，践、裹、躜是也；五行相生有五拳——金生水，水生木，木生火，火生土，土生金；五行相克有五拳——金克木，木克土，土克水，水克火，火克金。三拳加五行生克计十三拳，每拳分为七种打法，共为九十一拳。

（四十一）一百零三枪

"天地人三枪各分四柱，是三四一十二枪。五行五枪，是五七三十五枪。八卦八枪，是七八五十六枪。共一百零三枪也。"

人生而立于天地之间，礼义廉耻为其四维，即四柱，故天地人三才枪是三四一十二枪。

五行五枪，即劈枪、崩枪、躜枪、炮枪、横枪是也。每一枪又分前打、后打，左打、右打、不打、打打、不打打打七枪，是为五七三十五枪。

八卦八枪即乾卦狮形枪、坤卦麟形枪、震卦龙形枪、巽卦凤形枪、坎卦蛇形枪、离卦鹞形枪、艮卦熊形枪、兑卦猴形枪。每一枪也分七枪，是为七八五十六枪（孙禄堂先生遗著有《八卦枪学》，惜先生未完成便驾鹤西游，孙门八卦枪已成绝响）。

三者相加，共为一百零三枪。

其实九十一拳与一百零三枪也都是虚指，极言拳法与枪法之变化无穷而已。

（四十二）千万法

宋世荣先生云："形意拳之道，是先将拳术已成之着法，玩而求之，而有得之于心焉。或吾胸中有千万法可也；或吾胸中浑浑沦沦，无一着法亦可也。……譬如千万法者，是一形一着法也，一着法之中，亦皆能生生不已也。……所以练一形之中，将伊之性能，格物到至善处，用之于敌，可以循环无端，变化无穷，故能时措之宜也。一形之能力如此，十二形之能力皆如是也。"

孙禄堂先生也认为，七拳十四处打法，"变之则为万法"。

在《形意拳学》中，孙禄堂先生认为万法生于三体式、也生于后天横拳之中："以后演习操练，万法皆出三体势，此势乃入道之门。形意拳中之总机关也。""后天之横者，是拳中外形手足，一动即名为横也。此横有名有式，无有横之相也；亦为诸式之干也；万法亦皆生于其内也。"

在《八卦拳学》中，孙禄堂先生认为乾卦能生万法："乾卦者，天之象也。狮子掌者，拳之式也；乾者健者也，阳之性也，三画卦之名也，乾以形体言谓之天，以性情言谓之乾。……在腹内则为气，能资万物；在拳中，则为狮子掌，能万法开端。"

在《太极拳学》中孙禄堂先生认为十三势中孕育万法："以五行八卦十三势为太极之用，又为万法之纲也。"

千万法（万法）更是指拳法变化无穷，非实指也。须知万变不离其宗，终归是一气之流行而已。

以上罗列的是孙氏武学"数理"论中主要的42个方面的数理，其他还有许多方面，不再一一列举和说明。虽然有数十个方面的数理，但起点都是由无极而太极，由太极而两仪，由两仪而三才，由三才而生出千万"数理"。千万数理最终还是复归于"太极一气"！

第八章

孙氏武学"三阶"论

在《拳意述真》一书中,有多处从不同角度专门论述孙氏武学初、中、高三个阶段基本理论的文字,著者将它们统称为"三阶"论。它们分别是:三层道理、三步功夫、三种练法、三种形态、三层呼吸、三层火候、三层用法、三重境界等。

三阶论的基本内容见下表:

孙氏武学"三阶"论基本内容简表

层阶 类别	初阶	中阶	高阶	备注	出处
三层道理	练精化气	练气化神	练神还虚	道体	述郭云深先生言 (以下简称郭言)
三步功夫	易骨	易筋	洗髓	武体	
三种练法	明劲	暗劲	化劲	武用	一则、四则、八则
三种形态	外方	内圆	浑然无间	道用	孙禄堂先生注 郭言五则
三层呼吸	调息	息调	真息(停息)	道体	述宋世荣先生言三则
三层火候	武火	文火	火候纯	道体	郭言十三则
三层用法	有形有相 之用	有声有名 有形无迹之用	无形无相 无声无臭之用	武用	郭言七则
三重境界	足踏水底	足浮水中	足履水面	武体	述郝为桢先生言一则
成大事业、 大学问的 三种境界	昨夜西风凋 碧树。独上 高楼,望尽 天涯路	衣带渐宽终不悔, 为伊消得人憔悴	众里寻她千百 度,蓦然回首, 那人却在灯火阑 珊处	道体	王国维先生 《人间词话》

注:

1. "备注"部分为孙氏武学在初阶、中阶的粗略分法,分为武艺与道艺、体与用,即武艺之体、武艺之用,道艺之体、道艺之用——分别简称为武体、武用,道体、道用。高阶则武道体用不分。

2. 最后引用王国维先生关于"成大事业、大学问的三种境界"之说,概括武者对武学三阶的追求。

著者之所以列一个表格，不仅是为了方便、直观，更重要的是，在初、中、高每一个阶级上，8个方面都是相互密切联系、不可分割的一个整体。余思既然文武一道，则国学大师王国维先生的三种境界论，于武者对武道的追求亦有借鉴意义，故附于表格末端，以供赏鉴。

经过著者校对增删和加标点以后的"校后洁本"《拳意述真》，全书计有31000字有余（连同目录和标点，但不含增补的标题，当然更不含"段落大意"和序号、"笺注"等著者所加文字），其中第四、第五、第六章三派前辈"述真"之言近22200字。然而8处8个方面三阶理论阐述就达约4700字，占全书总字数的15.1%（一成半）；占"述真"之言的21.1%（超过两成）。这尚不含其他零星涉及到的以上诸方面内容的文字。

不仅如此，三阶论还是孙氏武学内劲论、太极一气论、中和论、道艺论、体用论、三体论、四象论、交手论、三拳合一论等重要理论的基石。换言之，三阶论既是孙氏武学的基本理论，也是孙氏武学最基础的理论。

三阶论在孙氏武学中的地位和重要性，不言而喻。

以下对8个方面的三阶论分别略而述之（需要说明的是，由于本文涉及内容太多，而篇幅有限，原则上只引述原文，基本不作解释和论证——特别需要者除外）。

一、三层道理

练精化气、练气化神、练神还虚，是道教内丹术修炼的三个阶段。孙禄堂先生把内丹术之理引入内家武学体系中，将拳术与丹道之功结合起来，称之为拳术的三层道理。这是"拳与道合"最基础的体现。"锻炼形体与筋骨之功，丹道是静中求动，动极而复静也；拳术是动中求静，静极而复动也。其初练之似异，以至还虚则同。所以形意拳之道，即丹道之学也。"

（一）练精化气

（1）何谓"练精化气"？"丹道有最初还虚之功，以至虚极静笃之时，下元真阳发动，即速回光返照，凝神入气穴，息息归根；神气未交之时，存神用息，绵绵若存，念兹在兹，此武火之谓也；至神气已交，又当忘息，以致采取、归炉、封固、停息、沐浴、起火、进退、升降、归根；俟动而复练，练至不动，为限数足满，止火，谓之坎离交媾，此为小周天。"小周天就是丹道的第一阶段，用的是武火，为练精化气。

（2）小周天循环路线：内气运转的小周天过程，是指内气从下丹田开始，经下鹊桥，逆督脉而上（阳升），过尾闾、夹脊、玉枕三关和上丹田（泥丸宫），经上鹊桥，沿任脉而下（阴降），经廉泉、华盖、玉堂、中丹田（膻中）、神阙，复归于下丹田。如此周流运转，循环不息。

（3）孙氏武学的小周天功夫：以孙氏武学而言，三体式和形意、八卦、太极三拳的无极式、太极式就是小周天功夫。

（二）练气化神

（1）何谓"练气化神"？"大周天之功夫，无非自无而生有，由微而至著，由小而至大，由虚而至实，皆呼吸火候之变化。文武刚柔，随时消息，此皆是顺中用逆，逆中行顺，用其无过不及中和之道也。"大周天功夫就是丹道的第二个阶段，用的是文火，为练气化神。

（2）大周天巡行路线：大周天是在小周天阶段基础上进行的。内丹术认为，通过大周天，使神和气密切结合，相抱不离，以达到益寿延年的目的。由于它的内气流行，除在督任二脉外，也在其他经脉上流行，范围大于小周天，故称为大周天。

（3）孙氏武学的大周天功夫：孙氏武学的三体式，练到和顺自然的程度，就由小周天功夫转化为大周天功夫。当然，这时把拳中某个动作或其过程中的某个形态定型为静止状态（也就是通俗所谓"桩功"）来练，也是大周天功夫。暗劲行拳练法，也是大周天功夫。

需要说明的是，"明劲"的初期行拳实际上不能算小周天功夫，更不是大周天功夫。但明劲阶段练至能够不期然而然地合于避三害、守九要的规矩之后，则为武火小周天功夫。至于功夫入于暗劲甚至化劲阶段后，偶尔采取明劲练法，也仍然为武火小周天练法。

（三）练神还虚

（1）何谓"练神还虚"？练神还虚是内丹功法的高级阶段。是在前两个阶段的基础上进入完全的性功，以返回先天。通过练气化神这一关后，便进入丹道修炼的高级阶段。这一修炼过程不同于初关的"有为"、中关的"有无之交"，而是行持"无为"之法，入大定功夫，内观定照，乳哺温养，练就纯阳之神。

（2）孙氏武学的"练神还虚"：孙氏武学三拳演练之时，手足动作"皆不要用力，并非顽空不用力，周身内外，全用真意运用耳。手足动作所用之力，有而若无，实而若虚。腹内之气，所用亦不着意；亦非全不着意，意在积蓄虚灵之神耳。"这是化劲阶段的练法，也就是孙氏武学的练神还虚。

（四）在三层道理的基础上，还有最上乘的丹道之功——练虚合道

（1）何谓"练虚合道"？练虚合道为丹道修炼之最上一乘，又称粉碎虚空或虚空粉碎，为内丹修炼的终极目标。道教认为，进入虚空境界的时候，如果有执着心，依然没有摆脱"有为"法度，应该进一步破除执心，连虚空也一并忘记而没有迹象，这样才能最终与本真之大道合为一体。

（2）孙氏武学的"练虚合道"："用功练去，不要间断，练到至虚，身无其身、心无其心，方是形神俱杳、与道合真之境。此时能与太虚同体矣！"孙禄堂先生引注前人诗："道本自然一气游，空空静静最难求，得来万法皆无用，身形应当似水流。"这首诗最能说明与道合真的境界。

"练至'拳无拳，意无意，无意之中是真意'，亦与丹道练虚合道相合也。"这里说的是三拳演练的境界，也就是练"体"时的境界。

补充说明：以"用"而言，"拳无拳，意无意，无意之中是真意"则是在化劲阶段（对应道艺的"练神还虚"）便有的用法。

（3）由"练虚合道"引申去：从丹道学的"练虚合道"引申开来，孙氏武学实际上有四层道理：练精化气、练气化神、练神还虚、练虚合道；四步功夫：易骨、易筋、洗髓、"脱胎"；四种练法：明劲、暗劲、化劲、"无劲"。

进一步引申开来，还有四种形态：外方、内圆、浑然无间、无形；四层火候：武火、文火、火候纯、无火；四层呼吸：调息、息调、真息（停息）、无息；四层用法：有形有相之用、有声有名有形无迹之用、无形无相无声无臭之用、无用之用；四重境界：足踏水底、足浮水中、足履水面、足浮雾上。

对8个方面四阶的总括：著者把以上四阶总括为"四境"——气境（初阶）、神境（中阶）、虚境（高阶）、道境（至高阶）。四境之名系由孙禄堂先生在《练拳经验及三派之精意》一文中所写的"虚境"扩展而来（"功夫入于虚境"，P110），既然孙禄堂先生把练神还虚阶段称为"虚境"，那么，练精化气阶段当然就是"气境"，练气化神阶段当然就是"神境"，练虚合道阶段当然也就是"道境"。

关于"道境"，著者以苏轼的《行香子·清夜无尘》来比喻："且陶陶，乐尽天真。几时归去，作个闲人。对一张琴，一壶酒，一溪云。"

与之相对的，未曾习武修道和刚接触武道的人为"血境"。因为他们所用的皆是血气之力，成语"血气方刚"即指此意。

由于道境绝少有人企及（近代以来只有李洛能、董海川、杨露蝉、武禹襄四位宗师和孙禄堂先生等极少数的人功臻此境），因此孙禄堂先生只按初、中、高三个境界来阐述。至高境界虽在文中也有涉及，但并没有独立出来。著者深知当世更是无人能够企及，但作为理论探索，也算是为后来者树立一个前行的航标吧。

二、三步功夫

"丹道有三易……拳术亦有三易：易骨、易筋、洗髓。"拳术三易——易骨、易筋、洗髓，即拳术的三步功夫。

三步功夫与释家和武家有关。"昔达摩大师，传下易筋、洗髓二经，习之以强壮人之身体，还其人之初生本来面目。后宋岳武穆王扩充二经之义，作为三经：易骨、易筋、洗髓也。将三经又制成拳术，发明此经道理之用。"

"因拳术有无穷之妙用，故先有易骨、易筋、洗髓，阴阳混成，刚柔悉化，无声无臭，虚空灵通之全体。所以有其虚空灵通之全体，方有神化不测之妙用。"

在《国术源流之管见》一文中，孙禄堂先生也写道："梁武帝时，达摩东来，虑其徒众未谙动静相养之道，于是著'易筋''洗髓'两经，内外交修，为强健身体之初步，否则禅寂枯坐易滋流弊。继之者，分刚柔两派，而少林、内家之拳自兹始矣。"

虽然菩提达摩创易筋、洗髓二经之说未必完全准确，但二经形成与释家有关是无疑的。因此，岳飞教练士卒的杀敌之技是形意拳的萌芽也应该是可信的。

（一）易骨

（1）何谓"易骨"？"易骨者，是拳中之明劲、练精化气之道也。将人身中散乱之气，收纳于丹田之内，不偏不倚，和而不流，用'九要'之规模锻炼，练至于六阳纯全，刚健之至，即拳中上下相连，手足相顾，内外如一。至此，拳中明劲之功尽、易骨之功全、练精化气之功亦毕矣！"

（2）作用："练之以筑其基，以壮其体。骨体坚如铁石，而形式气质，威严状似泰山。"

（3）由来："岳武穆得'筋、髓'两经，复阐发'易骨'之功用，命名曰'形意'。"

（二）易筋

（1）何谓"易筋"？易筋者，是拳中之暗劲、练气化神之道也。

（2）作用："练之以腾其膜，以长其筋。其劲纵横联络，生长而无穷也"孙禄堂先生注："俗云：'筋长力大'。"

（3）由来："少林始于达摩之易筋、洗髓两经。至有宋岳武穆，始有形意拳之名，即易筋之作用也，谓之形意。"

（三）洗髓

（1）何谓"洗髓"？洗髓者，是拳中之化劲、练神还虚之道也。"是将暗劲练到至柔至顺，谓之柔顺之极处，暗劲之终也。柔劲之终，是化劲之始也。所以再加向上功夫，……是谓之化劲、练神还虚、洗髓之功毕矣！"

（2）作用："练之以清虚其内，以轻松其体。内中清虚之象，神气运用，圆活无滞；身体动转，其轻如羽。"孙禄堂先生引注："拳经云：'三回九转是一式'，即此意也。"

（3）由来：见上。

（四）脱胎

孙禄堂先生在自己的"述真"之言——《拳意述真·练拳经验及三派之精意》一文中写道："自己体察内外之情形，'人道'缩至甚小，消除百病，精神有增无减。以后静坐亦如此，练拳亦如此。到此方知，拳术与丹道是一理也。"这段文字充分表明，孙禄堂先生已功臻道境，蜕去凡躯，成就了"仙胎"。

三、三种练法

"拳术亦有三易：易骨、易筋、洗髓。三易即拳中明劲、暗劲、化劲也。"明劲、暗劲、化劲即拳术的三种练法。

（一）明劲

（1）何谓"明劲"？"明劲者，拳中之刚劲也，即练精化气、易骨之道也。"

（2）明劲练法："练之总以规矩不可易；身体动转要和顺而不可乖戾；手足起

落要整齐而不可散乱。"

（3）明劲是小学之道："进退起落，左旋右转，形式有间断，故谓之小学。"

（4）以书法（用笔）喻明劲："练形意拳术，头层明劲，垂肩、坠肘、塌腰，与写字之功夫，往下按笔意思相同也。"

（二）暗劲

（1）何谓"暗劲"？"暗劲者，拳中之柔劲也，即练气化神、易筋之道也。"

（2）暗劲练法：

总体原则："拳中所用之劲，是将形、气、神神即意也。合住""练之神气要舒展而不可拘，运用圆通活泼而不可滞""刚柔合一，动作灵妙，一任心之自然"。

具体练法：

两手之劲：①"两手往后用力拉回，内中有缩力。其意如拔钢丝。"②"两手前后用劲，左手往前推，右手往回拉，或右手往前推，左手往回拉，其意如撕丝绵。"③"又如两手拉硬弓，要用力徐徐拉开之意。"④"两手或右手往外翻横、左手往里裹劲，或左手往外翻横、右手往里裹劲，如同练鼍形之两手，或是练连环拳之包裹拳。拳经云：'裹者，如包裹之不露。'"⑤"两手往前推劲，如同推有轮之重物，往前推不动之意，又似推动而不动之意。"

两足之劲："两足用力，前足落地时，足根先着地，不可有声，然后再满足着地，所用之劲，如同手往前往下按物一般；后足用力蹬劲，如同迈大步过水沟之意。两足进退，明劲、暗劲两段之步法相同，惟是明劲则有声，暗劲则无声耳。"

（3）暗劲是大学之道："上下相连，手足相顾，内外如一，循环无端，形式无有间断，故谓之大学。"

（4）以书法（用笔）喻暗劲："二层练暗劲，松劲、往外开劲、缩劲，各处之劲，与写字提笔意思相同也；顶头蹬足，是按中有提、提中有按也。"

（5）明劲与暗劲之间的关系："先练明劲而后练暗劲，即丹道小周天止火再用大周天功夫之意。明劲停手，即小周天之沐浴也；暗劲手足停而未停，即大周天四正之沐浴也。"

（三）化劲

（1）何谓"化劲"？"化劲者，即练神还虚，亦谓之洗髓之功夫也""腹内空空洞洞、浑浑沦沦、无形无象、无我无他之境""阴阳混成，刚柔相合，内外如一，谓之化劲""'静为本体，动为作用，寂然不动，感而遂通'，是化劲、练神还虚之用也"

（2）化劲练法："是将暗劲练到至柔至顺，谓之柔顺之极处，暗劲之终也。丹经云：'阴阳混成，刚柔悉化，谓之丹熟'。柔劲之终，是化劲之始也。所以再加向上功夫，用练神还虚，至形神俱杳，与道合真，以至于无声无臭，谓之脱丹矣。拳经谓之'拳无拳，意无意，无意之中是真意'。是谓之化劲、练神还虚、洗髓之功毕矣！"

"练之周身四肢动转、起落进退皆不可着力，专以神意运用之。虽是神意运用，惟形式规矩仍如前二种不可改移。虽然周身动转不着力，亦不能全不着力，总在神意之贯通耳。"

（3）以书法（字体）喻化劲："三层练化劲，以上之劲，俱有而不觉有，只有神行妙用，与写字之随意作草书者意思相同也。"

（4）化劲与明暗劲之间的关系："练化劲者，与前两步功夫之形式无异，惟所用之劲不同耳。所练之时，将手足动作，顺其前两步之形式，皆不要用力，并非顽空不用力，周身内外，全用真意运用耳。手足动作所用之力，有而若无，实而若虚。腹内之气，所用亦不着意；亦非全不着意，意在积蓄虚灵之神耳。"

（5）注意事项：化劲不等同于"划劲"。孙禄堂先生注云："化劲者，与练'划劲'不同。明劲暗劲，亦皆有划劲。划劲是两手出入起落俱短，亦谓之短劲。如同手往着墙抓去，往下一划，手仍回在自己身上来，故谓之划劲。"

明劲练法示意图（劈拳）　　暗劲练法示意图（劈拳）　　化劲练法示意图（劈拳）

（四）无劲

"再练亦无劲，亦无火，谓之练虚合道。以致行止坐卧，一言一默，无往而不合其道也。至此无声无臭之德至矣。"

四、三种形态

与三种练法相对应的外方、内圆、浑然无间三种形态，是著者据孙禄堂先生的引注文字及其文意命名的。

（一）外方

在郭云深先生所论关于明劲的文字之后，孙禄堂先生引注曰："拳经云：'方者以正其中'，即此意也。""外方"之名便由此而来。

"方"，指明劲练法，动作必须合乎规矩，手足动作整齐划一。此阶段拳势开展，棱角分明，动作有间断，因此外形有方之象。"正其中"，指以外形动作引导体内散乱之气，使之与力相合，以气使力，形成"气力"，也就是明劲。

（二）内圆

在郭云深先生所论关于暗劲的文字之后，孙禄堂先生又引注曰："拳经云：'圆者以应其外。'即此意也。""内圆"之名便由此而来。

"圆者以应其外"，指暗劲阶段，一改明劲阶段的"以外导内"而为"以内引外"。内里神气舒展、圆通活泼，内劲贯通，则拳术动作自然合乎规矩。此即"内圆外方"之意也。

（三）浑然无间

孙禄堂先生注云："诸形皆无，万象皆空，混混沦沦，一气浑然，何有太极、何有形意、何有八卦也？""浑然无间"据此而得名。

在郭云深先生所论关于化劲的文字之后，孙禄堂先生复又引注曰："拳经云：'三回九转是一式'，亦即此意也。"

"三回者，练精化气，练气化神、练神还虚，即明劲、暗劲、化劲是也。三回者，明暗化劲是一式。九转者，九转纯阳也，化至虚无而还于纯阳，是此理也。"

三回九转，练就纯阳之气、纯阳之体，拳之外形动作愈练愈小，愈练愈圆活精巧，三拳劲力合一，无有太极形意八卦之分；内里正气浩然，至大至刚。此时有"外圆内方"之象，此即化劲之真意也。

（四）无形

化劲阶段虽说"诸形皆无"，但毕竟还是有形迹可寻。至道境则形迹全无，似乎连"本我"都"消失"了，是真正的无形无相无我无他之境。

五、三层呼吸

"丹道始终全仗呼吸。起初大小周天以及还虚之功者，皆是呼吸之变化耳。"

"拳术调呼吸，从后天阴气所积，若致小腹坚硬如石，此乃后天之气勉强积蓄而有也。总要呼吸纯任自然，用真意之元神，引之于丹田。腹虽实而若虚，有而若无。此理即拳中内劲之意义也。"

与三层道理等相对应，呼吸亦有三层：调息、息调、真息（停息）。

（一）调息

何谓"调息"？又称"调整呼吸"，指运用意识，通过调整呼吸使意气相合，以后天之气换取先天之气。调息为练精化气之理。

孙氏形意拳的调息："第一层练拳术之呼吸，将舌卷回，顶住上腭，口似开非开，似合非合，呼吸任其自然，不可着意于呼吸。因手足动作合于规矩是为调息之法则，亦即练精化气之功夫也。""'三害'莫犯，'九要'不失其理。手足动作合于规矩，不失三体式之本体，谓之调息。"

内丹术调息与拳术调息的区别："静坐功夫以呼吸调息；练拳术以手足动作为调息。"

（二）息调

何谓"息调"？呼吸调适也。与调息着意于外不同，息调是着意于丹田之内呼吸。虽也有形，只是形于内而已。这是练气化神之理。

孙氏形意拳的息调："第二层练拳术之呼吸，口之开合、舌顶上腭等规则照前，惟呼吸与前一层不同。前者手足动作是调息之法则，此是息调也。前者口鼻之呼吸，不过借此以通乎内外也；此二层之呼吸，着意于丹田之内呼吸也，又名胎息。是为练气化神之理也。""起落进退皆合规矩，手足动作，亦俱和顺，内外神形相合，谓之息调。"

（三）真息（停息）

何谓"真息"？"呼吸似有似无，与丹道功夫阳生至足，采取、归炉、封固、停息、沐浴之时，呼吸相同。因此似有而无，皆是真息，是一神之妙用也。"孙禄堂先生引注："《庄子》云：'真人之呼吸以踵'，即是此意，非闭气也。"

孙氏形意拳之真息："第三层练拳术之呼吸，与上两层之意又不同。前一层是明劲，有形于外；二层是暗劲，有形于内；此呼吸虽有而若无，勿忘勿助之意思，即是神化之妙用也。心中空空洞洞，不有不无，非有非无，是为无声无臭，还虚之道也。""以身体动作旋转，纵横往来，无有停滞，一气流行，循环无端，谓之停息，亦谓之脱胎神化也。"

补充说明：孙氏八卦拳、孙氏太极拳虽然不是按明劲、暗劲、化劲的次第来修炼，但也存在初、中、高三个阶段，三个阶段的呼吸法与形意拳三个阶段的呼吸法相同。

（四）无息

"再练亦无劲，亦无火"。无火即是无息。

六、三层火候

"火候"是内丹术用语，指的是呼吸与心意（若具体详细区分，则呼吸为风，心意为火）。与三层道理、三层呼吸等对应的火候亦有三层：武火、文火、火候纯。

（一）武火

何谓"武火"？武火指练功中用意重紧急运之谓。与文火相对而言。《金仙证论》："紧重谓之武火。"用武火时须配合舐吸撮闭四诀。《海琼传道集》以"奋迅精神，驱除杂念"为武火之要，采药及昏沉时需用武火。《性命圭旨》："未得丹时籍武火凝之。"

"丹道有最初还虚之功，以至虚极静笃之时，下元真阳发动，即速回光返照，凝神入气穴，息息归根；神气未交之时，存神用息，绵绵若存，念兹在兹，此武火之谓也。"

"凝神""念兹在兹"，都是用意紧重之谓，故为武火。

孙氏形意拳的武火："形意拳术，头层明劲，谓之练精化气，为丹道中之武火也。"明劲即刚劲，用劲力大必用意重急，故为武火。

（二）文火

何谓"文火"？心意轻微，绵绵相照，温和细密，呼吸纯任自然，为文火。《金仙证论》说："微缓谓之文火。""至神气已交，又当忘息，以致采取、归炉、封固、停息、沐浴、起火、进退、升降、归根；俟动而复练，练至不动，为限数足满。"这是丹道小周天中的文火。大周天则是纯粹的文火练法。

文火与武火的区别：武火的火力强，文火的火力弱，用武火聚气称为"武练"，用文火温养称为"文烹"。

孙氏形意拳的文火："第二层暗劲，谓之练气化神，为丹道中之文火也。"

（三）火候纯

何谓"火候纯"？比文火更纯粹的火候之谓，但不易用语言表达。兹引《性命圭旨》中把孔子一生三个阶段比喻为三层火候的言论来说明之："发愤忘食，孔子之武火也（青少年时代）；乐以忘忧，孔子之文火也（中年时期）；不知老之将至云尔者，至诚无息而火候纯也（老年时期）。火候纯，大丹成，而作圣之功毕也。"

修为达于"火候纯"境地，在道教曰成仙；在释教曰成佛；在儒教曰成圣。

子蔚论曰：吾辈文道、武道中人，不羡仙佛，不求成圣，能成为一个德才兼备的贤者，于愿足矣！

孙氏形意拳中的火候纯："三层化劲，谓之练神还虚，为丹道中之火候纯也。火候纯而内外一气成矣。""拳无拳，意无意，无意之中是真意"。真意就是火候纯。

（四）无火

"再练亦无劲，亦无火，谓之练虚合道。"

七、三层用法

"形意拳之用法，有三层：有有形有相之用；有有声有名有形无迹之用；有无形无相无声无臭之用。"

（一）有形有相之用

即明劲之用。拳经云："起如钢锉，落如钩竿；未起如摘子，未落如坠子。起如箭，落如风，追风赶月不放松；起如风，落如箭，打倒还嫌慢。脚打七分手打三，五行四梢要合全。气连心意随时用，硬打硬进无遮拦。打人如走路，看人如蒿草。胆上如风响，起落似箭钻。进步不胜，必有胆寒之心。"

吾师孙叔容先生"简注"云："拳之起、躜、落、翻俱要清晰，起落躜翻均要迅速，要如箭似风，起是打，落也是打。手起气亦起，手落气亦落。所以起落躜翻既有形也讲气，要形随气腾、形动气发，内中意动即真气已动，内外一气，力注四梢，才能发劲整齐，动作迅速；才能追风赶月，将人放出。"

（二）有声有名有形无迹之用

即暗劲之用。"起似伏龙登天，落如霹雷击地。起无形，落无踪，起意好似卷地

213

风。起不起，何用再起；落不落，何用再落？低之中望为高，高之中望为低，打起落如水之翻浪。不躜不翻，一寸为先。脚打七分手打三，五行四梢要合全。气连心意随时用，打破身式无遮拦。"

有形无迹的用法。内外一气，顺乎自然，起不见起，落不见落，打起落就像水中浪花翻滚，毫不停息，无处不是打，无时不是打。

有形无迹，说的是似乎有形迹，又似乎没有形迹，介于有形迹和无形迹之间，故名之曰"有形无迹"或"形迹有无"。

（三）无形无相无声无臭之用

即化劲之用。"'拳无拳，意无意，无意之中是真意。拳打三节不见形，如见形影不为能。'随时而发，一言一默，一举一动，行止坐卧，以至饮食茶水之间，皆是用。或有人处、或无人处，无处不是用。所以无入而不自得，无往而不得其道，以致寂然不动，感而遂通也。此皆是化劲、神化之用也。"

拳术的高级阶段，拳无拳，全身无处不是拳；意无意，行止坐卧皆真意；法无法，一举一动尽为法。有敌来袭，能于无意之中随手、随身、随势化而击之。

（四）无用之用

修为至道境，已经彻底灭除了争胜之心，不再追求拳术之用。但犯者亦莫能胜之。此即无用之用也。

八、三重境界

三重境界论来自于郝为桢先生对太极拳练体三个阶段境况的描述。著者将其概括为：足踏水底、足浮水中、足履水面。练太极拳的三重境界，同样适用于形意拳、八卦拳，对应于三层道理、三层呼吸、三种火候等。

（一）足踏水底

"初层练习，身体如在水中，两足踏地，周身与手足动作如有水之阻力。"此言身在水底，水的阻力大。此时动作沉涩，难以流畅。

以孙氏形意拳而言，为明劲（练精化气、易骨）阶段的感觉。

以孙氏八卦拳而言，为定步八卦阶段的感觉。

（二）足浮水中

"第二层练习，身体手足动作，如在水中而两足已浮起不着地，如长泅者浮游其间皆自如也"。此喻身在水中，浮游自如。

以孙氏形意拳而言，为暗劲（练气化神、易筋）阶段的感觉。

以孙氏八卦拳而言，为活步八卦阶段的感觉。

（三）足履水面

"第三层练习，身体愈轻灵，两足如在水面上行。到此时之景况，心中战战兢兢，如临深渊、如履薄冰，心中不敢有一毫放肆之意。神气稍为一散乱，即恐身体沉下也。"孙禄堂先生引注："拳经云：'神气、四肢总要完整，一有不整，身必散乱，必至偏倚，而不能有灵活之妙用。'即此意也。"

此言足行水面，神气不敢有丝毫散乱。此种状态正合李亦畬先生的太极拳"五字诀"：心静、身灵、气敛、劲整、神聚。

以孙氏形意拳而言，为化劲（练神还虚、洗髓）阶段的感觉。

以八卦拳而言，为变步八卦阶段（即孙氏八卦拳独有的"八卦变掌"阶段）的感觉。

（四）足浮雾上

拳至道境，身无其身，心无其心，飘飘欲仙，如同腾云驾雾一般。但云太高，以云为意蕴容易让人陷入痴妄，还是以漂浮在田野禾苗上的低矮的薄雾去感悟比较合宜。

此时何有太极、形意、八卦之别？只有如临仙境，一片神行矣。

结语

除《拳意述真》中所阐述的8个三阶外，孙禄堂先生在《八卦拳学》所述八卦拳有定步、活步、变步三个层次的练法，也是孙氏武学三阶论的内容之一，同样适用于孙氏形意拳、孙氏太极拳。请爱好者自行领悟。

从上文不难看出，本文虽名为"三阶论"，但实际上是"四阶论"。请见下页"孙氏武学'四阶'论基本内容简表"。

拙文虽然拉杂臃肿，仍不过是浮光掠影而已，言犹多有未尽之处。请爱好者依据《拳意述真》并结合拙文自行揣摩可也。

补充说明：孙氏武学中还有三体、三拳、三教、三节、内三合、外三合、三元、三达德、三害、体之三中、用之三中、练拳三要、勾股三角等与"三"数有关的概念，然而这些概念，其内容三部分之间要么是平行关系，要么是一体关系，与本文所述拳术武艺或道艺的体与用之三个不同层次的阶段的含义完全不同，因此不在本文讨论之列。

孙氏武学"四阶"论基本内容简表

阶层\类别	初阶 气境	中阶 神境	高阶 虚境	至高阶 道境	备注
四层道理	练精化气	练气化神	练神还虚	练虚合道	道体
四步功夫	易骨	易筋	洗髓	"脱胎"	武体
四种练法	明劲	暗劲	化劲	无劲	武用
四种形态	外方	内圆	浑然无间	无形	道用
四层呼吸	调息	息调	真息(停息)	无息	道体
四层火候	武火	文火	火候纯	无火	道体
四层用法	有形有相之用	有声有名 有形无迹之用	无形无相 无声无臭之用	无用之用	武用
四重境界	足踏水底	足浮水中	足履水面	足浮雾上	武体
四种步态	定步	活步	变步	无步之步	武体
成大事业、大学问的三种境界	昨夜西风凋碧树,独上高楼,望尽天涯路	衣带渐宽终不悔,为伊消得人憔悴	众里寻他千百度,蓦然回首,那人却在灯火阑珊处	且陶陶,乐尽天真。几时归去,作个闲人。对一长琴,一壶酒,一溪云	道体

第九章

孙氏武学"四象"论

（原名《孙禄堂武学之"四象"学研究》）

清末民初一代武学宗师孙禄堂先生，毕生致力于内家武学的实践与理论研究，率先以近代印刷新技术出版武学专著，相继公开出版了《形意拳学》《八卦拳学》《太极拳学》《八卦剑学》《拳意述真》等5部武学巨著，第一个把形意拳、八卦拳、太极拳的真谛毫无保留地公诸于世，使后学者有迹可循、有矩可遵，从而使形意拳、八卦拳、太极拳成为三大名拳，在武林中享有崇高的地位。当今武林有太极、形意、八卦、少林四大名拳之说，内家拳"四分天下"有其三，孙禄堂先生功莫大焉。

孙禄堂先生（以下简称"先生"）不仅精通内家三拳，而且将三拳融会贯通，独创"三拳合一"论（详见本板块之第十二论——《孙氏武学"三拳合一"论》一文，P$_{243}$），把内家武学推到了前所未有的至高境界。

"三拳合一"之理，源于九宫、九要、八卦、七星、六合、五行、四象、三才、两仪，归于"一理"。一理即"一气"，一气即太极，太极即一气。"三拳合一"之理，由是而生焉。

先生在《形意拳学》《八卦拳学》《太极拳学》中，都曾论及"四象"，本文试图对孙氏武学中的"四象"论，进行研究和解读。不当之处，尚祈道友斧正。

一、孙氏武学三拳中的"四象"说

"四象"说最早源于儒家五经之一的《易经》。《易传·系辞上传》："易有太极，是生两仪，两仪生四象，四象生八卦。""四象"者，太阳、太阴、少阳、少阴是也（见右图）。此"四象"对应的方位为南、北、西、东；对应的"四行"是火、水、金、木；对应的"四季"是夏、冬、秋、春。先生将"四象"说引入孙氏武学理

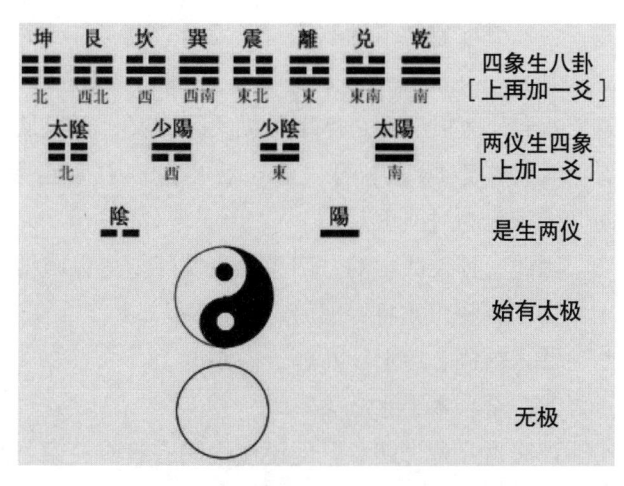

伏羲先天八卦之生成图

217

论之中，建构起系统、完整的孙氏武学思想体系。

先生在《形意拳学·形意太极学》中写到："式立定之时，谓之鸡腿、龙身、熊膀、虎抱头，取名一气含四象也。""鸡腿者，有独立之形也；龙身者，三折之式也；熊膀者，项直竖之劲也；虎抱头者，两手相抱有虎离穴之式也。"

在《八卦拳学·四象学》中，先生写到："四象者，两仪各生一阴阳也。太极生两仪者，八卦拳之奇偶也。复于两仪之中，各加一奇一偶，以象太阴、太阳、少阴、少阳而名为四象。四象即本拳之奇偶，各加一阴一阳，而分为金、木、水、火也。在腹内则为心、肝、肺、肾，在拳中则为前、后、左、右，俗称名为双换掌也。言四象不及土者，太极即土也。""……八卦总是四象，四象总是两仪，两仪总是一气之流行也。"在《八卦拳学·八卦拳形体名称》中，先生又写到："……自四肢言之，腹为无极，脐为太极，两肾为两仪，两胳膊两腿为四象，两胳膊两腿各两节为八卦。"

在《太极拳学·自序》中，先生曰："四象者，即前进、后退、左顾、右盼也。"

二、如何看待"四象"的多种表达方式

孙禄堂先生《形意拳学》中的"四象"为"鸡腿、龙身、熊膀、虎抱头"；《八卦拳学》中的"四象"有"太阴、太阳、少阴、少阳""金、木、水、火""心、肝、肺、肾""前、后、左、右""两胳膊两腿"等名；《太极拳学》中的"四象"则明确定义为"前进、后退、左顾、右盼"。三拳中"四象"有多达7种表达方式，是否不一致甚或相互矛盾？

其实，"金、木、水、火"与"太阴、太阳、少阴、少阳"是对应的，具体来说，水为太阴、火为太阳、木为少阴、金为少阳。而体内脏器"心、肝、肺、肾"也分别对应火、木、金、水。土为太极，土生万物，所以"四象"不及土。体内五脏中脾属土，故内"四象"不及脾。

《八卦拳学》中"两胳膊两腿为四象，两胳膊两腿各两节为八卦"等说法，只是为了说明无极、太极、两仪、四象、八卦、六十四卦与身体四肢八节等的数字对应关系，为八卦取象之"近取诸身"者也。与具体到每一"象"、每一"三画卦"、每一"六画卦"并没有一一对应关系（若有，也是牵强附会）。所以此种"四象"说对于形意、八卦、太极三拳之体用并无实际意义，可以从略。

八卦拳双换掌中的"前、后、左、右"与太极拳中"前进、后退、左顾、右盼"，实际为一回事。

因此，孙氏武学的"四象"论实际上可以归结为3种表达方式。

①"鸡腿、龙身、熊膀、虎抱头"。
②"前进、后退、左顾、右盼"。
③"金、木、水、火"。

那么这几种"四象"的说法之间有没有关系、是否相互矛盾？

其实这几种"四象"说之间彼此是密不可分的，并不相互矛盾。

以著者愚见：

以身形言，"四象"为鸡腿、龙身、熊膀、虎抱头。

以身法言，"四象"为前进、后退、左顾、右盼"。

以身势言，"四象"为"金、木、水、火"也。

所谓"身形"，指的是身体在作拳过程中某一瞬间，尤其是在相对静止的瞬间，身体四肢所呈现出的外在状态。

所谓"身法"，指的是身体在作拳过程中某一短暂时段所呈现出的运动状态。

所谓"身势"，指的是身体在拳术演练（"体"）或实作（"用"）的过程中，在一动一静、一开一合、一虚一实、一刚一柔、一吞一吐、一呼一吸、一蓄一发、一束一展之间，简而言之，也就是在阴阳互易之间，所表现出来的精神气势，是内在的心、意、气、力的外在呈现。

"身形""身法""身势"3种"四象"共同构成了孙氏武学体系中拳式的"体""用"系统。

如果一定要把身形、身法、身势三者统一起来，则三者均可与"太阳、太阴、少阳、少阴"这一"正统"的"四象"说挂上钩。

从身形上说，虎啸山林，为阳中之至阳，故"虎抱头"为太阳；龙潜海底，为阴中之至阴，故"龙身"为太阴；熊为百兽中相对温和、稳重者，为阳中之阴，故"熊膀"为少阴；鸡为禽鸟中之好斗者，为阴中之阳，故"鸡腿"为少阳。

依身法而言，前进在南，属火，为太阳；后退在北，属水，为太阴；左顾在东，属木，为少阴；右盼在西，属金，为少阳。

就身势而论，水在北，为太阴；火在南，为太阳；木在东，为少阴；金在西，为少阳。

由此似乎又可以得出结论，孙氏武学的"四象"论是统一的。

三、"四象"论统一的名与实

然而"四象"论仅仅用"太阳、太阴、少阳、少阴"8个字，真的能统一起来吗？答案是否定的。

如果仅仅有"太阳、太阴、少阳、少阴"这8个字，只不过是文字游戏，是难以服人的。

既然"太阳、太阴、少阳、少阴"这8个字并不能把3种"四象"论真正统一为一种令人信服的"四象"论，那是不是说形意拳的"四象"是"鸡腿、龙身、熊膀、虎抱头"，八卦拳的"四象"是"金、木、水、火"，太极拳的"四象"是"前进、后退、左顾、右盼"？

答案同样是否定的。

事实上，3种"四象"论的表达方式均适用于孙氏三拳（形意、八卦、太极）中的任何一种。也就是说，3种"四象"论与三拳并非一一对应关系，而是全部适用的。

可能有爱好者会说，"四象"论的说法既然是孙禄堂先生提出来的，应该只适用于孙氏形意拳、孙氏八卦拳、孙氏太极拳，并不一定适用于其他内家拳流派。

此说亦似是而非。

3种内家拳的各种流派虽然客观上存在，但在20世纪50年代之前，无论太极拳、形意拳还是八卦拳（其他派别一般狭义上称为"八卦掌"），均没有明确的流派名称，更没有彼此之间在拳理上的大相径庭。至于程派、尹派、梁派、孙氏等八卦拳，孙氏、吴氏、武氏、杨氏等太极拳，孙氏、宋氏、车派、尚派等形意拳，这些名字基本上都是中华人民共和国成立后的20世纪50年代、六七十年代才叫起来的。甚至还有些派别有"名号"不过是最近十几年的事情。

鼍形左式　　　　鼍形右式

换言之，孙禄堂先生的武学理论适用于3种内家拳的各个流派，放而言之，适用于所有具有内家风格的流派。退一步讲，至少对各个流派具有指导或借鉴意义。也正因此，先生的武学理论才不断被人剽窃，稍加改头换面，便作为自己的成果发表。此是题外话，按下不表。

3种"四象"说的真正统一，并非仅仅是名称上的统一，而是三者分别从身形、身法、身势3个方面，在实质上使太极拳、形意拳、八卦拳实现了"三拳合一"。唯有如此，用"太阳、太阴、少阳、少阴"这8个字来统一"四象"论才具有实际意义。

以下著者按身法"四象"论、身势"四象"论、身形"四象"论的顺序分别加以阐明。

四、身法"四象"论浅说

身法"四象"，即"前进、后退、左顾、右盼"。

事实上，无论任何一个拳种，其身法均不离乎"前进、后退、左顾、右盼"八字。

以形意拳来说，固然讲究"前进""硬打硬进无遮拦"，不必细说。但也离不开"后退"，如退步崩拳、倒劈拳、退步鼍形、形意八式中的退步勒拳等，都是"后退"的典型身法。至若"左顾""右盼"，鼍形最为典型，不仅有前进、后退，更有左顾、右盼。其他如蛇形、猴形、鸡形、燕形、鮐形、鹰熊合演等都离不开左顾、右盼。

以八卦拳言之，左旋、右转，进即是退，退即是进；左旋时右盼，右转时左顾。两仪掌、四象掌、八大掌，掌掌有进退顾盼；搬、拦、截、扣、推、托、带、领、招招离不开进退顾盼。因此，八卦拳中，前后左右、进退顾盼，已经合而为一。彼处言"一气含四象"，此处为"四象合一气"。

云手左式 　　　　云手右式 　　　　倒撵猴 　　　　搂膝拗步

以太极拳而论，云手三进、进步搬拦捶、进步指裆捶、抱虎推山、上步七星、双撞捶等都是"前进"，但进中寓退；倒撵猴、退步懒扎衣、如封似闭、退步跨虎、阴阳混一等都是"后退"，然退中寓进。玉女穿梭、三通背等是典型的进退之中不离顾盼，单鞭、左右搂膝拗步、倒撵猴都是左顾右盼。

以上只是说明孙氏三拳中明显、典型的进、退、顾、盼。

事实上，无论是形意拳的五行拳、十二形拳、五行连环、八式、杂式捶、五行炮、安身炮等，还是八卦拳的两仪掌、四象掌、八大掌、八卦变掌，或者太极拳的九十八式与打手，每一拳、每一式、每一招，都不离乎进、退、顾、盼。进中寓退，退中寓进。而无论进、退，尤须眼观六路、耳听八方，顾、盼岂可须臾或缺哉？

因此，无论形意拳、八卦拳还是太极拳，其身法"四象"都是合而为一的，因此三拳的身法"四象"是统一的。四象合一者，土也，太极也，中定也。所谓"中定"，一招出，式定住（"一气"之用），而敌已应声而出，一招定乾坤是也。

孙氏武学的"三拳合一"之理，于此又见一斑。

进步搬拦捶 　　　　如封似闭 　　　　抱虎推山

221

五、身势"四象"论浅说

身势"四象"即"金、木、水、火"。

无论平时演拳还是临阵对敌,都要精神贯注,做到太极拳五字诀要求的"心静、身灵、气敛、劲整、神聚"。做到无人若有人("体"),有人若无人("用")。

一般而言,"前进"意味着出击。形意拳讲究主动攻击,"遇敌好似火烧身""硬打硬进无遮拦""打倒还嫌慢",表现出一往无前的气势,故前进属"火"。太极拳讲求"彼不动,己不动;彼微动,己先动"。一动则乘虚而进,后发先至,势如破竹,无坚不摧,是为"火"。八卦拳以左旋右转对敌,通过走转得机得势(我顺人背),马上转为进攻,或打、或撞、或切、或搓、或拿、或摔,出手不容情,此亦为"火"。

"后退"意味着防守。当不得机、不得势(人顺我背)时,退守是必要的。退步如水流,顺势而为,此时是蓄势待发,以我之"流水",熄灭对方进攻之"火"。故"后退"属"水"。若形意五行炮中的退步劈拳破进步崩拳,若八卦拳之蛇形顺势掌,若太极拳之撤步捋带,皆属"水"是也。

炮拳 　　　　　青龙返首 　　　　　玉女穿梭

左顾、右盼并无实质性差别,都是"顾"法。金、木也没有实质性区别,它们都是"东西",不同于水火之不相容。况且孙氏三拳都是打顾结合,打顾一体,打即是顾,顾即是打。如太极拳之玉女穿梭、八卦拳之青龙返首、形意拳之炮拳,三者实为一种体用之法,都是一手钻(顾法),一手穿(打法)。

若说二者的具体区别,则以人的左右来说,右手、右脚明显比左手、左脚要更灵活,也更有力(左利手除外),因此左顾为木,右盼为金。当然"左顾"多在退中"顾","右盼"多在进中"顾"。

进而言之,金、木并不仅仅限于顾、盼,水也不仅仅限于"后退",它们同样适用于"前进"。进退之时，身势如流水，如影随形，彼进我退，彼退我进；彼高我低，彼低我高；彼左我右，彼右我左；彼刚我柔，彼柔我刚。无论打与顾，出手时如箭之速（属木）、如刃之利（属金），则何招不破，何坚不催？

以此言之，则金、木、水、火复又合而为一焉。"一"者，土也，太极也，一气也。

故身势"四象"论再次证明了孙氏武学的"三拳合一"之理。

六、身形"四象"论浅说

身形"四象"者，"鸡腿、龙身、熊膀、虎抱头"是也。

先生在论述形意拳太极式时说："式立定之时，谓之鸡腿、龙身、熊膀、虎抱头，取名一气含四象也。"

作为定势动作，此式通俗叫法就是"虎抱头"式。"虎抱头者，两手相抱有虎离穴之式也"。由此可知，虎抱头属于蓄势动作，是三体式（或劈拳）的预备动作。

在孙氏形意拳中，无论五行拳、十二形拳，还是单练与对练套路，皆起于三体式，而三体式皆出于"虎抱头"式。孙氏太极拳中，云手下势中有"虎抱头"式作为衔接动作，其他地方没有此"虎抱头"式。八卦拳中找不到这种"虎抱头"式。

如此说来，是不是只有预备练形意拳各式时才有"虎抱头"、才有这种"四象"，太极拳只有一处这种"四象"，而八卦拳中根本没有这种"四象"呢？

太极式　　　　三体式

答案当然还是否定的。

孙氏武学"三拳合一"论的根本在于"太极一气"，一阴一阳谓之太极。而无论何种拳术，其拳术动作，不外"开""合"二字而已。开合即阴阳。先生在《太极拳学·太极拳之名称》中写到："开者为放、为伸、为动；合者为收、为缩、为静；开者为阳，合者为阴；放、伸、动者为阳，收、缩、静者为阴。开合象一气运阴阳，即太极一气也。太极即一气，一气即太极。以体言，则为太极；以用言，则为一气。"

在先太夫子孙存周先生的手抄秘本《太极拳论》中，有一篇《太极阴阳颠倒解》，文中把开合阴阳对应的"两极"一一罗列了出来。著者把他们摘录下来，并结合先生5部著作的论述，加以增补修订，制成一个小表——太极阴阳颠倒表，以飨爱好者诸君。

223

太极阴阳颠倒表

阳乾天	日离火	放	出	发	伸	展	顺	对	开	吐	臣	肉	用	器	身
阴坤地	月坎水	收	入	蓄	缩	束	逆	待	合	吞	君	骨	体	理	心
武	立命	刚	方	竖	实	呼	上	进	隅	外翻	动	落	研	直	锐
文	尽性	柔	圆	横	虚	吸	下	退	正	里裹	静	起	圜	曲	钝

其中"伸缩""束展""顺逆""吞吐""刚柔""横竖""虚实""里裹外翻""动静""起落""圜研""直曲""钝锐"为著者增补。"收",手抄本原文作"敛",据上文修订

内家拳学之真谛,几乎尽在此一表中,著者将此表公开,一则是本文之需要,"四象不离两仪"是也;二则借此与同道共同参悟,以期重振真正的内家武学。

显然,"虎抱头"式在拳术动作中为收、为缩、为静、为蓄,因此"虎抱头"式为合、为阴。而出势劈拳呈"三体式",则为放、为伸、为动、为发,因此"三体式(劈拳)"为开、为阳。

进而言之,孙氏形意、八卦、太极三拳的所有拳式动作,均不外乎"开""合"二字!

著者反复研究发现:

所有属于"合"的拳式动作,皆有"虎抱头"之意!

所有属于"开"的拳式动作,皆有"三体式"之功!

这里的"开""合"都是指肢体外在的动作。爱好者须知孙氏武学尚有"内开外合、顺中用逆"之理(P_{186})。

("三体式"则为"中定",为用,为一气,属土。至此,五行备焉。)

当然,拳术运用,千变万化,不同的"虎抱头"式,出势后是不同的"形拳"或"意拳"("十二形"以及"麟形""凤形""狮形""鹏形""蟒形""鹤形""猫形"等为"形",象形取意;五行、八卦、太极等为"意",以意使气)。

| 鲐形裹抱 |  鲐形崩撞 |  鹞子束身 |  鹞子入林 |

| 金鸡抖翎前式 | 金鸡抖翎后式 | 金鸡上架 | 金鸡报晓 |

| 青龙缩尾 | 青龙返首 | 白蛇缠身 | 白蛇伏草 |

在孙氏形意拳中，如"鸡形"，其"金鸡抖翎前式""金鸡上架"二式有"虎抱头"之意，出势则分别为"金鸡抖翎后式""金鸡报晓"；如"鹞形""鹞子束身"有"虎抱头"之意，出势则为"鹞子入林"；如"鲐形"，白鹤亮翅后两拳抱于两胁下即有"虎抱头"之意，由此出拳则为"鲐形"双崩撞。

在孙氏八卦拳中，兑卦猴形之"白猿献果"实为八卦拳版之"虎抱头"式（而形意拳之"虎抱头"其实也具有"猴象"）！"白猿献果"后出势可为托撞、可为扭摔、可为双搓、可为"青龙返首"等。再如"两仪学"，其中"青龙缩尾""黑虎出洞"二式有"虎抱头"之势，出势则分别为"青龙返首""青龙转身"，有炮拳、劈拳之意；如乾卦狮形，"黑虎出洞"后，出势为"狮子张嘴"；如坎卦蛇形，"白蛇缠

| 白猿献果 | 青龙返首 |

225

身"有"虎抱头"之意，出势为"白蛇伏草"。

在孙氏太极拳中，如"合手"，即有"虎抱头"之势，出势为"单鞭""左（右）搂膝拗步""左（右）起脚""（转身）踢脚"等；如"如封似闭"，有"虎抱头"之势，出势为"抱虎推山"；如"转角摆莲"，转身后，重心移往左腿，双手置于身体右前方，此时有"虎抱头"之势，出势为双摆莲；双摆莲后两手裹于两胯丹田两侧，有"虎抱头"之势，再出势则为"弯弓射虎"；"弯弓射虎"后两拳收回胸前有"虎抱头"之势，再出势为"双撞捶"。

| 合手 | 单鞭 | 搂膝拗步 | 左起脚 |

总之，拳术各式之间始终不离乎开合、虚实、蓄发、动静等的变化；一式之中，或许开合之间多次转换，限于篇幅，实在难以一一罗列。而作为中华武术，体有定式，用无恒法，"应用之妙，存乎一心"，实非著者所能尽述之者，惟在习者神而明之，举一反三，触类旁通耳。

"四象"论是孙禄堂先生的一大创新。"四象"论也是孙氏武学理论体系的重要组成部分，亦为"三拳合一"论的重要理论基石之一。但此理论基石太过玄奥，论者亦多不及此。多年以来，著者反复体悟，于今似有豁然开朗之感。遂草就此文，公诸同好，以为抛砖引玉耳。

第十章

孙氏武学"体用"论

"三派拳术,形式不同,其理则同;用法不一,其制人之中心而取胜于人者则一也。按:一派拳术之中,诸位先生之言论形式,亦有不同者,盖其运用,或有异耳!"在《拳意述真·自序》中,孙禄堂先生如是写道。由此不难看出,《拳意述真》一书虽然主旨是"明内家'道艺'无二之旨、动静交修之法"(陈微明先生语),但丝毫没有忽视或否定"武艺"的意思。恰恰相反,没有武艺,道艺便没有了载体。何况书中所记的诸位前辈均已功入化境,"拳无拳,意无意,无意之中是真意"。无所谓武艺,无所谓道艺,无可无不可。此前的"探微系列"诸篇基本上都是归属于道艺方面的理论,从本篇开始,将有三篇谈及"武艺"方面的文字,分别是:本篇"体用论"、下一篇"交手论",以及后面的"三派前辈交手轶事"。本篇虽言"体"与"用"两个方面,但重点在于言"用"。这个"用",更多时候都是指"武艺",而且是指技击方面。

一、孙禄堂先生所谈之三派前辈拳术的"体用"

在《拳意述真》一书中,孙禄堂先生记述或论及了三派多位前辈关于拳术"体用"的实践或理论。兹各举一例。

(1)郭云深先生的形意拳"体用"。在《郭云深先生小传》中,有这样一段文字:"先生既受能然先生所教拳术三层之道理,以至于体用规矩法术之奥妙,并剑术刀枪之精巧,无所不至其极。常游各省,与南北二派同道之人交接甚广,阅历颇多。"这是孙禄堂先生在未入正文("述真之言")的情况下便使用了"体用"一词,可见"体用"论在孙氏武学中的地位亦是极为重要的。而且在三派诸位前辈的小传中,多有关于老先生们与人交手之用方面的记载,可知孙氏武学是武艺、道艺一脉相通的。孙禄堂先生补注云:"此拳是内外一气、动静一源、体用一道,所以'静为本体,动为作用'也。"

(2)董海川先生的八卦拳"体用"。在《董海川先生小传》中,孙禄堂先生认为,"(八卦拳)其形式皆是河图洛书之数;其道体俱是先天后天之理;其用法乃八八六十四卦之变化而无穷"。

(3)郝为桢先生的太极拳"体用"。在《述郝为桢先生言》一文最后,孙禄堂先生谈了自己的看法:"郝为桢先生与陈秀峰先生所练之架子不同,而应用之法术同者极多。所不同者,各有心得之处或不一也。"

227

显然，孙禄堂先生认为三派老前辈的拳术都是体用兼备、道艺武艺相得益彰的。

二、"体用"一词的来源及其含义

在《拳意述真》中有13处使用了"体用"一词，还有21处以"……体……用"或"体……用""用……体"的形式论述孙氏武学的体用（其中6处是引用"拳经云：静为本体，动为作用"一语）。在其他四部武学专著中也多有关于孙氏武学体用的论述。

孙氏武学的"体用"论从何而来呢？

（一）直接源头是丹经《易理阐真》

清代丹经《易理阐真·先天横图注语》："然万本于八……一本于虚。虚者，气之始。一者，气之母。虚无为体，一气为用，体用如一。两也、四也、八也、万也，皆在虚无一气中运用。"

"金丹，有为之道；后天，变易之道也。变易之道，以乾坤为体，以坎离为用，以屯蒙六十四卦为气候，周而复始，一气流行也。"

"元、亨、利、贞，四时迭运，总是一健行之，一为体而四为用。体以施用，用以全体，体用如一，故天道健行而不息也。"

（二）再往上追溯，二者均源于理学的集大成者朱熹

朱熹《大学章句》："至于用力之久，而一旦豁然贯通焉，则众物之表里精粗无不到，而吾心之全体大用无不明矣。"

朱熹《中庸章句》："中也者，天下之大本也；和也者，天下之达道也……大本者，天命之性，天下之理皆由此出，道之体也；达道者，循性之谓，天下古今之所共由，道之用也……盖天地万物本吾一体，吾之心正，则天地之心亦正矣……是其一体一用虽有动静之殊，然必其体立而后用有以行，则其实亦非有两事也。"

朱熹《孟子章句》：胡氏曰："圣人之教亦多术，然其要，使人不失其本心而已。……盖心即体，欲即用；体即道，用即义；声为律而身为度矣。"

著者不厌其烦地引用这么多文字，莫非为凑字数乎？非也！

之所以如此，是因为孙氏武学的体用论，并非仅仅借用了朱熹《四书章句集注》与丹经《易理阐真》中的"体用"一词之名及其论证模式而已，而且也继承了二者的深刻内涵。也就是说，孙氏武学的体用论，与丹道之学和程朱理学的体用论是一脉相承的。

当然朱子也并非最早使用"体用"这一概念的人。

（三）"体用"并举，最早见于战国儒学思想家荀况的《荀子·富国》篇

荀子曰："万物同宇而异体，无宜而有用。"但荀子"体用"的含义与孙氏武学"体用"论并不相干，故不看作源头。

究竟何为"体用"呢？

由上文不难看出，"体用"实际上是中国古代哲学的一对范畴，它指的是本体和作用。用现代哲学术语来解释就是："体"是最根本的、内在的、本质的；"用"是

"体"的外在表现、表象。

通俗点讲：体即实际的形质；用即形质所有的作用。

三、孙氏武学"体用"的诸方面

在孙禄堂先生的著述中关于体用的论述很多，归纳起来，孙氏武学大致有七种类型的体用：以心空为体，以真意为用；以中为体，以和为用；按套路练去为体，随意变化练去为用；自己练套路、单操或随意变化为体，与人对练、打手为用；自己练拳为体，与人交手实战为用；交手前内外一气、不动如山为体，交手时千变万化为用；无所谓体，无所谓用。

（一）以心空为体，以真意为用

心空为静，为体；真意为动，为用——其体与用、动与静皆在内，不在外。这方面的论述主要有以下这些。

① "故练者，先以心中虚空为体；以神气相交为用。"

② "所以有其虚空灵通之全体，方有神化不测之妙用。"

③ 丹书云："中者，虚空之性体也；执中者，还虚之功用也。"

④ "静为无极体，动为无极用。"

⑤《太极拳学》："太极即一气，一气即太极。以体言，则为太极；以用言，则为一气。"

（二）以中为体，以和为用

中为静，为体；和为动，为用——中为内动外静，和为外动内静。这主要体现在以下几点。

① 统而言之，在孙氏武学中，以三体式为其体，以形意八卦太极三拳为其用。

② "内五行要动，外五行要随。静为本体，动为作用。若言其静，未露其机；若言其动，未见其迹。"

③《形意拳学·艾毓宽序》："先天之气在肾，后天之气在脾。先天之气为气之体，体主静，故神藏而机静；后天之气为气之用，用主动，故神发而运动。"

④《形意拳学·安身炮学》："安身炮者，……在腹内气之体言之，其大无外，其小无内；在外气之用言之，可以不见而彰，不动而变，无为而成。"

⑤《八卦拳学》："使先天为后天之体，后天为先天之用。" "以先天而言，则为拳中无形之劲，谓之性。性即身中无形之八卦也，亦谓之先天。以后天而言，自有身形阴阳开合伸缩，生出四象。四象者，各有阴阳谓之情。情者，手足身体旋转动作，即成有形之八卦也，拳之八式，谓之后天。"其中的"性"为体，"情"为用。

（三）按套路练去为体，随意变化练去为用

按套路练去（也包括单操练习），其动为守规矩之动，为体；随意变化练去（也包括飞九宫等练习），其动为出规矩而合规矩之动，为用。这方面的论述见于《八卦剑学》："八卦剑之道，有正剑，有变剑。正剑即体剑也，亦即八纲剑也。变剑者，自

229

八纲剑互相联合，错综变化而生无穷之形式也。"文中的"变剑"即"用剑"。

剑之理即拳之理也。八卦拳、形意拳乃至太极拳，也都有"正拳"、有"变拳"，也就是都有"体拳"与"用拳"。

如孙氏八卦拳的两仪掌、四象掌、八卦八大掌为正拳（体拳），八大掌"互相联合、错综变化而生无穷之形式"则为变拳（用拳）。

如孙氏形意拳的五行拳为正拳（体拳），十二形为变拳（用拳）；五行、十二形为正拳（体拳），五行、十二形相互联合，错综变化而生万形，是为变拳（用拳）。

（四）自己练套路、单操或随意变化为体，与人对练、打手为用

自己练套路、单操或随意变化为体，为单动；与人对练（也包括以拳术招式用七星去踢打撞靠沙袋、木桩等）、打手为用，为互动。这方面的论述主要体现在《太极拳学》一书中：

①"上编一气流行……谓之练体，为知己功夫。下编二人打手……谓之习用，为知人功夫。"

②"十三势……其中分为体、用，以太极架子，进退顾盼定言，谓之体。以掤捋挤按，采挒肘靠言，谓之用。"

③"上卷诸式……是太极之体也。此卷以八势含五行诸法……是太极之用也。有体无用，弊在无变化；有用无体，弊在无根本。所以体用兼该，乃得万全。"

孙禄堂先生、孙存周先生打手图

（五）自己练拳为体，与人交手实战为用

自己练拳是空练，为体，为虚动；与人交手实战是实作，为用，为实动。这里的用也是武术最本质的"用"。

①"若论形意拳本旨之体用，是自己练趟子谓之体；与人相较之时，按练时而应之谓之用也。"

②"形意拳术之道，体用莫分。自己练者为体；行之于彼为用。……始悟前者所练体式，皆是血气；所用之法术，乃是成规。"

③"练体之时，不可拘束；然而所用之时，外形亦不可有散乱之式，内中不可有骄惧之心。"

④"其道体俱是先天后天之理；其用法乃八八六十四卦之变化而无穷。"

⑤《八卦拳学》："所以一气者，八卦为其体；六十四卦以及七十二暗足互为其用。"

⑥《太极拳学·自序》："（张三丰）先生……以五行为之体，以七星八卦为之用，创此太极拳术。"

⑦《太极拳学》："太极拳学……其术以柔曲为体，以刚直为用。"

（六）交手前内外一气、不动如山为体，交手时千变万化为用

交手之体用：交手前内外一气，不动如山为体，一静无有不静；交手时千变万化为用，一动无有不动。这里的"用"就是技击，其中包含了技击的一些基本原则与战术应用。

李存义先生云："明暗劲之体用，是将周身四肢松开，神气缩回，而沉于丹田，内外合成一气。再将两目视定彼之两目或四肢，自己不动，而为体也。若是发动，刚柔曲直、纵横圜研、虚实开合、起落进退、闪展伸缩变化之法，此皆为用也。"

（七）无所谓体，无所谓用

功入化境（虚境）后，无所谓体，无所谓用；体即是用，用即是体——体用一源，动静一道。

①"以至虚无之时，无所谓体，无所谓用，是体用一源也。体用分言之：以体言之，行止坐卧，一言一默，无往而不得其道也；以用言之，无可无不可也。"

②《八卦拳学》："体亦谓之用；用亦谓之体。……一动一静，一言一默，莫不有卦象焉；莫不有体用焉。"

③《八卦剑学》："自其用言之曰八卦剑；自其体言之实即太极剑也。"

虽然孙氏武学的"体用"有七个方面、甚至更多方面的含义，但彼此之间又是或多或少相互联系着、甚至相互包含着的。笼统言之，"道艺为体，武艺为用"；或者反过来说，"体为道艺，用为武艺"。这是广义上的体用。

狭义上的体用一般指：套路为体，技击为用。或者如刘奇兰先生所云："自己练者为体，行之于彼为用。"

四、孙氏武学技击之"用"

在《八卦拳学序》中，陈微明先生（字曾则）记录了孙禄堂先生关于三拳技击的论述："内家之技击也，必求其中。太极空中也；八卦变中也；形意直中也。"

"直中、变中、空中"之"中"为三拳"用"之"中"，为武艺。中，吾之中心也，对方之中心也，以对方为中心也。参见本板块之第十三论——《孙氏武学与"三教"密切相关论》一文（P$_{248}$）。

以下分述孙氏武学三拳技击之"用"。

（一）形意拳技击之"用"

郭云深先生认为，形意拳用法有三层。

第一层是"有形有相之用"。这是初步明劲、易骨、练精化气阶段的用法。拳经云："起如钢锉，落如钩竿。未起如摘子；未落如坠子。起如箭，落如风，追风赶月不放松；起如风，落如箭，打倒还嫌慢。脚打七分手打三，五行四梢要合全。气连心意随时用，硬打硬进无遮拦。打人如走路，看人如蒿草。胆上如风响，起落似箭钻。进步不胜，必有胆寒之心。"

第二层是"有声有名有形无迹之用"。这是暗劲、易筋、练气化神阶段更妙的用

231

法。"起似伏龙登天，落如霹雷击地。起无形，落无踪，起意好似卷地风。起不起，何用再起；落不落，何用再落？低之中望为高，高之中望为低，打起落如水之翻浪。不蹚不翻，一寸为先。脚打七分手打三，五行四梢要合全。气连心意随时用，打破身式无遮拦。"

明劲、暗劲阶段最能体现形意拳技击的"直中"用法。

第三层是"无形无相无声无臭之用"。这是化劲、洗髓、练神化虚阶段的化境用法。"拳无拳，意无意，无意之中是真意。拳打三节不见形，如见形影不为能。""随时而发，一言一默，一举一动，行止坐卧，以至饮食茶水之间，皆是用。或有人处、或无人处，无处不是用。所以无入而不自得，无往而不得其道，以致寂然不动，感而遂通也。"

刘奇兰先生比较直白地讲出了形意拳用法的基本原则："要用之于彼，或看彼上之两眼；或看彼之中心；或看彼下之两足。不要站定成式；不可专用成法。或掌或拳，望着就使；起落进退，变化不穷。是用智而取胜于敌也。"

（二）八卦拳技击之"用"

"程廷华先生所用之游身八卦，或粘或走、或开或合、或离或即、或顶或丢、忽隐忽现，或忽然一离相去一丈余远，忽然而回，即在目前。或用全体之力，或用一手、或二指、或一指之一节。忽虚忽实，忽刚忽柔，无有定形，变化不测。"

八卦的具体用法有8个字，称为"八能"，即搬、拦、截、扣、推、托、带、领是也。"搬者，搬敌人之手足肩胯是也；拦者，拦敌人之手足如研肘是也；截者，堵住敌人之手足胳膊腿是也；扣者，扣敌人之两手并胸小腹是也；推者，推敌人之两手并身，其中有单手推者，有双手推者 即双撞掌也。是也；托者，托敌人之两手，有平托者，有望高托者是也；带者，敌人抓住我手，极力往回带，或挂敌人之手皆是也；领者，领敌人之身，或敌人之两手，往左右领去，或往上领，或往下领，即使敌人不得中正之劲也。八能者，内含六十四事，合六十四卦也。"

其实形意拳具体用法也有8个字：斩、截、裹、胯、挑、顶、云、领。孙禄堂先生曰："斩，劈拳也；截，躜拳也；裹，横拳也；胯，崩拳也；挑，践拳也，即燕形也；顶，炮拳也；云，鼍形拳也；领，蛇形拳也。"斩，劈拳也，如以斧劈物然。截，躜拳也，裁也，以裁退敌手。裹，横拳也，裹住敌手使其失去效用也。胯，崩拳也，如跨马刺枪然。挑，践拳也，即燕形也，挑之力在肩，如以杆挑起地上之物然。顶，炮拳也，舌顶上腭，头向上顶，拳向前顶。云，鼍形拳也，两手回环如行云之飘忽然。领，蛇形拳也，顺势而领取也，俗云"顺手牵羊"，此之谓也。

（三）太极拳技击之"用"

太极拳十三势，"其中分为体、用，以太极架子，进退顾盼定言，谓之体。以掤、捋、挤、按、採、挒、肘、靠言，谓之用。"关于孙氏太极拳的八种用法，详见拙作《孙式太极"八法"述要》（上下篇），不复赘述。太极八法是太极拳特有的。然而太极拳除了八法外，还有和形意拳八卦拳类似的捶法、掌法、腿法和手法、指法等的应用，请参阅拙作《孙氏太极拳中的"形意拳"》等文，亦不复赘述。

"陈秀峰先生所用太极八卦，或粘、或走，或刚、或柔，并散手之用，总是在不即不离内求玄妙；不丢不顶中讨消息。以至引进落空、四两拨千斤，动作所发之神气，如长江大海，滔滔不绝也。"

（四）孙氏武学三拳共同之"用"

虽然以上分述了孙氏武学形意、八卦、太极三拳的应用之法，但这些主要是明劲、暗劲阶段的用法。须知，孙氏武学是三拳合一的。既然是三拳合一，那么用法上自然也是合一的。三拳练到化劲阶段，则无有形意、八卦、太极之分，亦无体、用之别。形意拳化劲阶段"无拳""无意""无法"之法就是三拳共同的用法。先太夫子孙存周先生曾说过："孙家拳法，里裹外翻而已。"里裹外翻，就是孙氏武学的化劲（当然，明劲、暗劲阶段的有形招式也离不开里裹外翻）。此劲便是孙氏武学的无拳之拳、无意之意、无法之法。

五、结语

孙氏武学之体用，有明劲阶段之体用、暗劲阶段之体用和化劲阶段之体用。

明劲阶段，体与用分离，三拳"各自为政"。实际上这一阶段只有形意拳可以应用。由于八卦、太极不尚明劲，故单纯练八卦拳者是先练出暗劲，才能有明劲之用；单纯练太极拳者则要先练出初步化劲，再到暗劲，才能有明劲之用（此指不站三体式，单纯练太极拳套路，辅之以偶尔打手者，或者十年也未必能得到初步化劲，但肯下苦功者，终必有得）。

因此孙氏武学宜先练形意以成明劲；再练八卦拳，则形意、八卦之暗劲均易得之；再练太极拳，则太极、八卦、形意之化劲均易得之，而且可以较快地相融为一。如果是体质羸弱者，可以先练孙式太极拳，待体质增强后还是要练形意拳，而且以形意拳为主。年级偏大且仅以求道艺为主者则可以单练孙式太极拳，或以太极拳为主，辅之以形意拳或八卦拳，只要功夫下到，一样可以成为一个"有体有用的英雄"也。

暗劲阶段，体与用开始结合，形意、八卦二劲开始相融，用法巧妙。

化劲阶段，体用不分，三拳劲力相融。无所谓体，无所谓用，体即是用，用即是体；无所谓形意、八卦、太极，形意即八卦、太极，八卦就是形意、太极，太极便是形意、八卦。"拳无拳，意无意，无意之中是真意"。以一言以蔽之，一气流行而已矣！

233

第十一章

孙氏武学"交手"论

技击是武术最原初、最本质的属性。不能用于技击的武术便不是真正的武术；没有技击的道艺，也算不得真正的道艺。本篇《孙氏武学"交手"论》是本板块之第十论——《孙氏武学"体用"论》（P227）的姊妹篇，谈的是技击交手方面的一些基本原理与原则。虽然本篇谈的是"武艺"，但也包含了"道艺"之用。

一、何谓交手

什么是交手呢？交手云者，两人相较，光明正大地切磋交流、比试武艺之谓也。至于生死搏杀、街头斗殴、暗中袭击、偷下黑手之类，则不在此范畴之内。之所以被称之为"交手"，盖指两人相较之时，必先出手试探，对方一接手（即两手相交），彼此虚实大约知道十之七八矣。所谓"行家一出手，便知有没有"，即其意也。因比武切磋必有二人之手相交接之情形，故称之为交手。当然，你愿意称为"较手"，亦无不可。然用"交手"二字又有朋友相交之意含于其内；"较手"则有一定要分个高低输赢的意思在内，属于争强好胜之列，尚未由武入于道。

就如同下棋，有人会说："下一盘儿"。有人则好说："杀一盘。"说杀一盘的人，一般不会接受平局，往往是大杀一通，要么速胜，要么速败。

棋理如拳理，拳理即人理。拳艺是修道，下棋其实也是一种修行。广而言之，三百六十行，行行可修行；四千八百艺，艺艺能达道。道行深了，争强好胜之心自然就淡了。

郭云深先生曰："拳术之道，要自己锻炼身体，以却病延年，无大难法；若与人相较，则非易事。"明确指出了"练拳容易用之难"。如果仅仅把拳术作为却病养生的低层道艺，那自然没什么难度，广场舞、交谊舞、游泳、健身气功、广场太极操等，都有此效，何况是技术内涵复杂精深的内家武术？然而要用于技艺交流，则就不是那么简单的事了。

二、与人交手必备的前提条件

所练拳术要想能够与人交流切磋，必须具备几个前提条件。

①习者必须通过站三体式、蹲马步桩等手段练出一定功力。拳法招式是虚的，只有功夫才是实实在在的。有了一定功夫，招式技法才有可能发挥作用。

②所学拳术要按着规矩（如避三害、守九要、内外六合等）反复练习。拳练万遍，其意自现。

③练时要无人似有人，才有可能做到用时有人似无人。道艺练法是反观内照，武艺练法则要有外在假想敌。二者可以结合穿插而练。

④在套路纯熟的基础上，要注重拳术主要招式的单操练习。形意拳、八卦拳，本身就是重单操的拳术。如形意拳五行拳中的劈、崩、躜、炮、横五拳，十二形中的龙、虎、马、鼍、蛇、鮐、鹰、熊诸形都是单操练法。猴、鸡、鹞、燕诸形是小套路，可以小套路连环练，也可以把小套路也摘开来单操练习。如鸡形，可以金鸡独立前后二式连起来单操练，金鸡食米单操练，金鸡抖翎前后二式连起来单操练，金鸡上架和金鸡报晓连起来单操练。至于单纯练太极拳者，更要把拳中主要招式，如搬拦捶、践步打捶、指裆捶、双撞捶、懒扎衣、云手、倒撵猴、玉女穿梭、如封似闭加抱虎推山、提手上式加白鹤亮翅等，抽出来以明劲或暗劲单操反复练习，才有可能在实战中运用得上〔请参见拙作《孙式太极"八法"述要》（上下篇）〕。

不仅如此，在此基础上，还应该打破拳式界限，进行变式练习，使诸形化一，诸劲合一，使拳式更接近于实用。

⑤要经常进行二人拳术对练、相互喂招训练及模拟散手实战。手眼身法步的配合，距离、角度、速度与时机的把握，都可以在这样的"交手"中找得到。这是学以致用的必由之路。

⑥要以所单操的主要拳式适当进行打桩、打沙袋训练，并适当进行自我排打训练。目的是增强周身、四肢、拳脚的硬度、韧度、准度、敏度，提高击打和抗击打能力。通过站桩、打桩等练习，"坚如铁石，周身沉重，站立如同泰山一般。若与他人相较，不怕足踢手击。此谓之浊源。所以为敌将之武艺也"（宋世荣先生语）。孙禄堂注解道："若练到至善处，亦可以无敌于天下也。"所谓"未学打人，先学挨打"，说的就是这个道理。

具备了以上这些条件后，才能谈到与同道的比武切磋。

三、交手前的注意事项

一旦要与人交流切磋，必须注意以下几点。

①要存心谨慎，不可骄傲轻敌，亦不可存畏惧之心。不管对手强弱，都要认真对待。况且，未交手前，孰强孰弱尚未可知。自以为必强于对手，十之八九要遭败绩；反之，未曾交手，先惧三分，则交手也注定失败。明代民族英雄、著名武术家戚继光的《拳经捷要篇》云："对敌若无胆向先，空自眼明手便。"《形意拳经》亦云："打人如走路，看人如蒿草。胆上如风响，起落似箭钻。进步不胜，必有胆寒之心。"此之谓也。

②要知己知彼。"若相识之人，久在一处，所练何拳，艺之深浅，彼此皆知。或喜用脚，或善用手，皆知其大概。谁胜谁负，尚不易言。若与不相识之人，初次见面，彼此不知所练何种拳术，所用何法。若一交手，其艺浅者，自立时相形见绌；若皆是明手，两人相较，则颇不易言胜。"由此孙禄堂先生提出"知彼"的两个方法：

一是察其人；二是察其言。

两人初见，先察其人：精神是否虚灵，气质是否雄厚，身躯是否活泼。再察其言论：说话是谦逊还是傲慢，其人所言与其显露出来的精神气概、形体动作是否相符。有这两条，对方的技艺高低就已经知道个七七八八。

③要辨析明刚、暗刚、明柔、暗柔四类对手。李存义先生一生与人交手无数，以自己的切身体验，把对手分为明刚、暗刚、明柔、暗柔四类。并指出，遇此四形式之人，量自己道理之深浅、神气之厚薄而决定是否相较量。若是自己不会被对方之神气欺住，可以与之相较；若是一见面就被对方的神气罩住，自己先自惊惧，就不可与之较量。

④要抱有学习求道之心，友好交流，"世人无不可作我之师与友"。李存义先生、李奎垣先生都谈到，就算败于人，但可以借着对方胜我的方法，明白自己所练的道理。而对于远强于自己的对手，就不要与之较量，"只可虚心而恭敬之，以求其道也。""能如此视人，能如此待人，可以能无敌于天下也。并非人人能胜方为英雄也。"

⑤若准备交手，要将周身四肢松开，神气缩回，沉于丹田，内外合成一气。

⑥宜站成接近于"虎抱头"的间架（如下图），一身具四象：鸡腿、龙身、熊膀、虎抱头。此"虎抱头式"是功夫入于暗劲阶段后适宜采取的间架，它攻防兼备，既利于主动出击，又利于防守，能有效地保护自己的头面部、两肋、裆部等要害部位。

练拳在明劲阶段者交手前的大致间架 　　练拳至暗劲阶段者交手前的大致间架（一） 　　练拳至暗劲阶段者交手前的大致间架（二）

⑦要将两目视定对方之两目或四肢、或中心，自己不动如山。

四、交手时应注意的基本原则

真正与人交手时，需注意以下几条基本原则。

（一）无论主动进攻还是后发制人，都要"辨地势之远近、险隘、广狭、死生"交手时要根据不同的地势采取合宜的战术

①近地宜速：若二人相离极近，彼或发拳、或发足，皆能伤及吾身，则当如拳

经云："眼要毒，手要奸，奸即巧也。脚踏中门往里躜。眼有监察之精；手有拨转之能；足有行程之功。两肘不离肋，两手不离心，出洞入洞紧随身。乘其无备而攻之；由其不意而出之。"

②远地宜缓："若两人相离之地远，或三四步、或五六步不等，不可直上，恐彼以逸待劳，不等己发拳，而彼先发之矣。所以方动之时，不要将神气显露于外，似无意之情形，缓缓走至彼相近处，相机而用。彼动机方露，己即速扑上去，或掌、或拳，随左打左，随右打右。彼之刚柔，己之进退，起落变化，总相机而行之。"

③尽可能避开险狭不利之地，抢占有利位置。

④地势之有利与不利是相对的，是可以互相转化的，要根据不同的对手、同一对手强弱的变化而灵活选择，不可拘泥。

（二）不可墨守固定招法规矩，虚实、刚柔、进退、闪展要随着对方招式的变化而变化

车毅斋先生说："练拳术者，不可守定成规成法而应用之。"

李存义先生言："虚实变化不自专用，因彼所发之形式而生之也。"

车毅斋先生以自己的切身经历说明不可墨守成规的重要性：遇到武艺不高的人，以某个招式先下手为强，往往能够取胜。然而遇到技术高强的人，"观其身式，用某种手法亦正合宜，一到彼之身边，彼即随式而变矣。自己的旧力未完，新力未生，往往再想变换手法，有来不及处，一时要进退不灵活，就败于彼矣。"

（三）不求必胜与人，但忌冒进招致速败

与人交手，不要总幻想着一招打败对手，要做好打持久战的准备。程廷华先生言：与人相较之时，要根据对方的虚实巧拙灵活变化，"彼刚吾柔，彼柔吾刚……忽短忽长；忽来忽去。不可拘使成法，须相敌之情形而行之。虽不能取胜于敌，亦不能骤然败于敌也。总以谨慎为要。"

（四）与人相较，要光明正大，不能暗藏奸心，但也不可不防对方使奸诈

比武也是做人，首先要胸怀磊落、光明正大，不能包藏害人之心。但人性是复杂的，自己光明磊落，并不能表明对方也一定会像你一样。因此要时刻提防对方使奸诈。

什么是交手使奸诈呢？孙禄堂先生注解说是："用好言语将人暗中稳住，用出其不意打人也。"先是示人以弱（诈弱），或者佯装倒地不起、佯装受伤痛苦（诈败），或者表示打不过（"诈降"）等，然后却乘人不备突然袭击，皆是用奸使诈。

当对方示弱时不可轻敌，对方诈败、"诈降"时更不能麻痹，要不动声色地与对方拉开适当距离，并保持应有的警惕性，防其突袭。就算无法认定对方是否有诈，也当如此对待。常言云，"害人之心不可有，防人之心不可无"，此之谓也。

（五）与人交手，必求其中：太极空中也、八卦变中也、形意直中也

孙禄堂先生曰："中，则自立不败之地，偏者遇之糜不挫矣。形意攻人之坚而不攻人之瑕；八卦纵横矫变；太极浑然无间，随其来体不离不拒，而应之以中，吾致柔

237

之极，持臂如婴儿，忽然用之，彼虽贲育无所施其勇，虽万钧之力皆化为无力。"你擅长形意则取直中；擅长八卦则取变中；擅长太极则取空中。请参阅本板块之第十三论——《孙氏武学与"三教"密切相关论》一文（P_{248}）。

（六）与人交手，虽然拳式名目用法繁多，终不离乎起、落、躜、翻"四情"

与人交手，形意有"八字"——斩、截、裹、胯、挑、顶、云、领；八卦有"八能"——搬、拦、截、扣、推、托、带、领；太极有"八法"——掤、捋、挤、按、采、挒、肘、靠。然而孙禄堂先生在《八卦拳学》中也明确指出："拳内用法名目虽广，然无论如何动作变化，总以四情为表则也。"也就是说，与人交手，无论如何变化，都离不开"起、落、躜、翻"四字。形意八字、八卦八能、太极八法，乃至千万之法，都不过是"起、落、躜、翻"的具体应用变化罢了。

此四情，实质上就是孙氏武学的"不传之秘"——里裹外翻！

（七）交手中要注意战略战术的应用

交手中不能使奸耍诈，但不代表交手就是直截了当，你给我一拳，我还你一脚。交手中战略战术的应用还是必须要有的。与人道艺相交、正大光明，取人之长、补己之短，不求必胜、避免速败等就是属于"战略"方面的；辨地势之远近、险隘、广狭、死生，不可墨守固定招法规矩等便属于战术方面的（"三中""四情"则是属于技法方面的，但战术应用便隐于其中）。

在战术的应用方面郭云深先生又提出了"奇正"之理："奇无不正，正无不奇；奇中有正，正中有奇；奇正之变，如循环之无端，所用不穷也。"孙禄堂先生引注："拳经云：'拳去不空回，空回总不奇'，是此意也。"

奇正，兵法用语，语出《孙子兵法·势》："凡战者，以正合，以奇胜……战势不过奇正，奇正之变，不可胜穷也。" 古代作战以对阵交锋为正，以设伏掩袭等为奇。正指堂堂正正对敌，以实力获胜；奇指用计谋，出敌不意而制胜。二者互用，方能立于不败之地。正为实，奇为虚。奇正之变亦是虚实变化之道。然而比武用"奇"并不是使奸诈，而是技术高妙，灵活机变，使人防不胜防也。

交手中的奇正，著者试举例以说明之。如彼进我退为正，但我没有退，反而彼进我亦进，这就是奇（当然，如果是冲上去打起了"王八拳"就与"奇正"无关了）。如躜拳躜出为正，回手搂挂为奇；但也可躜出为奇，翻手劈出为正；或者躜拳顾法为正，直接转为炮拳进击对方面部为奇。奇正之变，仍是不可拘泥于成规、成法之意。

五、交手运用变化二十字解

李存义先生提出了交手时"刚柔曲直、纵横圜研、虚实开合、起落进退、闪展伸缩"的20字运用变化之法。著者不揣浅陋，尝试对这20字进行解读。

（1）刚柔：刚柔者，明劲为刚，暗劲为柔；暗劲为刚，化劲为柔。刚有明刚、暗刚；柔有明柔、暗柔。蓄为柔，发为刚；退为柔，进为刚；缩为柔，伸为刚；束为柔，展为刚；曲为柔，直为刚……刚中有柔，柔中有刚；刚柔相济，刚柔一体；非刚非柔，刚柔悉化。

（2）曲直：曲直者，打法为直，顾法为曲；踏中门而进为直，闪边门进击为曲；束身为曲，展身为直；圜法为曲，研法为直；研起为曲，研落为直。直中有曲，曲中有直；曲直互化，曲直一体。

（3）纵横：纵横者，直进直退为纵，左右闪化为横；踏中门为纵，走边门为横；起为横，落为纵；裹为横，翻为纵；圜为横，研为纵。纵中有横，横中有纵；纵横互化，纵横无踪。

（4）圜研：圜研云者，有形之虚圈"○"为圜，周身、四肢作弧线运动者皆为圜，如鼍形之云手、鲐形之双展翅之类是也；无形之实圈"●"为研，臂腕之拧裹、腿足之摆扣、身体腰胯头颈之扭转等皆为研劲。

程廷华先生云："研者，身转如同几微的螺丝细轴一般，身体有研转之形，而内中之轴无离此地之意也。圜者，旋转之意，是放开步法，迈足望着圆圈一旋转，如身体转九万里之地球一圈之意也。"这是八卦拳的圜研。

圜为虚，研为实；圜为引化，研为发打。圜不离研，研不离圜；圜中有研，研中有圜。

（5）虚实：虚实者，"虚是精也；实是灵也。精灵皆有成其虚实。""己手在彼手之上，用劲拉回，如落钩竿，谓之实；己手在彼手之下，亦用劲拉回，彼之手挨不着我的手，谓之虚。"前足为虚，后足为实；心宜虚，腹宜实；外为虚（外示安逸），内为实（内实精神）；上体（腰部以上）宜虚，下体（腰部以下，含腰部）宜实（虚灵顶劲，气沉丹田，既此意也）；左虚则右实，右虚则左实；顾法为虚，打法为实；起躜为虚，落翻为实……。虚中有实，实中有虚；虚虚实实，虚实实虚；虚实互化，应变无端。

（6）开合：开合者，两手逆向运动为开，两手相向、同向运动及两手聚拢为合。束身为合，展身为开；蓄为合，发为开……内宜开，外宜合；外合则内开，外开则内合；前开则后合，前合则后开。开中寓合，合中寓开；开之再开，合之再合；开合转换，随机而变。

以神意言之，开合象一气运阴阳。

（7）起落：起落者，"起是去也；落是打也。起亦打，落亦打，起落如水之翻浪，才成起落"。外——身、手、足向上（一般是向前上方）为起，向下（一般是向前下方）为落；内——真气由丹田沿督脉逆行而上为起，沿任脉顺行而下归于丹田为落。"起者去也；落者回也"。裹躜而起，拧翻而落；束身而起，展身而落。虚起实落，横起竖落，柔起刚落，圜起研落。

明劲之起落——"起如钢锉，落如钩竿。未起如摘子，未落如坠子。起如箭，落如风，追风赶月不放松；起如风，落如箭，打倒还嫌慢。"

暗劲之起落——"起似伏龙登天，落如霹雷击地。起无形，落无踪，起意好似

239

卷地风。起不起，何用再起，落不落，何用再落（起中有落，落中有起）？低之中望为高，高之中望为低，打起落如水之翻浪。"

化劲之"起落"——"拳打三节不见形，如见形影不为能""寂然不动，感而遂通""拳无拳，意无意，无意之中是真意"。

（8）进退：进退者，"进是步低；退是步高。进退不是枉学艺。"前足向前出步，后足随之跟上或后足过前足，为进；后足向后撤，前足随之撤回到后足之前或之后，为退。进为攻，退为守；进亦攻，退亦攻；进宜稍低，退宜腾挪；进中有退，退中有进。

（9）闪展：闪展云者，向左、向右、向后、侧身、扭身、挫身避让为闪，闪时束身蓄劲；闪后长身进击为展。闪而后展，展而后闪；闪中有展，展中有闪。闪展类于束展。不同的是束展之束一般是主动束身，闪展之束身为被动束身。在杨氏曦阳掌中，后撤一步或提起前腿或挫身下蹲避让，称为"趄"。

（10）伸缩：伸缩云者，"缩者，是由高而缩于矮、由前而缩于后。从高而缩于矮之情形，身子如同缩至于深渊；从前而缩于后之意思，身体如同缩至于深窟。若是论身体伸长而言之，伸者，自身体缩至极矮极微处，再往上伸去，如同手扪于天；往远伸去，又同手探于角。此是拳中开合抽长之精意。"束身蓄劲为缩；长身展击为伸。缩时敛气归丹田；伸时释气灌四梢。伸中有缩，缩中有伸；伸即是缩，缩便是伸。

六、交手所用之拳、法与劲

（一）交手所用之拳有七：头、肩、肘、手、胯、膝、足，七星之谓也

此七拳共有十四处打法：肩、肘、手、胯、膝、足，左右共十二拳，头为一拳，臀尾为一拳，共十四拳。孙禄堂先生注云："此十四处打法，变之则为万法；合之则为五行两仪而仍归于一气也。"

（二）交手之法不外两大类：一类是无一法；一类是千万法

宋世荣先生云："形意拳之道，是先将拳术已成之着法，玩而求之，而有得之于心焉。或吾胸中有千万法可也；或吾胸中浑浑沦沦，无一着法亦可也。无一法者，是一气之合也，以至于应用之时，无可无不可也；有千万法者，是一气之流行也，应敌之时，当刚则刚、当柔则柔，起落进退变化，皆可因敌而用之也。譬如千万法者，是一形一着法也，一着法之中亦皆能生生不已……一形之能力如此，十二形之能力皆如是也。"

一气之合，是指将真气收敛于丹田之内，心中空空洞洞（老子所云"虚其心，实其腹"，此之谓也）。无意与人争锋，而人亦莫能胜之。若有人进犯，随手应之、随意应之，"挨着何处何处击，我亦不知玄又玄"。浑身无处不是拳，自己不知是以何种招法把人击出，被击出之人更是茫然失措。这就是无一法。当然，无一法是功入化境（化劲、洗髓、练神还虚——虚境）之后才有的用法。达不到此境界，安得行无为之法？

一气之流行，是指将真气灌注于四梢八节、四肢百骸，应敌之时，五行、八卦、十二形、十三式，以至于千形万式，随意变化，生生不息。这就是千万法。千万法是功夫至少达到暗劲阶段（易筋、练气化神——神境）者才可应用的有为之法。

无一法是无为之法，似道家；千万法是有为之法，似儒家。

（三）交手千万法中的劲法有四大类：长劲、短劲（划劲）、柔劲、刚劲

宋世荣先生在谈到格物尽性时说："物之伸者，是吾拳之长劲也；物之屈者，是吾拳之短劲也，亦吾拳之划劲也；物之委曲婉转者，是吾拳之柔劲也；物之往前直去猛快者，是吾拳之刚劲也。"也就是说，两臂充分展开所发之劲为长劲；缩肩屈臂所发的短距离的劲为短劲；两臂屈折回环所用之劲为柔劲；向前直去勇猛快速的劲叫刚劲。

（四）孙氏武学三拳具体劲法

孙氏武学四类劲分别包含在三拳的具体劲法之中。

形意劲法有八字：斩、截、裹、胯，挑、顶、云、领。

八卦劲法曰八能：搬、拦、截、扣，推、托、带、领。

太极劲法称八门：掤、捋、挤、按，采、挒、肘、靠。

关于形意八字与八卦八能，详见本板块之第十论——《孙氏武学"体用"论》一文（P$_{227}$）。

关于太极八门，详见拙作《孙氏太极"八法"述要》（上下篇），兹不复言。

形意拳八字与八卦拳八能重复"截""领"二劲，则孙氏武学似乎实际有22种具体劲法，其实不然。三拳的各8个字，其中许多是用法接近甚至同形的，只是名字不同而已。以八卦拳八能为例：拦与托，都属于形意中的"裹"法；搬是太极"掤"字用法之一；推即是太极的按劲；带即太极的採捋；扣为双採锁手，如果用腰腿，则为跌法，但如果发力前送则为推按。

然而不管是22劲也好，还是四大类用劲也好，总归起来，都是掤劲。在太极拳曰掤劲，在形意拳则叫先后天横拳，在八卦拳却名为顺逆和化四德，或叫先天无形之八卦——三者同质而异名。一言以蔽之，交手劲力之运用，仍然不过是一气之流行而已矣。

七、结语

孙禄堂先生在"述三派前辈诸先生言"的最后一篇《述陈秀峰先生言一则》的末尾，以这样一段文字作为对"述真"之言的总结："形意、八卦、太极三家诸位先生所练之形式不同，其理皆合其应用，亦各有所当也。"于此可见孙禄堂先生用心之良苦！他是以此告诉后人：体用俱备，数理兼赅，性命双修，乾坤相交，内外合一，才是真正的拳学之道。后学之人不可只修乾道（用、命、外、道），不修坤道（体、性、内、德）；也不可只修坤道，不修乾道。乾坤交泰，阴平阳秘，才是武学之大道。

241

因此，本篇虽云"交手"，亦是为了达道。学者不可凭一己之长，争强好胜，更不可寻衅滋事、好勇斗狠。与人相较，是道艺相交，要做到胜而不骄，败而不馁。习武之人更应该有家国情怀：和平时期，当念奉公守法；遇有邪恶当前，应敢于挺身而出。一旦外敌来犯，国难当头，宜思舍身报国。能如此推己及人，则武学三昧得之何难？

第十二章

孙氏武学"三拳合一"论

（原名《孙禄堂"三拳合一"论研究》）

民国初，孙禄堂先生受孙中山民主思想的影响，毅然打破武家自秘的陋习，于习武授艺之余，欣然命笔，先后著成并公开刊出《形意拳学》《八卦拳学》《太极拳学》《八卦剑学》和《拳意述真》等五部武学著作，对之后传统武学的研究与实践产生极大影响。尤其是其中的"三拳合一"论，开创了中华武学研究的新局面。

本文试从以下几个方面的对比研究来论证孙禄堂先生的"三拳合一"论。

一、从"无极论""太极论"看"三拳合一"

"无极论""太极论"是孙氏三拳（形意、八卦、太极）的基本理论。

先看"无极论"。

《形意拳学》云："无极者，当人未练之先，无思无意；无形无象，无我无他，胸中混混沌沌，一气浑沦，无所向意者也。……所谓无极而能生一气者是也。"

《八卦拳学》云："无极形式者，当人未学之先，心中混混沌沌，一气浑沦，举动之间，但由天然之性也。……此之谓无极而生太极之式也。"

《太极拳学》云："无极者，当人未练拳术之初，心无所思，意无所动，目无所视，手足无舞蹈，身体无动作；阴阳未判，清浊未分，浑浑噩噩，一气浑然者也。……所谓无极而能生太极者是也。一气者即太极也。"

从以上三拳的无极论可以清楚看出，无极论是各拳的理论出发点。虽然在表述上有文字多寡的差异，但三者所表达的思想是完全一致的，可以互训、互补。由是观之，三拳合一之理，已见端倪。

再看"太极论"。

《形意拳学》云："太极者，属土也。在人五脏属脾；在形意拳中之横拳……是故心意诚于中而万物形于外，内外总是一气之流行也。"

《八卦拳学》云："太极形式者，无极而生，阴阳之母也。左旋之而为阳，右转之而为阴，旋转乃一气之流行。太极即一气，一气即太极也。以体言为太极，以用言为一气。"

《太极拳学》云："太极者，在于无极之中，先求一至中和、至虚灵之极点，其气之隐于内也则为德；其气之现于外也则为道。内外一气之流行，可以位天地，孕阴

243

阳……故名之曰太极。"

从三拳之太极论来看，文字彼此间存在较大差异，但其实质仍是一致的——太极乃"一气之流行"是也。所论互异之处，正可互补，构成孙氏武学完整的太极论。"太极即一气；一气即太极"是对太极论最简明的诠释。三拳合一之理，于此可知。

二、从"无极式""太极式"看"三拳合一"

在孙氏武学体系中，所有拳械套路起点时都要站成"无极式"：面向正方，身子直立，两手自然下垂，两足开立呈90°。其要领也完全一致；手足没有动作；心内空空洞洞，一无所思；其气混混沌沌，清浊不分，所谓"一气浑然，形迹未露"是也。

无极式作为套路之起点，多数拳派以"预备式"名之。虽然在外形上并无太大区别（有的是两脚平行开立），但内涵上却存在很大不同，因此在境界上是有差别的。著者曾因练功时对无极式马虎从事而为老师深责，此后细心体验，于无极式之妙才略有所得。

在无极式虚无之中生出"一气"后，便自然而然开始"太极式"，身法由静而动：形意拳半面而右转，呈45°形式；太极拳半面向左转，呈45°形式；八卦拳右足直出落步后，两足亦呈45°形式。

虽然三拳"太极式"形式不尽相同，但其内意要领却基本一致：腰要用意塌住，两肩松开，心气要自然、平稳、沉静。当然，三拳太极式也有各自特点。唯其如此，三拳才成为三拳，而不至于完全变成一种拳。

三、从孙氏三拳拳式基本劲意要领看"三拳合一"

形意拳以"两仪学"为例：要求两肩松开均齐抽劲，两胯里根亦抽劲（即肩与胯合）；两肘往下垂劲，两膝往里扣劲（即肘与膝合）；两手极力向前推劲，两手腕极力向外拧劲，两足后跟向外扭劲（即手与足合）。此之谓外三合。

八卦拳以"太极学"为例：两足后跟均要向外扭劲，两腿如骑马式一齐扣劲，两胯里根均极力往回抽劲；两手腕均极力往外拧劲，两肘极力往下坠劲，两肩均往回抽住劲。

太极拳以"懒扎衣"之"按"式为例：要求腰塌劲，足蹬劲，头顶劲，两肩两腿里根缩劲，用意不用力。

由上述三例可以看出，其劲意要领其实是一致的。不独此几式相同，事实上，孙氏拳学体系中几乎每一个拳式都包括这些要领，而这些要领其实便是外三合。进而言之，八卦拳之"九要"论其实是在形意拳之"七要"论的基础上发展而来，是孙氏三拳共有的理论。

"九要者何：一要塌，二要扣，三要提，四要顶，五要裹，六要松，七要垂，八要缩，九要起躜落翻分明"。

"塌者，腰往下塌，尾闾上提，督脉之理。扣着，开胸顺气，阴气下降，任脉之理。提者，谷道内提也。顶者，舌顶上颚、头顶、手顶是也。裹者，两肘往里裹劲。松者，松开两肩如拉弓然，不使膀尖外露也。垂者，两肘极力往下垂劲也。缩者，两肩与两胯里根极力往回缩劲也。起躜落翻者，起为躜，落为翻；起为横，落为顺；起躜是穿，落翻是打；起亦打，落亦打；打起落，如机轮之循环无间也。"三拳合一之理，其信也夫！

四、从《拳意述真·自序》和《八卦拳学原序》看"三拳合一"

《拳意述真》是孙禄堂先生所著的拳学理论专著。该书除三派名家小传外，主要是记录他们关于形意、八卦、太极三拳的一些重要论述，计17人、39则。但这些论述并非简单录出，而是经孙禄堂先生参以自己研究心得，整理而成的（参见本板块之"绪论"——《遍访前辈探辑群言 付以己意自成一家》一文，P_{148}）。

在该书自序中，先生反复强调："三派形式不同，其极还虚之道则一也。""三派拳术形式不同，其理则同；用法不一，其制人之中心；而取胜于人者则一也。""三派拳术，始于一理，中分三派，未复合于一理。"从三派拳家的论述，我们确实可以看到三拳之间的内在联系。

尤其孙禄堂先生本人，作拳与丹道之功已浑然一体。倘若没有三拳的融汇贯通，理为一体，拳道与丹道的交融岂不成了空中楼阁？

从吾师孙叔容先生所珍藏的其祖父孙禄堂先生佚文《八卦拳学原序》（手稿）可以清楚看出三拳合一论创立的经过。孙禄堂先生先研究形意拳数载，又及八卦。始则二拳之劲大相径庭，然后渐渐相合，最终合为一体，历时二三十载。

公元1912年，先生又习太极，到第三年便已豁然贯通，三家之劲融为一体。孙禄堂先生在自己多年实践体悟的基础上，结合易学、佛学、老庄哲学与儒家'中庸'思想，创立了"三拳合一"的拳学理论。

他指出："三家皆三元之理：夫八卦，天也；形意，地也；太极，人也。三家合一之理也。练习之法，形意以经之，八卦以纬之，太极以和之。"孙禄堂先生又分别以"钢球铁球""绒球与铁丝盘球""皮球"来比喻三元性质，以愚之见，即形意尚明劲，八卦尚暗劲，太极尚化劲也。

孙禄堂先生进一步指出："形象虽分三元，要不出人丹田之气也。天地人三才，亦即太极一气之流行也，故三家合为一体。"

五、从孙氏武学诸"要论"看"三拳合一"

（1）从"三体"论看，"形意拳术三体式者，天、地、人三才之象也；即人身中之头、手、足也；亦即形意、八卦、太极三派合一之体也。"在"述许占鳌先生言"第二则中，孙禄堂先生借许先生之口道出了三体式的内涵及其在孙氏武学中的核心地位。三体式是孙氏武学三拳共有之本体，是三拳合一论的重要实践依据。参见本板块之第五论——《孙氏武学"三体"论》一文（P_{180}）。

（2）从"四象"论看，"四象"论是孙氏武学理论体系的重要组成部分，亦为"三拳合一"论的重要理论基石之一。参见本板块之第九论——《孙氏武学"四象"论》一文（P$_{217}$）。

（3）从"内劲"论、"中和"论看，三拳都首重中和，于中和之中求"内劲"。练到极处，三拳的劲力是融为一体的。在这个意义上，三拳仍是合一的。参见本板块之第二论——《孙氏武学"内劲"论》（P$_{161}$）、第三论——《孙氏武学"中和"论》两文（P$_{169}$）。

（4）从"道艺"论看，孙氏武学三拳皆为求道之学，而且皆依据于中国传统的儒道释三教文化，因此，在这个意义上，三拳仍是一理。参见本板块之第四论——《孙氏武学"道艺"论》（P$_{173}$）、第十三论——《孙氏武学与"三教"密切相关论》二文（P$_{247}$）。

（5）从"内开外合、顺中用逆"论看，它同样是孙氏三拳共有的理论，是三拳合一论的重要理论依据。参见本板块之第六论——《孙氏武学"内开外合　顺中用逆"论》一文（P$_{186}$）。

（6）从孙氏武学"不传之秘"看，"孙氏武学的'不传之秘'有三，一曰和顺自然；二曰里裹外翻；三曰内开外合、顺中用逆。然而，尽管三者各有侧重，其实还是一码事"。见本板块之第六论——《孙氏武学"内开外合　顺中用逆"论》一文（P$_{186}$）。由三个"不传之秘"可知，无论体、用，孙氏三拳都是合一的。

六、从本门部分拳械看"三拳合一"

孙氏太极拳是孙禄堂先生在继承武氏太极拳的基础上，与形意、八卦融汇贯通而创出的一种别开生面的太极拳。

孙氏太极拳又称开合活步太极拳。尤其活步步法（进步必跟，撤步必随；进先进前脚，退先退后脚），源于形意八卦，为本门太极所独有。

不仅如此，其中许多拳式也源于形意、八卦。如"三通背"之第二式实为形意八式之双拉手；而第三式之前半式实为虎扑之式。再如"玉女穿梭"，实有青龙缩尾、青龙返首之象（参见拙作《孙氏太极拳中的"形意拳"》一文）。

因此，孙氏太极拳是孙禄堂先生三拳合一论的结晶。

八卦剑方面，孙禄堂先生著有《八卦剑学》，这是五部著作中唯一一部器械专著。无论其剑学之无极论、太极论、无极式、太极式，还是其剑式之劲意要领，都与孙氏三拳并无二致。

除此而外，无论孙氏拳学中的何种器械，不论是太极剑、纯阳剑、八卦剑，还是雪片刀、七星杆、套环奇枪等，都不离乎三拳合一之理。

综上所述，"三拳合一"论是孙禄堂先生一生习武求道、精心体悟的升华，它凝聚了孙禄堂先生与三派多位前辈的无数心血。在此基础上，孙禄堂先生创立了崭新的武学体系——孙氏武学（包括孙氏形意拳、孙氏八卦拳和孙氏太极拳三大部分，三者又相互融通）。而"三拳合一"论的核心只有四个字——"太极一气"！参见本板块之绪论——《遍访前辈探辑群言 付以己意自成一家》（P$_{148}$）、首论——《孙氏武学"太极一气"论》两文（P$_{155}$）。

　　孙禄堂先生的拳学实践告诉我们，从事武学之人切莫存门户之见，自以为是，固步自封，而应与同道虚心研究，博采众长，相得益彰。所谓："他山之石，可以攻玉"。那种朝秦暮楚、见异思迁的做法是不足为训的。爱好者唯有脚踏实地，一步一个脚印，于拳中三昧庶几乎可得。

　　注：本文原名《孙禄堂"三拳合一"论研究》，刊于《武魂》杂志2000年第八期。收入本书时做了重要补充与修订。

第十三章

孙氏武学与"三教"密切相关论

一、"三教"由来与发展概说

公元前6世纪至公元前5世纪,是东西方人类精神文明形成的时代,出现了四大哲人:古印度的释迦牟尼,中国东周末年的老子李耳、孔子仲尼,以及古希腊雅典的苏格拉底,他们分别是东方佛家、道家、儒家和西方哲学的开山鼻祖。

刘邦开国,汉初以黄老无为之术治天下。汉武帝时,罢黜百家、独尊儒术,黄老学说下移民间并与神仙方术融合,形成黄老道,这是道教的萌芽。东汉时期,张天师创立"五斗米教",实际上是最早的道教。后来道教相继形成茅山、正一、灵宝、净明、全真等多种教派。道教与道家一脉相承,但二者不可混为一谈。道家是学术流派,中国传统的朴素辩证法思想即来自于道家学派创始人老子;道教则是以鬼神崇拜为基础,又融合了老庄哲学的土生土长的中国传统宗教。

汉代董仲舒把孔孟儒学神秘化,宋代二程(程颐、程颢)、朱熹、陆九渊、明代王阳明等把儒学经院化,形成理学(包括程朱理学、陆王心学)。此后儒学俨然宗教化,因此又被称为儒教。

东汉时,汉明帝夜梦金光神人,从而有了白马驮佛经而来,有了中华第一佛刹——洛阳白马寺,由此佛教在中国得到广泛传播。至唐代高僧玄奘西游,求得第一手真经,佛教在中国的影响力进一步扩大,并日益本土化。自唐僧取经后,佛教在印度渐趋式微,而中国成了大乘佛教的中心,并东传朝鲜、日本。

也就是说,汉唐以来,中国的文化其实就是本土的儒道文化加上日益本土化的大乘佛教文化。儒道释"三教"之称也由此而来。

汉唐以来,儒道释"三教"一直在不断的彼此斗争中互相吸收、相互借鉴,你中有我、我中有你,从而形成了中国独有的三教并存、老子孔子和佛祖可以同时信奉的独特文化现象。这是中华文化所具有的开放性、包容性,是其他任何一种民族文化所不能比拟的。某种意义上说,中华文化实际上就是三教文化,离开了三教,中华文化就徒有虚名了。

二、武术的发展及其与三教的初步结缘

毫无疑问,原始的武术起源于远古人类生存的需要。他们一方面要防备凶禽猛兽的侵袭,另一方面还要猎杀野兽果腹,逐渐就形成了一些搏杀技艺,如手搏、射箭、

刺枪、投标等。而在早期人类的宗教仪式中，又往往会把某些搏杀技艺变为程式化的表演，这大概就是最早的武术套路了。所以武术一开始就与宗教活动相关联。

儒家学派的创始人、大成至圣先师孔子，其教育弟子的内容不仅有他尚在致力整理中的六经——诗、书、易、礼、乐、春秋，还有六艺——礼、乐、射、御、书、数。六经为儒学之道，而六艺中的射和御，即为武艺。孔子不仅仅是温雅长者，也是一位武林高手和运动达人。孔子的弟子子路，武艺高强，侠肝义胆，又实际上是孔子的贴身保镖。因此，在儒家创始人孔子那里，文武是一体的。

可惜后世儒者多成了文弱书生，甚至许多人仅仅把读五经四书作为晋身的手段，并没有修齐治平的胸襟与抱负，更看不起武艺和习武者。

当然，后世书生也并非都是如此。运筹帷幄、决胜千里的张良，曾伏击秦始皇帝；东汉史学家班超，投笔而从戎，以不入虎穴、焉得虎子的气概，守护了西域半个世纪的安宁；一介书生、洛阳小吏祖逖，闻鸡起舞，终成击楫中流的北伐名将；岳飞、戚继光，皆为文武双全的民族英雄；共和国总理周恩来先生，当年在南开读书时，即师从形意八卦名家韩慕侠先生习武，立志报国。

道家文化一开始就与性命之术不可分。老子享寿近百岁，庄子寿八十四。后来的道教，由外丹术逐渐转为内丹术，算是回归了老庄本旨。南朝老道陶弘景，寿八十一；唐朝道士、药王孙思邈享寿百又二岁；唐宋之际的陈抟老祖，德寿一百一十九岁。元明之际武当道士张三丰，以老子"柔弱胜刚强"之理，反少林拳刚直之道而行之，创内家拳。在张三丰内家拳理论的基础上，后来又衍化出太极拳、形意拳（心意拳）、八卦拳。

少室山自印度高僧菩提达摩在此面壁得道后，便有了宝刹少林寺。少林僧人长时间跌坐参禅之后，需要活动筋骨，于是武术成了僧人的"体育课"。随着不断有因故身犯要案、命案的武林豪侠遁入空门，天下功夫汇于少林，"少林武术"越来越兴盛，包含了诸多拳种的拳械与功法。少林拳就是典型的"外家拳"。但在少林寺，作为镇寺之宝的拳术却是心意拳宗师姬际可先生留下的心意拳——今名"少林心意把"！可见，真正的少林武僧也是内外兼修的。

由此可见，武术并不是只有武将或乡野之人才会去习练的技艺。无论是儒家还是道家、释家，无论是出世的僧人道士，还是入世的孔门弟子，都与武术有着不解之缘。

三、孙氏武学的形成及其与三教的关系概述

孙禄堂先生自幼聪颖好学，学习儒学文化的同时还习练滑拳。他9岁丧父而失学，但仍自学不辍，后拜李奎垣先生为师学习形意拳术并随其继续学习儒学经典。三年后他直接受师祖郭云深先生教导，深造形意拳术，一年后又随程廷华先生习八卦拳，从此早习形意，晚习八卦。十年艺成之后，他奉师命壮游天下，观少林、证武当、登峨眉，向隐修高僧、道长学习《易经》与内丹术。公元1912年，郝为桢先生将太极拳真谛毫无保留地传给了孙禄堂先生。

先生融形意八卦太极三家之精意，推陈出新，创立了迥异于其他任何流派的全新太极拳，被称为开合活步太极拳，后来称为孙氏太极拳。先生以太极一气、内劲中和、内家道艺、动静兼修之理统御三拳，提出"三拳合一"论，从而形成了孙氏武学体系。在孙氏武学中，三拳是相互融通、不可截然分开的。三体式又是孙氏武学三拳共有之本体。

无论是形意、八卦还是太极拳术，三者的产生和发展都离不开儒学文化、道家文化或者释教文化的支撑。孙氏武学包涵三拳，自然更与三教文化密不可分。然而这种不可分并非仅仅指三拳源流上的，更主要的是指孙氏武学在武艺与道艺理论上与三教的不可分割。限于篇幅，涉及的三教术语、论点、论据等均不作白话解释。

孙氏武学与三教的密切关系主要表现在：
①孙氏三拳的总括理论"中一"论与三教分别对应。
②频用三教专有术语作为孙氏武学理论的术语和重要论点。
③《拳意述真》等著作和佚文中多有三教著作名称、三教名人及其名言。
④行文中不着痕迹、浑然天成地嵌入三教语句的地方比比皆是。
⑤多处大段引用或套用三教语录。

四、详述孙氏武学与三教的密切关系

（一）孙氏三拳的总括理论"中一"论与三教分别对应

在《形意拳学·自序》中，孙禄堂先生写道："三派拳术之道，始于一理，中分为三派，末复合为一理。其一理者，三派亦各有所得也。形意拳之诚一也；八卦拳之万法归一也；太极拳之抱元守一也……所以三派诸位先生所练拳术之道，能与儒、释、道三家诚中、虚中、空中之妙理，合而为一者也。"这就是孙禄堂先生概括的孙氏三拳特征的理论——"中一"论。

"一理""诚一""万法归一""抱元守一"之"一"者，道也，太极一气也。

"诚一"，是说形意拳似儒家。《孟子·离娄上》："诚者，天之道也。"

"万法归一"，表明八卦拳似释家。佛家八万四千法门，最后指归的是自性、是佛性、是每一个人都具有的妙真如性。

"抱元守一"，直指太极拳似道家。《老子》云："载营魄抱一，能无离乎？抟气致柔，能婴儿乎？"

"诚中、虚中、空中"之"中"，为三拳"体"（拳式演练）之"中"，为道艺。中者，内也，身内、拳内也。

"诚中"者，形意拳"譬如钢球铁球，内外诚实如一。""心意诚于中，而万物形于外，内外总是一气之流行也。"因此形意拳似儒家。

"虚中"者，八卦拳"譬如绒球与铁丝盘球，周围玲珑透体"。八卦有定步、活步、变步三个阶段的练法，变步阶段，机警灵变，鬼神莫测。所以然者，内中虚无，不着一丝色相。故八卦拳似释家。

"空中"者，太极拳"虚实之理也，其式之内，空而不空，不空而空。""太极如皮球，内外虚灵，有有若无，实若虚之理。"因此太极拳似道家。

另外，在《八卦拳学·陈曾则序》中又记录孙禄堂先生之语云："内家之技击也，必求其中。太极，空中也；八卦，变中也；形意，直中也。"

"直中、变中、空中"之"中"为三拳"用"（技击实战）之"中"，为武艺。中者，中心也，我之中心也，对方之中心也，以对方为中心也。

形意拳之技击，"两肘不离肋，两手不离心，出洞入洞紧随身"；守我之中，攻彼之中，"硬打硬进无遮拦""打破身式无遮拦"；快攻直取，"攻人之坚而不攻人之暇"。此即形意拳之"直中"也。直中，亦然是内外诚实如一。故直中仍似儒家。

八卦拳之技击，"纵横矫变"，中心在不停的运动变化之中，故为"变中"。变中云者，万变不离其中也。因此变中还是类于释家。

太极拳之技击，"浑然无间，随其来体不离不拒，而应之以中，吾致柔之极，持臂如婴儿，忽然用之，彼虽贲育无所施其勇，虽万钧之力皆化为无力"。太极拳讲求粘黏连随，引进落空，是为"空中"。太极拳是以无化有、以弱胜强的拳术。因此太极拳先天与道家有着亲缘关系。

程廷华先生云："行动不离圣贤之道；心中亦不离仙佛之门。非如此，不足以言练八卦拳术也；亦非如此，不能得着八卦拳之妙道也。"圣贤之道即儒家所倡导的孝悌忠信、仁义礼智、廉恕和平、修齐治平等道德准则；仙佛之门即道家和释家逍遥世外、无欲无求、六根清净、四大皆空的精神境界。也就是说，习八卦拳者，进而言之曰习内家拳者，当以道、释出世之德，行儒者入世之功。以为政者而言，必须德才兼备，才能造福百姓。

（二）频用三教专有术语作为孙氏武学理论的术语和重要论点

孙氏武学的绝大多数理论术语和重要理论都是来自于三教。列举如下。

①术语"丹田""丹道"：二者是常用术语，使用频繁。它们直接来自于道教内丹术。当然，孙氏武学著作中的"丹田"基本上都是指下丹田，与内丹术中的丹田包括下、中、上三丹田有所不同。

②术语"虚极静笃"："丹道有最初还虚之功，以至虚极静笃之时，下元真阳发动……"语出老子《道德经》："致虚极，守静笃。万物并作，吾以观其复。"

③"道一"论："夫道，'一'而已矣。"语本老子《道德经》："道生一，一生二，二生三，三生万物。"

④"太极"论："太极"一词既是常用术语，又是主要理论。语出《庄子》："夫道……在太极之先而不为高；在六极之下而不为深。"后见于《易传》："易有太极，是生两仪。两仪生四象，四象生八卦。"

⑤"三体"论：语出北宋张伯端的"丹经"《悟真篇》："道自虚无生一气，便从一气产阴阳。阴阳再合成三体，三体重生万物张。"丹经之语又是由老子的"道生一，一生二，二生三，三生万物"一语演化而来。

251

⑥"中和"论：源自儒家经典《礼记·中庸》。详见本板块之第三论——《孙氏武学"中和"论》一文（P$_{169}$）。

⑦"格物"论（或"格物致知"论、"格物尽性"论）："练一形之中，将伊之性能，格物到至善处"。在《八卦拳学原序》中，孙禄堂先生强调，"必须先将内家拳学，无论何派，先格物致知，身体力行以致极处"。语出《礼记·大学》："……欲诚其意者，先致其知；致知在格物。物格而后知至。"

⑧"智仁勇三达德"论："和之中智勇备焉"。在《详论形意八卦太极之原理》一文中，孙禄堂先生写道："人、物之性既居，起落进退，变化无穷，是其智也。得中和，体物不遗，是其仁也。……内外如一，成为六合，是其勇也。三者既备，动作运用，手足相顾，至大至刚，养吾浩然之气。与儒家诚中形外之理，一以贯之。"语出《礼记·中庸》："知、仁、勇三者，天下之达德也，所以行之者一也。……子曰：'好学近乎知，力行近乎仁，知耻近乎勇。'"

⑨"慎独"论："存彼己之见者，大抵因初学时气质未化，不能得格物慎独之功也。"语出《礼记·中庸》："莫见乎隐，莫显乎微，故君子慎其独也。"

⑩"明善复初"论："由着本体而再萌动练去，是为拳中纯任自然之真劲，亦谓人之本性，又谓之丹道最初还虚之理，亦谓之明善复初之道。"本于《礼记·大学》："大学之道，在明明德，在亲民，在止于至善"。程颐曰："明德，天降生民赋予之性，是虚灵而不昧，对于万事皆当至于至善，但为气禀所拘，人欲所蔽，则有时而昏，但本体之明，则有未尝息者，故学者当因其所发而教之，以复其性。"

⑪"内圣（德）外王"论："内劲者，内为天德；外法者，外为王道。"天德，语出西汉董仲舒《春秋繁露·人副天数》："天德施，地德化，人德义。"王道，语出《尚书·洪范》："无偏无党，王道荡荡。"

⑫"博问"论："练拳术者，宜虚心博问，不可自是。"语出《礼记·中庸》："博学之，审问之，慎思之，明辨之，笃行之。"

⑬"独善兼济（善）"论："可以独善其身，亦可以兼善天下。"语出《孟子·尽心上》："穷则独善其身，达则兼善天下。"

⑭"良知良能"论：孙禄堂先生在《八卦拳学原序》中说："先哲云：圣人之道无他，在启良知良能。"语出《孟子·尽心上》："人之所不学而能者，其良能也；所不虑而知者，其良知也。"

⑮"四德"论：在《形意拳学·横拳》中，孙禄堂先生指出，"横拳……内包四德，即劈、崩、躜、炮也。"四德原指《周礼》中对女性要求的妇德、妇言、妇容、妇功四种道德；又指孔子所重的孝、悌、忠、信四种道德；孟子提出的仁、义、礼、智四种道德；以及佛学所言的常、乐、我、净四德。形意拳的"四德"主要对应"仁、义、礼、智"四德。

⑯"小学大学"论："形意拳术，明劲是小学功夫……暗劲是大学之道。"语本《礼记·大学》："大学之道，在明明德……"

⑰ "玩索有得"论："善练者，玩索而有得焉。""形意拳之道，是先将拳术已成之着法，玩而求之，而有得之于心焉。"语出朱熹《中庸章句》："善读者玩索而有得焉，则终身用之，有不能尽者矣。"

⑱ "一以贯之"论："此拳亦是求一以贯之之道也。"语出《论语·里仁》："子曰：'参乎！吾道一以贯之！'……曾子曰：'夫子之道，忠恕而已矣。'"

⑲ "非礼勿（不）动"论："三体式无论变更何形，非礼不动，所以修身也。""非礼不动"，孙禄堂先生注曰："礼即拳中之规矩姿式也。"语出《论语·颜渊》：子曰："非礼勿视，非礼勿听，非礼勿言，非礼勿动。"

⑳ "明心见性"论："血气不能加于其内，心中空空洞洞，即是明心见性矣。""成法者，是初入门教人之规则，可以变化人之气质，开人之智识，明人之心性，是化除后天之气，以复其先天之气也。"明心见性是汉传佛教禅宗用语，为悟道之境界。

另外还有"体用论"，前文已有专论，此不赘言。

以上所举的术语、理论基本上都是属于"道艺"范畴的，也多是容易被爱好者所忽视的，故一一列出（但不作引申论述）。

其他术语还有"太虚""虚空"等；理论还有"两仪"论、"四象"论、"五行"论、"六合"论、"七星"论、"八卦"论、"九宫"论等，这些基本上是倾向于"武艺"范畴，也与三教密不可分。但这些内容爱好者关注的相对较多，前文中也基本上都有涉及，不再一一列举出处。

（三）《拳意述真》等著作和佚文中多有三教著作名称、三教名人及其名言

在《拳术述真》第四、第五、第六章"述形意八卦太极三派诸先生之言"中，有多处涉及三教经典。兹举几例，不再注明该条文的上下文。

① "《老子》云：得其一而万事毕。"此语是根据老子《道德经》卅九章之大意概括而成。原文云："天得一以清；地得一以宁；神得一以灵；谷得一以盈；万物得一以生；侯王得一以为天下贞。"

② "内中之意思，犹丹道之'点玄关'，《大学》之言'明德'，《孟子》所谓'养浩然之气'，又与河图中五之一点，太极先天之气相合也。"

其中，（甲）"丹道之'点玄关'"——出自道教"丹经"。

（乙）"《大学》之言'明德'"——见上文。

（丙）"《孟子》所谓'养浩然之气'"——原文为"（公孙丑问曰）：'敢问夫子恶乎长？'曰：'我知言，我善养吾浩然之气。'"

（丁）河图——《尚书》："伏羲有天下，龙马负图出于河。"河图是伏羲先天八卦之源。《周易本义》中载有河图洛书。

③ "《孟子》云：尧舜之道，孝弟而已矣。"语出《孟子·告子上》"孟子曰：人皆可以为尧舜。又曰：尧舜之道，孝弟而已矣。"

④ "《易》注云：远在六合以外，近在一身之中。远取诸物，近取诸身。"此语

253

出自朱熹对《周易本义》的注解。

⑤"《论语》云：一以贯之。"见上。

除了"述真之言"正文外，还有孙禄堂先生对诸先生之言加的引注文字，也多见经典；在孙禄堂先生其他四部著作和几篇佚文中也多处引用经典，而且有的条目反复引用。兹举一些条目，不再注明出处。

引用《礼记·中庸》的有："《中庸》云：天命之谓性，率性之谓道。""《中庸》云：放之则弥六合；卷之则退藏于密。""《中庸》云：道不远人，人之为道而远人。""《中庸》曰：鬼神之为德，其盛矣乎？"等。

引用《孟子》的有："《孟子》云：大而化之之谓圣；圣而不可知之之谓神。""由仁义行，非行仁义也""求其放心""善养浩然之气"等。

其他还有：

"《庄子》云：真人之呼吸以踵。""丹书云：形神俱杳，乃与道合真之境。"

"《易经》云：近取诸身，远取诸物。心在内而理周乎物，物在外而理具于心。"

"《大学》云：克明峻德。"

"朱子云：天以阴阳五行化生万物，气以成形，而理亦赋焉"等。

（四）行文中不着痕迹、浑然天成地嵌入三教语句的地方比比皆是

在孙禄堂先生的著述中，这方面的文字也有很多。兹举一例。

"车毅斋先生云：形意拳之道，合于中庸之道也。其道中正广大，至易至简，不偏不倚，和而不流，包罗万象，体物不遗。放之则弥六合；卷之则退藏于密。其味无穷，皆实学也。"

这段文字中的每一个词组或短语皆有出处。

①"中正广大"：由朱熹《中庸章句》："故君子尊德性而道问学，致广大而尽精微，极高明而道中庸"一语衍化而来。"中正"一词又见于《尚书·吕刑》："明启刑书，胥占，咸庶中正。"

②"至易至简"：由《论语·为政》中"所守者至简而能御烦，所处者至静而能制动，所务者至寡而能服众。"这句话衍化而来。

③"不偏不倚"：语出朱熹《中庸章句》题注："中者，不偏不倚，无过不及之名。"

④"和而不流"：语出《礼记·中庸》："故君子和而不流，强哉矫！"

⑤"包罗万象"：语出《黄帝内经》："所以包罗万象，举一千从，运变无形而能化物，大矣哉，阴阳之理也。"后成为道教术语。万象，意为宇宙内外一切事物或现象。

⑥"体物不遗"：语出《礼记·中庸》："视之而弗见，听之而弗闻，体物而不可遗。"

⑦"放之则弥六合；卷之则退藏于密"：同上。

⑧"其味无穷，皆实学也"：这是程颐先生对"中庸"评价的原话。

其他"镶嵌"处还有很多。

其中出自《礼记·中庸》的最多，如"不见而章，不动而变，无为而成""不勉而中，不思而得，从容中道""而时出之""时措之宜""无入而不自得""与鬼神合其凶吉"（由"鬼神之为德，其盛矣乎"演变而来）、"夫妇之愚，可以与知与能；及其至也，虽圣人亦有所不知不能矣"（由"君子之道，费而隐。夫妇之愚，可以与知焉。及其至也，虽圣人亦有所不知焉。夫妇之不肖，可以能行焉。及其至也，虽圣人亦有所不能焉"压缩而成）等。

出自《论语》的则有"无可无不可""有若无，实若虚""述而不作"等。

另外，"寂然不动，感而遂通"：语出《易·系辞上》："《易》无思也，无为也，寂然不动，感而遂通天下之故。"

"无声无臭"：语出《诗经·大雅·文王》："上天之载，无声无臭。"

（五）多处大段引用或套用三教语录

这方面文字较多，限于篇幅，仅举一例：

"用力之久，而一旦豁然贯通，则众物之表里精粗无不到；而吾拳之全体大用无不明矣！至此诸魔尽去，道理不能有所阻也。"语本于朱熹《大学章句》："至于用力之久，而一旦豁然贯通焉，则众物之表里精粗无不到，而吾心之全体大用无不明矣。此谓物格，此谓知之至也。"

五、结语

综上所述，无论是从武术发展史还是从三教演化历程都不难看出，中华传统武术天然便与儒道释三教有着亲缘关系。孙禄堂先生显然不是第一个实践拳与道合的人，他所做的只是把前人的拳道相合的实践进一步系统化、规范化、明晰化，并上升到理论高度，形成以三教思想精髓为统御的"道艺"武学理论体系。

孙氏武学的道艺与武艺二者是相辅相成、密不可分的，二者共同构成孙氏武学的理论体系。无论是武艺理论还是道艺理论，其主要论点皆是三教术语，主要论据均与三教有关，论证过程也多见三教语录。当然，明显可以看出，三教中以儒学和道门为主，其中道门偏于功法方面，儒学偏于拳理方面。因此，孙氏武学是中国传统三教文化与三大内家拳密切结合、相互融通的产物。

孙氏武学的道艺，性命双修；孙氏武学的武艺，数理兼赅。孙禄堂先生在《拳意述真·自序》中说："在天曰命；在人曰性；在物曰理；在拳术曰内劲。"在修性问题，三教各有术语：儒家曰"尽心知性"，道家曰"修心练性"，释家曰"明心见性"。孙氏武学三性归一，既修其心，也尽其心，更明其心。因此，孙氏武学与三教不可分割！

第十四章

孙氏武学练拳"得道"诸要素论

孙氏武学是武艺之学,更是道艺之学,习练的终极目标在于"得道"(参见本板块之第四论——《孙氏武学"道艺"论》,P173)。那么如何才能"得道"呢?

白西园先生云:"唯练拳易,得道难;得道易,养道尤难。所以练拳术,第一要得真传,将拳内所练之规矩,要知得的确,按次序而练之;第二要真爱惜;第三要有恒心,作为自己终身修养之功课也。"

在这里,白西园先生提出了练拳得道的"三要":要得真传、要真爱惜、要有恒心。这"三要"也是习练孙氏武学能够得道的三个最基本要素。

那么,习练孙氏武学想要得道,究竟都包括哪些要素呢?著者仍然本"述而不作"之意,对此问题进行归纳概括。

白西园先生接着说:"除此三者之外,虽然讲练,古人云:心不在焉,视而不见,听而不闻,食而不知其味,就是终身不能有得也。"这里白先生实际上又增加了第四"要":要真用心。

著者自习武之初,对于习武"得道"就有着比较清醒的认识,认为练拳出功夫需具备三个基本条件:明师、苦功、悟性。当然,著者当时所要得到的是精湛的武艺,并没有要得到道艺的觉悟,却与"得道"的基本要素不谋而合。"明师"其实就是即白西园先生的"得真传";"苦功"即白西园先生的"真爱惜、有恒心";"悟性"即白先生之"真用心"。要研究拳理,

白西园先生绘像

更要在依着规矩实作拳法过程中去体悟,将拳理与拳法贯通、将拳法不同招式之间融会贯通,并将拳理拳法与百艺贯通。

李奎垣先生亦云:"练拳者,先要求明师、得良友,心思会悟、身体力行,日日习练,不可间断,方能有得也。不如是,混混沌沌一生,茫然无所知也。"李奎垣先生提出练拳得道必备的要素是:求明师、得良友(即明师、真传);心思会悟、身体力行(善悟、苦功);日日习练,不可间断(有恒)。这显然和白西园先生的意见是基本一致的。

以下著者摘要列举《拳意述真》中关于习武得道诸要素的阐述,并分别加以浅析。

(一)要得真传

所谓"得真传",著者以为有以下几个方面的含义:其一,要遇着明师,否则难

以得到真传（明师者，明理之师，非"名师"之谓也）；其二，要尊师重道，这样老师才会放心传授你真功夫；其三，要按照老师教的规矩去练；其四，要按次序练习，循序渐进。否则，就算得了"真传"，也练不成真功。

程廷华先生亦云："练八卦拳之道，先要得明师传授，晓拳中之意义并先后之次序。"

关于循序渐进，著者以形意拳为例说明之。形意拳入门先站三体式，九要中的身法八要（塌、扣、提、顶、裹、松、垂、缩）都在其中；三体式和顺之后开始练劈拳，第九要"起躜落翻分明"在劈拳中体现的最为清楚明白；劈拳和顺后再依次练习崩拳、躜拳、炮拳、横拳，练五拳通透可得到五真劲：斧劲、箭劲、闪劲、炮劲、弹劲（金、木、水、火、土五行之劲）；五行拳之后是五拳合一进退连环拳（简称五行连环）；此后可以学习五行拳对练——五行生克拳（五行炮）；然后再分别学习十二形，学习十二形要体悟每一形是由五行中的哪些"行拳"所和化；之后是形意八式和杂式捶；形意拳学习的最后阶段是"十二形全体大用拳"（安身炮）。其中五行炮和安身炮是对练套路，为"用"。

当然，这只是学习阶段的大致次序。自己练拳时，还是以站三体式和练劈、崩、躜、炮、横五拳加虎形为主。当然你也可以选择自己喜欢的五拳中的两三拳加十二形中的虎形、马形、鲐形、鼍形、鹰熊合演等形中的一两形为主来练习。十二形中的这几形和五行拳一样简单易练，而且攻防作用更明显。龙形比较吃功夫，其他诸形是小套路，可以和五行连环、八式、杂式捶等套路一样偶尔习之即可。

（二）要真爱惜

所谓"真爱惜"，包括以下几层含义：其一，是真正热爱武术，以习武为最大的乐趣，"知之者不如好之者，好之者不如乐之者"，此之谓也；其二，对武学心存敬畏，任何时候不会马虎从事；其三，在今天传统武学遭受新时代、新事物和外来"洋武术"双重冲击的情形下，要有传承传统武学文化的坚定信念和高度的自觉性。

（三）要有恒心

所谓"有恒心"，指的是痴心不改，一生致力于武学，将其"作为自己终身修养之功课也"。

做任何事情想要有成果，都必须持之以恒。孙禄堂先生在《形意拳学》中写道："练拳者如牛毛，成道者如麟角。"除了是否得真传、真爱惜外，"有恒心"才是决定是否能够得道的最主要原因。

著者大学毕业之际，恩师华钟彦先生在毕业纪念册上题四字赠我："学贵有恒！"也是希望我永远不改初心之意。

（四）要真用心

所谓"真用心"，也包含几层意思：其一，要专注于武学，心无旁骛，不可三心二意，见异思迁——专心也是真用心的重要体现；其二，练拳固然要能吃苦，但苦练不等于傻练，要用心去规范动作，用心去研究拳理，用心去悟道；其三，要做到"行

257

止坐卧，不离这个"，人们常说"曲不离口，拳不离手"，就是这个意思；其四，功夫在拳外，它山之石，可以攻玉。练功夫到一定程度后，要全面提升自己各方面的素养，兼百家，融百艺，这样有助于得着武学之道。

"功夫不负有心人"，诚哉斯言！

（五）要戒骄、戒躁

白西园先生又说："就是至诚有恒心，所练之道理虽少有得焉，亦不能自骄。所练之形式道理，亦要时常求老师或诸位老先生们看视。若一骄，素日所得之道理，亦时常失去。道理一失，拳术就生出无数之病来。"孙禄堂先生注云："古人云：人非圣贤，孰能无过？"因此要力戒骄傲自满情绪。对于真爱武术的人来说，这一点尤其是阻碍其继续前进的最大障碍。吾师孙叔容先生在赠书中题字诚勉我："涉浅滩者得鱼虾，探深海者得蛟龙。"就是告诉我不要骄傲自满，浅尝辄止。艺无止境，只有始终谦躬勤谨，才能日有所进。

以上五条要素是原则性的——属于"战略"层面的要素。

以下要素是技术性的——属于"战术"层面的要素。

（六）孙氏武学初学入门，有避"三害"、守"九要"之规矩

严守规矩是通向得道之门的第一步，"三害莫犯，九要不失其理"。如此，拳学之道才能步入正轨。参见本板块之第三论——《孙氏武学"中和"论》一文（P$_{169}$）。

（七）练孙氏武学要注意调息的基本规矩，这是孙氏武学实现内外合一的重要基础

"手足动作合于规矩，不失三体式之本体，谓之调息。练时口要似开非开、似合非合，纯任自然。舌顶上腭，要鼻孔出气，平常不练时，以至方练完收势时，口要闭，不可开，要时时令鼻孔出气。说话、吃饭、喝茶时，可开口，除此之外，总要舌顶上腭，闭口，令鼻孔出气，谨要！至于睡卧时，亦是如此。"习武的道理和做人的道理一样，要少开口、多做事，脚踏实地。

（八）练孙氏武学不可"专好刚劲之气，身外又务奇异之形"

就如同郭云深先生所说，孙氏武学的形意拳、八卦拳"形式简单而不良于观""道理平常，而无有奇妙之法则"。若因此而生厌恶之心，一味追求刚劲之气、奇异之形，则"终身练之而不能得着形意拳术中和之道也。""好高骛远，看理偏僻，所以拳术之道理，得之甚难。"

李奎垣先生也说："形意拳术之道，勿拘于形式，亦不可专务于形式，二者皆非正道。先师云：'法术规矩在假师傅；道理巧妙须自己悟会。'故练拳术者，不可以练偏僻奇异之形式，而身为其所拘；亦不可以练散乱无章之拳术，而不能通其道。"

（九）练孙氏武学不可"固执不通"

要避免或专求气、或专力、或专求沉重、或专求轻浮等固执之病；要尽力避免出现错综之病、暗藏之病。有了这些毛病，要及时克服。

"若专以求力，即被力所拘；专以求气，即被气所拘；若专以求沉重，即为沉重所捆坠；若专以求轻浮，神气则被轻浮所散。"郭云深先生提出了避免四种固执之病的正确方法：形式和顺、内里中和、神意归丹田、神气化虚空。"练之形式顺者自有力；内里中和者自生气；神意归于丹田者，身体自然重如泰山；将神气合一化成虚空者，自然身轻如羽。故此不可以专求。"和顺自然是变化人之气质的不二法门，也就是习武得道的不二法门。

白西园先生曰："错综之病，头上之病不在头；脚上之病不在脚；身内之病不在内；身外之病不在外。此是错综之病也。"

"暗藏之病，若隐若现，若有若无，此病于平常所练之人，亦看不出有病来。自己觉着亦无毛病，心想自己所练的道理亦倒纯熟矣，岂不知自己之病入之更深矣。"遇到暗藏之病，非得洞明其理、深达其道者，不能帮你改掉此毛病。

（十）道不远人。要专心格物，远取诸物、近取诸身，方能有得

李奎垣先生云："天地之大、六合之远、万物之理，莫不在我一身之中。""天地万物无不可效法也；即世人亦无不可作我之师与友也。"

李奎垣先生举例说："远取诸物者，如蛇之物，曲屈夭矫，来去如风，吾欲取其意也。近取诸身者，若练蛇形，须研究其形是五行拳中何行合化而生出此形之劲也。所以要看此形之行动，头、尾、身伸缩盘旋，三节一气，无一毫之勉强也。"

李先生进一步指出："再将物之形式动作，灵活曲折、刚柔之理而意会之，再自己身体力行而效之，工久自然得着此物之形式、性能，与我之性能合而为一矣。"

如此一形一形去格物，"以至于万形之理，只要一动一静，骤然视见，与我之意相感，忽觉与我身中之道理相合，即可仿效此物之动作而运用之。"

格物致知，是研究学问之道，也是习武得道的必由之路。

以上著者汇总了孙氏武学练拳"得道"之十大要素，其他因素还有一些，但实际上都可以归属于以上十大要素内，就不再一一列举了。这些要素又可以用儒家修为八阶中的前五阶和学习的五个维度来概括，即：诚意、正心、格物、致知、修身；博学、审问、慎思、明辨、笃行。再以"吾日三省吾身"的精神和"三人行必有我师"的态度，知行合一，则孙氏武学之道岂难攀乎？

当然，得道也有不同的层次：第一层，气境（练精化气）；第二层，神境（练气化神）；第三层，虚境（练神还虚）。虚境之上，还有道境（练虚合道）。因此，"得道"和修道一样，也是一个过程，而不是结果。

学无止境、艺无止境，道亦无止境。修道、得道、养道，乃是"终身大事"。

北宋理学大家张载有著名的"横渠四句"："为天地立心，为生民立命，为往圣继绝学，为万世开太平。"这是儒者的抱负。文武一道，孙禄堂先生以这样的抱负而成就了其在中国武术史上的地位，成就了孙氏武学。我辈也应该有这样的胸襟与抱负，才有可能得着真正的武学大道！

259

第十五章

孙氏武学变化人之"气质"论

刘奇兰先生云："此形意拳是变化气质之道，复还于初，非是求后天血气之力也。"宋世荣先生云："拳术可以变化人之气质。"刘晓兰先生亦云："形意拳之道无他，不过变化人之气质，得其中和而已。"

多位形意拳前辈都不约而同地谈到形意拳是变化人之气质之道。其实不独形意拳然，八卦拳、太极拳亦然。如在《八卦拳学·八卦拳先天后天合一式说》中，孙禄堂先生曰："再以金丹分而言之。金者气质坚固之意，丹者周身之气圆满无亏之形，总而言之，拳中气力上下内外如一也，此为易筋之事也。"在《太极拳学·凡例》中，孙禄堂先生云："是编专讲究为修身而作，凡我同胞，无论何界，男女老幼，皆可习之，身体过懦者，可以使之强；过刚者，可以使之柔；或有身体极弱及有劳伤病症者，或因他种拳术，非血气之力不能练习者，亦均可以练之。将气质驯至中和，气固而神自完。祛病延年，可操左券。"

仙风道骨孙禄堂先生

因此，孙禄堂先生开创的孙氏武学又是变化人之气质之学。

一、何谓气质？气质有哪些基本类型

什么是气质呢？气质指人的生理、心理等素质，是一种比较稳定的个性特征。它是一个人的学识、修养、品行、阅历、性格、生存环境等的综合而形成的一种相对稳定的个性特征。有的人生来怯懦、有的人个性张扬；有的人飞扬跋扈、有的人温文尔雅；有的人大大咧咧、有的人谦恭有礼；有的人天生柔弱、有的人孔武有力……有的人还可能多种消极、负面的性格兼而有之，有的可能积极与消极、正面与负面性格共存……再加上各自不同的人生经历，这就形成了千差万别的气质性情。细分气质类型是很难的，但著者以为，气质可以粗分几大类：最好的应该是中和型气质（如温文尔雅、儒雅大度等）和逍遥型气质（淡泊、出尘），其次是积极型气质（或叫进取型气质），再次为消极型气质（平庸型气质），最后是各种负面型"气质"（这样的一般叫"没有气质""缺乏修养""缺少教养"等）。

二、气质可以改变吗？可以有哪些基本改变

气质当然是可以改变的。"因人为一小天地，无不与天地之理相合。惟是天地之阴阳变化，皆有更易，人之一身，既与天地道理相合，身体虚弱，刚戾之气，岂不能易乎？"

可以有哪些基本的改变的呢？"更易之道，弱者易之强，柔者易之刚，悖者易之和"。

由此可知，易骨、易筋、洗髓三经，"皆是变化人之气质，以复其初也"。进而言之，形意、八卦、太极三拳，尤其是由三拳与三教融合而形成的孙氏武学，更是变化人之气质之学。

三、孙氏武学为何能改变人的气质性情

孙氏武学之所以能够改变人的气质性情，主要是由于以下几点原因决定的。

其一，初学武术，要吃苦、忍痛、受累、流汗甚至流血，能够磨砺出习武者的坚强意志与毅力，初步祛除了初学者的懦弱、胆怯或张扬、浮躁等气，这是改变其气质性情的初步。"（易骨）练之以筑其基，以壮其体。骨体坚如铁石，而形式气质威严状似泰山"。这一点也是各种武术在初始阶段便具有的基本能力。

其二，在易骨、练精化气阶段，习者需严格遵守避三害、守九要之规矩，让人于不知不觉之中养成守规矩的习惯，形成规则意识。孙氏武学法度森严，俨然唐楷，对于规矩的要求极高，有助于形成人们对法规的敬畏之心。无论为人、处世、行事，都要遵守社会规则、恪守道德规范，这是改变人的气质性情的第二步。"成法者，是初入门教人之规则，可以变化人之气质，开人之智识，明人之心性，是化除后天之气，以复其先天之气也"。

其三，习武进入易筋、练气化神阶段，开始反观内照，内照自己的五脏六腑骨骼经脉的同时，也开始内照自己的精神世界。此时外界的干扰日益减少，精神世界日益丰富。开始进入道德自我修复与完善阶段。这是改变人的气质性情的第三步。

其四，修为进入洗髓、练神还虚阶段，是完全的性功阶段，物质欲求进一步减少，道德品质进一步完善，此时渐成贤者，这是改变人之气质性情的第四步。

孙禄堂先生认为，练神还虚是"练之以变化人之气质，复其本然之真也。"指的就是练神还虚阶段，人的精神气质会发生巨大变化，对主观世界与客观世界有了全新的认识，心胸愈宽，人欲愈少，人变得愈加平和、宁静、淡泊，回复到了本来固有的真善美的精神境界。

其五，如果修为能够达到练虚合道阶段，则"人道"缩至最少，已经超凡入圣，成为道德准则的制定者，如老子、孔子然；成为武学规则的创建者，如孙禄堂先生然。

当然，在今天市场经济大背景下，拜物教成了主流"信仰"，修为能达到练神还

虚阶段就已经万分难得了，练虚合道阶段根本不可能有人达得到。它只能作为一个可望而不可即的目标存在了。

四、孙氏武学变化人之气质的过程是怎样的

耿诚信先生以自己的切身经历与感悟讲述了形意拳改变其气质性情的过程。这是孙禄堂先生记录下的一个关于形意拳改变人之气质性情的典型范例。

耿先生幼年练习花拳之时，肝火太盛，血气过旺，往往无缘无故与人发生矛盾，视同道如仇敌，而自己也常常为此烦恼不已。他认为这是因为"此身为拙劲所拘，不知自己有多大力量"。

自从练初步明劲功夫，经过四五年工夫，耿先生自觉周身之气质、腹内之性情，与以前大不相同。"回思昔年所作之事，对于人所发之性情言语，时时心中甚觉愧悔"。经过明劲阶段的练习，耿先生的气质性情已经发生了很大改变，认识到了过去的悖谬，并为之感到悔恨。

自此而后，又习练暗劲，五六年之后，身中内外景况，与练明劲之时，又大不相同了。"每见同道之人，无不相合，遇有技术在我以上者，亦无不称扬之。此时自己心中之技术，还有一点吝啬之心，不肯轻示于人"。经过暗劲阶段的练习，气质有了更大的改变，胸襟更开阔了，更加包容了。但还有有些小私心存在，这是因为还没有到化劲阶段，修为尚未圆满。

暗劲阶段后进入化劲练习，又经过五六年的工夫，身体内外刚柔相合之劲，渐渐化至于虚无。"至此方觉腹内空空洞洞、浑浑沦沦、无形无象、无我无他之境矣。自此方无有彼此之分、门户之见。遇有同道者，无所不爱；或有练习未及于道者，无不怜悯而欲教之；偶遇同道之人相比较者，并无先存个打人之心在内。所用所发皆是道理，亦无入而不自得矣。此时方知形意拳是个'中和'之道理，所以能变化人之气质，而入于道也"。此时耿先生自己不仅再无血气之力，而且也断了争强斗勇之心，哪怕面对挑衅者，也存爱怜之意。

由耿诚信先生的范例可知，孙氏武学三拳改变人的气质性情大致有以下几个步骤。

①起始阶段（在形意拳为明劲前期），初步实现"弱者易之强，柔者易之刚""形式气质威严状似泰山"。

②明劲（气境）练成时，"悖者易之和"，如耿诚信先生然。

③暗劲（神境）阶段，道德在自我完善或重建的过程中。

④化劲（虚境）阶段，道德日趋完善，可称贤者。

化劲（虚境）之后还有"无劲"（道境）阶段，至此阶段者已经超凡入圣。然当世无人可及，略而不计。

五、三体式与气质变化有何关系

孙氏武学中，万法不离三体式。改变人的气质，当然也离不开三体式。三体式

是变化人之气质的开始，站三体式并非为求血气之力，而是为了化去自身的"拙气拙力"。"拙气拙力"化去了，气质就已经改变了。

不仅如此，三体式各个阶段都可站，都应该站。初阶（明劲、练精化气阶段）为武火（小周天）；中阶（暗劲、练气化神阶段）为文火（大周天）；高阶（化劲、练神还虚阶段）为火候纯（极还虚）。三体式是改变人之气质的最好方式。

初阶时站三体式者，功效出现的速度有快有慢，也是"因人之气质禀受不同也"。然而一旦"得道"，则进步就堪称"神速"了。

不同阶段的不同火候，本身就是气质不断升华的体现。

六、哪些情形可以判断习武者的气质尚未发生变化

其一，练拳时，练形意之一形、八卦之一掌、太极之某些式子久久也不能和顺，其实，"非是形式不熟，亦是内中之气质未变化耳"。

其二，练拳有不及之处（不合于规矩），或练拳太过（如用力过猛之类），都是气质尚未改变的表现。许占鳌先生云："将所练之拳术，有过犹不及之气质，俯而就、仰而止，教人改变气质，复归于中，是谓之'教'也。""俯而就、仰而止"，就是益其不足，损其有余，达于中和，这样人的气质就改变了。

其三，练拳术存在彼此之见、门派之争者，"大抵因初学时气质未化，不能得格物慎独之功也"。当然，如果你对于那些自创的门派、自封的掌门、大师、宗师等有看法不在此列，因为这恰恰是浩然正气在身的体现。

七、练拳改变人之气质的不二法门是什么

孙禄堂先生在《八卦拳学原序》中说："先哲云：圣人之道无他，在启良知良能。顺其自然，作到极处，而成一个全知全能之完全人耳。拳术亦然。凡初学习练时，但顺其自然气力练去，不必格外用力，练到极处，亦自成一个有体有用之英雄耳。……孟子云：尧舜之道，孝弟而已矣。拳术之道亦无他，气力和顺而已矣。"在这段文字中，孙禄堂先生明确指出了孙氏武学改变人之气质的不二法门——两个"顺"：一曰"顺其自然"，一曰"气力和顺"！顺其自然是因，气力和顺是果。二者是一个问题的两个方面。将二者合而为一，则孙氏武学改变人之气质的不二法门只有四个字："和顺自然"！

八、技击与气质之间有必然关联吗

一定意义上说，气质其实也是一个人技击水平的在外体现。一般说来，练体的水平越高，气质的层次也越高，技击水平也会越高（虽不尽然）。因此气质与技击当然存在必然联系。

郭云深先生指出，与人交手前，"一观面先察其人：精神是否虚灵，气质是否雄厚，身躯是否活泼；再察其言论：或谦、或矜，其所言与其人之神气（即气质）、形

体动作是否相符。观此二者，彼之艺能，知其大概矣"。

李存义先生亦云："以后学者若遇此四形式之人（指明刚、暗刚、明柔、暗柔四类对手），量自己道理之深浅、神气（气质）之厚薄而相较量。若是自己不能被彼之神气欺住，可以与彼相较；若是睹面先被彼神气罩住，自己先惧一头，就不可与彼较量。"

孙禄堂先生在《八卦拳学》中也谈到，"……观彼之身式高矮，量彼之情形虚实，察彼之气质薄厚，将彼奸诈虚实等等得之于心，随便酌量用之，而能时措之宜。"

由此可见，二人较技首先就是彼此气质（神气）的较量。若彼此气质之薄厚相当或厚于对方，可以较技；若自己完全被对方的神气给罩住了，就不可与之比较，否则必尝败果。

九、结语

孙氏武学改变人之气质有着不同的层次。"形式气质威严状似泰山"并不是孙氏武学所追求的最佳气质，它只是在初阶明劲阶段的基本成果。初、中、高不同阶段，呈现出不同的气质，是正常现象。修为至儒雅似书生、敦厚如长者，采菊东篱，悠然南山，锋芒尽敛，貌似不能，才是孙氏武学所追求的上乘气质。至于虚境阶段的仙风道骨，孙禄堂先生之后，已经无人可及了。

能够"变化人之气质"，再次表明孙氏武学不仅仅是武艺之学，更是道艺之学。

第四板块

《拳意述真》闲谈

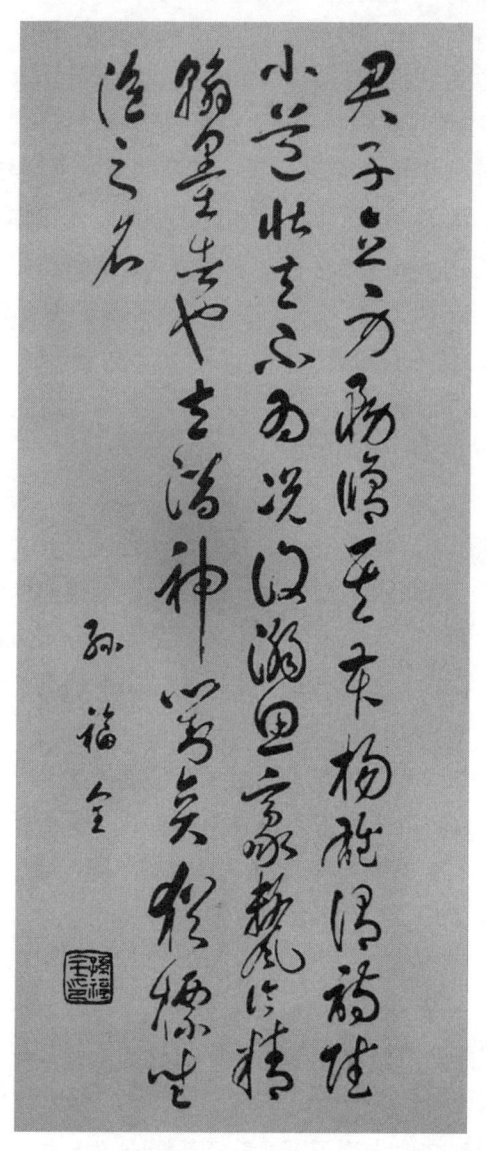

孙禄堂先生黑迹：

君子立身，务修其本。杨雄谓："诗赋小道，壮夫不为。"
况复溺思毫厘，沦精翰墨者也。夫潜神对弈，犹标坐隐之名

第一章

"闲谈"之一——三派前辈神功与交手轶事闲谈

在《拳意述真》一书中，孙禄堂先生通过"三派前辈小传"和"三派前辈述真之言"，在讲述拳学真意的同时，也为我们保留了诸位前辈出神入化的武功和与人交手、师徒试手等轶事的重要记录。孙禄堂先生的著述是严谨的，并无虚言，所述内容最符合于其人其事本身。本文所记录的神功与交手轶事均根据《拳意述真》有关内容整理而成，社会上流传的各种版本的有关诸位前辈的比武故事不予录入。

> 本板块共9篇，约6万余字。"闲谈"云者，有所感触，随便聊聊而已。既然是"闲聊"，就不是严谨的学术考据与严密的逻辑论证，因此，无论你认为著者所谈恰当与否，也请不必太过计较。倘若某一两篇能唤起爱好者的共鸣，于愿足矣！

今天形意拳界流传有李洛能先生"八大弟子"之说，八大弟子一般指郭云深、刘奇兰、宋世荣、车毅斋、白西园、张树德、刘晓兰、李镜斋八人，或者是把李镜斋换成李洛能先生之子李太和，毕竟李镜斋先生本身是知识分子，而且六十多岁才学形意拳。也就是说，"八大弟子"之说实际上是根据《拳意述真》记述的李洛能先生的九个弟子而命名的（其中李太和先生为"拳二代"）。

《拳意述真》一书中，形意拳方面记录了李洛能先生及其"八大弟子"和六位再传弟子的事迹；八卦拳方面记述了董海川先生和程廷华先生神功轶事；太极拳方面记录其事迹的则有杨露蝉、武禹襄、郝为桢、陈秀峰先生。以下分别简述之（略去李镜斋、白西园、李太和三位先生）。

一、李洛能先生

先生名讳飞羽，字能然，世称老能先生。有称为洛能、洛农、或老农者，其实都是"老能"一称的音转。

先生在山西太谷随戴文熊先生习武（孙禄堂先生误作戴文熊先生之父"戴龙邦先生"。参见本系列"闲谈"之二——《李洛能先生师承之谜》一文，P$_{276}$），至47岁，学乃大成，于形意拳之道理，无微不至，每与人相较，无不随心所欲，手到功成。

266

能然先生传授郭云深先生手法，在二人对手之时，"倏忽之间，（郭）身已跌出二丈余，并不觉有所痛苦。只觉轻轻一划，遂飘然而去"。

李洛能先生回到直隶深县（今河北深州），当地有武进士某甲（孙禄堂先生隐其名），体力非比常人，又善拳术，与李洛能先生关系甚好。但某甲对于先生的拳术，则心有不服。常常蓄意相较，却因为关系好的缘故，难于启齿。有一天二人在室内聊天时，武进士终于忍不住了，在先生行动之时，乘其不意，偷偷地跟在先生身后，想一把捉住并把先生举起来。然而他刚一伸手触摸先生，自己的身体已经腾空斜上，头颅碰触到顶棚，复行落下，两足仍直立于地，并未倾斜歪倒。武进士以为先生会邪术，先生告诉他："是非邪术也，盖拳术上乘神化之功，有不见不闻之知觉，故神妙若此，非汝之所知也。"时人遂称先生为"神拳李能然"。

由先生"有不见不闻之知觉"可知，李洛能先生已经臻于"练虚合道"之境，也就是著者所称的"道境"。

二、郭云深先生

先生名讳峪生，字云深，直隶深县马庄人。"先生既受能然先生所教拳术三层之道理，以至于体用规矩法术之奥妙，并剑术刀枪之精巧，无所不至其极"。

由于先生有曾经失手打死人而入狱的经历，戴枷锁、镣铐练拳不便，由此练就了打遍天下的半步崩拳，并擅长虎形拳。练虎形拳时，身体一跃可至三丈之外。

郭云深先生曾经戏试其技，让五个壮汉各持木棍，以五棍之一端，顶于先生之腹。五人将足立稳，将力使足，不料先生一鼓腹，五个壮汉竟然一齐腾身而起，跌坐于丈余之外。

郭云深先生

"先生所练之道理，腹极实而心极虚。形式神气沉重如泰山；而身体动作轻灵如飞鸟。所以先生遇有不测之事，只要耳闻目见，无论何物、来的如何勇猛速快，随时身体皆能避之。"按照孙禄堂先生的标准，郭云深先生功夫早已达于"虚境"，但尚不及于"道境"。

三、刘奇兰先生

先生字奇兰，直隶深县人。先生喜拳术，后拜李能然先生为师，学习形意拳术。艺成之后，先生隐居乡间，教授门徒，并联络各派，无门户之见。"有初见先生，数言即拜服为弟子者"。由此可知先生拳理之精深。而在形意拳第三代中，名气最大的四人——李存义、耿诚信、周明泰、张占魁等先生，均出自刘奇兰先生门下。

刘奇兰先生的述真之言有三则，分别是阐述"体用论""武艺之用论"和"道艺之用论"的，可知刘先生与人交手定然不少，实战经验极为丰富。

在"道艺论"中，刘先生云："'拳无拳，意无意，无意之中是真意。''心无其心，身无其身。'古人云：所谓'空而不空，不空而空，是谓真空。'虽空，乃至实至诚也。忽然有敌人来击，心中并非有意打他，随彼意而应之。即是寂然不动，感而遂通，无可无不可也。此是'养灵根而静心者'所用之法也。"显然，刘奇兰先生和郭云深先生一样，早已功入化境，也就是"虚境"。

四、宋世荣先生

先生名世荣，字约斋，号镜泉，直隶顺天府宛平人（今北京卢沟桥附近），在山西经商时拜在李能然先生门下。"自受教后，昼夜勤苦习练，迄不间断。所学五行拳及十二形，无不各尽其妙"。

宋先生练习十二形中蛇形之时，能够尽蛇之性能：回身向左转时，右手能摄住右足跟；及向右转时，左手能摄住左足跟；回身停式时，身形就如蛇一样盘作一团；开步走趟时，身形委曲婉转，又像蛇之拨草蜿蜒而行一般。练燕形"燕子抄水"时，身子挨着地，能在板凳下边一掠而过，出去一丈余远。练"狸猫上树"时，身子往上一跃，手足平贴于墙，能粘住一、二分钟之久。当时同门、同道及门外之人，见到的人非常多。"现时曾亲睹先生所练各式之技能者，亦复甚夥。盖先生格物之功甚深，能各尽其性，故其传神也若此"。

宋世荣先生

有个戏剧演员某（孙禄堂先生同样隐其名），曾与宋先生相识，称在归化城时（即今呼和浩特），亲见先生与一练技者比武，当时二人相距一丈有余，练技者挺身一纵，刚一出手，"其身已如箭之速，跌出两丈有余，而先生则毫无动转，只见两手于练技者之身一划耳"。

宋世荣先生的化劲功夫深湛，化发一体，毫厘之间，人已出去。显然宋先生功夫也在"虚境"。

五、车毅斋先生

先生名永宏，字毅斋，山西太谷县人。

曾经有一某先生（孙禄堂先生同样隐其名），也是武道中人，在车先生家闲谈时，凭着血气力足，不明白形意拳中的道理，暗中有不服之意。当时车先生正在洗脸，先生洗脸习惯扎马步桩，并不知道对方会袭击他。不料对方要开"玩笑"，起身用脚踢向先生。但他的脚刚到车先生身边，似挨未挨之时，车先生"并未预料，譬如静坐功夫，丹田之气始动，心中之神意知觉，即速又望彼接渡也。此时物到神知，

车毅斋先生

予神形合一，身子一起，觉腰下有物碰出"，回头一看，发现对方已跌出一丈有余，仰面朝天平躺于地下。车先生认为："予先何从知彼之来？又无从知以何法应之。此乃拳术无意之中，'抖擞之神力'也，至哉信乎！至此，拳术无形无相、无我无他，只有一神之灵光，奥妙不测耳。"

由上文可以看出，车先生已经接近于"不见不闻"之境，也就是接近于"道境"了。但车先生还不是真正的道境，毕竟，车先生当时洗脸时采取的是骑马式桩功，处于"有为"状态，而不是自然而然的"无为"状态。因此，车先生虽然超越了虚境，但尚未完全臻于道境，可以算个"准道境"。

六、张树德先生

先生字树德，直隶祁州人。先生少年即好习武术，后来拜李能然先生为师，"练拳并剑、刀、枪各术，合为一气，以拳为剑，以剑为拳，所用之枪法极善。有来访先生比较枪法者，皆为先生所败"。自随李洛能之后，"昼夜勤习，方得其枪中之奥妙"。

张树德先生在李洛能先生"八大弟子"中以枪法闻名于世。但先生既然擅于枪法，必然同样精于拳法。吾师孙叔容先生常言"器械是手臂的延长"，此之谓也。

张树德先生实际学艺于郭云深先生，其功夫境界当超越神境，但尚未完全臻于虚境，可以算作"准虚境"。

七、刘晓兰先生

先生字晓兰，直隶河间县人。在易州西陵经商。"性喜拳术，幼年练八极拳，功夫极纯；后又拜李能然先生为师，研究形意拳术。教授门徒，直省最多"。

刘先生从幼年即练八极拳，功夫颇深，拳中应用之法术，尤其是各种肘法的应用也极其纯熟。与人相较，往往能够获胜。后来遇一能手，身躯灵变，或离或合，"则吾法无所施，往往拘守成法而不能变"。这时刘先生尚且怀疑是自己的功夫不纯造成的。

后来改练形意拳至数十年，"方悟所得之道，知行合一之理，心中极其虚灵，身形亦极其和顺，内外如一……始知形意拳是个中和之体，万物皆涵育于其中矣"。

刘先生又说："以前所用之法则，而时应用，无不时措之宜也，亦无入而不自得也。"可见，刘先生习形意拳数十年后也已经功入化境，即"虚境"。

八、李存义先生

先生名存义，字忠元，直隶深县人。轻财好义，自幼喜好拳术，练习长短拳，后来拜刘奇兰先生为师，学习形意拳术，习练数十年。还拜董海川先生为师，实际随盟兄程廷华先生习练八卦拳。做镖师，往来于南北各省，途中遇有

李存义先生

盗贼，手持单刀对敌，贼人往往不敢进。还有的盗贼听闻李存义先生义气过人而避让，不愿去劫夺李存义先生的镖车。人送绰号"单刀李"。

李存义先生的"述真之言"有两则，都是关于交手实战的，也就是明劲、暗劲之体用。第一则是"形意拳交手体用与本旨体用论"，第二则是"论交手防奸诈与交手中的四类对手"。最后李先生说："余所以练拳一生，总是以道理服人也。以上诸先师亦常言之，亦是余一生所经验之事也。以后学者，虽然不用奸诈，不可不防奸诈，莫学余忠厚，时常被人所欺也。"

由李先生之言可知其交手实战经历是极为丰富的。

当然，交手所用之劲主要是明劲与暗劲。但李存义先生也说："拳经云'静为本体，动为作用，寂然不动，感而遂通'，是化劲、练神还虚之用也。"可知先生也已经臻于"虚境"。正因为功入化境，李先生的明劲、暗劲用起来才会如此得心应手。

九、田静杰先生

先生字静杰，直隶饶阳县人。性好拳术，拜刘奇兰先生为师。

"先生保镖护院多年，生平所遇奇事甚多，惜余不能记忆，故未能述之。"虽然孙禄堂先生知道的田静杰先生比武轶事不多，但田先生保镖护院多年，是职业镖师，过的就是刀口上舔血的日子，应该是友好交流不多，但以命相搏的事情肯定不少。

田先生的功夫境界也应该超越了神境，但尚未完全臻于虚境，也可以算作"准虚境"。

十、李奎垣先生

先生名讳殿英，字奎垣，直隶涞水县山后店上村人。幼年读书，善写小楷，尤喜拳术，从易州许先生处学过弹腿、八极等拳，功夫极纯熟，力量亦颇大。先生在壮年之时，保镖护院，很有名望，喜欢与人较技，时常能够胜人。

后来遇到郭云深先生，李先生与之比较。李先生善用腿，但先生之脚刚刚抬起，只见云深先生用手一划，先生之身体便从身后的板凳上越过去两丈余远，摔倒于地下。李先生赶紧起身谢罪，遂拜在郭云深先生门下。"侍奉云深先生如父子然"。

李奎垣先生善于学习，就是与人较技时也不例外。李先生曰："余昔年与人相较枪拳之时，即败于人之手，然而又以他胜我之法术，而得明我所练之道理也。是故拳术即道理；道理即拳术。天地万物无不可效法也；即世人亦无不可作我之师与友也。"

孙禄堂先生还写道："余从先生受教时，先生之技术，未甚精妙。先生自得道后，常为书记，不轻言拳术矣。"但李先生"将所受之道理，表里精微，无所不至其极矣"。可知李先生虽然在孙禄堂先生从学之时功夫尚不太精妙，但经过多年苦练，后来也功臻"虚境"了。只是由于弟子孙禄堂先生青出于蓝，李奎垣先生低调了很多，不再轻易与人较技，因此李奎垣先生在名气上反而低于同辈的李存义、耿诚信、周明泰等先生。其实先生功夫不在诸人之下，只是被其弟子孙禄堂先生掩住了名头而已。

十一、耿诚信先生

先生名继善，字诚信，直隶深县人，喜拳术，拜刘奇兰先生为师，学习形意拳。先生自得道后，隐居田间，以道为乐。传授门徒多人。

然而先生幼年练习拳术之时，肝火太盛，血气甚旺，往往与人无故不相和，视同道如仇敌，自己也常常为此烦恼。这时的耿先生"身为拙劲所拘，不知自己有多大力量"。随着功夫的不断进阶，耿先生的气质不断发生变化。后来入于化劲，又练习功夫五六年，由身体内外刚柔相合之劲，渐渐化至于无。"至此方觉腹内空空洞洞、浑浑沦沦、无形无象、无我无他之境矣"。从此后再没有彼此之分、门户之见。遇到同道之人，没有不喜爱的，其中有的习者所练不合拳术道理的，无不怜悯而想教导之，就是偶遇同道之人想比较的，也不再先有个打人之心在内。"所用所发皆是道理，亦无入而不自得矣"。

由耿先生自述可知，耿先生虽未及道境，但虚境之功甚深。

十二、周明泰先生

先生字明泰，直隶饶阳县人。幼年在刘奇兰先生家为书童，因为喜拳术，"遂拜奇兰先生为师。练习数载。保镖多年"。周先生也是职业镖师，实战经验非常丰富。

在"述真之言"中，周先生提出"练体莫拘束、用时莫骄惧"的重要论点。

周先生善于实战，明劲、暗劲之功必定极为深湛。但由先生"真言"的深度来看，周先生当在神境，尚未入于虚境，或者仅仅处于虚境初期，也算个"准虚境"吧。

十三、许占鳌先生

先生名占鳌，字鹏程，直隶定县人。家中小康。幼年读书，善书法。"性喜拳术，专聘教习，练习长拳、刀枪剑术。身体轻灵似飞鸟，知者皆以'赛毛'称之。后又拜郭云深先生为师，学习形意拳术。传授门徒颇多"。

许先生的"述真之言"有两则，第一则是关于"练拳务求速效、勿生畏难厌烦之心"的，第二则是论述"形意拳三体式之要义"的。由两则的内容来看，许先生的功夫境界应该与周明泰先生类似，算个"准虚境"。但客观地说，在实战经验上，作为富家子弟的许先生应该略逊于周先生。

271

十四、董海川先生

董海川先生，顺天文安县朱家坞（今河北廊坊市文安县朱家务村）人，"……先生行止坐卧，动作之际，其变化之神妙，非常人所能测也"。

董先生在家时曾跏趺静坐，时值夏季，大雨滂沱，墙壁在雨水的浸泡之下忽然倾倒，当时先生正贴近此墙跌坐于炕上，先生并未睁开眼，一旁的弟子发现墙倒之时，炕上却不见了先生，而先生已趺坐于他处的椅子上，身上未黏着一点尘土。

还有一次，先生在午休，时值深秋，有弟子怕先生着凉，拉开被子轻轻盖在先生身上。不料被子盖到床上，却只剩下床与被子，唯独不见了先生。惊异之下回头看，发现先生已经端坐在临窗的一把椅子上，并对那位弟子说："何不言耶？使我一惊！"孙禄堂先生评价说："盖先生之灵机至是，已臻不见不闻即可知觉之境，故临不测之险，其变化之神妙，有如此者。《中庸》云：'至诚之道，可以前知。'即此意也。"

董海川先生绘像

显然，董海川先生已经功臻道境。

十五、程廷华先生

程廷华先生，直隶深县人。

程先生师从董海川先生，艺成之后，同道之人来比较的很多，但无不败于先生之手，因此招人忌恨。有天晚上，先生由前门返回眼镜铺中，行至芦草园，忽然听到后面有急促的脚步声，先生刚一回头，只见尾随之人，手使一把明晃晃的砍刀，正望着先生当头劈下。先生随即将身子往下一缩，倏忽越出七八尺，其刀落空。旋即回身，夺了他的刀，把他踢倒在地，又把刀扔给了他。对他说："朋友，回家重用功夫，再来可也。"并没有问对方的姓名，优哉游哉地离去了。当时有几个人亲眼见到了这一幕。

程廷华先生

据孙禄堂先生记述，"程廷华先生所用之游身八卦，或粘或走、或开或合、或离或即、或顶或丢、忽隐忽现，或忽然一离，相去一丈余远，忽然而回，即在目前。或用全体之力，或用一手、或二指、或一指之一节。忽虚忽实，忽刚忽柔，无有定形，变化不测"。

程廷华技击之法与宋世荣先生大不相同，宋先生是"无一法"，程先生是"千万法"。因此，程先生早已功臻虚境，但尚未及于道境。当然如果程先生不是五十岁便殉于国难，恐怕也能臻于道境。

十六、杨露蝉先生

先生名福魁，字露蝉，直隶广平府永年县人。"喜拳术，得河南怀庆府陈家沟子之指授，遂以太极名于京师。来京教授弟子。故京师之太极拳术，皆先生所传也"。至于杨先生"偷拳"之说，纯属杜撰。传说杨先生当时在京城号称"杨无敌"。有句话叫做"仁者无敌"，在拳技上"无敌"的拳家实际是不存在的。

杨先生所练之太极拳为"小架"，与今天所见之杨澄甫系大架拳完全不同，也与有些人说他学的是大架太极拳大相径庭。因此杨先生的功夫从何而得反倒成了谜。现在有种说法是杨先生后来又学艺于赵堡镇，这倒是合理的解释。这样也就不难理解为什么武禹襄先生直接去赵堡镇随陈清平先生学拳月余了，因为杨露蝉先生后来是从陈清平先生那儿得到太极拳真谛的，而武先生也因为是杨先生之子班侯的老师，所以有机会跟杨先生学过太极拳架。至今杨班侯一系的传人仍然是"小架"太极拳，其中又有武氏太极拳的影子。就连杨澄甫先生的兄长杨少侯所传也为"小架"。杨澄甫先生的"大架"太极是为适应太极普及与健身需要而改编的。

杨先生在北京与人交手几无败绩，因此被称作"杨无敌"，一方面是由于当时北京武术界的人对内家拳几乎一无所知，根本不适应内家拳独特的劲法；另一方面也说明了杨先生的确功夫出神入化，功臻道境，自然难遇对手。

十七、武禹襄先生

先生名讳河清，字禹襄，直隶广平府永年县人，在河南怀庆府赵堡镇陈清平先生处，学习太极拳术一个多月，得到太极拳奥义，研究数十年，遇敌制胜，事迹最多。然而由于郝为桢先生言之不详，故孙禄堂先生"未能述之"。

孙禄堂先生认为："能到至诚之道者（即练虚合道境界，也就是著者所谓"道境"），三派拳术中，余知有四人而已：形意拳李洛能先生、八卦拳董海川先生、太极拳杨露蝉先生、武禹襄先生。"武禹襄先生是孙禄堂先生所认可的达到道境的四位前辈之一。

武禹襄先生不仅功夫超凡脱俗，而且对太极拳理论的建树最多，极大推动了太极拳的发展。

十八、郝为桢先生

先生名讳和，字为桢，直隶广平府永年县人。师从李亦畬先生学习太极拳术。

孙禄堂先生说，"（郝先生）昔年访友来北京，经友人介绍，与先生相识。见先生身体魁伟，容貌温和，言皆中理；身体动止，和顺自然。余与先生遂相投契。"

"（郝先生）与陈秀峰先生所练之架子不同，而应用之法术，同者极多；所不同者，各有心得之处或不一也。"由此可见，郝为桢先生也是善于交手运用的。

郝先生有关于太极拳三重境界的论述，"……第三层练习，身体愈轻灵，两足如在水面上行。到此时之景况，心中战战兢兢，如临深渊、如履薄冰，心中不敢有一毫放肆之意。神气稍为一散乱，即恐身体沉下也。"由此可知郝先生早已功入化境（虚境），只是尚未及于道境。

十九、陈秀峰先生

陈秀峰先生是杨露蝉之子杨班侯先生的弟子，但其太极拳也有八卦与六十四卦，"与程廷华先生言游身八卦并六十四卦，两派之形式用法不同，其理则一也"。

"陈秀峰先生所用太极八卦，或粘、或走、或刚、或柔，并散手之用，总是在不即不离内求玄妙；不丢不顶中讨消息。以至引进落空、四两拨千斤，动作所发之神气，如长江大海，滔滔不绝也。"

其实陈先生并不在孙禄堂先生的师门谱系中，但孙禄堂先生对分属同辈的陈先生推崇有加（孙禄堂先生与杨健侯先生之子杨澄甫兄弟相称，因此算与陈秀峰先生同辈；还要一种说法，陈秀峰先生曾受过郝为桢先生指点，因此也属同辈），可见陈先生的功夫非同凡响。陈先生和郝先生、程先生一样，都已经功臻化境（虚境）。

二十、孙禄堂先生

先生讳福全，字禄堂，晚号涵斋，直隶完县东任家疃人（完县今名顺平县，东任家疃今属望都县）。

陈微明先生在《形意拳学序》中写道："先生（指孙禄堂先生）学形意拜李奎垣先生之门，李之师为郭先生云深，而先生实学习于郭，从之最久。幼弃其业，随之往来各省。郭先生骑而驰，先生手揽马尾步追其后，奔逸绝尘，日尝行百余里。"

"至京师，闻程先生廷华精八卦拳术，董海川先生之徒也，访焉，又绝受其术。程先生赞先生敏捷过人，人亦乐授之。早从郭、暮依程，如是精练者数年。"

"游行郡邑，闻有艺者必造访。或不服与较，而先生未尝负之。故郭、程二先生赞曰：'此子真能不辱其师！'"

"先生年五十余，居京师，有郝先生为真者，自广平来，郝善太极拳术，又从问其意。郝先生曰：'异哉！吾一言而子通悟，胜专习数十年者。'"

孙禄堂先生在《练拳经验及三派之精意》中写道："……后只有睡熟时，内外忽然有虚空之时；白天行止坐卧，四肢亦有发空之时。身中之情意，异常舒畅。"这是孙禄堂先生谈及自己在练虚合道的"第五阶段"的情形。

"自己体察内外之情形，'人道'缩至甚小，消除百病，精神有增无减。以后静坐亦如此；练拳亦如此。到此方知，拳术与丹道是一理也。以上是余练拳术，自己身体内外之所经验也，故书之以告同志。"

对于孙禄堂先生，为了避免主观性，全部引用陈微明先生序言所述和孙禄堂先生自述。

显然，孙禄堂先生也和四位老前辈一样，是真正的功入"道境"。

以上20位前辈（含孙禄堂先生），功入道境者5人——李洛能、董海川、杨露蝉、武禹襄和孙禄堂先生；准道境者1人——车毅斋先生；化境（虚境）者10人——郭云深、刘奇兰、宋世荣、刘晓兰、李存义、耿诚信、李奎垣、程廷华、郝为桢、陈秀峰诸先生；准虚境4人——张树德、周明泰、田静杰、许占鳌诸先生。

前辈拳家基本都在虚境，而且有5人已经功臻道境，这也反映了清末民初中国传统武术达到了最辉煌的时期。然而当代武术界在长期去技击思想的影响下和市场经济时代财富观念的冲击下，已经不可能出现道境宗师，就连虚境，也极少有人真正达到。就算"达到"，也多半是在练体上基本达到。在技击之用上，连暗劲之妙也少有人可以真正体会得到了。

唯有期待将来可以正本清源，返璞归真，才有可能重现清末民初中华武术曾经的辉煌。

第二章

"闲谈"之二——李洛能先生师承之谜

李洛能先生是现代流行的三大内家拳之一形意拳的开山鼻祖,但其师承已经成为一个谜团。孙禄堂先生在"李洛能先生小传"中把他作为戴龙邦先生的弟子,但自20世纪80年代以来,有人提出李洛能先生是郭维汉先生的弟子,也有人说是戴文熊先生的弟子（戴龙邦先生次子）。两种说法不同,但都不约而同地否定了李洛能先生是戴龙邦先生弟子的说法。究竟李洛能先生是不是戴龙邦先生的弟子?如果不是,又究竟是谁的弟子?

李洛能先生,清直隶深县（今河北深州）人,名飞羽,字能然。其生卒年有1788—1876年、1806—1890年及1807—1888年等不同说法,不知以何为据。但综合三种说法来看,其生年在1788—1807年间,其卒年在1876—1890年间。其生卒年最大误差分别为19年左右、14年左右。

孙禄堂先生云："先生世称洛能、洛农或老农,乃'老能'尊称音转之误。经商于山西,得师从于戴龙邦先生。"但现在有人"考证",谓李先生并未经商,实际是在山西务农,因此人称"老农",后人为尊者讳,乃称先生为"洛能",字"能然"。此说大谬不然。试想,先生为一代宗师,除非诋毁之人,谁能因其务农而称其为"老农"？况习武之人,大多不是出自农家,就是曾经务过农,若因此而称,则先生的弟子中,除宋世荣、白西园、李镜斋先生外,差不到都是"老农""中农"或"小农"了吧？因此,不管李洛能先生是经商还是务农,"洛能"都不可能是"老农"称法的音转。相反,因其功夫绝顶,再加上其字"能然",大家尊称为"老能先生"才是正常的。结果"老能"之称由于各地口音的不同而音转成了"洛能""洛农""老农"（今望都一带即"洛"与"老"同音,亦可证之）。因此,在李洛能先生名字称谓上,孙禄堂先生所述并没有错。再者,先生如果仅仅务农,又怎么会跑到六百里之外的山西去？又不是流离失所。因经商到了山西,经商失败后在山西务农并继续学艺才是合理的解释。

戴龙邦先生（戴氏族谱为"隆邦",孙禄堂先生作"龙邦",著者仍沿用"龙邦"之名）为山西祁县戴家堡村人,生于清康熙五十八年（1719年）,一说康熙五十二年（1713年）,卒于嘉庆七年（1802年）。现在一般认为他是曹继武的传人,但也有说曹继武传李政（有的作"李珍""李真"等）,李政传戴龙邦。乾隆十五年（1750年）

戴龙邦先生绘像

途经河南洛阳时，得遇同门马学礼，切磋拳艺，并为马学礼拳谱作序，后曾在河南省南阳县赊旗镇（今社旗县城）开设镖局。戴龙邦先生在继承心意六合拳的基础上，推陈出新，形成山西派心意拳，即戴氏心意拳。马学礼先生一支则发展为河南派心意六合拳。

李洛能先生37岁从师学艺，至47岁拳艺大成，时间大致在1824—1853年间的某个时段，显然他的老师不可能是戴龙邦先生。在这一点上，孙禄堂先生的记述的确有误。李洛能先生当为戴龙邦先生的再传弟子。

究竟李洛能先生拳艺是戴龙邦先生次子戴文熊，还是戴龙邦先生妻侄郭维汉所传？著者以为这两种说法都有可能。因为郭维汉先生是戴文熊先生的表弟，在拳艺上也师承于戴龙邦先生。然而由李洛能先生的名"飞羽"、字"能然"，著者大胆推论，先生原本只有"飞羽"之名而无"能然"之字。飞羽之名者，鸟之谓也。能然者，能够这样（像鸟一样飞翔）之谓也。"能"字再加"然字底"（四点底），"熊"也。因此，其字"能然"，当为戴文熊先生拆自己的名"熊"为字所赐。因此李洛能先生当师从于戴文熊先生，但也曾得到过郭维汉先生指导也是很正常的。而且又有撰文者称郭维汉先生最早创立三体式（三才式），把心意拳改名为形意拳。这种说法也并非完全不可能。由于戴家心意拳不轻易外传，对于戴家人来说，郭维汉、李洛能都是"外人"，郭维汉先生自创新论，李洛能先生接受郭维汉的拳学理论，正式创立形意拳，可以广泛传播，这也是可以理解的。但其师承应该是戴文熊而非郭维汉。

因此，不管郭维汉先生是否创三体式和改名为形意拳，也不管李洛能先生是否曾向郭先生请益，我们都不认为郭维汉先生是形意拳的创始人。我们可以认为是郭维汉先生启发了李洛能先生创立形意拳。李洛能先生作为形意拳开山鼻祖的地位，无人可以取代。

那么，孙禄堂先生为什么会把戴文熊先生当作戴龙邦先生呢？

这一点今人也许无法理解，但前人有此错误一点都不奇怪。要知道，李洛能先生创立形意拳，就代表着另立门户，与师门可能会产生一些隔阂（不管李洛能先生内心如何感激戴家），为了避免不必要的误会，李洛能先生对弟子肯定绝少提及师门，而在过去师父不愿说的事情，弟子是不可以随便问的。郭云深先生等只知道师父之艺学自戴家，而戴家名气最大的莫过于戴龙邦先生，加之李洛能先生本人神功盖世，自然而然地以为师父李洛能先生的拳艺是学自戴龙邦先生。久之，以讹传讹，李洛能先生便成了戴龙邦先生的"弟子"。而当时戴家再次走向保守，也几乎没有了传人，孙禄堂先生不具备拜访戴家弄清原委的条件，无从考证戴龙邦先生的生卒年代及戴家拳的传承情况，才有此误会，这并非孙禄堂先生的过错。孙禄堂先生长期跟随郭云深先生，这条信息应该来自于郭云深先生。

既然李洛能先生的师父不是戴龙邦，而应该是其次子戴文熊，那么，过八十大寿的老太太也就不是戴龙邦之母，而是戴文熊之母。也就是说，是戴龙邦之妻命戴文熊用心教授李洛能拳艺的。在这一点上，又与戴龙邦有了关系。因此传闻有误也是可以理解的。

近年来，又有人披露新的信息说戴家被土匪灭了门，也有说被捻军灭了门，戴文熊先生之兄戴文良遇害，有一种说法是被点了天灯。如果真是为捻军所害，时间应该是在1853—1868年间，此时李洛能先生应该刚离开师门不久。师门惨案肯定让李洛能先生很悲痛。因此对师门之事更是讳莫如深，自然更不愿意提及师门了。这也是导致以讹传讹出现的重要原因吧？

然而，不管怎么说，形意拳脱胎于戴氏心意拳，李洛能先生学艺于戴家也是毫无疑问的。虽然现有资料众说纷纭，但李洛能先生应该是师从于戴文熊，并受过戴文良和郭维汉先生的指点。当然，也不排除师从于戴文良，但受过戴文熊、郭维汉先生指点的可能性。总而言之，李洛能先生的拳艺得自戴氏兄弟戴文良、戴文熊以及郭维汉先生，但从师承上来说，戴文熊先生是李洛能先生业师的可能性最大。

本文没有结论，只有推测。至于同道中人愿意把谁当作李洛能先生的业师，自便可也。

第三章

"闲谈"之三——自古燕赵多侠士 晚清直隶内家兴

今天的河北省，在清代为直隶省（同时也包括今天的北京、天津两直辖市，以及辽宁、内蒙古各一部分）。19世纪中后期至20世纪初叶，也就是清朝晚期至民国前期，是中国武学发展最为鼎盛的时期，形成了太极、形意、八卦三大内家名拳鼎足的局面。同样具有内家风格的八极拳、通背拳、自然门功夫等也在这一时期形成或得到发展。而最为神奇的是，这些名拳的兴盛之地基本上都属于直隶省（含京师）。由于本文是对《拳意述真》中介绍的三派老前辈籍贯的小结，因此其他拳种的名家及其分布一提带过。

《拳意述真》一书共为19人立传，再加上没有立传的却有"立言"的白西园先生和陈秀峰先生，实际介绍的前辈名家有21人，他们是：李洛能、郭云深、刘奇兰、宋世荣、车毅斋、白西园、张树德、刘晓兰、李镜斋、李存义、田静杰、李奎垣、耿诚信、周明泰、许占鳌、董海川、程廷华、杨露蝉、武禹襄、郝为桢、陈秀峰诸先生。再加上"武禹襄先生小传"中提到的武先生之师陈清平先生、"郝为桢先生小传"中提到的郝先生之师李亦畬先生，和几篇小传中提到的"拳二代"5人——李洛能之子李太和、刘奇兰之子刘殿琛、程廷华之子程海亭、郝为桢之子郝月如、杨露蝉之子杨健侯（杨健侯先生不是以拳二代的身份，而是以郝为桢先生同乡的身份出现在书中），以及误以为是车毅斋先生杰出弟子、实为再传弟子的乔锦堂先生，则《拳意述真》上提到名号的前辈共有29人。29人中，除了车毅斋先生及其再传弟子乔锦堂是山西太谷人、陈清平先生是河南怀庆府赵堡镇人外，其他26人全是直隶人。再加上孙禄堂先生本人是直隶完县人（见P7、P9），则30人中有27人是直隶籍，占总人数的90%。宋世荣先生及其后人虽然定居太谷，车、宋两派均为山西派形意拳，但宋世荣先生却是顺天府京县宛平县人（今属北京西城区），因经商和习武而定居晋省的。

直隶内家拳前辈的籍贯分布见略图与简表。

从略图上可以看出，除太极拳的广平府永年县偏于冀南四省交界处外，形意

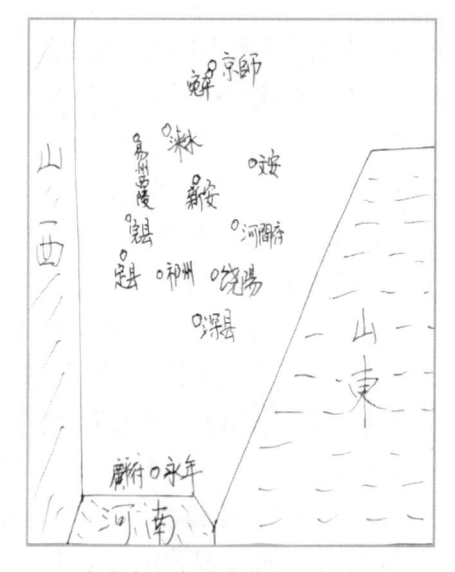

直隶内家拳前辈籍贯分析略图

直隶省内家拳前辈籍贯分布简表

籍贯地		人物	备注
原名	今名		
深县	深州市	李洛能、李太和、郭云深、刘奇兰、刘殿琛、李存义、耿诚信、程廷华、程海亭	深县和饶阳县为临县，且都属于深州（直隶州），深州为形意门"圣地"之一
饶阳县	饶阳县	白西园、田静杰、周明泰	
顺天府宛平县	北京西城区	宋世荣	后定居山西太谷
祁州	安国市	张树德	—
河间县	河间市	刘晓兰	—
新安县	安新县	李镜斋	因河南洛阳有新安县，故后来改名
定县	定州市	许占鳌	
完县	顺平县	孙禄堂	在京师创"孙氏太极拳"
永年县	永年县	杨露蝉、武禹襄、李亦畲、郝为桢、陈秀峰	广平府永年县为太极拳"圣地"之一
文安县	文安县	董海川	—
涞水县	涞水县	李奎垣	属于直隶州易州
易州西陵	清西陵	—	形意拳"传播中心"
京师	北京市	—	三大内家拳"传播中心"

另外：山西太谷有车毅斋、乔锦堂；河南怀庆府赵堡镇有陈清平。赵堡镇是现代各派太极拳的源头地

拳、八卦拳前辈主要分布在大致以文安、深县、定县、京师为四个"顶点"所围成的梯形区域内。而这个梯形区域正好位于直隶省的中心地带。其中梯形最南端的深县所占前辈最多，有李洛能与李太和父子、刘奇兰与刘殿琛父子、程廷华与程海亭父子和郭云深、李存义、耿诚信等9位先生，占《拳意述真》所涉及三派前辈总数的30%。然后是临近深县的饶阳县，有白西园、田静杰、周明泰3人。饶阳和深县都属于深州，则深州的前辈共有12人，占了总数的40%。这主要是因为李洛能先生是深县人，"近水楼台先得月"，自然深州名家辈出，前辈中名气特别大的也基本上都是深州人。巧合的是，对八卦拳的传播作出最大贡献的程廷华先生也是深县人（尽管其传艺地点主要是在北京），因此，深县或者说深州，成为内家拳发展的一大"圣地"。

其他分别是：顺天文安董海川、顺天宛平宋世荣、祁州（安国）张树德、河间刘晓兰、新安（安新）李镜斋、涞水李奎垣、定县（定州）许占鳌。还有完县，是孙禄堂先生的故乡。另外，易州的西陵成为形意拳"传播中心"（易县和涞水同属于易州），是形意拳发展的又一"圣地"。

广平府永年县在直隶南部，战国时期赵国故都邯郸就属于广平府。永年县作为近代太极兴盛的中心，出现了杨露蝉、武禹襄、李亦畬、郝为桢、陈秀峰等多位杨氏太极和武氏太极大家（当时并没有派别之分，按姓氏分门派是20世纪五六十年代顾留馨提出来的）。因此广平府永年县是近代太极拳发展史上最大的"圣地"。

京师有杨露蝉、董海川、程廷华、孙禄堂先生等人在此传播太极、八卦、形意三拳，因此京师是三大内家拳发展的共同"圣地"，孙氏太极拳和吴式太极拳形成于北京。

另一个太极"圣地"是河南怀庆府赵堡镇，蒋发先师将太极拳由山西带到此处，形成武当赵堡太极拳。怀庆府赵堡镇是现代各派太极拳共同的源头地。

由上述可知，在近代内家三拳形成和发展之初有五大"圣地"：深县（深州）、京师、易州西陵、河南怀庆府赵堡镇、广平府永年县。除赵堡镇外，其他四地都在直隶省。

另外，沧州成为八极拳发展中心，最著名的八极拳家是号称"神枪"的李书文先生。

通背拳相传为战国时期的白猿公所创，明代便已流行，清末主要流行于沧州、天津一代，最著名的是顺天府香河人张秀林（即张策，曾习杨家太极拳）。关于张秀林先生，孙禄堂先生在《八卦拳学原序》中曾经提及："乃至辛丑年，又遇同道张秀林，杨春甫二君，精于太极拳学，余心又有甚爱之，及与二君互相研究，询问此拳之劲，心中大相骇异，觉作所练两拳之劲，又有各家之法相助，然并不能与此技之劲相符合，因此又与彼等加意研究三四月功夫，始略得其当然之理。如是复练习三四年，并不能知其底确详细之理。"当时张秀林、杨澄甫（原文误为"杨春甫"）两位先生尚年轻，可能是功夫尚不到家，也可能是保守，总之孙禄堂先生研究三四年也没有弄清太极拳的"底确详细之理"，因此才有了后来得郝为桢先生授以太极真谛。后来，张策先生在通背拳方面艺业有成，名噪一时。

八极拳和通背拳主要流行于直隶东南部；形意拳则流行于直隶中部，这里是直隶的中心地带（含京师）；太极拳则流行于直隶南部和京师。

另外，起源于道门的自然门功夫最早由湖南的杜心武先生传播于世，在京师（后名为北平）时传给了万籁声和著者的武术启蒙恩师聂连增先生（聂先生出身名门，先后师从过杨澄甫、张占魁和杜心武等武学大家）。因此京师（后名北平）又是自然门功夫的重要传播地。

还有顺天府武清县的李瑞东先生创立的李派太极拳，现今在京津地区颇为流传。

为什么近代武术主要兴盛于直隶？著者以为主要原因不外乎以下几点。

其一，直隶古为燕赵之地，"燕赵自古多慷慨悲歌之士"，尚武风气浓烈，武术底蕴丰厚。"风萧萧兮易水寒，壮士一去兮不复还"的"荆轲刺秦王"故事就发端于此地。

其二，直隶历来是兵家必争之地，草原与漠北民族入侵中原必经直隶地区，因此当地人有习武自保的传统意识。

其三，元、明、清三代和民国前期都定都于北京，直隶为京畿要地，驻军很多，客观上助推了武风的盛行。

其四，京师以南地区，作为南北交通的必经之路，商业兴盛，长途贩运贸易频繁，这些人为了自保，或自己习武，或请人保镖护院（其实许多老前辈就从事过这一项工作），进一步推动了这一地区武术的发展。

其五，随着直隶地区农工商业的发展和文化的兴盛，时局越来越艰难，内忧外患叠加，促使更多的知识分子开始习武，客观上推动武术向更加科学、规范的方向发展，从而，更为科学规范的内家三拳得以形成和进一步发展。

以上几点是著者关于直隶武风盛行并成为三大内家传播"圣地"原因的浅析，不知当否？

第四章

"闲谈"之四——太极拳源流闲谈

在《国术源流之管见》一文中，孙禄堂先生认为："太极则滥觞于唐之李道子、许宣平；张三丰从而扩之，参以点穴诸法；张松溪、单思南、王征南等传其衣钵。"

在《详论形意八卦太极之原理》一文中，孙禄堂先生写道："太极拳发明于张三丰祖师，尽人知之。"

在《太极拳学·自序》中，孙禄堂先生云："元顺帝时，张三丰先生修道于武当，见修丹之士兼练拳术者，后天之力用之过当，不能得其中和之气，以致伤丹，而损元气。故遵前二经之义，用周子太极图之形，取河洛之理，先后易之数，顺其理之自然，作太极拳术，阐明养身之妙。此拳在假后天之形，不用后天之力，一动一静，纯任自然，不尚血气，意在练气化神耳。"

张三丰先生绘像

显然，孙禄堂先生认为，太极拳萌芽于唐代的李道子、许宣平，元明之际的张三丰先生以之为基础，正式创造出有完整套路和技击体系的太极拳，张松溪、单思南、王征南等递代传承之。

中国武术九段习云太教授在其编著的《中国武术史》一书中也持有与孙禄堂先生一致的观点。

民国时期的宋书铭（曾任袁世凯总统府秘书）也称唐代许宣平、李道子创太极拳。据吴图南、马有清编著的《太极拳之研究——太极拳概论》一书所附宋书铭先祖宋远桥的《宋氏家传太极功源流支派论》记载，"宋氏太极功"授自唐代许

张三丰先生铜像（明永乐十五年铸）

宣平，名太极拳三十七式。书中又记载"俞氏太极功"，称俞氏先祖得唐朝李道子所传"先天功"，也叫"三十七式"，太极之别名也。文中又称许宣平为江南徽州歙县人，李道子为江南安庆人（今安徽潜山县）。宋远桥又曾与俞莲舟、俞岱岩、张松溪、张翠山、殷利亨、莫谷声等人"久相往来金陵之境"，后俞莲舟与宋远桥等又在玉虚子张三丰门下深造，被称为"武当七子"。张松溪、张翠山所传拳名"十三式"，亦

283

是太极功之别名，又名长拳。

民国时期的陈炎林在其著述《太极拳刀剑杆散手合编》一书中也持类似观点。

唐代的李道子、许宣平并非历史名人，也不是传说中的"八仙"中的人物，不存在将太极拳的发明者伪托于二人的道理。因此，二人创造的三十七式单操手就是最古老的太极拳的说法是可以采信的。

关于张松溪的师承还有另一种比较公认的说法。张松溪（今武当松溪派内家拳尊之为创始人），明代鄞县人，师事孙十三老，自言其法承于元代的张三丰，嘉靖年间以内家拳享名于宁波府。而且从"十三老"这个名字来看，显然不是真实的名字，应该代指太极十三式。因此，即令张松溪不是张三丰的弟子，也是张三丰的再传弟子或三传弟子、四传弟子。

张松溪练拳有五字诀，即"勤、紧、径、敬、切"。传徒仅三四人，以叶近泉为之最。得近泉之传者，有吴昆山、周云泉、单思南等人。思南之传，则有王征南。王征南传黄百家（著名思想家黄宗羲之子）。

在《论拳术内家外家之别》一文中，孙禄堂先生也提到了张三丰先生的传人张松溪先生："浙之张松溪，非武当派之嫡传乎？迄今浙人士承张之绪者，何以未之前闻也？！近十年来，人始稍稍知武当之可贵矣。"

因此，不管唐代的李道子、许宣平所创的没有固定套路的"太极拳三十七式"是否流传了下来，张三丰创有套路的太极拳都是可信的，并非凭空杜撰。

关于太极拳创始人问题，本来没有什么问题，但自民国时期沪上唐豪先生来豫考证一番之后，创始人便成了"问题"；其后继者顾留馨先生极力推崇"唐说"，而今似成"定论"。然而学术问题，又岂是"官方说法"就可以解决的？

王宗岳先生绘像

关于张三丰创太极拳问题，著者在此提出自己的看法。

①是张三丰创太极拳，又不是张三丰创太极拳。

②张三丰创的是太极拳，张三丰创的又不是太极拳。

何以如是言之？

（1）我们都知道，许多修道之人，逍遥世外，世人只闻其名，难见其面，见其面也难识其人。因此创太极拳者可能是张三丰，也可能是张三丰的弟子或同门，因张三丰名号最大，大家就说是张三丰创太极

蒋发先生绘像

拳了。然而不管是不是张三丰所创，必是张三丰所在的道门中人所创，道士们精研老庄哲学和内丹术，创太极拳术顺理成章。

（2）关于张三丰其人，有宋朝人、元朝人、明朝人三种不同说法，反对者便因此认定张三丰创拳说是杜撰出来的，根本不存在。岂不知，自大明建立后，有许多汉人不愿承认曾经接受过蒙古人统治的历史，把元朝给"过滤"掉了，直接把元朝说成宋朝的现象屡见不鲜（北方人更不愿提及金朝）。著者先祖系元朝后期由山西迁来河南，但先人记述时，或作宋时迁来，或称明初迁来，唯独不说元朝，直到清末时期的侍读学士、十七世李锡彤在其编著的《大柳李氏纪

陈清平先生绘像

录》中才明确写出始祖是元朝时期迁来河南的。元朝自灭南宋至被明朝推翻，完全统治中华不过89年（1279—1368年），张三丰应该主要活动在元朝时期，由元入明没什么好奇怪的，说成由宋入明更合乎情理，因为这是民族感情所系。甚至张三丰先生就是出生于宋朝末年也不是不可能的。因此张三丰并非人为杜撰出来的神仙，而是实实在在的修道之人。

（3）后人记不清前人生卒年代再正常不过。孙子不知道已过世祖父名字的大有人在。著者在编修族谱过程中，发现有些村里的宗亲，夫妻二人连自己的孩子哪年哪月哪日生的都记不清，不少人只记得孩子生肖，具体哪一年，不知道。有的竟然糊涂到连自己孩子的生肖也不记得，至于曾祖父的名讳，基本上都不知道。

就是我本人，祖父的名讳也是七八年前要修族谱了，看了族谱才知道的（祖父在我出生以前就已去世，父亲似乎说过一次，但没在意，没记住）。还有，虽然听人说过我们村过去有过在广东做官的，但并不知道他是什么时代的人，与我有什么关系，也是看了族谱后才知道他是我的六世祖（我祖父的曾祖父，讳季凯，广东三水县县丞，从八品；后任阳江军民府理刑厅，正七品）。但族谱上也没有记录其生卒年代和任职时间，著者无从得知先祖的生活与任职年代（将来有机会到广东三水、阳江方志办，或许能寻到先祖信息）。

因此，关于张三丰道长的生卒年代成谜实在不足为怪。

（4）严格说来，张三丰所创的是"内家拳"，它有以静制动、以柔克刚、以四两拨千斤、后发先制的武术特点；亦有动如行云流水，绵绵不断，刚柔相合，含而不露的武术风格。太极拳是张三丰内家拳传至四明张松溪后发展衍化出来的，分天地人三盘拳，今天在松溪派内家拳和李（瑞东）派太极拳中都有三盘拳。为了区别起见，松溪派太极拳称为"南太极"。今天所知的北派太极最早传者为山右王宗岳先生，王宗岳先生传豫省怀庆府赵堡镇蒋发先生，由是太极拳得以发扬光大。北派太极首传者王宗岳先生师承何人不得而知，但它由继承南太极，并将其专门化发展而来，应该是合理的推断。而南太极是张三丰内家拳衍生出来的一套拳功，因此说张三丰创太极

285

拳也说的过去。

（5）广义上讲，内家拳即太极拳。因为内家拳都讲究虚实、开合、动静、刚柔、呼吸、进退等变化，而这些变化即为阴阳互易，各派内家拳所求均不过是"浑圆一气"，浑圆一气由阴阳互易而生，一阴一阳谓之太极。因此内家拳实质上便是"太极拳"。

陈微明先生在为再版的《形意拳学》所作的序言中写道："夫日月往来而明生，寒暑往来而岁成……故先生是书，首论太极之体。昧者不察，乃言形意非太极，岂知拳术精微之理乎？盖能得浑圆一气之意则合乎太极，式与法，其粗焉者也。世之习太极拳术者，未得浑圆一气之意，虽能演长拳及十三势之形，又焉得谓之太极也！"

现代所流行的太极拳术基本都是由王宗岳的北派太极拳演化出来的，有赵堡太极、陈、杨、武、吴、孙六大流派和许多小门派（如李派太极拳，是北南两派太极加形意、少林拳术融合而形成的）。

在张三丰内家拳的基础上，逐渐形成太极拳、形意拳、八卦拳三大内家拳系统。据赵堡人和吴图南、陈炎林等的一致说法，北派太极拳自王宗岳传河南怀庆府赵堡镇蒋发后，蒋发在赵堡所传形成赵堡太极拳；蒋发传陈家沟陈氏，后来形成陈氏太极拳。

赵堡太极拳传至陈清平，陈清平传直隶广平府武禹襄，形成武氏太极拳。武氏太极拳第三代传人郝为桢先生传孙禄堂先生，孙禄堂先生将太极、形意、八卦冶于一炉，形成孙氏太极拳。杨露蝉从陈长兴处学拳后，后来得赵堡陈清平传授小架太极真谛，从而形成杨氏小架太极拳（定型为大架太极拳是到其孙杨澄甫完成的。但其子杨班侯所传仍为小架，杨澄甫兄长杨少侯所传也是小架）。杨露蝉传全佑，全佑子吴鉴泉（满人，姓乌佳哈拉，在民国建立后改从汉姓吴）发展为吴氏太极拳，也偏于中小架。

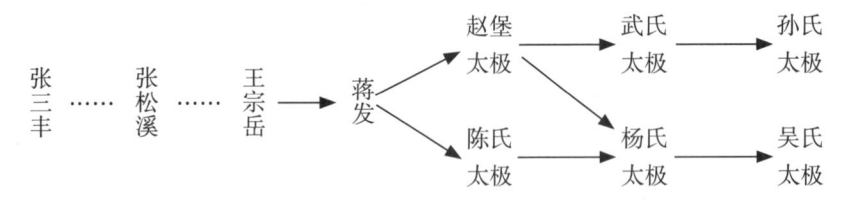

张三丰……张松溪……王宗岳→蒋发→赵堡太极→武氏太极→孙氏太极
蒋发→陈氏太极→杨氏太极→吴氏太极

杨露蝉先生绘像 　　武禹襄先生绘像 　　吴鉴泉先生 　　李瑞东先生

关于太极拳源流问题，牵涉到复杂的政治背景、利益纠葛（学术一旦与政商挂上钩，就不再是学术了），本文只是著者闲话，不是严谨的学术考辨，因此也不接受反驳，坚持自己的观点便好。

第五章

"闲谈"之五——《拳意述真》中的"拳二代"补遗

孙禄堂先生的《拳意述真》一书共为19人立传，然而《拳意述真》实际涉及的武林人物有29人。而另外10人中的李太和、刘殿琛、程海亭、杨健侯、郝月如先生等5人是典型的"拳二代"。

在《拳意述真·刘奇兰先生小传》一篇末尾，孙禄堂先生写道："其子殿琛，著《形意拳术抉微》，发明先生之道。"这里的刘殿琛先生，就是典型的"拳二代"。

在《拳意述真》中提及的形意门中的"拳二代"，只有李太和与刘殿琛先生二人。但李太和先生作为李洛能先生之子，并未单独点明，而是作为弟子之一的身份出现了一次："（李洛能先生）教授门生，郭云深、刘奇兰、白西园、李太和、车毅斋、宋世荣诸先生等。"是《拳意述真》一书中涉及的形意门18人中"存在感"最低的一个。

对于形意门，孙禄堂先生原则上不涉及第四代弟子（即其同辈师兄弟），以免引起后辈门人之间不必要的纠纷。但有一位是"误入"第三代传人之列的乔锦堂先生："能发明（车毅斋）先生之道者，山西祁县乔锦堂先生为最。"然而实际上乔锦堂先生是车毅斋先生的门生李复桢先生的弟子，与孙禄堂先生同辈，为形意门第四代传人。孙禄堂先生与宋世荣先生交往比较多，而与车毅斋先生仅一面之缘，因此误以为车先生跟前功夫最好的乔锦堂先生是其弟子了。

但八卦、太极两门，孙禄堂先生却"破例"记下与其同辈的程海亭先生、郝月如先生。盖因一个是先生的八卦拳师父程廷华先生之子、一个是先生的太极拳师父郝为桢先生之子，孙禄堂先生有意提携之故也。二人也是典型的拳二代。

在《程廷华先生小传》一文结尾，孙禄堂先生写道："在京教门徒颇多，其子海亭，亦足以发明先生技术之精奥者矣。"在《郝为桢先生小传》一文结尾，孙禄堂先生如是说："其子月如能传先生之术。门徒中精先生之武术者亦不少矣。"

还有一位拳二代，但只是在介绍郝为桢先生时提到的，这就是杨露蝉先生之子杨健侯，但文中并未说明其身份地位，只是以郝为桢先生"同乡"的身份出现。"未几，先生患痫疾甚剧，因初次来京不久，朋友甚少，所识者，惟同乡杨健侯先生耳。余遂为先生请医服药，朝夕服侍，月余而愈。"杨健侯先生的冷漠，却在客观上成就了郝为桢先生与孙禄堂先生的一段武林佳话。这是题外话。

也就是说，《拳意述真》一书涉及的"拳二代"一共有5人，其他的"拳二代"

并没有涉及。就是提到的拳二代5人，也皆是一提带过，并没有具体交代。著者不揣浅陋，为5位先生和本人所知的其他比较著名的"拳二代"作一简单介绍，美其名曰"补遗"。

（1）李太和先生：太和先生，直隶深县窦王庄村人，生于清道光二十二年（1842年），卒于1925年，形意拳创始人李洛能先生之子，又是李洛能先生"八大弟子"之一。先生在幼年时即随父母家人来到山西省晋中一带寄居。太和先生幼年时即向其父李能然先生学习家传孙膑拳术，并随父学习心意拳。在李洛能先生创形意拳之后，李太和先生也形成了具有自己风格的形意拳术。弱冠之时，太和先生即以武功技击享誉武林，并因此长期受聘于晋中介休、榆次两地富户豪绅的深宅大院之中保镖护院，还曾在榆次城的隆泰镖局担任镖师，为晋商保镖来往于山西至京城、内蒙古、张家口一带许多年。

太和先生所传著名弟子有：王有祥、薛振纲、侯剑峰、王孝功、牛福禄及子李振邦、李振兴诸先生。至今在山西、河北等地仍有李太和先生一系形意拳术的传承。李振邦、薛振纲之徒薛颠（原是李存义先生门徒）著有《形意拳术讲义》《象形拳法真诠》等。

（2）刘殿琛先生：刘殿琛先生，字文华，直隶深县人，形意拳家刘奇兰先生之子，曾任北洋法政学校武术教员，民国初，先后在陆军武术技术教练所、清华学校等处任武术教员，并曾任天津中华武士会总教习。刘殿琛先生一生积极推广形意拳，倡导武术强国的思想，对民国初年京、津等地学校武术活动的开展，起过促进作用，晚年出家为僧。

著作有《形意拳术抉微》等。弟子有张长发（绰号"铁罗汉"）、邢元、郭培云等人。

（3）程海亭先生：程先生，名有龙，字海亭，直隶深县人，八卦拳家程廷华先生长子，弱冠之年追随其父程廷华先生左右，尽得真传，享誉武林，尤擅轻功，在天津、北京等地设馆收徒。1925年程海亭先生在天津净业庵成立"净业国技研究社"自任社长，直至1928年病故。

弟子有孙锡堃、马德山、朱文豹、吴俊山、陈泮岭等人。其中孙锡堃（此人抗战期间做了汉奸）著有《武道秘诀——八卦拳真传》；陈泮岭创建了河南国术馆。

（4）郝月如先生：郝先生，名文桂，字月如，直隶广平府永年县人，生于光绪三年（1877年），卒于1935年，太

刘殿琛先生

程海亭先生

郝月如先生

极拳家郝为桢先生之子。郝先生少时体质孱弱，及十余岁，习太极拳，颖悟异常，体力转强。月如既得家传，又从李亦畬先生处读书，常观其演势及打手，益有所悟，成为武式太极拳第四代传人。

1929年，孙禄堂先生在省会镇江任江苏省国术馆副馆长兼教务长，聘月如先生为教习，年余，因遭某些同事嫉妒，遂辞职去了南京。在南京时，从学者有张士一、徐震、冯卓等。1935年春，由张士一荐于中央大学，得聘为兼任教员，是年秋，患足疾而殁，年仅59岁。

月如先生总结出"身法之目有十"：一曰提顶，二曰吊裆，三曰裹裆，四曰护臀，五曰松肩，六曰沉肘，七曰含胸，八曰拔背，九曰闪战，十曰腾挪。十者皆得而协调，则一举一动，十三势俱备。

显然，月如先生的"身法十目"，系借鉴了其师兄孙禄堂先生的内家拳"三害、九要"论转化而来。

据传遗稿有《太极拳图解》约七万言。其子郝少如先生（拳三代）能承家学，著有《武式太极拳》。

（5）宋虎臣先生：宋先生，名国荣，字虎臣，别号小侠，顺天府宛平人，生于光绪六年（1880年），卒于1947年，形意拳家宋世荣先生长子。虎臣先生幼承家学，尽得真传，以形意拳为主旨，融汇太极、八卦、长拳之精粹及各种长短器械，结合自身实践，创编徒手对练拳十面埋伏、战斗枪、战斗剑等，曾任晋军王嗣昌部执法、督战总队长兼武术教练，同时继承父志，广为收徒，为宋氏形意拳的传承和发展作出了突出贡献。

著名弟子有刘瑶琨、潘振英、席子勤、张效先、董秀升等。其中董秀升先生整理编纂了李存义先生的形意拳谱《岳氏意拳五行精义》《岳氏意拳十二形精义》。

宋虎臣先生

（6）耿霞光先生：耿先生，名霞光，字文彩，直隶深县南小营村人，生于清光绪十三年（1887年），卒于1972年，形意拳家耿诚信先生之子。他自幼随父习武，又得师祖李存义先生指点，深得形意、八卦、太极三家精髓，善大枪、劈刀等技，于正骨按摩导引之术造诣颇深，1919年来汉口，在汉口精武会传授武术，为形意拳传入武汉的主要代表人。他曾陪父亲耿诚信先生一起上武当山，并与道总徐本善交换拳艺，将形意、八卦拳艺留在了武当山。今武当山道门中有形意拳、八卦拳的传承，耿先生父子之功也。1937年他在汉口创立身心修养研究所，设场收徒传艺，兼行医。

中华人民共和国成立后，他曾任武汉市国术委员会副主任委员、武汉市武术指导小组副组长，多次代表湖北省参加全国武术表演、比赛获奖，并多次担任省、市武术比赛的裁判。1959年拍摄了耿先生的《形意杂式锤》纪录片。他晚年口述，经人整理完成《形意拳教范》稿本。

（7）杨健侯先生：杨先生，名鉴，字健侯，号镜湖，直隶广平府永年县人，生于清道光十九年（1839年），卒于1917年，杨氏太极拳创始人杨露蝉先生三子。露蝉先生逝世后，他接替父职在京授拳，在继承父亲"小架子"的基础上，考虑到从学武之人的身体条件，修改成"中架子"。

传人有子少侯、兆元、澄甫及弟子许禹生、李景林等人。其子杨澄甫先生把杨家拳修改为大架，也就是今天流传最广的杨氏太极拳。但杨少侯先生所传仍为小架。

另外，杨健侯之兄杨班侯先生也是著名的拳二代，所传仍为杨氏小架太极拳。今河南洛阳有班侯小架传承者。

杨健侯先生

（8）孙存周先生：孙先生，讳焕文，字存周，自号二可，直隶完县东任家疃人（今属望都县），生于清光绪十九年（1893年），1963年逝世，孙氏武学创始人孙禄堂先生次子。他自幼秉承家教，又敏而好学，深得太极、形意、八卦诸拳之玄奥，尤以善于技击而闻名于世。存周先生幼时即研文习武，并常偷偷以自命的"二可"名号与人比武较技。后来孙禄堂先生知道了，责备存周先生不该到处找成名武术家的"麻烦"。结果19岁的存周先生负气南下，所到之处仍然与人交流技艺，一时声誉鹊起。一番游历后，回京探亲时向孙禄堂先生诚恳认了错，父子冰释前嫌。

孙存周先生

1929年浙江省国术游艺大会，存周先生被聘为首席监察委员，后受聘为江苏省国术馆代理教务长。1935年全国运动会，存周先生被聘为国术评委。

北平沦陷后，日本人欲聘存周先生教授武艺，先生拒绝将技艺传授给倭人，遂避至河北定兴孙振川、孙振岱二位师兄处。1944年洛阳之役，长子孙保和壮烈殉国，孙存周先生得知消息后强忍悲痛，慨然赞曰：吾儿以身殉国，不辱家风。

中华人民共和国成立后，存周先生远离了武术界。李玉琳先生之子李天骥在国家体委（现国家体育总局）工作，欲请先生出山，先生谢绝了。当时李天骥先生本想请存周先生编一套适合全民健身的太极拳简化套路，由于存周先生拒绝出山，李天骥先生感到自己"无权"以孙氏太极拳为蓝本编创简化套路，便以杨氏太极拳为基础编出了《简化太极拳》。

孙存周先生择徒极其严格，因此门徒极少，只有祖雅宜、刘树林、张烈、张亚男、李梦庚等数人，其女孙叔容先生、孙婉容先生，其子孙宝亨先生皆能承其家学。

（9）孙剑云先生：孙先生，名贵男，字书庭，号剑

孙剑云先生

291

云，生于1914年，2003年逝世，原籍直隶完县东任家疃（今属望都县），孙禄堂先生之女。她幼承家学，至1931年已学有所成，遂随父赴镇江国术馆任女子武术班教习。1983年，她在北京创立孙氏太极拳研究会，任会长，并当选北京市形意拳研究会的第一任会长、北京市武术协会副主席，1984年任北京市西城区政协委员。

她先后编写出版了《孙氏太极拳》《孙氏太极拳简化套路》《形意剑》等专著。

先生门下弟子众多，其中功夫有成者有黄万祥先生（已故）、李慎泽先生（已故）、刘树春先生、沈宝发先生，以及隔代弟子雷世泰先生等几人。其中李慎泽先生的太极拳得自孙叔容先生，刘树春先生的雪片刀等技艺也是得自孙叔容先生。刘树春先生也是孙叔容先生介绍到孙剑云先生门下的（因其堂兄刘树林先生是孙存周先生的弟子），成为孙剑云先生门下的早期弟子，也是先生门下技艺最为全面的弟子。

其他的拳二代还有很多，如上文提到的李天骥先生，是孙禄堂先生弟子李玉琳之子；定兴李氏三杰之一的李文亭（字星阶），其子李敦素秉承家学，又师从于孙禄堂先生，集孙（禄堂）、李（存义）两家武学于一身，成就斐然。

其实，在武术发展史上，家传武术的现象很普遍，不仅有"拳二代"，还有"拳三代""拳四代"等。吾师孙叔容先生就是著名的"拳三代"。

（10）"拳三代"孙叔容先生：孙先生，讳叔容，字玉京，在开封期间书斋号曰"双鹤轩"，祖籍直隶完县，戊午年（1918年）十月十二日生于北京，乙酉年四月十五日巳时（公历2005年5月22日10时48分）于北京市丰盛中医骨伤专科医院逝世。祖父孙禄堂先生系清末民初一代武学宗师；父亲孙存周先生，子承父业，在武学上深得其父孙禄堂先生武学之精髓，武林中亦负盛名。

叔容先生幼承家学，得祖父、父亲教导，获益良多。她一生从事孙氏三拳的挖掘、整理、传播和发展工作，并在诸多方面均取得突出成就，是改革开放后促进孙氏武学中兴的武学大师。

孙叔容先生

1953年，即随父在北海公园习武授徒。1963年孙存周先生去世后，改往北京月坛公园定点义务教拳授徒，六年间从学者200多人。

1979年春，受聘为开封市武术协会顾问，在河南大学南面的"四方坑"传授孙氏武学，1988年5月移至河南大学大礼堂前授艺，随先生习拳者先后上千人，正式拜师学艺者数十人。

1981年，担任"日中友好武术学习访华团"形意拳教练，深得日本友人赞誉。

1988年，孙叔容先生受聘为河南大学"特约拳师"，同年于河南大学体育系武术班教授孙氏太极拳、形意拳。

孙叔容先生不但亲自教授，还从安徽请来师妹祖雅宜先生赴开封指点、调教众弟子，坦诚传艺之心可见一斑。

1990年11月,创立"开封市孙氏拳研究会"并任会长。弟子们曾多次参加省市级各类武术比赛均取得较好成绩。

1996年返京,慕名求教者不断,感其德,诚心拜于门下者众。

孙叔容先生所教弟子无不视为己出,不仅教拳,而且用自己的实际行动来立德树人。孙叔容先生一直义务教拳。当弟子有困难时,先生还要设法帮助。

叔容先生还出资建立了"孙氏内家拳"这一孙氏武学门户网站,使孙氏武学有了更广阔的发展空间。

叔容先生搜集整理祖传武学资料,相继发表了《形意拳浅说》《八卦剑》及《八卦拳》今译、《孙氏雪片刀》《孙氏太极剑》《孙氏太极剑对练》等文章,并出版了《孙氏太极剑》《孙式太极拳竞赛套路教与学》《孙禄堂武学著作大全简注》等,极大推动了孙氏武学的传播和弘扬,对中国武术事业的发展作出了卓越贡献。

先生正式弟子120多人,主要包括开封与河南大学弟子、北京弟子、沈阳弟子,另外还有慕名登门拜师的福建、河北等地弟子。其中学有所成者数十人,如开封的陆江河、李延龙、杨峥、魏戎、张君意、孙富山、马胜利、时海军、杨喜元、王兆生、郭国成、张文、秦建忠、祁文德、王根群、陈中原等(排名不分先后,下同);在河南大学求学或工作的张天才、张新明、陈威、李斌、洪浩、张子臣、刘继俊、岳耀明等;北京的韩京民(孙叔容先生首徒)、程茂祯(已故)、李连科、郑军、娄玉舟、马天彪等;沈阳的王玉坤、徐宝众(已故)、陈体庆、郭锡钢、沈海章、尚其达等。另外还有比利时的托马斯(现居美国德克萨斯州)等。著者在河南大学求学期间有幸随先生研习孙氏武学,后来在北京正式忝列门墙。

其他的"拳二代""拳三代""拳四代"等不再介绍。

第六章

"闲谈"之六——尊师重道存古风 传承有序兴孙门

在《拳意述真》的前三章《形意拳家小传》《八卦拳家小传》和《太极拳家小传》中,孙禄堂先生一共为19位前辈立传。但在介绍各位前辈的名、字时,孙禄堂先生采取"区别对待"的写法,并没有"一视同仁"。一般有名有字者作"某先生,名某某,字某某"（如"耿先生,名继善,字诚信"）;有名无字者则以名为字,作"某先生,字某某"（如"刘先生,字奇兰"）。然而,对于有名有字的李洛能、郭云深、李奎垣、郝为桢先生,则作"某先生,讳某某,字某某"。他们分别作："李先生,讳飞羽,字能然""郭先生,讳峪生,字云深""李先生,讳殿英,字奎垣""郝先生,讳和,字为桢"。

同样是有名有字,其他前辈称"名某某",四位先生却作"讳某某",何故？

"讳",是旧时称逝去的尊长之名的替代字。旧时有文化、有身份、有地位的家族之人,一般都既有名又有字。为何讳名而不讳字？这是因为名是成年以前叫的（所谓"乳名""小名"之类是也）,字是成年之后用的。而名往往是父母对子女、长辈对小辈的爱称,成年后就是父母长辈也要称其字而不再呼其名了。因此,作为子女晚辈,是不能称其父祖长辈的名的,也就是要避讳。父母长辈去世后,为了纪念需要,不得不提及父亲、祖父等名时,便以"讳"字代名。

既然"讳"字是对自己已经故去的父亲、祖父、曾祖父（母亲、祖母等女性长辈只称姓氏不署名、字）等直系长辈用的,那么为什么孙禄堂先生要用在四位先生身上呢？

这是因为,李奎垣先生、郝为桢先生都是孙禄堂先生的师父。师父云者,师者,父也。"一日为师,终身为父",此之谓也。前人所敬拜者有五：天、地、君、亲、师。孙禄堂先生事师如父,故有此举。这也充分体现了孙禄堂先生深具中华民族尊师重道的传统美德。同理,郭云深先生、李洛能先生分别是孙禄堂先生的师祖、太师祖,相当于祖父、曾祖父辈,当然也要用"讳"字了。

虽然程廷华先生、董海川先生、武禹襄先生分别也是孙禄堂先生的师父、师祖、太师祖,但由于他们有名无字或者不知其名或字,孙禄堂先生已经以名为字了（按照中国古代文化传统,成年后所使用的名号就是"字"了）,不言其名,故没有用"讳"字。

虽然其中的武禹襄先生有名有字有号,但当时孙禄堂先生对武禹襄先生了解的并不多,毕竟与郝为桢先生相处时间仅仅数月。就算时间久些,恐怕郝为桢先生也未必说得清楚。今天我们知道武先生名讳河清,字禹襄,号廉泉,但当时还不具备知道这些信息的有利条件。事实上,孙禄堂先生是公开宣传武禹襄先生的第一人,信息不完整是可以理解的。其实,《拳意述真》上的绝大部分前辈,都是因为孙禄堂的介绍和记录其"真言"而为世人所知晓的。我们是没有理由苛求于孙禄堂先生的。

至于今天所知的程廷华先生碑文上有字"应芳",当是其后人或弟子中好事者为其补编的字。如果程先生本来就既有名又有字,作为最得意弟子的孙禄堂先生断不可能不知道。

孙禄堂先生在对待师门问题上是非常严谨的,如作为郭云深先生另一位弟子的许占鳌先生,是孙禄堂先生的嫡派师叔,但孙禄堂先生写的是"许先生,名占鳌,字鹏程",并没有用"讳"字。

另外,《国术名人录》的作者金恩忠、黄柏年先生的弟子张桐等,都称孙禄堂先生是李存义先生的弟子。然而由"李先生,名存义,字忠元"可知,李存义先生与孙禄堂先生之间不存在师徒名分,就如同孙禄堂先生的形意拳虽然实学于郭云深先生,但郭云深先生是隔代传授,与孙禄堂先生也并非师徒关系一样。但孙禄堂先生曾得到李存义先生很多的指点与帮助是毫无疑问的。孙禄堂先生在《八卦拳学原序》中也说:"余得程先生传授后,朝夕练习,又有李先生存义亦精是技,时常指示,数十年略得其中梗概。"其实,李存义先生最擅长的还是形意拳,在郭云深先生去世后,孙禄堂先生在形意拳上也多得李存义先生的指授。孙氏武学中的"孙氏雪片刀",其实就是在李存义先生所传刀法的基础上创编而来的。李存义先生的八卦拳其实也是其盟兄程廷华先生传授的,因此李存义先生也精通八卦拳。程廷华先生在庚子之变中为国捐躯,大致在同一年或两年后,郭云深先生也去世了。而庚子之变后,曾在天津老龙头火车站浴血杀敌的李存义先生在山西太谷避难一年多,又得与车毅斋、宋世荣先生交流研讨拳艺,进一步丰富了形意拳的内容("十二形"就是在此期间形成的)。因此,在1901(或1902)—1912年间,孙禄堂先生又从李存义先生继续研究形意拳、八卦拳达十年有余。在这个意义上说,李存义先生和郭云深先生都是孙禄堂先生事实上的授业恩师。但孙禄堂先生尊师重道,并没有随意篡改传承关系。

直到公元1912年遇到郝为桢先生,孙禄堂先生才把研修重心重新移到太极拳上来,并终于在三年时间里将三拳融会贯通,创立了开合活步太极拳(即孙氏太极拳),孙氏武学也由此开始萌芽。1924年武学理论巨著《拳意述真》的公开刊行,是孙氏武学正式问世的"宣言书"。这其中,李存义先生对孙禄堂先生的影响丝毫不亚于郭云深、李奎垣、程廷华、郝为桢诸位先生中的任何一位。须知,事实上李存义先生也是主张三拳相互融合的。故此,许多人认为孙禄堂先生是李存义先生的亲传弟子也就不奇怪了。这也从另一个方面反映了孙禄堂先生一生勤奋好学、尊师重道的优秀品质。

吾师孙叔容先生曾讲过一件事。某一日,郭云深先生的入室关门弟子钱砚堂先生前来做客,当时孙禄堂先生正在吃饭,听到小师叔来访,赶紧放下碗筷,收拾衣冠,然后开大门大礼相迎。尽管钱先生年龄比自己小得多,但孙禄堂先生仍然执晚辈之礼。可见孙禄堂先生礼数之周全。钱先生,即当年郭云深先生因手刃恶贼——武举窦宪钧而入狱三年期间给予照顾的隆平知县钱锡采(后为正定知府)的公子。

孙禄堂先生在形意拳门是年龄最大的第四代传人，也是形意门的后起之秀。郭云深先生晚年将《解说〈形意拳经〉》赐予孙禄堂先生保存，实际上是确认孙禄堂先生为形意门第四代的领军人物。之所以如此，不仅仅是因为孙禄堂先生在第四代弟子中年龄最长、功夫最好，更是因为孙禄堂先生有着尊师重道、团结同门、海纳百川、兼收并蓄的优秀品格，能够让形意门在正确的道路上不断发扬光大。

虽然《解说〈形意拳经〉》被"雅贼"窃去，但孙禄堂先生的《形意拳学》和《拳意述真》实际上是对《解说〈形意拳经〉》的进一步阐发，对形意拳的发展起到了不可估量的巨大作用。此后形意拳方面的著作大量涌现，但显然在这些书中都可以看到孙禄堂先生拳学理论的痕迹。

不仅仅形意拳方面如此，《八卦拳学》《太极拳学》对八卦拳、太极拳的发展影响同样巨大。因此，孙禄堂先生实际上是近代形意拳、八卦拳理论的主要奠基人，同时对太极拳理论的丰富发展也做出了突出贡献。

当然，孙禄堂先生的贡献远远不止于此。在促进三大内家拳各自发展的同时，孙禄堂先生却将三拳相互融合，创立了三拳合一论，三拳的理论是相互融通的。如"三害""九要"论，出自《八卦拳学》，但却是形意、八卦、太极三拳共有的理论；如"圜研相合"论出自《太极拳学》、如鸡腿龙身熊膀虎抱头的"四象论"出自《形意拳学》等，也同样都是适用于三拳的理论。

当然，三拳合一论主要适用于孙氏三拳，也正因此，一个崭新的武学门派形成，这就是"孙氏武学"！如果有人练了孙氏武学三拳以外的形意、八卦、太极三拳，是不能说他已经三拳合一了的，哪怕他功夫已经有了相当火候（请参阅板块三相关文章）。

孙禄堂先生一生收徒众多，他们把孙氏武学带到了全国各地。如曾任中国武协主席的成都体院教授郑怀贤先生把孙氏武学带到了巴蜀；国术馆门生沙国政先生播种云南；万良先生传艺江苏淮安；吴章淮先生在南京课艺；曾任职国家体委的李天骥先生，是孙禄堂先生门徒李玉琳的儿子；孙振川、孙存周先生的弟子张玉书把孙氏武学带到了唐山……

孙禄堂先生三子一女，长子孙焕章先生不喜武术，次子孙焕文先生（以字"存周"行世）、三子孙焕敏先生（字务滋，惜英年早逝）、幺女孙剑云先生秉承家学，继续传播孙氏武学。参见本板块"闲谈"之五——《〈拳意述真〉中的"拳二代"补遗》一文（P$_{288}$）。

孙存周先生之女孙叔容先生于改革开放后在开封、沈阳、北京三地积极传播孙氏武学，著者等120多人正式师从孙叔容先生研习孙氏武学，其中学有所成者也有数十人，如韩景民、陆江河、李延龙、杨峥、张君意、魏戎、李连科、郑军、张新明、王玉坤、徐宝众（已故）、杨喜元、王兆生、马胜利、时海军、张天才、孙富山、祁文德、张文、秦建忠、郭国成、王根群、陈中原、李斌、洪浩、陈威、张子臣、刘继俊、程茂祯（已故）、娄玉舟、马天彪、陈体庆、郭锡钢、沈海章、尚其达、托马斯（比利时）等人（排名不分先后）。

1992年，孙叔容先生在河南大学礼堂前与开封众弟子合影

其中多位弟子造诣颇深，如陆江河、李延龙、杨峥、韩景民、杨喜元、李连科、张君意、魏戎、张新明、郑军、李斌、郭国成等诸先生（排名不分先后），放眼整个孙氏武学一门都堪称佼佼者。乃至于放在当今整个中国传统武术界，也都可以拥有一席之地。

著者在河南大学读书时从先生学艺，后来在北京才正式拜师入门，因此，在师兄弟中尽管"资历"比较老，但正式入门较晚，门内大部分都是我的师兄、师姐。我也很乐意做这个师弟，这样更方便与同门师兄弟学习交流技艺。恩师曾题字赠我："武德高时武艺精，孙家拳法重师承，请看万丈高山顶，有志攀登尽可能。"然而，著者却是孙叔容先生门下最不成器的弟子，深感有负恩师。幸好文笔尚可，于是勉为其难，执笔向广大爱好者介绍孙氏武学，以报先生恩德于万一。

孙叔容先生仙逝后，其弟孙宝亨先生、其妹孙婉容先生开始收徒课艺，继续传播孙氏武学。现在孙婉容先生已经95岁高龄（2021年），依然在为孙氏武学的传播四处奔走。

虽然孙家三代都尊师重道，而且绝大多数孙门传人也都继承了这一优秀传统，但在近些年孙氏武学传播的过程中也出现了一些不和谐的音符。如有人擅自打着"孙氏太极拳掌门"的旗号参与"金庸派武林大会"，使孙氏武学莫名中枪；如有人自立"门户"，搞了个"孙氏某传太极拳"并进而推出了所谓的"孙氏太极拳道功"，公然拉起了"小山头"；如有人擅自改变孙氏太极拳的"源头"，完全不顾孙禄堂先生一再强调的"太极拳发明于张三丰祖师"这一正论。这些行为，完全背离孙禄堂先生创立孙氏武学的初衷，给孙氏武学的健康发展造成了一定的负面影响。不过好在他们毕竟不是主流，也遭到了广大同门的抵制。著者也愿意看到这几位先生能回到孙氏武学发展的正常轨道上来。

孙禄堂先生一生尊师重道，谦逊好学，也没有自立门派的意思。但他的武学成就客观上造就了一个全新的武学流派——孙氏武学。由此我们应该知道，唯有尊师重道，才能真正把孙氏武学继承得下来，传续得下去。

著者之所以甘冒天下之大不韪，自揭"家丑"，就是希望能够正本清源，尽可能减少对孙氏武学名誉造成的损害。

学艺，首先就要学做人。孙禄堂先生的功夫境界我们可能永远也达不到，但他尊师重道、勤奋好学、海纳百川的优秀品质是可以学得来、可以做得到的。

第七章

"闲谈"之七——《能说形意拳经》辨伪

孙禄堂先生在《拳意述真·郭云深先生小传》中写有这样一段话:"**先生熟读兵书,复善奇门。著有《解说〈形意拳经〉》,详细明畅,赐予收藏,后竟被人窃去,不知今藏何所,未能付梓流传,致先生启迪后学之心,湮没不彰,惜哉!**"

的确,郭云深先生遗著《解说〈形意拳经〉》的丢失,是形意拳发展过程中的一大损失。好在孙禄堂先生跟随郭云深先生多年,这本书孙禄堂先生肯定已经熟读,对其基本内容应该有大体的记忆。因此,《拳意述真》一书第七章《形意拳经摘要》的内容实际上就是孙禄堂先生把《解说〈形意拳经〉》的内容与自己的体悟相结合而对"形意拳经"重新进行注释的。郭云深先生平日所谈形意拳之真意,则被孙禄堂先生。结合自己所形成的孙氏武学理论整理为《述郭云深先生言十四则》。

郭先生将《解说〈形意拳经〉》一书赐予孙禄堂先生,实际上是指定了孙禄堂先生为形意门第四代的领军人物。

然而,近年发现网上流传有所谓的《能说形意拳经》(以下有时简称"能说"),著者打开一看,竟然是《拳意述真》一书记述的《述郭云深先生言十四则》的原文,标点和用字与吾师孙叔容先生整理点校出版的《孙禄堂武学著作大全·增订本》一书中的这部分内容几乎一模一样。

2020年3月29日,著者在手机上看到一条名为《此人是清末死刑犯,在狱中自创一套拳法,后被列入非物质文化遗产》的文章,文中说:"**……通过结合形意拳的招式,郭云深加入自己的心得,写下了一本名叫《能说形意拳经》的'武术秘籍'。后来的郭云深教授武功,得以善终。他将自己的毕生所学、武术心得全部融入其中,一经推广就引发了轰动。2011年,郭云深的《能说形意拳经》被列入了非物质文化遗产。**"

竟然有人拿所谓的"能说"成功申报了"非物质文化遗产"?这消息令著者震惊不已!著者既不知申报者为何人,更不知是在何处申报成功的。是国家级、省级、市级,还是县级?因此本文只对事,不对具体的人。

著者首先声明以下几点。

①郭云深先生所著的书是《解说〈形意拳经〉》,不是《能说形意拳经》。一字之差,大相径庭。差之毫厘,谬以千里!

②《解说〈形意拳经〉》已经被人盗去,是否还存在于世不得而知。但窃书者及其后人肯定不敢把这部书公开出来。申遗者肯定不是窃书者或窃书者后人。

③"能说"并非由《解说〈形意拳经〉》改名而来。

④"能说"是全文剽窃孙禄堂先生的《拳意述真·述郭云深先生言十四则》，标点和校对则依据吾师孙叔容先生的《孙禄堂武学著作大全·增订本》。

⑤对这种公然剽窃、鱼目混珠的行为，应该予以谴责。

为什么说"能说"并非《解说〈形意拳经〉》，而且是全文剽窃孙禄堂先生的《拳意述真·述郭云深先生言十四则》呢？

著者将原因一一剖析于下，孰是孰非，请爱好者自行判断。

第一，《解说〈形意拳经〉》是对《形意拳经》"经文"的解读，而不是郭云深先生系统阐述自己对形意拳的认识。

既然是《解说〈形意拳经〉》，则一定是一句或一段"拳经"原文，后附一句或一段自己的注释。因此，《拳意述真》第七章《〈形意拳谱〉摘要》中，"拳经原文+下附的注释文字"，才相当于郭云深先生《解说〈形意拳经〉》一书的形式和内容。其中的注释文字部分就相当于郭云深先生对《形意拳经》的"解说"。

当然，《〈形意拳谱〉摘要》中的解说文字，应该就是孙禄堂先生依据记忆中《解说〈形意拳经〉》的部分内容，并结合自己的体认，重新加以注释的，并非要重新再现《解说〈形意拳经〉》。因为孙禄堂先生在此仅仅是对"形意拳谱"的内容，择其要者加以注解而成，并非如郭云深先生那样对"形意拳谱"的内容进行系统"解说"。

《形意拳谱》摘要

也就是说，《解说〈形意拳经〉》应该是类似于右上图《〈形意拳谱〉摘要》中"十六处练法"这个样子。其中方框内的大字为《形意拳经》原文（方框为著者所加），其下双行小字为孙禄堂先生所作的注释。

第二，郭云深先生所"解说"的《形意拳经》，实际上并不是专属于形意门的"拳经"，而是继承了心意门的理论遗产。

20世纪初民国建立以来，随着孙禄堂、李存义（通过杜之堂、董秀升）、刘殿琛、姜容樵诸先生相继创立专属于形意拳的理论，形意拳、心意拳二者区别越来越明显，甚至二者之间几乎不再有什么直接往来。但形意拳创始之初与心意拳之间并没有如此明显的区别。两者不仅名称可以混用，就连拳谱也是共用的。

西安的宝鼎先生（字显廷）是河南派心意六合拳传人，他就把"心意拳谱"称为《形意拳谱》（见下图）。文中的"坊刻本"即指孙禄堂先生的《拳意述真·〈形意拳谱〉摘要》。当然宝鼎先生对孙禄堂先生的注释有不同看法（见下图方框内的文字），属于学术争鸣，很正常，著者在此不想分辨孰是孰非。宝鼎先生毕竟是从心意拳的角度来解读，而孙禄堂先生则是从新兴的形意拳的角度来解读的，或许二者本就没有对错之分（当然，现代形意门、心意门基本上还是倾向于采用孙禄堂先生所选的经文及其传文）。

宝鼎先生《形意拳谱》（正编）

但宝鼎先生的著作恰恰证明了，第一个公开为"形（心）意拳经"作注的，正是孙禄堂先生。而且今天流行的各种版本的"形意拳经（谱）""心意（六合）拳经（谱）"中与《拳意述真·〈形意拳经〉摘要》重叠的部分，基本上也都是以孙禄堂先生的注释为准的。

只是，现代各种版本的"形（心）意拳经（谱）"，几乎无一例外都把孙禄堂先生的注释文字——"传文"，也当作"经文"的一部分了。这既是对孙禄堂先生武学理论的高度赞成和接纳，同时却又有意无意地抹杀了孙禄堂先生的贡献。这也是著者编纂《孙禄堂〈拳意述真〉探微》一书的重要原因之一。

第三，郭云深先生的《解说〈形意拳经〉》实际上相当于《左传》。

大成至圣先师孔子在晚年所著的编年体史书《春秋》，微言大义，被后来的汉武帝奉为儒家五部经典之一。但因其内容过于简略，普通人知其然不知其所以然，故

301

孔子之后的儒士多人对《春秋》加以注解阐释，其中最著名的就是战国时期左丘明的《左氏春秋》，也称《春秋左氏传》，习称《左传》。《春秋》是孔子所整理的儒家六部经典之一，因此《春秋》的原文为"经"，左丘明对经文所作的"注释"被称为"传"，这就是《左传》一名的来历（另有《公羊传》《穀梁传》，与《左传》合称"春秋三传"，其中以《左传》内容最为详实）。

同理，"形意拳经"的原文为"经"（"十六处练法"图片中方框内较大文字即是），郭云深先生所作的注释为"传"。孙禄堂先生的注释也为"传"（"十六处练法"图片中的每个小方框下面的双行小字即是）。

第四，孙禄堂先生是第一个创立真正属于形意拳的理论的人。

虽然李洛能先生把心意拳发展为形意拳，但一直没有形成属于形意拳专有的理论，故孙禄堂先生是第一个创立真正属于形意拳的理论的人。这些理论主要体现在1915年刊行的《形意拳学》、1916出版的《八卦拳学》（"三害""九要"论）和1924年付梓的《拳意述真》三部著作中。

也就是说，孙禄堂先生既是第一个注释"形（心）意拳经"的人，又是第一个创立专属于形意拳的理论的人。至于这些理论的基本内容是否同样适用于心意拳、心意六合拳，因著者没有深入研究过山西派心意拳、河南派心意六合拳，不便妄言。

第五，孙禄堂先生是试图通过《拳意述真》来构建孙氏武学理论体系。

事实上，《拳意述真》中的第四、五、六章"述三派诸先生言"，并非孙禄堂先生原话记录诸位先生的言论，而是在总结前辈言论的基础上，"付以己意"（孙禄堂先生《八卦拳学》原序语），从而构建起孙禄堂武学理论体系（门内简称"孙氏武学"）。换句话说，"述郭云深先生言 十四则"同样并非完全是郭云深先生的见解，孙禄堂先生的武学理论也包涵于其中。

某种意义上说，孙禄堂先生是在借诸位前辈先生之口，来阐述自己的武学理论体系。这一点与孔子整理"六经"（其中《乐》经至汉代已经失传）的目的是一致的。

第六，通过"九要"论就可证明"能说"完全是剽窃。

限于篇幅，本文仅举"九要论"一例来说明孙禄堂是如何"付以己意"而构建孙氏武学理论体系的。仅此一条就足以证明"能说"完全是剽窃。

"述郭云深先生言·一则"："用'九要'之规模锻练"；"述郭云深先生言·六则"："初学入门，有'三害''九要'之规矩。三害莫犯，九要不失其理。《八卦拳学》详之矣。"

这两句话显然并非郭云深先生所言，而是孙禄堂先生之言。

在孙禄堂先生的第一部武学著作《形意拳学》中有"七要"论："形意拳演习之要：一要塌腰，二要缩肩，三要扣胸，四要顶，五要提，六横顺要知清，七起躜落翻要分明。"然而在第二部武学著作《八卦拳学》中则改为了"九要"："九要者何？一要塌，二要扣，三要提，四要顶，五要裹，六要松，七要垂，八要缩，九要起躜落翻分明。"

九要中,"塌、扣、提、顶、裹、松、垂、缩"八字为三体式身法八要;"起躜落翻分明"为拳技体用之法诀。

显然九要论是对七要论的修正和完善。

因此,无论七要论还是九要论,都不可能是郭云深先生提出的,而是孙禄堂先生对形意拳理论构建的第一步,也是至为关键的一步。而"《八卦拳学》详之矣"一语更是孙禄堂先生对九要论出处所加的释文。显然,1900年前后去世的郭云深先生不可能知道孙禄堂先生的九要论,更不可能知道孙禄堂先生1916出版的《八卦拳学》。

不仅郭云深先生两度"使用"了九要论,就连孙禄堂先生的师父李奎垣先生、师叔许占鳌先生都"谈到"了九要论。但其他前辈都没有涉及九要论。孙禄堂先生可以借师门"嫡亲"之口表述九要论,但没有借刘奇兰、宋世荣、李存义、耿诚信等先生之口表达,这也充分说明孙禄堂先生是九要论的创立者。

然而在"能说"一文中,竟然连孙禄堂先生注解的"《八卦拳学》详之矣"一语都作为郭云深先生的原话直接抄上去了——还有比这更蠢的"窃贼"吗?

由此也可见,剽窃者对孙禄堂先生的武学著作没有深入的阅读、理解与认知。若是这样抄袭出来的东西竟然真的能够申遗成功,那有关部门把关也太不严格了吧?

第七,"述三派诸先生言"中同样有孙禄堂先生的注释及"引注"。

除了对《〈形意拳谱〉摘要》进行注释外,在"述三派诸先生言"三十九则中,孙禄堂先生也有多处注释文字。另外还有很多地方"引文"注释。如图中前两个方框内的小字:**"练之以变化人之气质,复其本然之真也"**,是对"练神还虚"的含义所作的注释;**"俗云:筋长力大"**,是对"以长其筋"的目的和作用所作的注释。而最后一个方框内的文字**"(拳经云:三回九转是一式,即此意也)"**,是孙禄堂先生直接引用拳经对"洗髓"的功用进行注释的文字。

《拳意述真》原书注释

除引用"拳经"外,孙禄堂先生的其他引文还有"**《老子》云、《庄子》云、《中庸》云、《大学》云、《孟子》云、丹经云**"等(大部分用"云",也有少量用"曰"者)。需要说明的是,带"云"或"曰"字样的句子并非全都是孙禄堂先生引文,也有个别是某位老先生自己在以拳经、《孟子》等讲述拳理。如:"李存义先生言:《拳经》云'静为本体,动为作用,寂然不动,感而遂通',是化劲、练神还虚之体用也。"

303

然而，由于吾师孙叔容先生整理的《孙禄堂武学著作大全·增订本》一书在出版社排版时没有能够严格区分"本文"与"注文"（含"引文"），导致爱好者误以为注文也是本文的一部分。这也是导致"能说"全文照抄的主要原因。

第八，"能说"连《孙禄堂武学著作大全·增订本》中的错误也"继承"了下来。《拳意述真》一书在民国时期刊行时错字、别字、衍字、漏字现象很多，多达近400处。吾师孙叔容先生的"简注本"虽然已经纠正其中的绝大部分错误，但由于年事已高，又著述繁忙，还是有个别错误没有来得及纠正。不仅如此，排版时又出现了许多新的错误。

然而，"能说"把这些错误也完整地"继承"了下来。如"好高骛远"，民国版本与吾师简注本都误作"好高务远"，"能说"便也跟着写作"好高务远"。其他不再一一列举。

正是由于《拳意述真》一书在民国时期出版时错误太多，吾师孙叔容先生晚年又没有更多精力进一步修正这些错误，再加上"简注本"排版时又出现许多新错误，留下了缺憾。著者曾亲见吾师孙叔容先生对手头上"简注本"的错误做了多处修订。然而木已成舟，书籍已刊，无法改动。孙叔容先生为此感到十分遗憾。

故著者秉先师遗愿，不揣浅陋，对民1924年版《拳意述真》进行点校、分段、注释，严格区分本文与注（引）文，且把《拳意述真》等五部著作所体现出的孙氏武学主要理论一一抽出独立成文进行解读，以飨爱好者。

第九，《能说形意拳经》的"能"之一字颇为怪异。

"能说"，似乎是说郭先生的《形意拳经论》记述的是李洛能先生的言论，这分明是在混淆视听。既然是"加入了自己的心得"，就不是李洛能先生的言论。不是"能说"，而是"深说"。

网上也确实存在所谓的《李洛能形意拳经》，但明显也是在孙禄堂先生的《拳意述真》、传统的心意拳理论，以及李存义先生、刘殿琛先生、姜容樵先生的形意拳理论的基础上，拼凑而成的伪作。当然伪作《李洛能形意拳经》在"水平"上也比"能说"的直接全文抄袭要高明多了。就是不知道所谓的《李洛能形意拳经》是否申遗了。如果这篇所谓的《李洛能形意拳经》也申遗了，著者将不遗余力地进行"武学打假"！有知情者请告知著者。

第十，如果说"能说"有什么"创新"的话，那就是为《述郭云深先生言十四则》中的每一则分别加上了一个小标题，仅此而已。

综上所述，不难看出，《能说形意拳经》是赤裸裸的剽窃《拳意述真·述郭云深先生言十四则》的伪作，没有任何学术价值！更不具备文物价值（著者估计剽窃者应该是伪造了一部郭云深先生手写的"古籍"）！

若申遗之事为真，烦请知情者告知剽窃者姓名、何方人士，在何处申遗。著者将致书有关部门，敦请其撤销伪本《能说形意拳经》的"非遗"资格。

第八章

"闲谈"之八——《拳意述真》版本信息闲谈

《拳意述真》一书在孙禄堂先生在世时一共刊行3次。初版是在1924年3月，三版是在1929年8月。第二版则由于著者没有收集到相关资料，不详其具体出版时间。

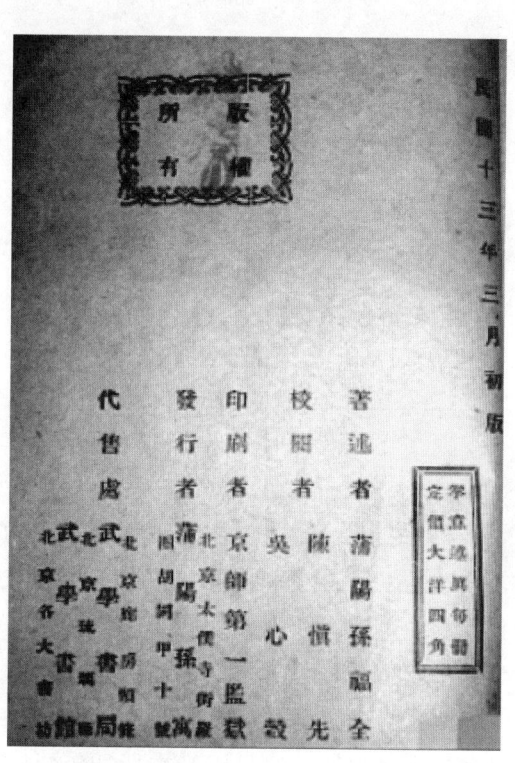

1924年初版和1929年三版《拳意述真》

然而从三版书封底写到了初版时间却并未提及二版来看，著者大胆推测，"二版书"应该仍然和初版一样，都是在北京出版，印刷者、发行者、代售处等都未变。二版时间按推算应该是在1926年或1927年。第二版除了印刷时间不一样外（书上的时间估计也没有修改，仍然是"民国十三年三月初版"），其他几乎并没有任何区别，因此，实际上不存在"第二版"，只有第2次"印刷"，而且版本信息上也未必有"第2次印刷"字样。

如有人能提供第二版封底的相关信息，著者将感激不尽。猜测毕竟属于假说，不是事实，当不得真。

但三版与初版相比版本信息有很大不同。

民国十三年三月初版	民国十三年三月初版
民国十八年八月三版	
版权所有	版权所有
《拳意述真》每册实价：大洋四角	《拳意述真》每册定价：大洋四角
（外埠另加邮汇费）	
编纂者：蒲阳孙福全	著述者：蒲阳孙福全
校阅者：陈慎先　吴心毅	校阅者：陈慎先　吴心毅
印刷者：上海三马路（电话一五一三五号）	印刷者：京师第一监狱
仁记印务局	发行者：北京太仆寺街罗圈胡同甲十号
发行者：北平大理院后旗守卫二十二号	蒲阳孙寓
蒲阳孙寓	代售处：北京廊房头条　武学书局
经售处：法租界东新桥　上海中华体育会	北京琉璃厂　　武学书馆
镇江西门　　　江苏省国术馆	北京各大书坊
上海带钩桥	
南京国民政府西首 ｝武学书局	
北平廊房头条	
各埠大书局	

两个版本基本信息整理示意图

第一，孙禄堂先生由"著述者"改为"编纂者"。这显然是孙禄堂先生主动要求改动的，目的是为了进一步表明《拳意述真》一书"述而不作"之意，充分显示出孙禄堂先生谦逊的美德。需要说明的是，孙禄堂先生署名为"孙福全"，称名而不称字，仍然是自谦之意。

第二，"印刷者"由北京的"京师第一监狱"变成了上海三马路（电话15135）的"仁记印务局"。这是因为在1928年6月南京国民政府北伐推翻了张作霖的北洋政府后，长期渴望统一的孙禄堂先生欣然赴南京就任中央国术馆武当门门长，后任江苏国术馆教务长、副馆长（实际负责国术馆工作），主要在南京、镇江、上海、苏杭一代活动，因此，孙禄堂先生把铜版带到了上海印刷。显然，上海的"仁记印务局"比北京的"京师第一监狱"更具有印刷"资质"，当时电话并非一般人家或小作坊、小商店能装得起的（仁记印务局还把电话号码都印到书上去了，说明广告意识很强）。

第三，"发行者"由"北京太仆寺街罗圈胡同甲十号蒲阳孙寓"变成了"北平大理院后旗守卫二十二号蒲阳孙寓"。这里有几点需要说明。其一，孙禄堂先生虽然人在沪宁苏杭一代，但家还在旧都。不过名字已由北京改名为北平。这也是北伐的胜利成果，北洋军阀政府覆灭后，南京国民政府将其改名，意思是北方从此和平安定下来，但不再是首都了，这就如同原来明朝大军推翻元朝后把大都改名为北平是一个意思。其二，孙禄堂先生在北平的寓所也变了，由在胡同内变成临街而居，比原来的寓所在交通上要方便许多。其三，孙禄堂先生自称"蒲阳孙福全"的由来：孙禄堂先生在光绪十四年（1888年）秋，在家乡直隶完县（1992年完县更名为顺平县）创办了拳社，拳社以流经故乡的蒲阳河命名，称为蒲阳拳社。此后孙禄堂先生一直自称"蒲阳孙福全"。

第四，销售方式由"代售"变成了"经售"，而且经售商很多。代售、经售，就是今天所说的"代销""经销"。代销，就是指生产厂家或代理商家把产品让给批发商或零售商销售，在规定时间内或者在批发商、零售商销售该产品后才收取货款的销售方式。具体到《拳意述真》一书说来，代售就是书商把书售出才付款，规定时间销售不出或没销售完的部分则退还给孙禄堂先生。所谓经销是企业或个人为另一个企业或个人按照双方所签订的经济合同销售商品的经济行为。经销单位的经销商品按进货处理，享受一定的折扣率，从而获取一定的进销差价，作为经销单位获取利润的基础。具体到《拳意述真》一书说来，经售就是书商以进价购书然后售卖，至于销售情况怎么样，已经与孙禄堂先生无关。

由此可见孙禄堂先生南下后，其影响力进一步扩大，其书籍极为畅销，才由代售变成了经售。同时也说明长三角一带比北京更加近代化，市场更发达。而且经售商不仅包括上海的中华体育会、镇江的江苏省国术馆，以及在上海、南京、北平都设立门店的武学书局，还包括各大通商口岸的大书局（所谓"书局"，本指官立刊印书籍的机构，后来书店或出版社亦有称书局者。这里的书局指的是书店），如广州、厦门、福州、宁波、九江、汉口、烟台、天津等主要口岸，应该都有书局。

第五，书籍售价写法由"定价"改为了"实价"。初版定价4角，实际上价格是可以上下浮动的；三版实价则是不变价格，但是"外埠另加邮汇费"。这也反映了书籍发售面的扩大，从原来的北京一地变成了由京沪（南京、上海）辐射到全国各地。

第六，内容版面略有不同。由于个人保存铜版没有经验，导致个别地方铅字脱落，重新排上后的第三版发生了许多新错误。《拳意述真》一书本来初版错误就比较多，但三版错误更多了。

如第7页"李先生"，第三版成了"李生先"；第77页"手与足合"，第三版成了"手足与合"等，见右图。

著者有20世纪80年代中国书店发行的影印本《拳意述真》，依据的版本并非第三版，但

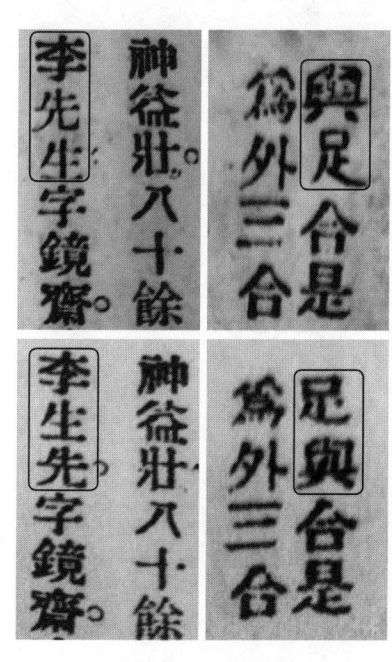

《拳意述真》初版（实为二版）与三版比较

应该也不是公元1923年最初版本。从"與足"二字明显可以看出，这两个字也并非初版的原宋体字，而是由没有刻字经验的人手工刻字后补上去的，说明当时铜版已经缺字了。因此它应该就是1926年或1927年的"二版"版本。遗憾的是，影印书并没有把原"二版书"的封面与封底影印上去，著者仍然无从得知二版书的封底版本信息。

第三版虽然更换了正式的铅字，但却不慎把两个字的位置放颠倒了。

当然，初版印刷者"京师第一监狱"由于不够专业，导致版面错误百出。三版的"仁记印务局"虽然看似专业，但并没有进行校对和重新排版，结果错误反而更多。这不能不说是一大遗憾。虽然第三版后面增加有"勘误表"，但勘误表也只是收录了一小部分错误之处，大部分错误并没有列出。这也是促使著者对《拳意述真》一书进行深入研究和整理的又一重要原因。

孙禄堂先生将铜版传给了孙存周先生，孙存周先生又传给了吾师孙叔容先生，叔容先生仙逝后，铜版由师姑孙婉容先生保管。孙婉容先生用《拳意述真》的三版铜版重印了由她本人校注的《孙禄堂武学集注·拳意述真》中的"原版"部分。

第九章

"闲谈"之九——丁亥乎 乙亥乎

——《八卦拳学原序》中的一处"笔误"考辨

1999年，吾师孙叔容先生将珍藏多年的孙禄堂先生的《八卦拳学原序》手稿整理出来，刊载在《武魂》杂志2000年第八期上，同时发表的还有孙叔容先生的《形意拳八卦拳太极拳三拳合一的立论经过》一文。也正是这两篇文章，促使11年后重见恩师的著者去认真探究孙氏武学的"三拳合一"这一理论问题。著者经过半年多的研究，终于撰写出《孙禄堂"三拳合一"论之我识》一文。著者把文稿交给恩师，恩师几乎没有对文稿内容作任何修订，只是把篇首简介孙禄堂先生的文字删去，并把标题改为《孙禄堂"三拳合一"论研究》，便交给了《武魂》杂志社。拙文在2000年《武魂》杂志第八期上刊登了出来。这也是著者在武学方面的处女作。

当时著者关注的只是孙氏武学技术与理论本身，无意于考察孙禄堂先生的习武历程。哪怕到今天，著者也只对武技、武理感兴趣，无意去考察孙禄堂先生一生传奇般的经历——尽管著者是历史"科班"出身，似乎考察孙氏武学形成与发展的历史应该顺理成章才对。

然而著者在编修本书过程中，看到有位外籍人士名"彦某元"者，在网上发文，对孙禄堂先生极尽污蔑辱骂之能事。促使他仇视孙禄堂先生的原因不详，但他给孙禄堂先生罗织的一条条罪名却"言之凿凿"。其中非常重要的一条便是称孙禄堂先生是20多岁才开始学形意拳，自幼习武的经历是孙禄堂先生伪造的。

著者发现，彦某元污蔑孙禄堂经历造假，依据的正是1999年《武魂》杂志上发表《八卦拳学原序》一文。文中有这样一段话，"至丁亥年，因事赴京，在白西园先生处遇程廷华先生，白君与余指引相见，云先生精通八卦拳术。初见先生练时，其意与形意拳大相悬殊。时余练形意拳方三四年功夫……"

这里有一个关键的时间节点——"丁亥年"！

需要说明的是，孙禄堂先生手稿是"乙亥年"，而杂志排版时却误排为"丁亥年"，结果把孙禄堂先生开始随程廷华先生习八卦拳的年份推迟了整整一旬，从而为彦某元攻击孙禄堂先生本人提供了口实。并且还有不少人相信了彦某元的说辞，造成极其严重的后果。

然而无论从"原序"上下文来看，还是结合孙禄堂先生5部著作中自序与他人序所提供的时间来看，都足以证明孙禄堂先生赴京的时间是"乙亥年"而不是"丁亥年"，是少年时代而不是成年之后。

丁亥年为清光绪十三年，1887年；乙亥年为光绪元年，1875年。二者整整相差一旬。关于究竟是乙亥年还是丁亥年的问题，看了下面几段文字，就不难得出正确结论。

（1）"原序"本文："每日早习形意，晚习八卦，如是十余年，两拳之劲，始不分彼此……自此以后，每遇同道之人，不分门类，互相研究，又十余年，自觉身中两拳之劲合一……当此之时，艺贯二家，学业精进，心中愉悦，自以为全体无所不知矣。乃至辛丑年，又遇同道张秀林，杨春甫二君，精于太极拳学，余心又有甚爱之……"

请注意上面一段中加点的字（时间、时段表述）！

显然，在辛丑年（1901年）遇到张秀林、杨澄甫两人之前，孙禄堂先生已经同时习练形意、八卦20多年（"如是十余年"加上"自此以后"的"又十余年"）。而1887—1901年，仅14年，显然不对；但1875—1901年是26年，与文中孙禄堂先生习练形意八卦的时间20多年正相符合。

（2）在《形意拳学·自序》中，孙禄堂先生云："余幼而失学，即喜习武事。"

（3）在《八卦拳学·自序》中，孙禄堂也说："余自幼年即研究拳术，如是者有年。嗣来京，获见程先生廷华，始知有'八卦拳'，因从而受业焉。"

二者都表明孙禄堂先生自幼习武，而且"幼时"（青少年时代）已经练形意拳。前人以20岁（虚岁，也就是19周岁）为弱冠之年，也就是成年。成年以前即为少年，如梁启超先生的《少年中国说》，其中的"少年"，即今天所说的"青少年"。当然孙禄堂先生在很小的时候所学的是花拳，12岁（1871年）才开始师从李奎垣先生习练形意拳术。同时，李奎垣先生还是孙禄堂的儒学文化老师。

（4）在"原序"后文中又写道："又有李先生存义亦精是技，时常指示，数十年略得其中梗概。"这里的"数十年"显然也至少是30年以上。也就是说，至1914年完成三拳合一时，孙禄堂先生已经习练八卦拳三四十年了。

（5）在《拳意述真·自序》中，孙禄堂先生写道："余自幼年好习拳术，性与形意、八卦、太极三派之拳术相近，研究五十余年，得其概要。"此"自序"写于公元1923年，此时孙禄堂先生64岁（虚岁），减去"五十余年"（按余一两年算），大致就是十二三岁时开始研究形意拳术。

（6）在"原序"后文中还有关于孙禄堂先生三拳合一时间的记述："后至民国元年，在北京得遇郝为桢先生，先生精于太极拳学，……请先生传授讲习……自此以后昼夜习练，至三年豁然大悟，能将三家之劲合为一体。"

孙禄堂先生1912年随郝为桢先生习太极拳，到1914年，将三家合为一体。如果是丁亥年（1887年）年才开始学八卦拳，至1914年仅仅27年，显然不够孙禄堂先生说的30年以上。何况孙禄堂先生也不可能一开始学八卦拳就是为了三拳合一。而从孙禄堂先生历时9年学有所成，于1884年壮行天下算起，至1914年，也有30年了。壮行天下的几年，正是孙禄堂先生初步实现形意、八卦两拳相融合的时期——"两拳之劲，始不分彼此"。此后，"又十余年……自觉身中两拳之劲合一"。也就是说，孙禄堂先生先用20来年实现了形意、八卦二拳合一。1901年开始尝试与太极拳实现三拳合一，但直至1912年遇到郝为桢先生，才得到太极之真谛，并于1914年顺利实现了三拳合一。也就是说，不计开始学艺的十几年，就从孙禄堂先生1884年形意、八卦"出师"算起，也已经有30年了。

（7）孙禄堂先生在1915年的农历正月已经完成了《形意拳学》（见《形意拳学·自序》），也充分表明孙禄堂先生完成形意八卦太极"三拳合一"不晚于1914年。

（8）最能说明问题的是，在第一部武学著作《形意拳学》中，孙禄堂先生明确写道："余于形意一门稍窥门径……习艺四十余年，不揣固陋，因本闻之吾师所口授暨所得旧谱加以诠释，盖亦述而不作之意也。"此"自序"写于1915年初，此时孙禄堂先生56岁（虚岁），习形意拳已经"四十余年"，显然孙禄堂先生开始随李奎垣先生习形意拳是在15岁以前，而不可能是彦某元说的二十五六岁才开始习武。

（9）在陈增则先生的《〈拳意述真〉序》中有这样一段话："先生实学于郭，从之最久，幼弃其业，随之往来各省。"显然，少年的孙禄堂先生放弃了学业，随郭先生专心习武。如果是成年的孙禄堂先生，就必须负起成家立业、养家糊口的责任，怎么可能专门学艺多年而不谋生计呢？

因此，毫无疑问，《武魂》杂志刊出的"丁亥年"确实有误，应为"乙亥年"。由于孙禄堂先生的手稿都是草书，而在草书中，有时丁、乙二字很像，因此《武魂》杂志有此失误也就不奇怪了。

姜容樵先生在1932年《国术周刊》发表孙禄堂先生文章『详论形意八卦太极之原理』一文后所附寻找师兄孙禄堂先生的『编辑室播音』

311

何况，假如孙禄堂先生有意造假，又怎么可能在文中出现如此低级、自相矛盾的错误？

此外，关于孙禄堂先生学形意拳的时间（时期），著者再举孙禄堂先生仙逝前后，当时的书籍、报刊与武林人士的说法以资佐证。

（1）1930年姜容樵《当代武侠奇人传》："孙福全……七八岁就酷嗜武道……到十来岁，他的武艺文艺居然并驾齐驱，崭然露头角。他学技既湛，心里便有些不满意少林拳。过了两年，便又拜于李殿英门下。"

姜容樵先生为刘奇兰先生之弟子张占魁先生的门人。姜先生与孙禄堂先生虽然同辈，但毕竟各有师承，而且孙禄堂先生还在世，他是没有理由无端吹捧郭云深先生一系的孙禄堂先生的。

何况，孙禄堂先生本来是对所有前辈都是非常尊重的，但由于后来张占魁先生竟然不顾所有形意门中人的反对，事实上承认了某自称为郭云深晚年弟子的人的身份，且似乎与之私交还不错，这才导致孙禄堂先生对其心生芥蒂。这一点从《八卦拳学·自序》中明确写了张占魁先生及其弟子，但《拳意述真》中却既没有立传，更没有记录其述真之言就可见一斑（当然也可能是因为张先生比孙禄堂先生还年轻五岁，习武更晚于孙禄堂先生，感觉写上不太合适）。从这一角度看，姜容樵先生就更没有理由美化孙禄堂先生了。

何况，如果无端捏造，形意、八卦同门也不会容他，必群起而攻之。这样的例子不胜枚举。

（2）1933年9月金恩忠《国术名人录》："孙福全，字禄堂，直隶保定府完县人，幼嗜技击，曾拜李奎垣为师，习形意拳，复拜程廷华、李忠元二师学艺……"

（3）陈微明先生所撰《孙禄堂先生传》（载于1934年《国术统一月刊》）："孙禄堂先生……幼从李奎垣先生读，兼学形意拳，又从李奎垣先生之师郭云深先生学，所至必随。"

（4）1934年《完县新志》："孙福全，字禄堂，晚号涵斋，世居县之东任家疃。幼聪颖，读书过目成诵，从李魁元师读，师并授以技击……"

（5）1935年中央国术馆《国术周刊》："孙福全，字禄堂，晚号涵斋，河北完县人，幼嗜技击，曾拜郝为桢练太极，李奎垣习形意，复拜程廷华、李存义二师学艺……"

（6）1934年1月31日《世界日报》刊载《国术名家孙福全轶事》，内容系根据采访孙书庭（即孙剑云先生）的谈话记录整理而成，文章也称孙禄堂先生"十三岁即习技击……十五岁时从保定形意拳家李奎垣学技，拜李为师。及长，又从山西大技击家郭云深习形意拳，以求深造。"

虽然诸文有"幼时""十来岁……又过两年""十五岁"等不同说法，但关于孙禄堂先生随李奎垣先生习形意拳的时间显然应该在12～15岁（这里是虚岁，周岁为11～14周岁）。孙剑云先生虽然是孙禄堂先生之女，然而对孙禄堂先生习武时间的描述也未必准确。从把直隶的郭云深先生说成山西人就可以看出，当时年仅20虚岁的孙剑云先生对孙禄堂先生的习武经历虽有大致了解，但并不确切。其实对某些过往事情的时间的掌握不准确是正常的。在这种情况下，最值得采信的当然是当事人的说法。

对照孙禄堂先生的《八卦拳学原序》可知，孙禄堂先生赴北京是在乙亥年，光绪元年，西元1875年，当时孙禄堂先生16岁（15周岁），而这时候孙禄堂先生"练形意拳方三四年功夫"（即至少3年半以上，接近4年），则其从李奎垣先生学形意拳时当为12岁（11周岁）无疑矣。

借此机会，著者将孙禄堂先生习武经历暨创立孙氏武学过程的基本信息整理如下。

①孙禄堂先生开始随李奎垣先生习形意拳的时间是清同治十年，辛未年，西元1871年（此前曾习花拳数年）。

②开始随郭云深先生深造的时间是清同治十三年，**甲戌年**，西元1874年。

③开始随程廷华先生习八卦拳的时间是光绪元年，**乙亥年**，西元1875年。

④与杨澄甫交流换艺，初步接触太极拳的时间是清光绪二十七年，辛丑年，西元1901年。

⑤师从郝为桢先生习太极拳的时间是壬子年，西元1912年。

⑥孙禄堂先生完成三拳合一，孙氏武学体系开始形成的时间是甲寅年，西元1914年。

此后，孙禄堂先生武学著述不断问世。

①**乙卯年**，西元1915年，《形意拳学》问世，孙禄堂先生迈出了构建孙氏武学技术与理论体系的第一步。

②**丙辰年**，西元1916年，《八卦拳学》刊行（《八卦拳学原序》被搁置），孙氏武学技术与理论体系的轮廓开始呈现。

③**己未年**，西元1919年，《太极拳学》出版，标志着孙氏太极拳问世和以三拳合一为基础孙氏武学技术与理论体系基本成型。

④**甲子年**，西元1924年，孙氏武学理论巨著《拳意述真》公开发行，标志着孙氏武学理论体系构建的完成。

⑤**乙丑年**，西元1925年，《八卦剑学》刊布，它充分体现了孙禄堂先生以拳为剑、以剑为拳的武学理念，同时也是对孙氏武学技术与理论体系的进一步充实，并填补了在孙氏武学著述上器械方面的空白。

⑥在南京中央国术馆和镇江江苏国术馆任职期间，相继在《江苏国术馆十八年度年刊》上发表《论拳术内家外家之别》《拳术述闻》（1929年）；在《江苏国术馆十九年度年刊》上发表《国术源流之管见》（1930年）；在中央国术馆《国术周

刊》第85期上发表《详论形意八卦太极之原理》（1932年）。这些文章是对孙氏武学理论体系的重要补充。尤其是《详论形意八卦太极之原理》一文，是孙禄堂先生关于孙氏武学理论的收官之作。

⑦孙禄堂先生诞辰于清咸丰十年，**庚申年**，西元1860年；逝世于癸酉年，西元1933年，享年74岁（本文按虚一岁算，言孙禄堂先生75岁者是按虚两岁算的）。

第五板块

《拳意述真》

初版校勘

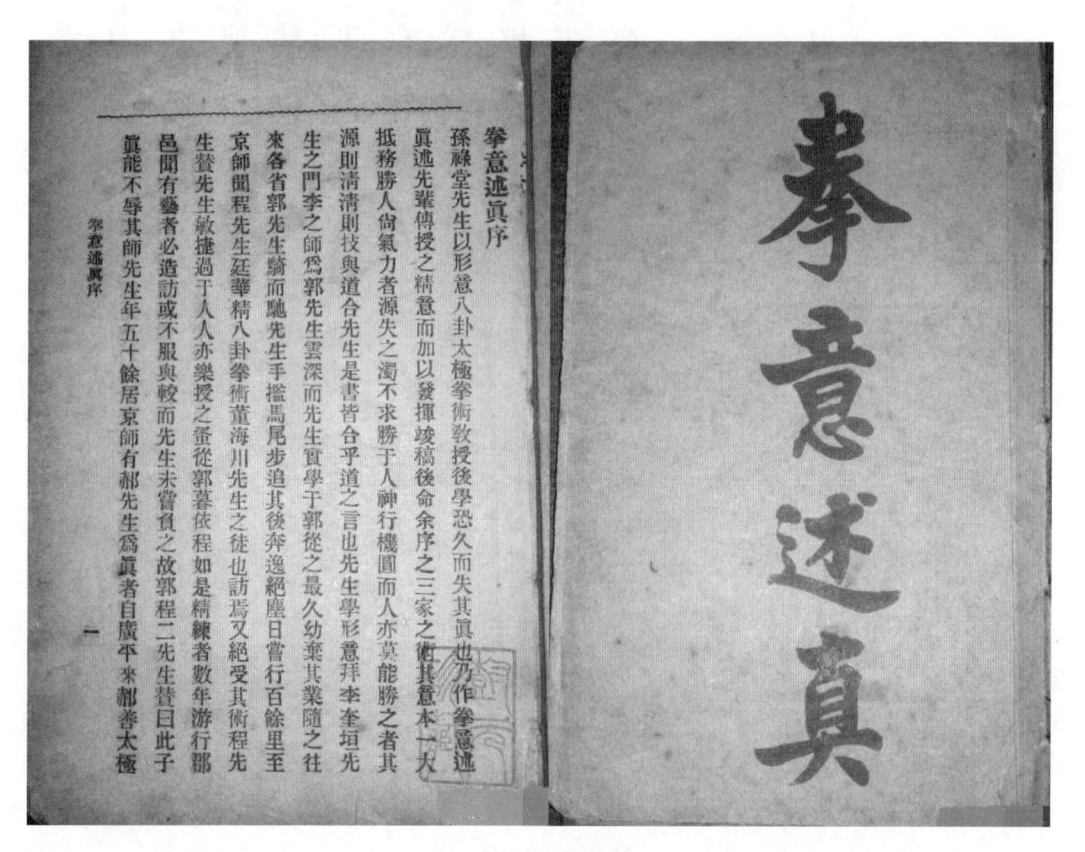

旧版《拳意述真》剪影

拳意述真序

孫祿堂先生以形意八卦太極拳術教授後學恐久而失其眞也乃作拳意述
眞述先輩傳授之精意而加以發揮竣稿後命余序之三家之術其意本一大
抵務勝人倚氣力者源失之濁不求勝于人神行機圓而人亦莫能勝之者其
源則清清則技與道合先生是書肯合乎道之言也先生學形意拜李奎垣先
生之門李之師爲郭先生雲深而先生實學于郭從之最久幼棄其業隨之往
來各省郭先生騎而馳先生手擥馬尾步追其後奔逸絕塵日嘗行百餘里至
京師聞程先生廷華精八卦拳術董海川先生之徒也訪焉又絕受其術程先
生贄先生敏捷過于人人亦樂授之鲞從郭慕依程如是精練者數年游行郡
邑聞有藝者必造訪或不服與較而先生未嘗負之故郭程二先生贄曰此子
眞能不辱其師先生年五十餘居京師有郝先生爲眞者自廣平來郝華太極

拳意述眞序

一

【勘误】

①第四行第十六字"于"，"於"的俗体字，今为简化字。

②第七行第十三字"擥"，新刻字，查无此字。当为"揽"。

③第九行倒数第三字"游"，误字，当为"遊"简化字前陆地旅行曰"遊"；水中凫为"游"。

④第十行（最后一行）倒数第十字"真"，误字，当为"桢"。郝先生名和，字为桢。桢从木，指坚木，引申为支柱；和从禾木，和谐。桢、和二字相表里。

⑤说明：校勘所言"第几行"指的是正文（含正文大字标题）第几行，不计页码行。

拳意述真序

拳術又從問其意郝先生曰異哉吾二嘗而子通悟勝專習數十年者故先生融會三家而能得其精微筆之於書裝章先難開示後學明內家道藝無二之旨勤靜交脩之法其理深矣其說俱備于書閱者自知之余因略述先生得道之由以見先生是書乃苦功經歷所得者非空言也

民國十二年歲次癸亥仲冬靳水陳曾則序

【勘误】

第二行第十六字"章",误字,当为"彰"。彰,从章,从彡(shān)。彡,画饰的花纹。故当为"彰"。

拳意述真序

祿堂先生既著形意八卦太極三書行世嘉惠後學厥功匪淺然猶懼不知者以拳術爲禦侮之具僅濁血氣之勇也於是有拳意述眞之作凡拳中之奧義闡發無遺平日所聞之諸先生輩者一一筆之於書使好拳術者由此而進於道爲俾武術之眞義不致湮沒此先生之苦心也其以述眞名者蓋本述而不作之意於此益見先生之謙德已

民國十二年歲次癸亥冬月吳心穀拜讀並識

【勘误】

①此页文字为吴心毂先生的所作的[序]，在民国3个版本中，都是排放在孙禄堂先生《拳意述真自序》之后，位置不当。笔者在第一板块将二者位置做了对调。原版书还遗漏了"序"字，著者也在第一板块中一并补上了。

②第五行最后一字"已"，误字，当为"矣"。矣，文言助词，用于句末，与"了"同义。已，放在句末意为：止，罢了。

拳意述真自序

夫道者陰陽之根萬物之體也其道未發懸於太虛之內其道已發流行於萬物之中夫道一而已矣在天曰命在人曰性在物曰理在拳術曰內勁所以內家拳術有形意八卦太極三派形式不同其極還虛之道則一也易曰一陰一陽之謂道若偏陰偏陽皆謂之病夫人之一生飲食之不調氣血之不和精神之不振皆陰陽不和之故也故古人創內家拳術使人潛心玩味以思其理身體力行以合其道則能復其本來之性然吾國拳術門派頗多形式不一運用亦異舉生不能窮其數熟世不能盡其法余自幼年好習拳術性與形意八卦太極三派之拳術相近研究五十餘年得其概要竹著形意八卦太極拳學巳刊行世今又以昔年所聞先輩之言述之於書俾學者得知其真意焉三派拳術形式不同其理則同用法不一其制人之中心而取勝於人者則一也接

【勘误】

第十行第一字"巳"，误字，当为"己"。

拳意述真自序

一派拳術之中諸位先生之言論形式亦有不同者蓋其運用或有異耳三派拳術之道始於一理中分為三派末復合為一理其一理者三派亦各有所得也形意拳之誠一也八卦拳之萬法歸一也太極拳之抱元守一也古人云天得一以清地得一以寧人得一以靈得其一而萬事畢也三派之理皆是以虛無而始以虛無而終所以三派諸位先生所練拳術之道能與儒釋道三家誠中虛中空中之妙理合而為一者也余深恐諸位先生之苦心精詣久而淹沒故述之以公同好惟自愧學術謝陋無文或未能發揮諸位先生之妙旨望諸同志隨時增補之以發明其道可也

民國十二年歲次癸亥直隸完縣孫福全序

【勘误】
第六行倒数第二字"淹"，误字，当为"湮"。湮，埋没，多为虚指。淹，被水浸没，多实指。故当为"湮"。

拳意述真目次

第一章 形意拳家小傳

李洛能先生
郭雲深先生
劉奇蘭先生
宋世榮先生
車毅齋先生
張樹德先生
劉曉蘭先生
李鏡齋先生
李存義先生
田靜傑先生

拳意述真目次

李奎垣先生
耿誠信先生
周明泰先生
許占鰲先生
第二章八卦拳家小傳
董海川先生
程廷華先生
第三章太極拳家小傳
楊露禪先生
武禹讓先生
郝爲楨先生
第四章形意拳

【勘误】

①第九行第三字"禅"，误字，当为"蝉"。杨露蝉先生原名"禄蟬"，其后人改为"露蝉"，露水中的鸣蝉之意。今人多如印刷者一样，写作"露禅"。

②第十行第三字"讓"，误字，当为"襄"。武先生名河清，字禹襄。黄河因大禹治水而清。名、字相表里。襄，赞助之意，原书加上了言字旁误为"讓"（简化字作"让"，逊让之意）。

拳意述真目次

述郭雲深先生書 十四則
述白西園先生書 四則
述劉奇蘭先生書 一則
述宋世榮先生書 二則
述車毅齋先生書 一則
述張樹德先生書 一則
述劉曉蘭先生書 一則
述李鏡齋先生書 一則
述李存義先生書 三則
述李奎垣先生書 三則
述田靜傑先生書 一則
述耿誠信先生書 四則

述周明泰先生言
述許占鰲先生言 一則
第五章 八卦拳 二則
述程廷華先生言 一則
第六章 太極拳 四則
述郝為楨先生言 一則
述陳秀峰先生言 一則
第七章
形意拳譜摘要 一則
第八章
練拳經驗及三派之精意

第一章 形意拳家小傳

李先生諱飛羽字能然世稱老能先生或曰洛農皆一音之轉也直隸深縣人經商於山西太谷喜拳術聞縣境有戴龍邦先生者善形意拳往訪焉覿面一見言談舉止均甚文雅不似長武術者心異之辭去他日倩人介紹拜爲門下時先生年三十七歲也自受教後晝夜練習二年之久所學者僅行拳之一行卽劈拳並半蹚連環拳耳雖所學無多而心中並不請益誠心習練日不間斷是年龍邦先生之母八十壽誕先生前往拜祝所至之賓客非習友卽龍邦先生之門生。拜壽之後會武術者皆在壽堂練習各盡其所學焉惟先生只練拳蹚牛蹚連環拳只練半蹚耳當命龍邦先生曰此先生爲何連環拳只練半蹚先生答曰僕學此耳晓遂問先生爲何連環拳只練半蹚先生答曰僕學此耳人學有二年之久所教者甚少看來到是忠誠樸實可以將此道理用心教授

學意述眞

一

【勘误】

①第六行第十一字"蹚"，误字，当为"趟"。下同。来往的次数曰趟；从有水、草的地方走过去曰蹚。

②第十一行第十五字"到"，误字，当为"倒"。

拳意述真

之龍邦先生本是孝子。又受老母面諭。乃盡其所得乎心者而授之先生。先生精心練習。至四十七歲學乃大成。當時名望甚著。北數省人皆知之。教授門生郭雲深。劉奇蘭。白西園。李太和。車毅齋。宋世榮諸先生等。於是先生名聲愈著。道理愈深。本境有某甲武進士也。體力逾常人。兼善拳術。與先生素相善。而於先生之武術則竊有不服。每舊意相較。輒以相善之難於啟齒。一日會談一室。言笑一如平常。初不料某甲之舊意相試。毫無防備之意。而某甲於先生行動時乘其不意竊於身後。卽捉住先生用力舉起。及一伸手而身體已騰空斜上頭顱觸入頂棚之內。復行落下。兩足仍直立於地。未嘗傾跌。以邪術疑先生。先生告之曰。是非邪術也。蓋拳術上乘神化之功。有不見不聞之知覺。故神妙若此非汝之所知也。時人遂稱先生曰神拳李。能然年八十餘歲端坐椅上。一笑而逝。

【勘误】

第七行倒数第十字"而"后遗［某甲］二字。

郭先生諱峪生字雲深直隸深縣馬莊人幼年好習拳術習之數年無所得後遇李能然先生談及形意拳術形式極簡單而道則深奧先生甚愛慕之能然先生視先生有真誠之心遂收為門下口傳手授先生得傳之後心思會悟身體力行朝夕習練數十年能然先生傳授手法二人對手之時候忽之間身已跌出二丈餘並不覺有所痛苦只覺輕一划遂飄然而去先生既受能然先生所教拳術三層之道理以至於體用規矩法術之奧妙並劍術刀槍之精巧無所不至其極常遊各省與南北二派同道之人交接甚廣閱歷頗多亦嘗戲試其技令有力壯者五人各持木棍以五棍之一端頂於先生腹五人將足立穩將力使足先生一鼓腹而五壯年人一齊騰身而起跌坐於丈餘之外又練虎形拳身體一躍至三丈外先生所練之道理腹極虛形式神氣沉重如泰山而身體動作輕靈如飛鳥所以先生遇有不測之事只要耳聞目見

李意述真

三

【勘误】
第五行第十八字"划"，"劃"的俗体字。今为简化字。

拳意述真

四

無論何物來的如何勇猛迅速隨時身體皆能避之。先生熟讀兵書復善奇門，著有解說形意拳經詳細明暢。賜予收藏後竟被人竊去不知今藏何所。未能付梓流傳致先生啓迪後學之心湮沒不彰惜哉。先生懷抱絕技奇才未遇此時僅於北數省敎授多人後隱於鄉閭至七十餘歲而終。

劉先生字奇蘭直隸深縣人喜拳術拜李能然先生爲師學習形意拳術先生隱居田廬敎授門徒聯絡各派無門戶之見有初見先生數語即拜服爲弟子者先生至七十餘歲而終弟子中以李存義耿誠信周明泰三先生藝術爲最。

其子殿臣著形意拳抉微發明先生之道。

宋世榮先生宛平人喜嵐曲圍棋性又好拳術在山西太谷開設鐘表鋪卽李能然先生拳術高超名冠當時託人引見拜爲門下。自受敎後晝夜勤苦習練迄不間斷所學五行拳及十二形無不各盡其妙練習十二形中蛇形之時能

【勘误】

① 第三行第十字"逮"，误字，当为"迪"。因草书写法接近，排版者误把孙禄堂先生原稿草书的"迪"字当成了"逮"字。原书类似情况比较多。

② 第八行第四字"臣"，误字，当为"琛"。刘文华先生，字殿琛。殿琛意为殿阁珍宝，与文华（殿名，明清内阁六殿阁之首）相表里。

③ 第八行第八字"拳"后遗"術"字。

盡蛇之性能回身向左轉時右手能攫住右足跟及向右轉時左足跟回身傳式身形宛如蛇盤一團開步走蹚身形委曲灣轉又如蛇之撥草蜿蜒而行也練燕形之時身子挨着地能在板凳下邊一掠而過出去一丈餘遠此式之名卽叫燕子抄水又練狸貓上樹者之名目一身子往上一躍手足平貼於牆能粘一二分鐘時當時同門同道及門外之人見者因極多現時曾親觀先生所總各式之技能者亦復甚夥薹先生格物之功甚深能盡其性故其傳神也若此昔伶人某與先生相識云在歸化城時親見先生與一練技者比較二人相離丈餘練技者挺身一縱甫一出手其身已如箭之速跌出兩丈有餘而先生則毫無動轉只見兩手於練技者之身一划耳余二十餘歲時住於北京小席兒胡同白西園先生處伶人某與白先生對門居聞其向白先生言如此民國十二年一月間同門人某往太谷拜見先生時年八十餘歲

筆意述異

五

矣精神健壯身體靈勁。一如當年歸後告於予曰先生談及拳術時。仍復眉飛色舞口音其理身比其形殊忘其身爲耄耋翁且歎後進健者之不如焉車先生永宏字毅齋山西太谷縣人家中小康師李能然先生學習拳術先生自得道後視富貴如浮雲隱居田間教授門徒甚多能發明之道者、山西祁縣喬錦堂先生爲最先生樂道始終如一至八十餘歲而終。張先生字樹德直隸祁州人幼年好習武術拜李能然先生爲師練拳並劍刀槍各術合爲一氣以劍爲創以拳爲所用之槍法極善有來訪先生比較槍法者皆爲先生所敗先生隱居田間教授門徒頗多門徒承先生之技術者亦不乏人先生至八十餘歲而終。
劉先生字曉蘭直隸河間縣人爲買於易州西陵性喜拳術幼年練八極拳工夫極純後又拜李能然先生爲師研究形意拳術教授門徒直省最多老來精

六

【勘误】

①第三行第三字"生"后遗"名"字。

②第十行最后一字"工"，误字，当为"功"。功夫、功课、用功之"功"，原书共出现64次，然而误作"工"字有32次。可能是"功"字使用太多，活字"功"不够，只好拿"工"替代的缘故。后文不再标注。

神益壯八十餘歲而終。

李先生字鏡齋直隸新安縣人以孝廉歷任教授性好拳術年六十三拜李能然先生爲師與郭雲深先生相處最久研究拳術練至七十餘歲頗得拳術之奧理動作輕靈仍如當年先生云至此方知拳術與儒學之道理並行不悖合而爲一者也李先生壽至八十而終。

李先生名存義字忠元直隸深縣人輕財好義性喜拳術幼年練習長短拳後拜劉奇蘭先生之門學形意拳術練數十年爲人保鏢往來各省途中遇盜賊手持單刀對敵賊不敢進或聞先生之名義氣過人避道者故人以單刀李稱之民國元年在天津創辦武士會敎授門徒誨人不倦七十餘歲而終田先生字靜傑直隸饒陽縣人性好拳術拜劉奇蘭先生爲師先生保鏢護院多年生平所遇奇事甚多惜余不能記憶故未能述之先生七十餘歲在田間

拳意述真

朝夕運動以樂晚年。

李先生諱殿英字奎垣直隸涞水縣山後店上村人幼年讀書善小楷性喜拳術從易州許某學彈腿八極等拳工夫極純熟力量亦頗大先生在壯年之時保鏢護院頗有名望每與人較技時常勝人後遇郭雲深先生與之比較先生善用腿先生之脚方抬起見雲深先生用手一划先生身後有一板橙先生之身體從板橙越過去兩丈餘遠倒於地下矣先生起而謝罪遂拜為門下侍奉雲深先生如父子然後蒙雲深先生教授數年盡夜習練將所受之道理之身體從板橙越過去兩丈餘遠倒於地下矣先生起而謝罪遂拜為門下侍裏精微無所不至其極矣余從先生受教時先生之技術未甚精妙先生自得道後常爲書記不輕音拳術矣余遂侍從郭雲深先生受敎先生雖不與人輕音拳術而仍練不懈他人所不知也、先生至七十餘歲而終

耿先生名繼善字誠信直隸深縣人喜拳術拜劉奇蘭先生爲師學習形意拳

八

隐居田间以道为乐传授门徒多人七十馀岁身体轻灵健壮仍如当年。

周先生字明泰直隶饶阳县人幼年在刘奇兰先生家为书童喜拳术遂拜奇兰先生为师练习数载保标多年直隶定县人家中小康幼年前清善八法性喜拳术专

许先生名占鳌字鹏程直隶定县人家中小康幼年前清善八法性喜拳术专聘教习练习长拳刀枪剑术身体轻灵似飞鸟知者皆以袭毛称之后又拜郭云深先生为师学习形意拳术传授门徒颇多六十馀岁而终。

第二章 八卦拳家小传

董海川先生顺天文安县朱家坞人喜习武术尝涉迹江皖间遇异人传授居三年拳术剑术及各器械无不造其极归后入肃王府当差人多知其有奇异能投为门下受教者络绎不绝所教拳术称为八卦其式形皆是河图洛书之数其道体俱是先天后天之理其用法乃八八六十四卦之变化而无穷一

公意述真

九

【勘误】

①第一行第一字"稳"前遗"先生"二字。

②第九行第十九字"睿"，误字，当为"肃"。由于二字的草书写法近似，故有此误。

③第十行倒数第八、第七字"式形"，误字，当为"形式"。二字被倒置了。

拳意述真

部易理先生方寸之間體之無遺。是以先生行止坐臥動作之際其變化之神
妙非常人所能測也。居嘗跏趺靜坐值夏日大雨牆忽傾倒時先生跌坐於坑
貼近此牆先生並未開目弟子在側者見牆倒之時急注視先生忽不見而先
生已跌坐於他處之椅上身未著點塵先生又嘗靜臥時值深秋弟子以被
覆之輕輕覆於先生身不意被覆於床存者僅床與被而先生不見矣。驚而返
顧則先生端坐於臨牕之一椅謂其人曰何不嘗耶使我一驚。蓋先生之靈機
至是已臻不見不聞。即可知覺之境愈不測之險其變化之神妙有如此者。
中庸云至誠之道可以前知。即此義也。年八十餘歲端坐而逝。弟子尹福程廷
華等葬於東直門外榛椒樹東北紅橋大道旁。諸門弟子建碑以誌其行焉。
程廷華先生直隸深縣人。居北京花市大街四條。以眼鏡爲業。性喜武術。未得
門徑。後經人介紹拜董海川先生爲師。所學之絕名爲遊身八卦連環掌。自受

【勘误】

①第二行倒数第四字"跌"，误字，当为"趺"。跏趺坐是释家打坐的方式，盘腿端坐。原书误作"跌坐"。下同。

②第二行最后一字"坑"，误字，当为"炕"。

③第八行第十四字"义"，误字，当为"意"。意，意思。义，公正合宜的道理或举动。在此可以连用"意义"二字，但单独使用时只宜用"意"，不宜用"义"。

傳後習練數年得其精微名聲大振人稱之為眼鏡程無人不知之也同道之
人來比較者甚多無不敗於先生之手者因此招人之忌一日晚先生由前門
返舖中行至蘆草園正走時忽聞後有脚步聲甚急先生方一回頭見尾隨之
人手使砍刀一把光閃曜目正望著先生之頭劈下先生隨卽將身往下一縮
倏忽越出七八尺其刀落空旋卽回身奪其刀以足踢倒於地以刀擲之曰朋
友回家從用工夫再來可也不問彼之姓名徜徉而去當時有數人親眼見之
在京教授門徒頗多其子海亭亦足以發明先生技術之精奧者矣

第三章 太極拳家小傳

楊先生字露蟬直隸廣平府人喜拳術得河南懷慶府陳家溝子之指授遂以
太極先生名于京師來京教授弟子故京師之太極拳術皆先生所傳也
武先生字禹讓直隸廣平府人往河南懷慶府趙堡鎮陳清平先生處學習太

【勘误】
①第六行第四字"从"，当为"重"。二者系同声误字。
②第十一行第六字"讓"，误字，当为"襄"。参见目录。

335

拳意述眞

第三章 形意拳

極拳術研究數十年遇敵御勝事蹟最多郝爲楨先生言之不詳故未能述之
郝先生諱和字爲楨直隸廣平永年縣人受太極拳術於亦畬先生昔年訪友
來北京經友人介紹與先生遂相識見先生身體魁偉容貌溫和言皆中理身體
動止和順自然余與先生遂相投契未幾先生患痢疾甚劇因初次來京不久
朋友甚少所識者惟同鄉楊建侯先生耳余遂爲先生請醫服藥朝夕服侍月
餘而愈先生呼余曰吾二人本無至交淺水相逢如此相待實無可報余曰此
事先生不必在心俗云四海之內皆朋友況同道乎先生云我實心感欲將我
平生所學之拳術傳與君願否余曰恐求之不得耳故請先生至家中余朝夕
受先生教授數月得其大概後先生返里在本縣教授門徒頗多先生壽七十
有餘歲而終其子如能傳先生之術門徒中精先生之武術者亦不少矣

【勘误】
①第二行倒数第八、第七字"亦畬"，误字，当为"李亦畬"。此处遗漏姓氏"李"，"畬"字误作"畬"。李先生名经纶，字亦畬。畬是火耕，指焚烧田地里的草木，用草木灰做肥料的耕作方法。先生名、字的意思是胸有雄才，却乐于躬耕南亩。二者相表里。
②第五行第十二字"建"，误字，当为"健"。
③第十行第一字"有"，衍字（多出来的字）。衍字，指应该被删除的字。
④第十一行第二字"三"，误字，当为"四"。

一則

郭雲深先生云形意拳術有三層道理有三步工夫有三種練法。

三層道理

一練精化氣 二練氣化神 三練神還虛 練之以變化人之氣質復其本然之真也

三步工夫

一易骨。練之以築其基以壯其體骨體堅如鐵石而形式氣質威嚴狀似泰山

一易筋。練之以騰其膜以長其筋 俗云筋長力大 其勁縱橫聯絡生長而無窮也。

三洗髓。練之以清虛其內以輕鬆其體內中清虛之象神氣運用圓活無滯身體動轉其輕如羽（拳經云三回九轉是一式卽此意

学意述真 一三

【勘误】

①第八行第一字"一"，误字，当为"二"。

②第十一行第十字"羽"下的小括号内是"《拳经》云：'三回九转是一式'，即此意义也。"这是原书仅有的两处使用新标点小括号（ ）的情况之一。这里的小括号应该是用来替代双行小字，以此来标明这句话是孙禄堂先生的引文的。其实还是以双行小字来呈现比较合宜。

三種練法

（義也）

一、明勁。練之總以規矩不可易身體動轉要和順而不可乖戾手足起落要整齊而不可散亂拳經云方者以正其中即此意也

二、暗勁。練之神氣要舒展而不可拘運用圓通活潑而不可滯拳經云圓者以應其外即此意也

三、化勁。練之周身四肢動轉起落進退皆不可著力專以神意運用之雖是神意運用惟形式規矩仍如前二種不可改移雖然周身動轉不著力亦不能全不著力總在神意之貫通耳拳經云三回九轉是一式亦即此意義也

一節 明勁

明勁者即拳之剛勁也。易骨者即煉精化氣易骨之道也。因人身中先天之氣
與後天之氣不合體質不堅故發明其道大凡人之初生性無不善體無不健
根無不固純是先天以後知識一開靈竅一閉先後陰陽不交皆是後天
血氣用事故血氣盛行正氣衰弱以致身體筋骨不能健壯故昔達摩大師傳
下易筋洗髓二經之義作為三經易骨易筋洗髓也將三經又制成拳術發明此
穆王擴充二經之義作為三經易骨易筋洗髓陰陽混成剛柔悉化
經道理之用拳經云靜為本體動為作用與古之五禽八段練法有體而無用
者不同矣因拳術有無窮之妙用故有易骨易筋洗髓陰陽混成剛柔悉化
無聲無臭虛空靈通之全體所以有其虛空靈通之全體方有神化不測之妙
用故因此拳是內外一氣動靜一源體用一道所以靜為本體動為作用也因
人為一小天地無不與天地之理相合惟是天地之陰陽變化皆有更易人之

拳意述真

一五

---

① 第一行第四字"即"，衍字。

② 第一行第五字"拳"后遗"中"字。

③ 第一行第十至十二字"易骨者"三字为衍字。

④ 关于第一行第十四字"炼"：在道教内丹术中，精气神的"lian"一般写作"炼"，强调的是火候的运用，如"炼精化气"等。但在《拳意述真》初版书中，不仅"lian拳"时都是反复使用"练"字，就连内丹术的"duanlian"也绝大多数使用"练"字，如"练气化神""练神还虚"等4个内丹术语共使用"练"字21次。这体现孙禄堂先生"拳与道合"的主旨。因此以下统一使用"练"字，强调练拳练功的韧性和持之以恒，同时也是孙氏武学的核心思想——"太极一气、内劲中和"理论的体现。因此，著者在第一板块原则上把"炼"字都改为"练"字，只有"duanlian"一词仍使用"煅炼"二字。特此说明。以下不再标注。

⑤ 第三行第十一字"知"，误字，当为"智"。智识，犹智力，识见。车毅斋先生云："成法者……开人之智识，明人之心性……"可证。

⑥ 第三行第十九、第二十字"先后"二字后遗"天"字。《述郭先生言·二则》有"先后天亦不交"之语；《述宋世荣先生言·三则》有"先后天不辨"之语可证。

拳意述真

一身既與天地道理相合。身體虛弱剛戾之氣豈不能易乎。故更易之道弱者易之強。柔者易之剛悖者易之和。所以三經者皆是變化人之氣質。以復其初也。易骨者是拳中之明勁。練精化氣之道也。將人身中散亂之氣收納於丹田之內。不偏不倚和而不流。用九要之規模煅煉。煉至於六陽純全剛健之至。即拳中上下相連手足相顧內外如一。至此拳中明勁之功盡。易骨之勁全練精化氣之功亦畢矣。

二節　暗勁

暗勁者拳中之柔勁也。柔勁與軟不同。軟中卻練氣化神易筋之道也。先練明勁而後練暗勁。即丹道小周天止火。再用大周天功夫之意。明勁停手。即小周天之沐浴也。暗勁手足停而未停。即大周天四正之沐浴也。拳中所用之勁。是將形氣神（神即意也）合住兩手往後用力拉回（內中有縮力）其意如拔鋼絲兩手前

一六

【勘误】

①第五行倒数第四字"劲"，误字，当为"功"。

②第十一行的"（內中有縮力）"：这是原书第二处使用新式符号小括号的情况，此小括号内为孙禄堂先生注文，仍当以双行小字呈现为宜。

後用勁左手往前推右手往回拉或右手往前推左手往回拉其意如撕絲綿
又如兩手拉硬弓要用力徐徐拉開之意兩手或右手往外翻橫左手往裏裹
勁或左手往外翻橫右手往裏勁如同練鼉形之兩手或是練連環拳之包
裹拳經云裹者如包裹之不露兩手往前推勁如同推有輪之重物往前推
不動之意又似推勁而不動之意兩足落地時足根先著地不可有
聲然後再滿足著地所用之勁如同手往前往下按物一般後足蹬是
同邁大步過水溝之意拳經云腳打採意不落空是前足消息全憑後腳蹬是
後足馬有蹟蹄之功皆是言兩足之意也兩足進退明勁暗勁之步法相
同惟是明勁則有聲暗勁則無聲耳

三節　化勁

化勁者卽練神還虛亦謂之洗髓之功夫也是將暗勁練到至柔至順謂之柔

拳意述真

一七

【勘誤】

①第七行第十五字"採"，誤字，當為"踩"。"腳踩"誤作"手採"。

②第七行第二十至二十二字"是前足"三字是孫祿堂先生對引文又加的注文，宜加上小括號加上區別。下文"是后足"仿此。

③第八行第五字"蹟"，誤字，當為"疾"。"快疾的馬蹄"誤作"馬蹄印迹"了。

拳意述真

順之極處暗勁之終也丹經云陰陽混成剛柔悉化謂之丹熟柔勁之終是化
勁之始也所以再加向上工夫用練神還虛至形神俱杳與道合真以至無
聲無臭謂之脫丹矣拳經謂之拳無拳意無意無意之中是真意是謂之化勁
練神還虛洗髓之工畢矣化勁者與練划勁不同明勁暗勁亦皆有划勁划勁
是兩手出入起落俱短亦謂之短勁如同手往着墻抓去往下一划手仍回在
自己身上來故謂之划勁練化勁者與前兩步工夫之形式無異所用之勁不
同耳拳經云三回九轉是一式是此意也三回者練精化氣練氣化神練還
虛即明勁暗勁化勁是也三回者練精化氣練氣化神練還
虛無而還於純陽練之時將手足動作順其前兩步之形式所用之力有
要用力並非頑空不用力周身內外全用真意運用耳手足動作所用之力
而若無實而若虛腹內之氣所用亦不着意亦非不着意意在積蓄虛靈之神

一八

【勘误】
①第六行倒数第五字"所"前遗表转折的"惟"字。
②第十一行第十九字"非"后遗"全"字。《述郭云深先生言·一则》中有"亦不能全不着力"一语；《述宋世荣先生言·二则》中有"亦并非全然不用，要全不用，成爲顽空矣"一语可证。

耳呼吸似有似無與丹道工夫陽生至足採取歸爐封固停息沐浴之時呼吸相同因此似有而無皆是眞息是一神之妙用也莊子云眞人之呼吸以踵卽是此意非閉氣也用工練去不要間斷練到至虛身無其身心無其心方是形神俱妙與道合眞之境此時能與太虛同體矣以後練虛合道能至寂然不動感而遂通無人而不自得無往而不得其道無可無不可也所以形意拳經云固靈根而動心者武藝也養靈根而靜心者修道也所以形意拳術與丹道合而爲一者也。

二 則

形意拳起點三體式兩足要單重不可雙重單重者、非一足著地一足懸起。不過前足可虛可實著重在於後足耳以後練各形式亦有雙重之式雖然是雙重之式亦不離單重之重心以至極高極俯極矮極仰之形式亦總不離三體

李意述眞

一九

【勘误】

第四行第三字"妙"，误字，当为"杳"。杳，无影无声，幽暗，深广之意。《述郭云深先生言·八则》有"形神俱杳，乃与道合真之境"一语可证。

拳意述真

二〇

式單重之中心故三體式爲萬形基礎也三體式單重者得其中和之起點動作靈活形式一氣無有間斷耳雙重三體式者形式沉重力氣極大惟是陰陽不分乾坤不辨奇偶不顯剛柔不判虛實不清進退起落動作不靈活所以形意拳三體式不得其中和先後天亦不交剛多柔少失却中和道理亦不通自被血氣所拘拙勁所捆此皆是被三體式雙重之所拘也若得着單重三體式中和之道理以後行之無論單重雙重各形之式無可無不可也。

三　則

形意拳術之道練之極易亦極難易者是拳術之形式至易至簡而不繁亂其拳術之始終動作運用皆人之所不慮而知不學而能者也周身動作運用亦皆平常之理惟人之未學時手足動作運用無有規知而不能整齊所教授者

【勘误】

①第一行第五字"中"，误字，当为"重"。

②第一行第十三字"形"后遗表示定语的"之"字。

③第四行第四字"活"后遗句末语助词"耳"。

④第十一行第二字"年"，误字，当为"平"。因草书"平""年"相仿故也。由下文"动作运用皆是平常之道理"一语亦可证。

不過將人之不慮而知不學而能平常所運用之形式入於規矩之中四肢動作而不散亂者也果練之有恆而不間斷可以至於至善矣若到至善處諸形之運用無不合道矣以他人觀之有一動一靜一言一默之運用奧妙不測之神氣然而自己並不知其善於拳術也因動作運用皆是平常之道理無強人之所難所以拳術練之極易也中庸云人莫不飲食也鮮能知味也難者是練者厭其拳之形式簡單而不良於觀以致半途而廢者有之或是練者惡其道理平常而無有奇妙之法則自己專好剛勁之氣身外又務看理偏僻所以拳術練之而不能得着形意拳術中和之道也因此好高務遠看理偏僻所以拳術之道理得之甚難中庸云道不遠人人之爲道而遠人卽此意義也。

四 則

形意拳術之道無他神氣二者而已。丹道始終全丈呼吸起初大小周天以及

【勘误】
①第八行倒数第十字"务"，误字，当为"骛"。
②第十一行第二十字"丈"，误字，当为"仗"。仗，意为凭借，倚仗。

還虛之功者皆是呼吸之變化耳拳術之道亦然惟有煅煉形體與筋骨之功
丹道是靜中求動動極而復靜也拳術是動中求靜靜極而復動也其初練之
似異以至還虛則同形意拳經云固靈根而動心者敵將也養靈根而靜心
修道也所以形意之道即丹道之學也丹道有三易煉精化氣煉氣化神煉
神還虛拳術亦有三易易骨易筋洗髓三易即拳中明勁暗勁化勁也練至拳
無拳意無意之中是真意亦與丹道煉虛合道相合也丹道有最初還虛
之功以至虛極靜篤之時下元真陽發動即速回光返照凝神入氣穴息息歸
根神氣未交之時存神用息綿綿若存念茲在茲此武火之謂也至神氣已交
又當忘息以致採取歸爐封固停息沐浴起火進退升降歸根俟動而復煉煉
至不動爲限數足滿止火謂之坎離交媾此爲小周天以至大周天之工夫無
非自無而生有由微而至著由小而至大由虛而積累省呼吸火候之變化文

武剛柔隨時消息此皆是順中用逆逆中行順用其無過不及中和之道也此不過略言丹道之概耳丹道與拳術並行不悖故形意拳術非粗率之武藝余恐後來練形意拳術之人只用其後天血氣之力不知有先天真陽之氣故發明形意拳術之道只此神氣二者而已故此先言丹道之大概後再論拳術之詳情。

五 則

郭雲深先生言練形意拳術有三層之呼吸。

第一層練拳術之呼吸將舌捲回頂住上腭口似開非開似合非合呼吸任其自然不可著意於呼吸因手足動作合於規矩是爲調息之法則亦卽練精化氣之工夫也

第二層練拳術之呼吸口之開合舌頂上腭等規則照前惟呼吸與前一層不

同前者手足動作是調息之法則此是息調也前者口鼻之呼吸不過借此以通乎內外也此二層之呼吸著意於丹田之內呼吸也又名胎息是爲練氣化神之理也。

第三層練拳術之呼吸與上兩層之意又不同前一層是明勁有形於外二層是暗勁有形於內此呼吸雖有而若無勿忘勿助之意卽是神化之妙用也心中空空洞洞不有不無非有非無是無聲無臭還虛之道也此三種呼吸爲練拳術始終本末之次序卽一氣貫通之理自有而化無之道也

六 則

人未練拳術之先手足動作順其後天自然之性由壯而老以至于死通家逆運先天轉乾坤扭氣機以求長生之術拳術亦然起點從平常之自然之道逆轉其機由靜而動再由動而靜成爲三體式其姿式兩足要前虛後實不俯不

【勘誤】

①第五行倒數第九字"思"後遺"是為真息也"一語。在《述郭雲深先生言·一則·三節 化勁》中,有"因此似有而無,皆是真息,是一神之妙用也"一語。本文"調息""息調"與前文一致,以故知此處遺漏丹道術語"真息"一詞。

②第十行倒數第六字"之",衍字。

③第十一行第二十字"式",誤字,當為"勢"。原書中的8處"姿勢",均誤作"姿式"。後文不再標注。

仰不左斜不右歪心中要虛空至靜無物一毫之血氣不能加於其內要純任
自然虛靈之本體由着本體而再萌動練去是為拳中純任自然之真勁亦謂
人之本性又謂之丹道最初還虛之理亦謂之明善復初之道其三體式中之
靈妙非有真傳不能知也、內中之意思猶丹道之點玄關大學之言明德孟子
所謂養浩然之氣又與河圖中五之一點太極先天之氣相合也其姿式之中
非身體兩腿站立當中也其中是用規矩之法則縮回中散亂馳外之
靈氣返歸於內正氣復初血氣自然不加於其內心中虛空是之謂中亦謂之
道心因此再動丹書云靜則為性動則為神所以拳術再動練去
謂之先天之真意則身體手足動作卽有形之物謂之後天以後天合着規矩
法則形容先天之真意自最初還虛循環無端之理無聲無臭
之德此省名為形意拳之道也其拳術最初積蓄之真意與氣以致滿足中立

形意述真

二五

拳意述真

而不倚和而不流無形無相此謂拳中之內勁也內家拳術之名即此理也其拳中之內勁最初練之人不知其所以然之理因其理最微妙不能不詳言之免後學入於歧途初學入門有三害九要之規矩三害莫犯九要不失其理八卦拳學詳之矣手足動作合於規矩不失三體式之本體謂之調息練時口要似開非開似合非合純任自然舌頂上腭要鼻孔出氣平常不練時口亦要閉口可開口除此之外總要舌頂上腭不可開要時令鼻孔出氣說話吃飯喝茶時可開口練完收式時要閉口令鼻孔出氣譜要至於睡臥時亦是如此練至手足相合起落進退如一謂之息調手足動作要合於規矩上下不齊進退步法不合規矩起落進退手足不均出氣甚粗以致胸間發悶者是起落進退手足步法亂棒動呼吸之氣不調也拳法不合規矩故也此謂之息不調因息不調拳中之內勁是將人之散亂於外之神氣用拳中之規矩手足身體動作順中用逆縮回於丹田之內與丹田之元氣

二六

【勘誤】

①第二行最后一字"岐"，误字，当为"歧"。"歧途"误作"岐山之途"。

②第八行第七至第九字"要合不"，语误，当为"若不合"。

③第八行第十三字"上"前遗表示判断结果的转折字"则"。

④第八行倒数第八字"棒"，误字，查无此字。当为"捹（牵）"。原书中显然也是为印书新刻出来的非正规宋体字。

相交自微而著自虛而實皆是漸漸積蓄而成此國拳之內勁也丹

書云以凡人之呼吸尋眞人之呼處莊子云眞人呼吸以踵亦是此意也拳術

調呼吸從後天陰氣所積若致小腹堅硬如石此乃後天之氣勉強積蓄而有

也總要呼吸純任自然用眞意之元神引之於丹田腹雖實而若虛有而若無

老子云綿綿若存又云虛其心而靈性不昧振道心正氣常存亦此意也此理

即拳中內勁之意義也

七 則

形意拳之用法有三層有有形有像之用有有名有相無迹之用有有聲有名

無形之用有無形無相無聲無臭之用拳經云起如鋼銼起者去也落如鈎竿

落者回也。未起如摘子未落如墜子起如箭落如風追風趕月不放鬆起如風落如

箭打倒還嫌慢足打七分手打三五行四稍要合全氣連心意隨時用硬打硬

意誠眞序

二七

【勘误】

①第一行倒数第六字"拳"后遗"中"字。

②第二行第十四字"處",误字,当为"吸"。

③第二行第十九字"人"后遗"之"字。《庄子·大宗师》:"真人之息以踵,众人之息以喉。"

④第五行倒数第十字"正"前遗"而"字。

⑤关于第八行第十四字"像":原书第一个用"像",后两个用"相",相、像在此是互通的,但为统一起见,宜均用"相"字。

⑥从第八行第十七字至第九行第四字"有有名有相无迹之用;有有声有名无形之用",这是原书印刷问题最大的一处。前文说的是"用法有三层",后文也是分别谈三层用法的,唯独此处却写了四层用法。由于无法得知孙禄堂先生原稿到底是怎样表述的,著者只能以自己对孙氏武学的认知,勉强把这两条合并为一条:"有有声有名有形无迹之用"。如果有研究者能提出更准确的表述,则功莫大焉。参见板块一关于此处的"笺注"(P$_{51}$)。

⑦第十一行第十七字"稍",误字,当为"梢"。原书9处"梢"均误作"稍"。后文不再标注。

351

拳意述真

进无遮拦打人如走路看人如嵩草胆上如风响起落似箭钻进步不胜必有寒食之心此是初步明劲有形有相之用也。到暗劲之时用法更妙起似伏龙登天落如霹雳击地起无形落无踪起意好似捲地风起不起何用再起落不落何用再落低之中望为高高之中望为低打起落如水之翻浪不翻不躜一寸为先脚打七分手打三五行四稍要合全气连心意随时用打破身式无遮拦此是二步暗劲形迹有无之用也举无举意无意随时而发一言一默一举一动行止坐卧以致饮食茶水之间皆是用或有人处或无人处不是用所以无入而不自得无往而不得其道以致寂然不动感而遂通也此皆是化劲神化之用也然而所用之虚实奇正亦不可专有意用於奇正虚实虚者并非专用虚於彼己手在彼手之上用劲拉回如落钩竿谓之实己手在彼手之下亦用劲拉回彼之手

二八

【勘误】

①第二行第一、第二字"寒食",误字,当为"胆寒"。

②第四行倒数第五至第二字"不翻不躜",语误,当为"不躜不翻"。躜而后翻,先后次序不可颠倒。

③第十行第十五至第十八字"奇正虚实",语误,当为"虚实奇正"。"虚实"与"奇正"二者位置颠倒了。与前文、后文不相照应。

接不著我的手謂之虛並非專有意於虛實是在彼之形式感觸耳奇正之理亦然奇無不正無不奇奇中有正正中有奇奇正之變如循環之無端所用不窮也拳經云拳去不空回空回總不奇是此意也

八則

形意拳術明勁是小學工夫進退起落左轉右旋形式有間斷故謂之小學暗勁是大學之道上下相連手足相顧內外如一循環無端形式無有間斷故謂之大學此喻是發明其拳所以然之理也論語云一以貫之此拳亦是求一以貫之道也陰陽混成剛柔相合內外如一謂之化勁用神化之化至於無聲無臭之德也孟子云大而化之之謂聖聖而不可知之之謂神云丹書形神具杳乃與道合眞之境拳經云拳無拳意無意之中是眞意如此者不見而章不動而變無爲而成寂然不動感而遂通也老子云得其一而萬事畢人得其一謂

形意通眞

二九

之大拳中內外如一之勁用之於敵當剛則剛當柔則柔飛騰變化無人而不自得亦無可無不可也此之謂一以貫之一之為用雖然純熟總是有一之形迹也尙未到至妙處因此要將一化去化到至虛無之境謂之至誠至虛至空也如此大而化之之謂聖聖而不可知之之謂神之道理得矣

九　則

拳術之道要自己煆練身體以却病延年無大難法若與人相較則非易事第一存心謹愼要知己知彼不可驕矜驕矜必敗若相識之人久在一處所練何拳藝之深淺彼此皆知或喜用脚或善用手皆知其大概誰勝誰負尙不易言若與不相識之人初次見面彼此不知所練何種拳術所用何法若一交手其藝淺者自立時相形見絀若皆是明手兩人相較則頗不易言勝所宜知者一觀面先察其人精神是否虛靈氣質是否雄厚身軀是否活潑再察其言論或

謙或矜其所言與其人之神氣形體動作是否相符觀此三者彼之藝能知其大概矣及相較之時或彼先動或己先動務要辨地勢之遠近險隘廣狹死生若二人相離極近彼或發拳或發足皆能傷及吾身則當如拳經云眼要毒手要奸（奸即巧也）脚踏中門雖裏躦眼有監察之精手有撥轉之能足有行程之功兩肘不離肋兩手不離心出洞入洞緊隨身乘其無備而攻之由其不意而出之。此是近地以速之意也兩人相離之地遠或三四步或五六步不等不可直上。恐彼以逸待勞而彼先發之矣所以方動之時不要將神氣顯露於外似無意之情形緩緩走至彼相近處相機而用彼動機方露己即速撲上去或拳或掌隨左打左隨右打右彼之剛柔己之進退起落變化總相機而行之此謂遠地以緩也己所立之地勢有利不利亦得因敵人而用之不可拘者。

程廷華先生亦云與彼相較之時看彼之剛柔或力大或奸巧彼剛吾柔彼柔

李意述真

（三）

【勘误】

①第一行倒数第八字"三"，误字，当为"二"。一察其人，二察其言。故为"观此二者"。
②第四行正文第七字"雖"，误字，当为"往"。因二者草书相仿，故有此误。
③第六行第五字"以"，误字，当为"宜"。下文"远地以缓"也当为"远地宜缓"。
④第六行第十字"两"前遗表假设的"若"字。
⑤第九行倒数第五字"总"后遗"要"字。

355

吾剛、彼高吾低、彼低吾高、彼長吾短、彼短吾長、彼開吾合、彼合吾開、或吾忽開忽合忽剛。忽柔忽上忽下、忽短。忽長忽來。忽去不可拘使成。法須相敵之情形而行之。雖不能取勝于敵。亦不能驟然敗於敵也。總以謹慎爲要

十　則

拳經。云上下相連。內外合一。俗云上下是頭足也。亦云手足也。按拳中道理言之。是上呼吸之氣。與下呼吸之氣相接也。此是上下相連。心腎相交也。內外合一者。是心中神意下照於海底。腹內靜極而動。海底之氣。微微自下而上。與神意相交。歸於丹田之中。運貫於周身。暢達於四肢。融融和和。如此方是上下相連。手足自相然顧。合內外而爲一者也。

十一則

練拳術不可固執不通。若專以求力。卽被被力拘。專以求氣。卽被氣所枸。若專

【勘误】

①第九行第四至第七字“自相然顾”，语误，当为“自然相顾”。

②第十一行第十七字“被”，衍字。连续两个“被”，第二个显然为衍字。

③第十一行第十九字“拘”前遗“所”字。对照下句可知矣。

④第十一行第二十字“专”前遗“若”字。

⑤第十一行倒数第三字“枸”，误字，当为“拘”。“拘束”误作“枸杞”矣。

以求沉重卽爲沉重所捆墜若專以求輕浮神氣則被輕浮所以然者
之形式順者自有力内裹中和者自生氣神意歸於丹田者身自然重如泰山
將神氣合一化成虛空者自然身輕如羽。故此不可以專求雖然求之有所得
焉亦是有若無實若虛勿忘勿助不勉而中不思而得從容中道而已

十二則

形意拳術之橫拳有先天之橫有後天之橫有一行之橫先天之橫者中靜而
動爲無形之橫拳也橫者中也易云黃中通理正位居體卽此意也拳經云起
無形起爲橫皆是也此起字是內中之起。自虛無而生有。在拳中謂之橫。亦謂之起
之母也萬物皆含育於其中矣其橫者爲拳中之太極也。此橫有名無形爲諸形
外形手足以動卽名爲橫也此橫有名有式無有橫之相也後天之橫者是拳中
外形七拳以動卽名爲橫亦爲諸式之幹也萬法亦皆生於其內也

拳意述眞

三三

【勘误】

①第二行倒数第七字"身"后遗"体"字。

②第十行第五字"以",误字,当为"一"。"一动"误作"以动"。下同。

形意拳術頭層明練謂之練精化氣爲丹道中之武火也第二層暗勁謂之練氣化神爲丹道中之文火也三層化勁謂之練神還虛爲丹道中火候純也火候純而內外一氣成矣再練亦無勁亦無火謂之練虛合道以致行止坐臥一言一默無往而不合其道也矣拳經云拳無拳意無意無意之中是真意至此無聲無臭之德至矣先人詩曰道本自然一氣遊空空靜靜最難求得來萬法皆無用身形應當似水流

十四則

拳意之道大概皆是河洛之理以之取象命名數理彙該順其人動之作之自然制成法則而人身體力行之古人云天有八風易有八卦人有八脉拳有八勢是以拳術有八卦之變化八卦者有圓之象焉天有九天星有九野地有九

―――

【勘誤】

①第二行第八字"练"，误字，当为"劲"。

②第三行第十二字"二"，误字，当为"三"。

③第三行倒数第六字"中"后遗"之"字。

④第九行倒数第四字"之"，衍字。

衆人有九竅九數拳有九宮故拳術有九宮之方位九宮者有方之義爲古人以九府而作圓法以九室而作明堂以九區而作貢賦以九軍而作陣法以九竅九數。九數者即九節也須爲稍節心爲中節丹田爲根節手爲稍節肘爲中節肩爲根節足爲稍節膝爲中節胯爲根節三三共九節也而作拳術 無非用九其理亦妙矣河之圖洛之書皆出於天地自然之數禹之範大撓之歷皆出人得於天地之心法余蒙老農先生所授之九宮圖其理亦出於此而運用之神妙變化莫測此圖之道夫婦之愚可以與知與能及其至也雖聖人亦有所不知不能矣其圖是飛九宮之道一至九九還一之理用筆九根布之地方要寬大竿九根四正四根四隅四根當中一根竿不拘粗細起初練之大約或一丈有餘或兩丈不拘尺寸練之已熟漸漸而縮小遠大四根之遠近僅能容身穿行往來形如流水旋轉自如而不礙所立之竿繞轉之形式用十二形或如鷂子入林翻身之巧或如蛇撥草入穴之妙

拳意述眞　　　　　三五

拳意述真

或如猿猴蹤跳之靈活，各形之巧妙，無所不有也。此圖之效力，不會拳術者，按法走之，可以消食，血脉流通。若練拳術而步法不活動者，走之可以能活動。練拳術身體發拘者，走之身體可以能靈通。練拳術心中固執者，走之可以能靈妙。無論男女老少，皆可行之，可以却病延年，強健身體，等等妙術，不可言宣。拳經云：打拳如走路，看人如蒿草。武藝都道無正經，任意變化是無窮。豈知吾得嬰兒玩耍法，天下是眞形。三回九轉是一式之理，亦皆在其中矣。此圖明數學者，能曉此圖之理，練八卦拳者，能通此圖之道也，此圖亦可作為遊戲運動走練之時，舌頂上腭，不會練拳術者，行走之時，兩手曲伸，可以隨便要會拳術者，按自己所會之法則運用可也，無論如何運動，左旋右轉，兩手身體不能動着，所立之竿為要。此圖不只運動身體已也，而劍術之法亦含藏於其中矣。此九根竿之高矮，總要比人略高。可以九個泥墊，或木墊，將竿挿在內，可以移動練

三六

【勘误】

①第六行倒数第五、第四字"此图"，衍字。一句话中两个"此图"，显然第一个为衍字。

②第八行第二十字"曲"，误字，当为"屈"。原书6处表示"屈伸"的"屈"字，均误作"曲直"之"曲"。屈表动作；曲表状态。后文不再标注。

③第十一行第十七字和第二十字两个"塾"，误字，当为"墩"。"泥墩"误作"私塾先生"了。

用時可分布九宮不練時可收在一處若地基方便不動亦可若實在無有竿之時磚石分布九宮亦可若無磚石盡九個小圍走之亦無不可總而言之總是有竿練之爲最妙此法走練起初按一二三四五六七八九之路返之九八七六五四三二一此圖外四正四隅八根竿比喻八卦當中一根又共比喻九個門要練純熟無論何門亦可以起點要之歸原不能離開中門卽中五宮也走之按一至二至三至九返之九叉還於一之數此圖一圈一根竿也一至九九返一卽所行之路也名爲飛九宮也亦名陰八卦也河圖之理藏之於內洛書之道形之於外也所以拳術之道體用具備數理兼該性命雙修乾坤相交合內外而爲一者也走練此圖之意九竿如同九人如一人之敵九左右族轉曲伸往來飛躍變化閃展騰挪其中之法則按着規矩其中之妙用亦得要自己悟會耳其圖之道亦和於乾坤二卦之理六十四卦之式皆

拳意述眞

三七

【勘误】

①第二行第十九字"围"，误字，当为"圈"。二者草书字形相仿，故有此误。
②第三行倒数第三字"之"后遗"按"字。下一处仿此。
③第四行第七字"一"后遗"之路"二字。
④第八行倒数第八字"具"，误字，当为"俱"。
⑤第十行第五字"族"，误字，当为"旋"。形近字误。
⑥第十行第七字"曲"，误字，当为"屈"。
⑦第十一行第十六字"和"，误字，当为"合"。

拳意述真

含在其中矣。在人賢者識其大者。不賢者識其小者。得之莫不有拳術奧妙之道焉。

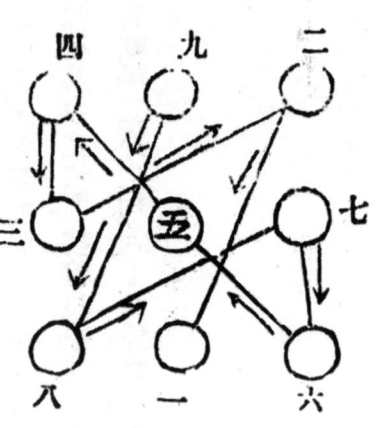

一則

白西園先生云。練形意拳之道。實是却病延年修道之學也。余自幼年行醫今

年近七旬矣身體勤作輕靈仍似當年強壯之時也並無服過參茸保養之物
此拳之道養氣修身之理實有確據眞有如服仙丹之效驗也惟練拳易得道
難得道易養道尤難所以練拳術第一要得眞傳將拳內所練之規矩要知得
的確按次序而練之第二要眞愛惜第三要有恆心作爲自己終身修養之功
課也除此三者之外雖然講練古人云心不在焉視而不見聽而不聞食而不
知其味就是終身不能有得也就是至誠有恆心所練之道理雖少有得焉亦
不能自驕所練之形式道理亦要時常求老師或諸位老先生們看視古人云
人非聖賢誰能無過若以驕素日所得之道理以失拳術就
生出無數之病來 卽拳術之病非人所得吃藥之病也 若是明顯之病還可容易更改老師工夫大
小道理深淺可以更正也若是暗藏錯綜之病非得老師道理極深經驗頗富
不能治此病也錯綜之病頭上之病不在頭脚上之病不在脚身內之病不在

拳意述眞

三九

【勘误】

①第八行第五字"谁"，也可，但成语一般用"孰"。语本《左传·宣公二年》："人谁无过，过而能改，善莫大焉。"后来演化出成语"人非圣贤，孰能无过"。

②第八行第十字"以"，误字，当为"一"。原书中4处把"一"误作"以"。《述郭云深先生言·十二则》两处，本文两处（下一处是"道理一〈以〉失"）。

一則

内身外之病不在外此是錯綜之病也暗藏之病若隱若現若有若無此病於平常所練之人亦看不出有病來自己覺着亦無毛病心想自己所練的道理亦到純熟矣豈不知自己之病入之更深矣非得洞明其理深達其道者不能更改此樣病也若不然就是晝夜習練終身不能入於正道矣此病謂之俗自然勁也與寫字用工入了俗派始終不能長進之道理相同也所以練拳術者練一身極好之技術與人相較亦極其勇敢到容易練十人之中可以練成七八個矣若能教育人者再自己工夫極純身體動作極其和順折理亦極其明詳令人容易領會可以作後學之表率如此人者十人之中難得一二人矣練拳術之道理神氣貫通形質和順剛柔曲折法度長短與曾文正公談書法昔乾坤二卦之理相同也

【勘誤】

①第三行第二字"到"，誤字，當為"倒"。下文"到容易練"亦當為"倒容易練"。

②第七行倒數第六字"折"，誤字，當為"析"。

③第八行最後一字"練"前遺"其言"二字。《述李奎垣先生言·三則》一文最後是孫祿堂先生所作注文："其言拳之規則法度、神氣結構、轉折形質，與曾文正公家書論書字，言乾坤二卦並禮樂之意者，道理亦相同也。"二者表述幾乎完全一致，以故知此處也是孫祿堂先生之注文，且遺漏"其言"二字。

劉奇蘭先生云形意拳術之道體用莫分自己練者爲體行之於彼爲用自己練時眼不可散亂將①視一極點處或看自己之手將神氣定住內外合一不可移動要用之於彼或看彼之中心或看彼下之兩足或看彼上之兩眼或望着就使起落進退變化不窮是用智而取勝於敵也若用成法卽能勝於人亦是一時之僥倖耳所應曉者須固住自己定成式不可專用成法或拳或掌神氣不使散亂此謂無敵於天下也。

二則

形意拳經云養靈根而靜心者修道也固靈根而動心者敵將之用者也敵將之用者起如鋼銼落如鈎竿起似伏龍登天落如霹雷擊地起無形落無踪起好似箭捲地風束身而起長身而落起如箭落如風追風趕月不放鬆起如風落如箭打倒還嫌慢打人如走路看人如蒿草胆上如風響起②落似箭鑽遇敵要取勝③

【勘误】

①第二行第八字"将"，误字，当为"或"。下一句"或看自己之手"可证。"或…或……"，是固定句式，表示两可。

②第九行倒数第四字"起"后遗"意"字。

③第九行最后一字"箭"，衍字。

四稍具要齊是內外誠實如一也進步不勝必有膽寒之心也此是固靈根而動心者敵將所用之法也

三 則

道藝之用者心中空空洞洞不勉而中不思而得從容中道而時出之拳無拳意無意無意之中是真意心無其心心空也身無其身身空也古人云所謂空而不空不空而空是謂真意真空雖空乃至實至誠也忽然有敵人來擊心中並非有意打他（無意即無火也）隨彼意而應之拳經云靜為本體動為作用即是寂然不動感而遂通無可無不可也此是養靈根而靜心者所用之法也夫練拳至無拳無意之境乃能與太虛同體故用之奧妙而不可測然能至是者鮮矣

一 則

宋世榮先生云形意拳之道是先將拳術已成之著法玩而求之而有得之於

【勘误】
①第一行第一句话"四稍具要齐"有误，当为"四梢俱要齐"。
②第二行第四、第五字"敌将"，衍字。

心焉或吾胸中有千萬法可也或吾胸中渾渾淪淪無一着法亦可也無一法
者是一氣之合也以致於應用之時無可無不可也有千萬法者是一氣之流
行也應敵之時當剛則剛當柔則柔起落進退變化皆可因敵而用之也譬如
千萬法者是一形一着法也一着法之中亦皆能生生不已也譬如練蛇形蛇
有撥草之精至於蛇之盤旋曲伸剛柔靈妙等式皆伊之性能也兵法云譬如
常山蛇陣式擊首則尾應擊尾則首應擊其中則首尾皆應所以練一形之中
將伊之性能格物到至善處用之於敵可以循環無端變化無窮故能時措之
宜也一形之能力如此十二形之能力皆如是也内中之道理物之伸者是吾
拳之長勁也物之曲者是吾拳之短勁也吾拳之劃勁也物之曲曲湾轉者是吾
拳之柔勁也物之往前直去猛怏者是吾拳之剛勁也雖然一物之性能
是吾拳之柔勁也物之往前直去猛怏者是吾拳之剛勁也雖然一物之性能
剛柔曲直縱橫變化靈活巧妙人有所不能及也所以練形意拳術者是格漸

拳意述真

四三

【勘误】

①第三行最后二字"譬如"，衍字。打比方是在下一句。

②第五行最后二字"霹如"，语误，当为"譬如"。

③第九行倒数第五至第二字"曲曲湾转"，语误，当为"委曲婉转"。

④第十行第十五字"怏"，误字，当为"快"。快多了一竖就成了"怏"。

⑤第十一行最后二字"格渐"，语误，当为"格物"。"渐"与"物"二字草书写法近似，故有此误。

拳意述真

十二形之性能而得之於心是能盡物之性也亦是盡己之性也因此練形意拳者是效法天地化育萬物之道也此理存之於內而爲德用之於外而爲道也又內勁者內爲天德外法者外爲王道所以此拳之用用能以無可無不可也。

二　則

形意拳術有道藝武藝之分有三體式單重雙重之別練武藝者是雙重之姿式重心在於兩腿之間全身用力清濁不分先後天不辨用後天之意引呼吸之氣積蓄於丹田之內其堅如鐵石周身沉重站立如同泰山一般若與他人相較不怕足錫手擊拳經云足打七分手打三五行四稍要合全氣連心意隨時用硬打硬進無遮攔此謂之濁源所以爲敵將之武藝也若練到至善處亦可以無敵於天下也。練道藝者是三體式單重無姿式前虛後實重心在於後足前

【勘误】

①第三行倒数第八字"用"，衍字。连续两个"用"，显然第二个是衍字。

②第七行倒数第九字"辦"，误字，当为"辨"。

③第九行第六字"錫"，误字，当为"踢"。

④最后一行中间五字"单重无姿式"，语误，当为"单重之姿势"。

足亦可虛亦可實心中不用力先要虛其心意思與丹道相合丹書云靜坐要最初還虛不能見本性不見本性用工皆是濁源並非先天之真性也拳術之理亦然所以亦要最初還虛不用後天之心意亦並非全然不用成為頑空矣所以用功者非用後天之拙力皆是規矩中之用力耳還虛者丹書云中者虛空之性體也執中者還虛之功用也是故形意拳術起點有無極太極三體之式此理是最初還虛之功用也丹書云道自虛無生一氣便從一氣產陰陽陰陽再合成三體三體重生萬物張是此意也三體者在身體外為頭手足也內為上中下三田也在拳中形意八卦太極亦即形意拳中起點無三體之名統體一陰陽也陰陽歸總一太極也即一氣也太極三派之一體也雖分形之橫拳也此橫拳者是人本來之真心空空洞洞不掛著一毫之拙力至虛至無即太極也所謂無名天地之始但此虛無太極不是死的乃是活的其中

形意述真

四五

【勘误】

①第六行第十四字"还"后遗"虚"字。

②第八行第十六字"中"后遗"为"字。

②第八行倒数第六至第四字"之一体"，语误，当为"合一之体"。《述许占鳌先生言·二则》中，孙禄堂先生注曰："卽人身中之头、手、足也；亦卽形意、八卦、太极三派合一之体也。"

④第九行第十一字"阴"后遗"阳"字。

⑤第十一行第十四字"始"字后遗"也"字。

有一點生機藏焉此機名曰先天眞一之氣爲人性命之根造化之源生死之本也此虛無中含此一氣不有不無非有非無非色非空活活潑潑的又曰眞空眞者空而不空不空而空所謂有名萬物之母虛無中既有一點生機在内。是太極含一氣一自虛無兆質矣此太極含一氣是丹書所說的靜極而動也是虛極靜篤時海底中有一點生機發動也邵子云一陽初發動萬物未生時也在拳術中虛極時橫拳圓滿無虧內中有一點靈機生焉丹書云一氣既兆質不能無動爲陽靜爲陰是動靜既生於一氣兩儀因此一氣開根也動極而靜靜極而動劈崩鑽炮起蹬落翻精氣神即於此而寓之矣故此三體式内之一點生候發動而能至於無窮所以謂之道藝也

三 則

静坐工夫以呼吸調息。練拳術以手足動作爲調息起落進退皆合規矩手足

【勘误】

①第三行第二十字"母"后遗"也"字。
②第九行第六字"候"，误字，当为"机"。误把草书的"机"认作"候"。
③第十一行第七字"吸"后遗"为"字。

動作亦具和順內外神形相合謂之息調以身體動作旋轉縱橫往來無有停滯一氣流行循環無端謂之停息亦謂之脫胎神化也雖然一是動中求靜一是靜中求動二者似乎不同其實內中之道理則一也

一則

車毅齋先生云形意拳之道合於中庸之道也其道中正廣大至易至簡不偏不倚和而不流包羅萬象體物不遺放之則彌六合卷之則退藏於密其味無窮皆實學也惟是起初所學先要學一派一派之中亦得專一形而學之學而時習之習之已熟然後再學他形各形純熟再貫串統一而習之習之極熟全體各形之式一形如一手之式一手如一意之動一意如同自虛空發出所以練拳學者自虛無而起自虛無而還也到此時形意拳也八卦也太極也諸形皆無萬象皆空混混淪淪一渾氣然何有太極何有形意何有八卦也所以練拳

拳意述真

四七

【勘误】

第十一行第十至十三字"一浑气然"，语误，当为"一气浑然"。

拳意述真 四八

術不在形式只在神氣圓滿無虧而已。神氣圓滿形式雖方而亦能活動無滯，神氣不足就是形式雖圓而動作亦不能靈通也。拳經云：尚德不尚力意在蓄神耳。用神意合丹田先天眞陽之氣運化於周身無微不至以至於應用無處不有無時不然所謂物物一太極物物一陰陽也。中庸云：鬼神之爲德其盛矣乎。視之而弗見聽之而弗聞體物而不可遺亦是此拳之意義也所以練拳術者。不可守定成規成法而應用之成法者是初入門教人之規則可以變化人之氣質開人之智識明人之心性是化除後天之氣以復其先天之氣也。以至虛無之時無所謂體無所謂用拳經云：靜爲本體動爲作用是體用一源也體用分言之以體言行止坐臥一言一默無往而不得其道也以用言之無可無不可也。余幼年間血氣盛足力量正大法術記的頗多用的亦快每逢與人相比較之時覘彼之形式可以用某種手法正合宜技術淺者占人之氣與

【勘误】

①第三行第五字"合"后遗"于"字。

②第三行倒数第四字"用"后遗"之时"二字。《述宋世荣先生言·一则》中有"无一法者，是一气之合也。以致于应用之时，无可无不可也。"

③第七行第二十字"质"，衍字。

④第九行第二字"分"后遗"而"字。

⑤第九行第七字"言"后遗"之"字。

⑥第十一行第八字"被"，误字，当为"彼"。

先往往勝人遇着技術深者觀其身式用某種手法亦正合宜一到彼之身邊
彼即隨式而變矣自己的舊力未完新力未生往再想變換手法有來不及
處一時要進退不靈活就敗於彼矣以後用力之久而一旦豁然貫通將體式
法身全都脫去始悟前者所練體式皆是血氣所用之法術乃是成規先前用
法中間皆有間斷不能連手變化皆因是後天用事不得中和之故也昔年有
一某先生亦是練拳之人在余處閒談彼憑着血氣力足不明此拳之道理暗
中有不服之意余此時正洗面且吾洗面之姿式皆用騎馬式並未注意於彼
不料彼要取玩笑起身用脚用脚望着余之後腰用脚踢去彼足方到予之身邊似
挨未挨之時予並未預料譬如靜坐工夫丹田之氣始動心中之神意知覺即
速又望北接渡也此時物到神知予神形合一身子一起覺腰下有物摊出回
觀則彼跌出一丈有餘平身躺在地下予先何從知彼之來又無從知以何法

【勘误】
①第四行第一、第二字"法身"，语误，当为"身法"。
②第八行第十八、第十九字"用脚"衍字。
③第十一行第十五字"下"后遗"矣"字。

拳意述真

應之。此乃拳術無意中抖擻之神力也。至哉信乎拳經云拳無意無意之中是眞意也。至此拳術無形無相無我無他只有一神之靈光奧妙不測耳。

拳經云混元一氣吾道成道成莫外五眞形眞形內藏眞精神神藏氣內丹道成如問眞形須求眞要知眞形合眞相眞相合來有眞訣眞訣合道得徹靈養靈根而動心者敵將也發靈根而靜心者修道也武藝雖眞竅不眞費盡心機枉勞神祖師留下眞妙訣知者傳授要擇人

一則

張樹德先生云形意拳之道不齊器械予初練之時亦只疑無有槍刀劍術之類予練槍法數十年。訪友數省相遇名家亦有數十餘名所練門派不同亦各有所長予自是而後晝夜勤習万得其槍中之奧妙昔年用槍總以爲自巳身手快利步法活動用法多巧然而與人相較往往被人所制後始知不在乎形

【勘誤】

①第一行第八字"意"後遺"之"字。《拳經》云："拳無拳，意無意，無意之中是眞意。"
②第四行最後一字"养"，誤字，當爲"固"。原書中幾次誤把"武藝"作"道藝"。
③第十行第十三字"万"，誤字，當爲"方"。誤把"方"字作俗體的"万"字了。
④第十行倒數第二字"巳"，誤字，當爲"己"。

式法術有身如無身有槍如無槍運用只在一心耳。心即槍槍即心也。槍分三節八楞用眼視定彼之形式上中下三路或稍節中節根節心一動而手足與槍合一似蛟龍出水一般直到彼身彼即敗矣方知手足動作教練純熟不令而行也予自練形意拳以來朝夕習練將道理得之於身心而又知行合一故同一長短之槍已覺自已之槍昔用之似短今用之似長更覺等用者不在槍之形式長短全在拳中神意之妙用也又方知拳術即劍術槍法劍術槍法亦即拳術也拳經云心為元帥眼為先鋒手足為五營四哨以拳為槍槍扎如射箭即此意也故此始悟形意拳術不啻槍劍因其道理中和內外如一體物而不遺無往而不得其道也

一　則

劉曉蘭先生云形意拳之道無他。不過變化人之氣質得其中和而已。從一氣

形意述真

五一

【勘误】
第七行第二十字"拳"，误字，当为"槍"。

而分陰陽從陰陽而分五行從五行而還一氣十二形之理亦從一氣陰陽五行變化而生也朱子云天以陰陽五行化生萬物氣以成形而理即敷焉即此意也余從幼年練八極拳工夫頗深拳中應用之法術如搰肘定肘等等之著法亦極其純熟與人相較往往勝人其後遇一能手身軀靈變或離或合則吾法無所施往往拘守成法而不能變尚疑為自己工夫不純之過也其後改練形意拳習五行生剋應用之法則如劈拳能破崩拳以金剋木鑽拳能破砲拳以水剋火蓋至數十年方悟所得之道知行合一之理心中極其虛靈身形亦極其和順內外如一又知五行拳互相生剋金剋木木能剋金金生水水亦能生金古人云互相遇為子孫之意也以前所用之法則而時應用無不隨時措之宜也亦無入而不自得也因此始知形意拳是個中和之體萬物皆涵育於其中矣

【勘误】

①第二行倒数第六至第三字"理即敷焉",语误,当为"理亦赋焉"。朱熹《中庸章句》:"天以阴阳五行化生万物,气以成形,而理亦赋焉,犹命令也。"

②第三行最后二字"著法",语误,当为"着法"。现在多作"招法"。"著"字通"着",但只有zhù、zhuó、zhe三个读音,无zhāo音。

③第七行第十五字"知"前遗连词"乃"字。

④第九行倒数第九字至第十行第三字"而时应用,无不随时措之宜也",语误,当为"而随时应用,无不时措之宜也"。"随"字排错了位置。

一則

李鏡齋先生言，常有練拳術者，多有體用不合之情形，每見所練之體式工夫極其純熟，氣力亦極大，然而所用之法則常有與體式相違者，皆因是所練之體中形式不順，身心不合，則有悖戾之氣也，譬如儒家讀書讀的極熟看理亦極深，惟是所作出之文章常有不順，亦是伊所看書之理則有悖謬之處耶，雖然文武不同道，其理則一也。

一問

李存義先生言拳經云，靜為本體，動為作用，寂然不動，感而遂通，是化勁練神還虛之用也。明暗勁之體用是將周身四肢鬆開，神氣縮回而沉於丹田，內外合成一氣，再將兩目視定彼之兩目，或四肢自己不動而為體也，若是發動剛柔曲直縱橫圜研虛實之勁，起落進退閃展伸縮變化之法，此皆為用也，此是

拳意述真　　五三

【勘误】

①第七行第二字"问"，误字，当为"则"。

②第九行第四字"用"前遗"体"字。下文"明暗劲之体用"可证。

③第十一行（本页最后一行）第十、第十一字"之劲"，误字，或当为"开合"。原书中"之劲"二字显然与上下文词语不配，仍当为阴阳对应的词，如"顺逆""动静""蓄发""裹翻""束展""吞吐""收放"等，但著者以为孙禄堂先生原稿中最有可能的还是"开合"二字。但究竟是不是这两个字，著者也不十分肯定。研究者自行判定可也。

拳意述眞

與人相較之時分折體用之意義也若論形意拳本旨之體用是自己練躓子為之體與人相較之時按練時而應之為之用也虛實變化不自專用因彼之所發之形式而生之也

二則

余練習拳學一生不知用奸詐之心先師亦常云兵不厭詐自己雖不用奸詐然而不可不防他人終身未嘗有意一次用奸詐之勝人皆以實在功夫也若以奸詐勝人彼未必肯心服也奸詐心有何益哉與人相較總是光明正大不能暗藏奸心或是勝人心中自然明曉皆能於道理有益也雖然能暗藏奸心或是敗於人心中自然明曉皆能於道理有益也雖然奸詐自己不用亦不可不防惟是彼之道理剛柔虛實巧拙不可不察也 此六字是
道理中之變化也奸詐者不在道理之內用剛者有明剛有暗剛柔者有明柔有暗柔也
好曾語將人暗中穩住用出其不意打人也
明剛者未與人交手時周身動作神氣皆露於外若是相較彼一用力抓住吾

①第一行第八字"折"，誤字，當為"析"。
②第一行倒數第二字"躓"，誤字，當為"趟"。
③第二行前三字"為之體"，語誤，當為"謂之體"。
④第二行第十六字"為"，誤字，當為"謂"。
⑤第二行最後一字"之"，衍字。
⑥第六行第二十字"之"後遺"心"字。

手如同鋼鈎一般，氣力似透於骨，自覺身體如同被人捆住一般，此是明剛中之內勁也。暗剛者與人相較，動作如平常起落動作亦極和順，兩手相交，彼之手指軟似棉，用意一抓，神氣不只透於骨髓，而且牽連心中如同觸電一般，此是暗剛中之內勁也。明柔者視此人之形式，動作毫無氣力，若是知者視之雖身體柔軟無有氣力，然而身體作動，身輕如羽，內外如一，神氣周身並無一毫散亂之處，與彼交手時，抓之似有，再用手或打或撞，而又似無，此人又毫不用意於己，此是明柔中之內勁也。暗柔者視之神氣威嚴如同泰山，若與人相較，兩手相交，其轉動如鋼球，手方到此人之身似硬一用力打去，則彼身中又極靈活，手如同鰾膠相似，胳膊如同鋼絲條一般，能將人以黏住或纏住，自己覺著諸方法不能得手，此人又無有一時格外用力，總是一氣流行，此是暗柔之內勁也。此是余與人道藝相交兩人相較之經驗也，以後學者若遇此四形

孫祿堂　其

五五

【勘误】
①第二行第十九、第二十字"动作"，误字，当为"躦翻"。
②第五行第十三、第十四字"作动"，语误，当为"动作"。
③第九行倒数第九字"以"，衍字。

拳意述真

五六

式之人量自己道理深淺神氣之厚薄而相較量若是自己不能被彼之神氣欺住可以與彼相較量若是覷過先被彼神氣罩住自己先懼一頭就不可與彼較量若無求道之心則已若是有求道之心只可虛心而恭敬之以求其道也兵法云知己知彼可戰百勝能如此視人能如此待人可以能無敵於天下也並非人人能勝方為英雄也虛實巧拙者是彼此兩人一觀面數言就要相較察彼之身形高矮動作靈活不靈活又看彼之神氣厚薄一動一靜言談之中是內家是外家先不可驟然取勝於人先用虛手以探試之等彼之動作或虛或實或巧或拙一露形迹勝敗可以知其大概矣被人所敗不必言矣若是勝於人亦是道理中之勝人也就是被人所敗亦不能用奸詐之心也余所以拳一生總是以道服人也以上諸先師亦常言之亦是余一生所經驗之事也以後學者雖然不用奸詐不可不防奸詐莫學余忠厚時常被人所欺也

【勘误】

①第一行第八字"理"后遗"之"字。下一语"神气之薄厚"可证。

②第七行倒数第十、第九字"探试",误字,当为"试探"。有"探视"一词,无"探试"之说。

③第十行第七字"道"字后遗"理"字。本文前面"道理"一词反复出现可证。

④第十一行倒数第十字"余"后遗"之"字。

一 則

田靜傑先生曰形意拳術之理本是不偏不倚中正和平自然一氣流行之道也。拳經云身式不可前裁不可後仰不可左斜不可右歪即不偏不倚之意也。其氣卷之則退藏於密（即丹田也）放之則彌六合（心與意合。意與氣合。氣與力合。是內三合也。肩與胯合。肘與膝合。是外三合也）。練之發著於十二形之中（十二形為萬形之綱也）。

分動靜剛柔之判起落進退之式伸縮隱現之機也雖然外體動作有萬形之分而內運用一以貫之也。

一 則

李奎元先生云形意拳術之道意者即人之元性也在天地則為土土者天地之性性者人身之土也在人則為性在拳中先天圓滿中和之一氣也內包四德即劈崩鑽砲也亦即真意也形意者是人之周身四肢動

華意述真

五七

【勘误】

①第三行下面小字孙禄堂先生旁注部分（以下简称"旁注"）之第二行"肘与膝合"后遗"手与足合"一语。外三合中明显遗此一合。

②第九行第三字"元"，误字，当为"垣"。李先生，名殿英，字奎垣。"奎垣"即奎宿，二十八宿之一，西方白虎七宿第一宿。取字"奎垣"，代表着杰出、优秀。"殿英"，科举殿试的英才。名与字相表里。当然，李先生可能原字"魁元"，后来感到俗气，才改为"奎垣"吧（《形意拳学》中即作"李魁元"）？

③第十行第二字"性"后遗"也"。下文"人身之土也"可证。

作。從其規矩順其自然外不乖於形式內不悖於神氣外面形式之順是內中神氣之和外面形之正是內中意氣之中是故見其外知其內誠於內形於外即內外合而為一者也先賢云得其一而萬事畢此為形意拳術形意二字大概之意義也。

二則

坐功雖云靜極而生動丹田之動是外來之氣動其實還是意動羣陰剝盡一陽來復是陰之靜極而生動矣丹書練己篇云已者我之真性靜則為性動則為意妙用則為神也不靜則真意不動真意不動而何有妙用乎所以動者是真意練拳術到至善處亦是性至靜真意發動而妙用即是神也至於坐功靜極而動採取火候之老嫩法輪升降之歸根亦不外性靜意動一神之妙用也。

【勘误】

①第二行第七字"形"下排版后脱落"式"字。

②第五行第十、第十一字"丹田"前遗"若"字。《述郭云深先生言·六则》："若致小腹坚硬如石，此乃后天之气勉强积蓄而有也"可证。

③第六行倒数第十字"我"前遗"即"字。

④第八行第十二字"性"前遗"真"字。

練形意拳術頭屑明勁。垂肩墜肘塌腰與寫字之工夫往下按筆意思相同也。二屑練暗勁。鬆勁往外開勁縮勁各處之勁與寫字提筆意思相同也頂頭蹬足是按中有提提中有按也三屑練化勁以上之勁俱有而不覺有只有神行妙用與之隨意作草書者意思相同也其習拳之規則法度神氣結構轉折形質與曾文正公家書輪書字言乾坤二卦並禮樂之意者道理亦相同也

三　則

形意拳術之道勿拘於形式亦不可專務於形式二者皆非正道先師云法術規知在假師傳道理巧妙須自己悟會故練拳術者不可以練偏僻奇異之形式而身爲其所拘亦不可以練散亂無章之拳術而不能通其道所以練拳術者先要求明師得良友心思會悟身體力行日日習練不可間斷方能有得也不如是混混沌沌一生茫然無所知也俗語云世上無難事就怕心不專世人

五九

【勘误】

①第一行第七字"层"后遗"练"字。下文"二层练暗劲""三层练化劲"可证。
②第四行第三字"与"后遗"写字"二字。
③第五行第九字"轮"，误字，当为"论"。

383

拳意述真

皆云拳術道理深遠不好求實則不然中庸云道不遠人人之爲道而遠人天地之間萬物之理皆道之流行分散耳人爲一小天地亦天地間之一物也故我身中之陰陽卽天地之陰陽也萬物之理亦卽我身中之理也大學注云心在內而理周乎物物在外而理具於心易注云遠在六合以外近在一身之中其拳遠取諸物近取諸身天地之大六合之遠萬物之理莫不在我一身之中其拳始言一理卽形意拳中之太極三體式之起點也中散爲萬事卽陰陽五行十二形以至各形之理無微不至也末復合爲一理者卽各形之理總而合之內外如一也放之則彌六合者卽身體形式仲展內中神氣放開圓滿無缺也高者如同極於天也遠者如至六合之外也卷之則退藏於密者卽神氣縮至於丹田至虛至無之意義也近取諸身者譬如蛇之一物曲屈天矯來去如風吾欲取其意也近取諸身者若練蛇形須研究其形是五行拳中

六○

【勘误】
①第四行倒数第八字"以"，误字，当为"之"。虽然"以外""之外"意思无差别，但还是用原文为好。
②第七行倒数第三字"合"，误字，当为"言"。

合化而生出此形之勁也勁者卽內中神氣貫通之氣也所以要看此形之行
勤頭尾身伸縮盤旋三節一氣無一毫之勉強也物之性能柔中有剛剛中有
柔柔者如同絲帶相似剛者繞住別物之體如鋼絲相似再將物之形式動作
靈活曲折剛柔之理而意會之再自己身體力行而效之工久自然得著此物
之形式性能與我之性能合而為一矣此形之性能格物他形之
性能十二形之理亦然以至於萬形之理只要一動一靜驟然視見與我之意
相感忽覺與我身中之道相合卽可做做此物之動作而運用之所以練拳術
者宜虛心博問不可自是余昔年與人相較槍爭之時卽敗於人之手然而又
借此他勝我之法術而得明我所練之道理也是故拳術卽道理道理卽拳術
天地萬物無不可效法也卽世人亦無不可作我之師與友也所以余幼年練
拳術性情異常剛愎總覺已高於人自拜

郭雲深先生為師教授形意拳

形意述真

六一

【勘误】

①第七行第十字"道"后遗"理"字。原书排版多处遗"理"字。
②第十一行倒数第五、第四字"教授"，误字，当为"受教"。在《李洛能先生小传》《宋世荣先生小传》中都有"自受教后"一语。《李奎垣先生小传》中有"余从先生受教时……余遂侍从郭云深先生受教"二语。《董海川先生小传》中有"投为门下受教者络绎不绝"一语。以此知此处"教授"为"受教"之误。

衞得著門徑又得先生循循善誘自己用功晝夜不斷又得良友相助忽然豁
然明悟心闊似海回思昔日所練所行諸事皆非自覺心中愧悔毛髮悚懼自
此而知古人求槳求賢在於己功名富貴在於命練拳術者關於人之一生
禍福後學者不可不知也自此以後不敢言己之長議人之短知道理之無窮
俗云強中自有強中手能人背後有能人心中戰戰兢兢須臾不敢離此道理
一生亦不敢驕矜於人也。

四則

形意拳之道練之有無數之曲析屑次亦有無數之魔力混亂一有不察拳中
無數之弊病出焉故練者先以心中虛空爲體以神氣相交爲用以腰爲主宰
以丹田爲根以三體式爲基礎以九要之規模爲練拳之式以五行十二形爲
拳中之物。故將所發出散亂之氣順中用逆縮回歸於丹田用呼吸煆練不用

六二

【勘误】
①第五行倒数第十、第九字"競競"，误字，当为"兢兢"。
②第八行第十三字"析"，误字，当为"折"。原书中数处把"分析"与"曲折"弄混了。此处为其中一例。

口鼻呼吸要用真息積於丹田口中之呼吸舌頂上腭口似張非張似胸非胸。還照常呼吸不可有一毫之勉強要純任自然耳所以要除三害挺胸提腹努氣是練形意拳之大弊病也或有練的規矩不合自己不知身形亦覺和順心中亦覺自如然而練至數年工夫拳術的內外不覺有進步以通者觀之是入於俗派自然之魔力也或有練者手足動作亦整齊內外之氣亦合的住以傍人觀之周身之力量看著亦極大無窮自覺亦復如是惟是與人相較放在人家之身上不覺有力知者云是被拘魔所捆也因兩肩根兩胯裏根不舒展不知內開外合之故也如此雖練一生身體不能如羽毛之輕靈也又有時常每日練習身形亦利順心中亦舒暢忽然一朝身形練著亦不順腹中覺著亦不合所練的姿式起落進退亦覺不對而心中時覺鬱悶知者云是到疑團之地也其實拳術確有進步此時不可停工千萬不可被疑魔所阻卽速求師說明

【勘误】
①第五行倒数第四字"的"，误字，当为"得"。因"得""的"二字的草书写法相仿，故有此误。
②第五行最后一字"傍"，误字，当为"旁"。

拳意述真

六四

道理而練去用力之久。而一旦豁然貫通。則衆物之表裏精粗之無不到。而吾拳之全體大用無不明矣。至此諸藝盡去道理不能有所阻也。邱祖云經一番魔亂長一層福力也。

一則

耿誠信先生云幼年練習拳術之時肝火太盛血氣甚旺。往往與人無故不相和視同道如仇敵自己常常自煩自惱此身爲拙勁所拘不知自己有多大力量有友人介紹深州劉奇蘭先生拜伊爲門下先生云此形意拳是變化氣質之道復還於初非是求後天血氣之力也自練初步明勁之工夫四五年之時自覺周身之氣質腹內之性情與前大不相同回思昔年所作之事對於人所發之性情言語時時心中甚覺愧悔自此而後習練暗勁又五六年身中內外之景況。與練明勁之時又不同矣每見同道之人無不相合遇有技術在我以

【勘误】
第一行倒数第六字"之"，衍字。下文"全体大用无不明"可证。

上者亦無不稱揚之此時自己心中之技術還有一點吝嗇之心不肯輕示於
人間又遜於化勁習之又至五六年工夫出身體內外剛柔相合之勁而漸化
至於無此至此方覺腹內空空洞洞渾渾淪淪無形無象無我無他之境矣自
此方無有彼此之分門戶之見遇有同道者無所不愛或有練習未及於道者
無不憐憫而欲教之偶遇同道之人相比較者並無先存一個打人之心在內
所用所發皆是道理亦無入而不自得矣此時方知形意拳是個中和之道理
所以能變化人之氣質而入於道也

一 則

周明泰先生云意形拳之道練體之時周身要活動不可拘束拳經云十六處
練法之中雖有四就之說就者束身也束身非拘也是將身縮住內開外合雖
往回縮外形之式要舒展順中有逆逆中有順是故形意拳之道內中之神氣

拳意述真

六五

【勘误】

①第三行第四字"此"，衍字。

②第九行第七、第八字"意形"，误字，当为"形意"。

③第九行倒数第四字"云"前遗"所"字。

④第十行倒数第八字"身"后遗"体"字。与"束身"不同，此处身体不宜简称"身"。

要中正相交外形之姿式。要和順不悖所以練體之時周身內外不要拘束也練體之時不可拘束然而所用之時外形亦不可有散亂之式內中不可有驕懼之心就是遇武術至淺之人或遇不識武術之人內中不可有驕傲之心亦不可以一手法必勝他人務要先將自己之兩手或虛或實要靈活不可拘力兩足之進退要便利不可停滯或一二手或三五手不拘將伊之虛實真情引出再因時而進之可以能勝他人也倘若遇武術高超之人知其工夫極深亦見其身體動作神形相合己心中亦贊美伊之工夫亦不可生恐懼之心務要將神氣貫注兩目視定伊之兩眼再視伊之兩手兩足或虛或實退相交之時彼進我退彼剛我柔彼短我長亦得量彼之真假靈實而應之不可拘定一成法而必勝於人也如此用法雖然不能勝於彼亦不能一交手卽敗於彼也故練拳術之道不可自負其能無敵於天下也。

六六

【勘误】

①第一行第十字"式"，误字，当为"势"。

②第三行第三字"心"后遗"也"字。

③第三行最后十个字"内中不可有骄傲之心存"一语不完整，当为"内中亦不可有骄傲之心存焉"。

④第四行第三字"可"后遗"以为"二字。

⑤第七行第十二字"己"前遗"自"字。

⑥第八行第十五至十七字"之顺逆"，衍字。

⑦第九行第三字"交"，误字，当为"较"。可以"交手"，不适合"交技"。

⑧第九行第十四至第十七字"彼刚我柔"后遗"彼柔我刚"一语。

⑨第十行第三字"灵"，误字，当为"虚"。二字的草书写法高度相仿，排版者误把"虚实"作"灵实"。

⑩第十一行最后六个字"无敌于天下也"前遗"以为"二字。无敌于天下是一种主观认识，并非客观现实，故当有"以为"二字。

亦不可有恐懼心不敢與人相較也所以務要知己知彼知己不能勝人知彼而不知己亦不能勝人故能知己知彼可以能勝人而亦能成爲大英雄之名也。

一 則

許占鰲先生云練形意拳之道萬不可有輕忽易視之心五行十二形以爲日學一形或十日學一形大約少者半年可以學完多者一年之工夫足以學完全矣如此練形意拳至於終身不能有所得也所會者不過拳之形式與皮毛耳或者又知此拳之道理精微不易得之於身而有畏難之心總疑一形兩形大約三年五年亦不能得其精微若於全形之道理大約終身亦得不完全矣二者有一雖然習練始終不能有成也二者若是全無再虛心求老師傳授第一三害之病不可有第二九要之規矩要眞切第三三體式要多站九要要

筆意說眞

六七

【勘误】

①第一行倒数第七字"己"后遗"而"字。下文"知彼而不知己"可证。
②第二行倒数第三、第二字"成为",语误,当为"成就"。误把"成就"名声作"成为"英雄了。

整齊身子外形要中正心中要虛空神氣呼吸要自然形式要和順不如此不能開手開步練習也若是誠意練習總要勿求速效一日不和順明日再站一月不和順下月再站因三體式是變化人之氣質之始並非要求血氣之力是去自己之病耳（拙氣拙力之病）所以站三體式者有遲速不等因人之氣質稟受不同也至於開手開步練習一形不順不能練他形一月不順下月再練半年不順一年練練至身體和順再練他形非是形式不熟亦是內中之氣質未變化耳一形通順再練他形自易通順而其餘各形皆可一氣貫通拳經云一通無不通也所以練形意拳者勿求速效勿生厭煩之心務要有恆作爲自己一生始終修身之工課不管效驗不效驗如此練去工夫自然而有得也

二 則

形意拳術三體式者天地人三才之象也卽人身中之頭手足也亦卽形意入

卦太極拳三派合一之體也。此式是虛而生一氣是自靜而動也太極兩儀至於三體式是由動而靜也、再致虛極靜篤時還于本性。此性是先天之性。後天之性此是形意拳術之本體也此三體式非是後天拙力血氣所為乃是拳中之規矩傳受而致也此是拳術最初還虛之道也。此理與靜坐之工相合也靜坐要最初還虛俟虛極靜篤時海底生知覺要動而後覺是先天動不可知而後動知後而動是後天忘想而生動也俟一陽動時即速回光返照凝神入於氣穴神氣相交二氣合成一氣再有傳授文武火候老嫩呼吸得法能以煆煉進退升降亦可以次而行工也因此是最初還虛血氣不能加於其內心中空空洞洞即是明心見性矣前者自虛無至三體式是由靜而動動而復靜是拳中起躦落翻之未發謂之中也中者是未發之和也三體式重生萬物張者是靜極而再動此是起躦落翻已發也已發是拳之橫拳起也內中之五

拳意述真

六九

【勘误】

①第一行第四字"拳"，衍字。

②第一行第十五字"虚"，其前遗"自"字，其后遗"无"字。

③第二行第十二字"致"，误字，当为"至"；此行倒数第十字"性"后遗"也"字。

④第四行第七字"受"，误字，当为"授"。

⑤第五行第十五、第十六字"海底"后遗"动"字。

⑥第六行第七、第八字"后而"，语误，当为"而后"。

⑦第七行倒数第十一至第六字"文武火候老嫩"，语误，当为"文武老嫩火候"。

⑧第八行第一字"以"后遗"此"字。

⑨第八行第九至第十五字"可以次而行功也"，语误，当为"可以次第而行功也"，或"可依次而行功也"。
　本书第一板块取前者。

⑩第十行倒数第五字"式"，衍字。

⑪第十一行第十五至第十七字"已发也"三字前遗"之"字，后遗"谓之'和'"一语。

⑫第十一行倒数第十字"拳"后遗"中"字。

393

拳意述真

行拳十二形拳，以致萬形皆出此而生也。中庸云：天命之謂性，率性之謂道不可須臾離也。動是未發之中也。動作能循環三體式之本體，是已發自和也。和者是已發之中也。將所練之拳術有過由不及而之氣質，仰而就仰而止，教人改氣質腹蹻於中是之謂致也。故形意拳之內勁，是由此中和而生也。俗語云：拳中之內勁是鼓小腹硬如堅石非也。所以形意拳之內勁是人之元神元氣相合不偏不倚和而不流無過不及而自微而著，自小而大由一氣之動而發於周身活活潑潑無物不然。中庸云：放之則彌六合卷之則退藏於密。其味無窮皆是拳之內勁也，善練者玩索而有得焉則終身用之有不能盡者矣。三體式無論變更何形，非禮不動（飛即拳中之規矩委式也），所以修身也，故一動一靜一言一默，行止坐臥皆有規矩，所以此道動作是純任自然非勉强而作也。古人云：內為天德外為王道，並非霸術所行，亦是此拳之奧義也。

七〇

【勘误】

①第一行第八字"致"，误字，当为"至"。"以至"有"一直到"的意思，表范围、数量、程度、时间等延伸和发展。"以致"有"因而造成""致使"的意思，表示由于前面所说的原因而造成某种结果。

②第二行倒数第九字"自"，误字，当为"之"。

③第三行第九至第十七字"有过由不及而之气质"，语误，当为"由过犹不及之气质"。

④第三行第十八字"仰"，误字，当为"俯"。由下文"仰而止"可知矣。

⑤第三行倒数第七字至第四行第二字"教人改气质，腹归于中"，语误，当为"教人改变气质，复归于中"。"变"为遗字，"腹"为误字。

⑥第四行第四、五字"之谓"，误字，当为"谓之"。见前。

⑦第十行倒数第五字"免"，误字，当为"勉"。虽然"勉强"，但毕竟出"力"了。

第五章 八卦拳

一则

程廷華先生云練八卦拳之道先得明師傳授曉拳中之意義並先後之次序其實八卦本是一氣變化之分（一氣者即太極也）一氣仍是八卦四象兩儀之合是故太極之外無八卦八卦兩儀四象之外亦無太極也所以一氣八卦爲其體六十四變以及七十二暗足互爲其用體亦謂之體體用一源動靜一道遠在六合以外近在一合身中一動一靜一默莫不有卦象焉莫不有體用焉亦莫不有八卦之道至大而無不包其用至神而無不存若是言練先曉伸縮旋轉圓研之理先以伸縮而言之縮者是由前而縮於後從高而縮於矮之情形身子如同縮至於深淵從前而縮於矮之意思身體如同縮至於深窟若是論身體伸長而言之伸者自身體縮至極矮

华岳述真　　七一

【勘误】

①第三行第十三字"先"后遗"要"字。

②第五行第十至第十三字"两仪、四象"，语误，当为"四象、两仪"。

③第五行倒数第七字"气"后遗"者"字。

④第六行第三字"变"，误字，当为"卦"。

⑤第七行第三至第十四字"远在六合以外，近在一合身中"，语误，当为"远在六合之外，近在一身之中"。

拳意述真

极微处再往上伸去如同手捫於天往遠伸去又同手探於海角此是拳中開合抽長之精意古人云其大無外其小無內放之則彌六合卷之則退藏於密所以八卦拳之道無內外也研者身轉如同幾微的螺絲細軸一般身體有研轉之形而內中之軸無離此地之意也旋轉之是放開步法邁足著圓圈一旋轉如身體轉九萬里之地球一闆之意也至於身體剛柔如玲瓏透體活活潑潑流行無滯又內中規矩的的確確不易胳膊百練之純鋼化為繞指之柔兩足動作皆勾股三角兩手之運用又合弧切八線所以數不離理理不離數理數兼該乃得萬全也將此道得之於身心可以獨善其身亦可以兼善天下身之所行是孝弟忠信無事口中可以常念阿彌陀佛行動不離聖賢之道心中亦不離仙佛之門非知此不足以言練八卦拳術也亦非如此不能得著八卦拳之妙道也

七二

【勘误】

①第一行第二十字"同"前遗"如"字。

②第二行第六字"意"后遗"也"字。

③第四行第十六至第十八字"旋转之"前遗"圜者"二字，后遗"意"字。完整表述为"圜者，旋转之意"。

④第六行第十六字"不"后遗"可"字。

⑤第六行第十八、第十九字"胳膊"后遗"如"字。

⑥第六行倒数第十字"练"，误字，当为"煉"。

⑦第八行第一、第二字"理数"，语误，当为"数理"。

⑧第八行第十二字"道"后遗"理"字。

第六章 太極拳

一 則

郝爲楨先生云練太極拳有三層之意思。初層練習身體如在水中兩足踏地。周身與手足動作如有水之阻力。第二層練習身體手足動作如在水中而兩足已浮起不著地如長泅者浮游其間皆自如也第三層練習身體愈輕靈兩足如在水面上行到此時之景況心中戰戰競競如臨深淵如履薄冰心中不敢有一毫放肆之意神氣稍爲一散亂即恐身體沈下也拳經云神氣四肢總要完整一有不整身必散亂即至偏倚而不能有靈活之妙用即此意也又云知己工夫在練十三式若欲知人須有伴侶二人每日打手與一不動之物當可知人之虛實輕重隨時而能用矣倘若無人自已打手<small>即掤蠒擠按也</small>工久即爲人用兩手或手體與此物相較視定物之中心或粘或走靠或

<small>拳意述眞</small>

七三

【勘誤】

①第六行第十八、第十九字"競競"，誤字，當爲"兢兢"。見前。

②第九行第二十三、第二十四字"四手"下旁注第二字"捧"，誤字，當爲"掤"。掤是外撐，捧是上托，二者音同意不同，无法替代。旁注第三字"攈"，康熙字典未收录。今作"捋"字。

③第十行倒数第十字"巳"，誤字，當爲"己"。

④第十一行第七字"手"，誤字，當爲"身"。

⑤第十一行第二十至第二十五字"或粘或走靠或"，語誤，當爲"或粘、或走、或靠（亦可用'或即'）、或离"，第一板块即采用"或即"二字。

拳意述真

七四

合。或如粘住他的意思或如似挨未挨他的意思身子內外總要虛空靈活工久身體亦可以能靈活矣或是自己與一個能活動之物物之動去我可以隨着物之來去以兩手接隨之身體曲伸往來上下相隨內外一氣如同與人相較一般仍是求不卽不離不丟不頂之意也如此心思會悟身體力行工久引進落空之法亦可以隨心所欲而用之也此是自己用工無有伴侶之法則也郝爲楨先生與陳秀峯先生所練之架子不同而應用之法術同者極多所不同者各有心得之處或不一也。

一 則

陳秀峯先生言太極八卦與六十四卦卽手足四幹四枝共六十四卦也八卦其理與程廷華先生言遊身八卦並六十四卦兩派之形式用法不同其理擧擧言之詳矣。陳秀峯先生所用太極八卦或粘或走或剛或柔並散手之用總是在則一也

【勘误】

①第一行第六字和第十六字"他"，误字，当为"它"。
②第二行倒数第六字"动"，误字，当为"来"。排版者误把"来"的草书认作"动"。
③第九行第二十一、第二十二字"四枝"，语误，当为"四肢"。

不即不離內求玄妙不丟不頂中討消息以至引進落空四兩撥千斤動作所發之神氣如長江大海滔滔不絕也。之游身八卦或粘或走或開或合或離或即或頂或丟忽隱忽現或忽然一離相去一丈餘忽然而回即在目前或用全體之力或用一手或二指或一指之一節忽虛忽實忽剛忽柔無有定形變化不測形意八卦太極三家諸位先生所練之形式不同其理皆合其應用亦各有所當也 _{此拳之道理王宗岳先生所論之最詳
蕭太極拳經論之最詳
程廷華先生所用}

第七章　形意拳譜摘要

拳經云形意拳之道有七拳八字二總三毒五惡六猛六方八要十目十三格十四打法十六練法九十一拳一百零三鎗之論恐後來學者未見過拳經不知有此故述之以明其義

七拳　頭肩肘手胯膝足共七拳也

拳意述真

七五

【勘误】

①第三行第二字"游"，误字，当为"遊"字。见陈曾则先生《〈拳意述真〉序》（P316）。

②第九行前两个字"十四"和第五、第六字"十六"后均遗"处"字。两语应为："十四处打法、十六处练法"。

③第十行第三字"此"后遗"论"字。

拳意述真

七六

八字 斬劈拳也 截攢拳也 裹橫拳也 胯崩拳也 挑躦拳也即鼉形也 頂炮拳也 雲䲹形也 領蛇形拳也

一總 三拳三棍為一總

二總 三拳三棍精熟即為三毒 三拳是天地人生法無窮 三棍是天地人生生不已

五惡 得其五精即為五惡

六猛 六合練成即為六猛

六方 內外合一家為六方

八要 心定神寧神寧心安心安清淨清淨無物無物氣行氣行絕象絕象覺明 覺明則神氣相通萬氣歸根矣

十目 即十目所視之意

十三格 自七拳格起至七農工商為十三格

十四打法 手肘肩胯膝足左右共十二拳頭為一拳臀尾為一拳共十四拳

【勘误】

①第一行第四个正字"截"的旁注"攢拳也"，语误，当为"躦拳也"。攢，一种读音［zǎn］，积聚、储蓄之意；另一种读音［cuán］，凑集、聚拢之意。二者音、意均不相同。

②第十一行第二字"四"后遗"處"字。

③第十一行第五、第六、第七字"手肘肩"，语误，当为"肩肘手"。下文"胯膝足"，是由根节到梢节，此处亦应如此。

名爲七拳故有十四處打法此十四處打法變之則有萬法合之則爲五行兩儀而仍歸一氣也

十六處練法。一寸二踐三躦四就五夾六合七齊八正九脛十警十一起落十二進退十三陰陽十四五行十五動靜十六虛實。

寸也　足步也　直也看正卻是斜看斜卻是正

踐也　踐腿也　疾毒也內

躦也　躦身也　束身如加剪之加也

就也　夾　合　內外六合心與意合意與氣合氣與力合爲內三合肘與膝合手與足合是爲外三合內外如一

正　脛　手摩內五行也

五行　內五行要動　外五行要隨

進退　進是步低退是步高　進退不是枉學藝

起落　起是去也落是打也起亦打落亦打起落如水之翻浪縱成起落

驚　驚起四梢也火機一發物必落磨脛磨脛意氣響連聲

陰陽　看陰而卻有陽看陽而卻有陰

動靜　靜爲本體動爲作用若言其靜未漏其機若言

天地陰陽相合能下雨拳術陰陽相合能打人成其一塊皆爲陰陽之氣也　其動未見其跡動是發而未發之間謂之動靜也

虛實　虛是精也實是靈也靈非其實拳經歌曰精養靈根氣養神養功養道見天眞丹篆就長命寶萬命不與人

九十一拳三拳分爲二十一拳五行生剋是十拳分爲七十拳。共九十一拳一拳外加七拳是前打

拳意述眞

七七

【勘誤】

①第二行第六字"归"后遗"于"字。

②第五行第五个正字"夹"的旁注"如加剪之加也",语误,当为"如夹剪之夹也"。两个"夹"字均误作"加"。

③第六行第三个正字"胫"的旁注"手摩内五行也"后遗"磨胫磨胫,意气响连声"一语。排版者误将此语排到第四个正字"警"的旁注"警起四梢也。火机一发物必落"两语之后去了。

④第六行第四个正字及下方旁注第一字"驚(惊)",误字,当为"警";旁注中的"磨胫磨胫,意气响连声"为衍文,属于排版位置错误。参见③。

⑤第八行上端之注文("阴阳"的注文)第一行第七、第八字"能以",语误,当为"才能"。下文"拳术阴阳相合才能打人"可证。

⑥第八行上端之注文的第二行第八字"块",误字,当为"体"。

401

拳意述真

一百零三鎗，天地人三鎗各分四柱。三四一十二鎗。五行五鎗是五七三十五鎗。八卦八鎗是七八五十六鎗。共一百零三鎗也。

頭打落意隨足走，起而未起占中央。腳踏中門搶他位，就是神仙亦難防。

肩打一陰反一陽，兩手只在洞中藏。左右全憑蓋他意，舒展二字一命亡。

肘打去意占胸膛，起手好似虎撲羊。或在裹撥一旁走，後手只在脇下藏。

拳打三節不見形，如見形影不爲能。能在一思進莫在一思存，能在一氣先。

莫在一氣後。

胯打中節並相連，陰陽相合得之難。外胯好似魚打挺，裹胯藏步變勢難。

膝打幾處人不明，好似猛虎出木籠。和身展轉不停勢，左右明撥任意行。

腳踏意不落空，消息全憑後腳蹬。與人較勇無虛備，去意好似捲地風。

後打左打右打不打打不打。

七八

【勘誤】
①第四行"頭打"以下至下頁第一行"臀尾打"等八段絕句，原書排放在"一百零三槍"一段之後，有誤。應在"十四打法"之後，作為十四處打法的正文。此行倒數第九字"他"，誤字，當為"地"。
②第五行倒數第七字"舒"，誤字，當為"束"。
③第七行第十四字"虎"，誤字，當為"能"；此行第十九字"盡"，誤字，當為"進"。與"能在一氣先"相對應。
④第十行第十七、十八字"转着"，語誤，當為"展轉"。
⑤第十一行第三字"採"，誤字，當為"踩"。

拳意述真

臀尾打起落不見形。好似猛虎坐臥出洞中。

拳經云混元一氣吾道成道成莫外五眞形眞形內藏眞精神神藏氣內丹道成如問眞形須求眞要知眞形合眞象眞象合來有眞訣眞訣合道得徹靈養靈根而動心者敵將也養靈根而靜心者修道也

赤肚子胎息訣云氣穴之間昔人名之曰生門死戶又謂之天地之根凝神於此久之元氣日充元神日旺神旺則氣暢氣暢則血融血融則骨強骨強則髓滿髓滿則腹盈腹盈則下實下實則行步輕健動作不疲四體康健顏色如桃李去仙不遠矣此亦是拳術內勁之意義也

第八章

練拳經驗及三派之精意

余自幼練拳以來聞諸先生之言云拳即是道余聞之懷疑至練暗勁剛柔合

七九

【勘误】

①第一行"臀尾打起落不见形，好似猛虎坐卧出洞中"，语误，当为"臀尾起落不见形，猛虎坐卧出洞中"。且后面遗"臀尾全凭精灵气，起落二字自分明"一语。

②第四行第二字"养"，误字，当为"固"。参见P374②。

③第五行"赤肚子胎息诀云"至第八行"色如桃李，去仙不远矣"一语：此段文字非拳经文字，而是孙禄堂先生对"混元一气吾道成"一诗所做的补充引注文字，以此强调拳术内劲在修道（道艺）方面的巨大意义。

拳意述真

一動作靈妙一任心之自然與同道人研究彼此各有所會惟練化勁之後內中消息與同道之人言之知者多不肯言不知者茫然莫解故筆之於書以示同道倘有經此景況者可以互相研究以歸至善余練化勁所經者每日練一形之式到停式時立正心中神氣一定每覺下部海底處（即陰蹻穴處）如有物萌動初不甚著意每日練之有動之時亦有不動之時日久亦有動之甚久之時亦有不動之時漸漸練於停式心中一定如欲泄漏者想丹書坐功有真陽發動之語可以採取彼是靜中動練靜坐者知者亦頗多乃彼是靜中求動也此是拳術動中求靜不知能消化否又想拳經亦有處處行持不可移之言每日功夫總不間斷以後練至一停式周身就有發空之景象真陽亦發動而欲泄動即情形似柳華陽先生所云復覺真元之意思也自覺身子一毫亦不敢動動即要泄矣心想仍用拳術之法以化之內中之意虛靈下沉注於丹田下邊用虛

八〇

【勘誤】

①第一行倒數第八字"会"後遺"悟"字。《郭云深先生小傳》《述李奎垣先生言・三則》《述郝為楨先生言・一則》中均有"心思会悟，身体力行"一語可證。

②第四行第二十至第二十二字"海底处"下旁注"即阴蹻穴处"，語誤，當為"阴窍穴"。阴蹻穴，一名交信穴，屬足少陰腎經。在小腿內側，顯然此處並非"海底"。海底阴窍穴指会阴穴。

③第七行第十一字"动"前遺"求"字。下文"静中求动"可證。

靈之意提住穀道內外之意思仍如練拳蹚子一般意注於丹田片時陽卽收縮萌動者上移於丹田矣此時周身融和綿綿不斷當時尙不知探取轉法輪之理、而丹田內如同兩物相爭之狀況四五小時方漸漸安靜心想不動之理。是余練拳術之時呼吸二息仍在丹田之中至於不練之時雖言談呼吸並不妨碍內中之眞息並非有意存照是無時不動也莊子云有人眞呼吸以踵大約卽此意也因有不息而息之火將此動物消化暢遂於周身也以後又如前動作仍是練蹚子內外總是一氣緩緩悠悠練之不敢有一毫之不平穩處動作練時內中四肢融融綿綿虛空與前站着之景况無異亦有練一蹚而不動者亦有練二蹚而不動時仍提至丹田而動練拳之內呼吸轉法輪用意之用於丹田以神轉息而轉之從尾閭至夾脊至玉枕至天頂而下與靜坐功夫相同下至丹田亦有二三轉而不動者亦有三四

岁意逑真

八一

【勘误】

①第一行倒数第三字"阳"后遗"物"字。
②第五行倒数第八至第二字"有人眞呼吸以踵"，语误，当为"真人之呼吸以踵"。
③第九行倒数第二字"动"，误字，当为"用"。
④第十行第六至第十五字"转法轮用意之用于丹田"，语误，当为"转法轮之意用之于丹田"。
⑤第十行第十八字"转"，误字，当为"用"。

拳意述真

轉而不動者所轉者與所練蹚子消化之意相同以後有不練之時或坐立或行動內中仍以用練拳之呼吸身子行路亦可以消化矣以後甚至於睡熟內中忽動動而卽醒仍以用練拳之呼吸而消化之以後睡熟而內中不動內外周身四肢忽然似空周身融融和和如沐如浴之景況睡時亦有如此情形而夢中亦能用神意呼吸而化之因醒後已知夢中之情形而化之也以後練拳術睡熟時內中卽不動矣後只有睡熟時內外忽然有虛空之時白天行止坐臥四肢亦有發空之時多晚上練過拳術夜間睡熟時身中發虛空之時意異常舒暢每逢晚上練過拳術夜間睡熟有氣消之弊病自己體察內外之情形人道縮至甚小消除百病精神有增無減以後靜坐亦如此到此方知拳術與丹道是一理也以上是余練拳術自己身體內外之所經驗也故書之以告同志

八二

【勘误】

①第二行第六字"以"，误字，当为"然"；第三行第九字"以"，亦当为"然"。

②第四行第十五字"如"前遗"有"字。

③第五行第十一字"化"前遗"消"字。

④第五行倒数第八至第六字"而化之"，衍字。

⑤第六行第一字"术"后遗"及"字。

⑥第十一行第五字"巳"，误字，当为"己"。

拳意述真

拳術至練虛合道是將眞意化到至虛至無之境。不動之時內中寂然空虛無一動其心至於。忽然有不測之事雖不見不聞而能覺而避之中庸云至誠之道可以前知是此意也能到至誠之道者三派拳術中余知有四人而已形意拳李洛能先生八卦拳董海川先生太極拳楊露禪先生武禹讓先生四位先生皆有不見不聞之知覺其餘諸先生皆是見聞之知覺而已如外有不測之事只要眼見耳聞無論來者如何疾快俱能躱閃因其功夫入於虛境而未到於至虛不能有不見不聞之知覺也其練他派拳術者亦常聞有此境界未能詳其姓氏故未錄之。

八三

【勘误】

①第四行第十八字至第二十七字"杨露禅先生、武禹讓先生",语误,当为"杨露蝉先生、武禹襄先生"。参见P322《〈拳意述真〉目次》。

②第五行倒数第五字"外",误字,当为"遇"。《郭云深先生小传》:"所以先生遇有不测之事,只要耳闻目见,无论何物、来的如何勇猛速快,随时身体皆能避之。"《述耿诚信先生言·一则》:"遇有技术在我以上者,亦无不称扬之。……遇有同道者,无所不爱"。可知"外有"为"遇有"之误。

第六板块

其他形意拳谱摘录

主要摘录书目及篇章

第一章

摘录之一——六合拳谱原序

天下之治道有二：曰德、曰威；天下之学术有二：曰文、曰武。

然武之所重者，技艺也。况国家讲礼有法，蒐、苗、狝、狩，各有其时。岂徒事为虚文也哉？故武之技艺，不可不亲历其事，而其间精微奥妙，更有不容率意妄陈者。余尝拟著为论，公诸同好，特恐言语不精，反误后世也。此心耿耿，曷其有极！

兹见岳武穆王拳谱，意既纯粹，语亦明畅，余爱慕之忱，急录之以志。

王讳飞，字鹏举，河北汤阴人也。父早卒，事母至孝，少负气节，优于将略，刚毅多谋，家贫力学，尤好《左氏春秋》。其智勇绝伦超群，当时名将无匹。

及长，应募于东京，留守宗泽与谈兵法。曰："如将军者，方可言孙、吴。"屡立战功，遂成大将。善以少击众。自率八百人破王善五十万众于南薰门；八千人破曹成十万于桂岭。其战兀术于顺昌，则皆后搜；八百骑大破金兵于朱仙镇；又帅五百人破金兵十余万众。

欲有所举，必谋定而后战，故有胜无败。猝遇敌，不动。故敌为之语曰："撼山易，撼岳家军难。"

张俊尝问用兵之术于王。王曰："仁、智、信、勇、严，缺一不可。"

平生好贤礼士，博览经史，雅歌投壶，恂恂然如书生。每战胜，必辞功。曰："将士效力，飞何功之有？"而忠愤激烈，议论持正，不挫于人，卒以此得祸。余为宋深惜之。

王当童子时，受业于少林侗大禅师，精通枪法。以枪为拳，立一法以教将佐，名曰意拳，神妙莫测，盖从古未有之技也。

王以后，金、元、明数代鲜有其技。独我姬公，名际可，字隆风，生于明末国初，为蒲东诸冯人氏，访名师于终南山，得岳武穆王拳谱，后授余师曹继武先生于秋浦。时人不知其武勇。先生习练十有二年，技勇方成。康熙癸酉年，科联捷三元，钦命为陕西靖远总镇大都督之职。致仕归籍，余游至池州，先生以此拳授余。余学之十易寒暑，先生曰："子艺成矣。"

余回晋，至洛阳，遇学礼马公，谈书与势甚洽，嘱余为序。余不文，焉能为序？但见世有勇敢之士，未尝无兼人之力，及观其艺，再叩其学，手不应心、语不合道者，何也？不得个中真传故耳。所谓真传者，名虽曰武，其实贵和。和者，智与勇顺成，自然之理也。而非近世所习捉拿、钩打、封闭、闪展，逗其跳跃，悦人耳目者之可比。

其意拳大要，不外五行阴阳、起落进退、动静虚实。而其妙又须六合。六合者何也？分内三合、外三合。内三合：眼与心合，心与意合，意与气合；外三合：手与足合，肘与膝合，肩与胯合。内外如一，称其六合。苟能日就月将，智无不圆，勇无不生，得乎智之礼，会乎和之精，自然能去能就、能弱能强、能进能退、能柔能刚。不动如山岳，难知如阴阳，无穷如天地，充足如太仓，浩渺如江海，眩曜如三光。以此视近世之演武者，异乎，不异乎？同乎，不同乎？学者可不详辨欤？是为论。

　　　　　　　　山西祁人 戴龙邦　乾隆十五年岁次庚午荷月 书于河南洛阳马公书屋

　子蔚曰：此文有多种版本，文字颇有出入。本书所录《六合拳谱原序》，系著者以《岳氏意拳十二形精意》之开篇《岳氏意拳原序》为底本，参以《宋史·岳飞传》等校订而成。惟落款系据它本增补之。但本板块前三章不标注增删修订之处。

第二章

摘录之二——岳武穆"九要"论

总论

器，上而通乎道；技，精而入乎神。惟得天下之至正，秉天下之真精者，乃能穷神而入妙，察微而阐幽。形意之用，器也、技也；形意之体，道也、神也。器、技，常人可习而至；道、神，大圣独得而明。

岳武穆精忠报国，至正至刚，其浩然之气，诚需然充塞于天地之间。故形意之精，非武穆不能道其详。然全谱散佚，不可得而见，而豪芒流落，只此"九要论"而已。吾侪服膺形意，得以稍涉藩圉，独赖此耳。此论都九篇，理要而意精，词详而论辨。学者有志，朝夕揣摩。而一芥之细，可以参天；滥觞之流，泛为江海。九论虽约，未始不可通微？何莫造室升堂也？

子蔚曰："岳武穆九要论"者，心意拳（心意六合拳）之重要理论也。系后人所著，但伪托于岳武王者也。此文版本更多，虽内容基本一致，但彼此之间文字出入颇大。本书所录《岳武穆九要论》，系著者以李剑秋《形意拳术》（此书为最早刊行"九要论"者）所附《岳武穆形意拳术要论》为底本，参以《岳氏意拳五行精意》下编第一章《岳武穆九要论》及其他几种版本校订而成。本文同样不再标注增删修订之处。

子蔚曰："总论"者，复有后人增补概述九要论之文字也。

一要论

从来散之必有其统也；分之必有其合也。以故天壤间众类群侪，纷纷者各有所属；千汇万品，攘攘者自有其源。盖一本散为万殊，而万殊咸归于一本，乃事有必然者也。

且武事之论，亦甚繁矣。而要之，诡变奇化，无往非势，即无往非气。势虽不类，而气归于一。夫所谓"一"者，从首至足，内而有五脏筋骨，外而有肌肉皮肤、五官百骸。连属胶聚而一贯者也。击之而不开，撞之而不散。上欲动而下自随之，下欲动而上自领之，上下动而中节攻之，中节动而上下和之。内外相连，前后相濡。所谓一贯者，其斯之谓欤？而要非勉强以致之、袭焉而为之也。

适时而静，寂然湛然，居其所而稳如山岳；值时而动，如雷霆崩山也，忽而疾如闪电。且静无不静，表里上下，全无参差牵挂之意；动无不动，左右前后，并无抽扯游移之形。洵乎若水之就下，沛然而莫之能御；若火之内攻，发之而不及掩耳。

无劳审度，无烦酌辨，诚不期然而然，莫之致而致，是岂无故而云然乎？盖气以日积而见益，功以久练而始成。揆圣门一贯之传，必俟多闻强识之后，豁然之境，不废格物致知之功。是故事无难易，功惟自尽。不可躐等，不可急遽。按部就班，循次而进。而后官骸肢节，自有通贯；上下表里，不难联络。庶乎散者统之，分者合之，四体百骸，终归于一气而已矣。

予蔚曰："一要论"者，即"一气论"也。或曰"一以贯之论"也。此论与孙氏武学"太极一气论"相表里矣。亦可知太极一气论非孙禄堂先生标新立异而为之也。

二要论

尝有世之论捶而兼论气者矣。夫气主于一，可分为二。所谓二者，即呼吸也。呼吸即阴阳也，阴阳即清浊也。捶不能无动静，气不能无呼吸。吸则为阴，呼则为阳；主乎静者为阴，主乎动者为阳；上升为阳，下降为阴。阳气上升而为阳，阳气下降而为阴；阴气下行而为阴，阴气上行而为阳。此阴阳之分也。

何谓清浊？升而上者为清，降而下者为浊。清气上升，浊气下降。清者为阳，浊者为阴。而要之，阳以滋阴，阴以滋阳。统而言之为一气，分而言之为阴阳。气不能无阴阳，即所谓人不能无动静。鼻不能无呼吸，口不能无出入，此即对待循环不易之理也。然则气分为二，而实主于一。学贵神通，慎勿胶执。

予蔚曰："二要论"者，孙氏武学谓之"两仪论"者也。两仪者何？曰：阴阳也。阴阳者何？曰：呼吸也、清浊也、上下也、升降也、动静也、出入也……

三要论

夫气本诸身，而身之节无定处。三节者，上、中、下也。

以身言之，则头为上节，身为中节，腿为下节。以上节言之，则天庭为上节，鼻为中节，颔底为下节；以中节言之，则胸为上节，腹为中节，丹田为下节；以下节言之，则足为梢节，膝为中节，胯为根节。以肱言之，则手为梢节，肘为中节，肩为根节；以手言之，则指为梢节，掌为中节，掌根为根节。观于是，而足不必论矣。

然则自顶至足，莫不各有三节也。要之，若无三节之分，即无着意之处。盖上节不明，无依无宗；中节不明，浑身是空；下节不明，动辄跌倾。顾可忽乎哉？至于气之发动，要皆梢节动，中节随，根节催之而已。

然此尤是节节而分言之者也。若夫合而言之，则上自头顶，下至足底，四体百骸总为一节，夫何三节之有，又何三节之中各有三节云乎哉？

413

子蔚曰："三要论"者，即"三节论"也。三节者何？曰：人一身之上中下也，即头身腿也。三节之中复有三节也。"三节论"者，实与孙氏武学"三体论"同质而异名耳。

四要论

试于论身、论气之外，而进论乎梢者焉。夫梢者，身之余绪也。言身者初不及此；言气者亦所罕论。捶以内而发外，气由身而达梢。故气之用，不本诸身，则虚而不实；不形诸梢，则实而仍虚。梢亦焉可不讲乎？然此特身之梢耳，而犹未及乎气之梢也。

四梢为何？发，其一也。夫发之所系，不列于五行，无关乎四体。似不足立论矣。然发为血之梢，血为气之海。纵不必本论诸发以论气，要不能离乎血而生气。不离乎血，即不得不兼及乎发。发欲冲冠，血梢足矣。

抑舌为肉梢，而肉为气之囊。气不能形诸肉之梢，即无以充其气之量。故必舌欲催齿，而后肉梢足矣。

至于骨梢者，齿也；筋梢者，指甲也。气生于骨，而联于筋。不及乎齿，即未及乎筋之梢。而欲足乎尔者，要非齿欲断筋、甲欲透骨不能也。

果能如此，则四梢足矣。四梢足，而气自足矣。岂复有虚而不实，实而仍虚者乎？

子蔚曰："四要论"者，即"四梢论"也。四梢者：发为血梢、舌为肉梢、齿为骨梢、甲为筋梢也。

五要论

夫拳者，即捶以言势，即势以言气。人得五脏以成形，即由五脏而生气。五脏者，心、肝、脾、肺、肾，乃性之源、气之本也。心为火，而有炎上之象；肝为木，而有曲直之形；脾为土，而有敦厚之势；肺为金，而有纵革之能；肾为水，而有润下之功。此乃五脏之义，而有准之于气者，以其各有所配合焉。此所以论武事者，要不能离乎斯也。

其在内也，胸膈为肺经之位，而为诸脏之华盖。故肺经动，而诸脏不能静。两乳之中为心，而肺包护之。肺之下、胃之上，心经之位也。心为君火，动而相火无不奉合焉。而两肋之间，右为肝、左为脾。背脊十四节皆为肾位，分五脏而总系于脊。脊通一身肾髓。而腰为两肾之本位，而为先天之第一，尤为诸脏之根源。故肾水足，而金、木、水、火、土咸有生机。此乃五脏之位也。

且五脏之存于内者，各有其定位，而具于身者，亦自有所专属，领、顶、脑、骨、背，皆肾也；两耳亦为肾。两唇、两腮皆脾也；两鬓则为肺。天庭为六阳之首，而萃五脏之精华，实为头面之主脑，不啻一身之总督矣。印堂者，阳明胃气之冲也，天庭性起，机由此达。生发之气，由肾而达于六阳，实为天庭之枢机也。两目皆为肝。

细绎之，上包为脾，下包为胃；大角为心经，小角为小肠；白则为肺，黑则为肝。瞳则为肾，实为五脏之精华所聚，而不得专谓之肝也。鼻孔为肺，两颐为肾，耳门之前为胆经，耳后之高骨亦肾也。

鼻为中央之土，万物资生之源，实为中气之主也。人中乃血气之会，上冲印堂，达于天庭，亦为至要之所。两唇之下为承浆，承浆之下为地阁。上与天庭相应，亦肾经位也。领、顶、颈、项者，五脏之通途，气血之总会也。前为食气出入之道，后为肾气升降之途，肝气由之而左旋，脾气由之而右转，其系更重，而为周身之要领也。

两乳为肝，两肩为肺，两肘为肾，四肢为脾。两背膊皆为脾。而十指则为心、肝、脾、肺、肾是也。膝与胫皆肾也。两脚跟为肾之要，涌泉为肾穴。

大约身之所系，突者为心，陷者为肺，骨之露处皆为肾，筋之联处皆为肝，肉之厚处皆为脾。象其意，则心如猛虎肝为箭，脾气爆发似雷电，肺经翕张性空灵，肾气伸缩动如风。

其为用也，用其经。举凡身之所属于某经者，终不能无意焉。临敌应变，不识不知，手足所至，若有神会，洵非笔墨所能预述者也。至于生克制化，虽别有论，而究其要领，自有统会。五行百体，总为一元；四体三心，合为一气。奚必斷斷于一经一络、支支节节而为之哉。

予蔚曰："五要论"者，即"五行论"也。五行者何？曰：金木水火土也（此五星也）。曰：心肝脾肺肾也（此五脏也）。曰：四肢百体纳于五行也。

六要论

心与意合，意与气合，气与力合，内三合也；手与足合，肘与膝合，肩与胯合，外三合也。此为六合。

左手与右足相合，左肘与右膝相合，左肩与右胯相合。右之与左亦然。以及头与手合，手与身合，身与步合，孰非外合？心与眼合，肝与筋合，脾与肉合，肺与身合，肾与骨合，孰非内合？岂但六合而已哉？然此特分而言之也。

总之，一动而无不动，一合而无不合，五行百骸悉在其中矣。

予蔚曰："六要论"者，即"六合论"也。一合而无不合也。

七要论

头为六阳之首，而为周身之主，五官百骸，莫不惟首是赖，故身动头不可不进也；手为先行，根基在膊，膊不进而手则却而不前矣，故膊贵于进也；气聚中脘，机关在腰，腰不进而气则馁而不实矣，故腰亦贵于进也；意贯周身，运动在步，步不

415

进，而意则瞠然无能为矣，故步尤贵于进也；以及上左必须进右、上右必须进左，共为七进。孰非为易于着力者哉。

要之，未及其进，合周身而毫无灵动之意焉；一言其进，统全体而俱无抽扯游移之形矣。

子蔚曰："七要论"者，即"七进论"也。七进者何？曰：身进、头进、手进、膊进、腰进、步进，以及上左必进右、上右必进左也。

八要论

身法维何？纵横、高低、进退、反侧而已。

纵则放其势，一往而不返；横则裹其力，开拓而莫阻。高则扬其身，而若有增长之意；低则抑其身，而若有攒捉之形。当进则进，弹其身而勇往直冲；当退则退，领其气而回转伏敛。至于反身顾后，后即前也；侧顾左右，使左右无敢当我。

而要非拘拘焉为之也。必先察人之强弱，运我之机关。有忽纵而忽横，纵横因势而变迁，不可一概而推；有忽高而忽低，高低随时以转移，不可执格而论。时而宜进，故不可退而馁其气；时而宜退，即当以退而鼓其进。是进固进也，即退而亦实以赖其进。若反身顾后，顾其后而已不觉其为后；侧顾左右，而左右已不觉其为左右矣。

总之机关在眼，变通在心。而握其要者，则本诸身。身而前，则四体不令而行矣；身而却，则百骸莫不冥然而处矣。身法顾可置而不论乎？

子蔚曰："八要论"者，即实战技击之"身法八要"也。八要者何？曰：纵横、高低、进退、反侧也。

九要论

今夫五官百骸，主于动，而实运以步，步乃一身之根基，而运动之枢纽也。

以故应战对敌，皆本诸身。而实所以为身之砥柱者，莫非步欤？随机应变在于手，而所以为手之转移者，亦在步。进退反侧，非步何以作鼓荡之机？抑扬伸缩，非步何以示变化之妙？所谓机关者在眼，变化者在心。而所以转弯抹角，千变万化，而不至于窘迫者何？莫非步为之司命欤？

而要非勉强以致之也。动作出于无心，鼓舞出于不觉。身欲动，而步为之周旋；手将动，而步亦早为之催逼。不期然而然，莫之驱而驱，所谓上欲动，而下自随之者，其斯之谓欤？

且步分前后。有定位者，步也；然而无定位者，亦为步也。如前步之进，后步之随，前后自有定位。若以前步作后，后步作前，更以前步作后之前步，后步作前之后步，则前后亦自然无定位矣。

总之，拳乃论势，而握要者为步。活与不活，固在于步；灵与不灵，亦在于步。步之为用，大矣哉！

子蔚曰："九要论"者，即步法变化之要也。步乃一身之根基也、砥柱也；步者，运动之枢纽也；步者，变化之司命也；步者，手之转移之依据也。有意之动在步，无意之动亦在步；定位在步，无定位亦在步；灵活在步，不灵活亦在步。"步之为用，大矣哉！"

第三章

摘录之三——曹继武先生"十法"摘要

一曰　三节

何为三节？举一身而言之，手臂为梢节，腰胯为中节，足腿为根节是也。分而言之，三节中又各有三节。如梢节之三节，则手为梢节，肘为中节，肩为根节；中节之三节，则胸为梢节，心为中节，丹田为根节；根节之三节，则足为梢节，膝为中节，胯为根节。

要不外乎起、随、追三字而已。盖梢节起，中节随，则根节要追。三节相应，不至有长短曲直之病，亦无参差俯仰之虞。所以三节贵乎明也。

子蔚曰：孙氏武学武学之"三节"论或由此发展而来，但二者有所区别，爱好者需注意比较之。其中"起、随、追"是从实战角度而言，与练体时根节催中节、中节催梢节不同矣。

二曰　四梢

何为四梢？盖浑身毛孔为血梢，手指足趾为筋梢，牙为骨梢，舌为肉梢。与人相搏时，舌顶上腭，则肉梢齐；手腕足腕撑动，则筋梢齐；牙齿相合，则骨梢齐；后项撑动，则血梢齐。四梢俱齐，则内劲发矣。所以四梢，尤其要诀耳。

子蔚曰：此四梢论的精华在于告诉了习者如何才能做到"四梢齐"。

三曰　五行

五行者，金、木、水、火、土也，内对人之五脏，外应人之五官，均属五行。

如五脏则心属火，心急勇力生；脾属土，脾动大力攻；肝属木，肝急火焰冲；肺属金，肺动成雷声；肾属水，肾动快如风。此五行之存于内者也。目通于肝，鼻通于肺，耳通于肾，口舌通于心，人中通于脾。此五行之著于外者也。故曰："五行真如五道关，无人把守自遮拦。天地交合，云蔽日月；武艺相争，蔽住五行。"此真确论也。

而所最宜知者：手心通心属火，鼻尖通肺属金，火到金化。此亦自然之理也。

子蔚曰：此五行论较之《岳武穆"九要"论》之五行论更为简洁明了，可以与孙氏武学之"五行"论互为表里矣。

四曰　身法

身法有八要，起落、进退、反侧、收纵是也。

起落者，起为横，落为顺也；进退者，进步低，退步高也；反侧者，反身顾后，侧身顾左右也；收纵者，收如伏猫，纵如放虎也。

大抵以中平为宜，以正直为要，与三节法相贯，此又不可不知也。

子蔚曰：曹继武先生的"身法八要"与岳武穆"九要"论中的"八要论"其实是一致的。"起落"即"高低"，"收纵"即"纵横"。因此二者可以互证互补。于研究技击者而言具有切实之意义。

五曰　步法

步法有寸步、垫步、过步、快步、践步是也。

如二三尺远，即用寸步，寸步一步可到也。

若四五尺远，即用垫步，必垫一步方能到也。

若遇身大力强者，则用过步，即进前脚，急过后脚。所谓"步起在人，落过于人也"。

如有一丈八尺远，则用快步。快步者，起前足而带后足，平走如飞。

践步者，并非跳跃而往也，犹如马奔虎践之意也。非艺成者，万不可轻用也。谨记"远处不发足"。倘遇人多或有器械者，则连腿带足，并践而上，即所谓"踩足二起，鸳鸯脚是也"。

善学者，随便用之，总不可执。习之纯熟，用于无心，方尽其妙也。

子蔚曰：谚云："手到步不到，打人不为妙。"此为技击实战之步法，爱好者不可忽也。

六曰　手法、足法

手法者，单手、双手、起手、领手是也。起前手，如鹞子入林，须束翅束身而起；推后手，如燕子抄水往上翻，藏身而落。此单手法也。如双手，则两手交互，并起并落，起如举鼎，落如分砖也。至于筋梢发，有起有落者，谓之起手；筋梢不发，起而未落者，谓之领手。总之，直而非直，曲而非曲，肘护心肋，手撩阴起。而其起如虎之扑人，其落如鹰之抓物也。

足法者，起蹚落翻，忌踢宜踩也。盖足起望膝，膝起望腹，膝打膝分而出，其形

419

上翻，如手起撩阴是也。至于落，即如以石攒物也，亦如手之落相同也。忌踢者，一踢浑身都是空也；宜踩者，即如手之落、鹰抓物也。

手法、足法，本自相同，而足之为用，尤必知其如虎之行无声、龙之行莫测也。

予蔚曰：此则手足法与孙氏武学之"四情"互为表里矣。

七曰　上法、进法

上法以手为妙，进法以步为先，总之，以身法为要。

其起手如丹凤朝阳是也；其起步宜抢步，抢上进步踩打是也。必须三节明、四梢齐、五行闭、身法活、手足相连、内外一气，然后度其远近，随其老嫩，一动而即至也。

然其方亦有六。六方者，工、顺、勇、疾、狠、真也。工者，巧妙也；顺者，顺其自然也；勇者，果断也；疾者，紧快也；狠者，动不容情也，心一动而内劲出也；真者，发必中的见之真，而彼难变化也。六方明，则上法、进法得矣。

予蔚曰：其六方中之"狠"虽与孙氏武学"中和"之理相悖，然亦得因人而用之也。友好交流自不能心存狠意与恨意，但若面对威胁他人或自身生命安全的奸恶之徒，出手岂可容情乎？

八曰　顾法、开法、截法、追法

顾法者，单顾、双顾、顾上下，顾左右前后也。如单手顾则用截捶；双手顾则用横拳；顾上则用冲天炮；顾下则用扫地炮；顾前后则用前后扫捶；顾左右则用括边炮。拳一触即动，非若它门之勾、连、掤、架也。

开法者，有左开、右开、刚开、柔开也。左开如里括；右开如外括；刚开如前六势之硬劲；柔开如后六势之柔劲也（前后六势者，姬隆丰先生原始心意拳之拳势也）。

截法者，有截手、截身、截言、截面、截心也。截手者，彼手已动而未到则截之也；截身者，彼微动而我先截之也；截言者，彼言露其意则截之也；截面者，彼面露其色而截之也；截心者，彼面笑眉喜，言甘意恭，我须防其有心，而迎机以截之也。则截法岂可忽乎哉？

追法者，与上法、进法贯注一气，则随身紧趋，追风赶月不放松也。彼虽欲走而不能，何虑其邪术哉？

予蔚曰：其中"五截"尤需心领神会，以备不虞也。

九曰　三性调养法

何为三性？盖眼为见性，耳为灵性，心为勇性。此三性为艺中之妙用也。故眼中不时观察，耳中不时报应，心中不时警醒，则精灵之意在我。所谓先事预防，不致为人所算，而有先失机之虞也。

予蔚曰："心为元帅，眼为先锋""眼观六路，耳听八方"，此之谓也。

十曰　内劲

夫内劲者，寄于无形之中，而接于有形之表，可以意会而难以言传者也。然其理则可参焉。盖志者，气之帅也；气者，体之充也。心动而气则随之；气动而力则赴之。此必然之理也。

有谓撞劲者，非也；有谓攻劲、崩劲、抖劲者，亦非也。殆实粘劲也。窃思撞劲太直而难起落；攻劲太死而难变化；抖劲、崩劲太促而难展招，皆强硬露形而不灵也。粘劲者，先后天之气，日久练为一贯也。出没甚捷，可使日月无光而不见形；手到劲发，可使阴阳交合而不费力。总之如虎之蹬山，如龙之行空，方为得体。

予蔚曰：此"内劲"论虽语焉不详，但其中的真假内劲之论却值得学者仔细体味。

以上十法，一以贯之，而武艺不几成乎？吾会其理，摘其要而释之，以为后学者训。

予蔚曰：毋论"十法摘要"为何人所做，都是心意拳、心意六合拳最基本的理论，对形意拳同样是适用的。本书所录《曹继武先生十法摘要》，系依据《岳氏意拳十二形精义》所附之《曹继武先生意拳十法摘要》，结合李新民先生的《心意门秘籍·六合十大要序》，增删勘误而成。此"十法摘要"，与显廷先生宝鼎所著《形意拳谱正编》十六目内容的前十目内容也是大致相同的。且此"十法摘要"与"岳武穆九要论"互为表里，本质上是一致的。

421

第四章

摘录之四——宝显廷先生《形意拳谱》摘录

注：正编一至十略（参见《曹继武先生"十法"摘要》，二者大同小异）。

十一【六合】

六合：手与足合，肘与膝合，肩与胯合；心与意合，意与气合，气与力合。共为六合。

五行：心动如火炎，肝动如飞箭，肺动如雷响，脾肾致如功。五行顺一气，放胆即成功。

四梢：牙为骨梢，舌为肉梢，手足指甲为筋梢，浑身毛发为血梢。四梢总要分明。

【三节明】：上节不明手多强硬，下节不明足多盘跌，中节不明浑身是空。三节分明，气由心生，起鼻尖，落丹田。手高不过眼，低不过膝。足踩偏为空，手〈身〉采偏为空。

【三尖照】：三尖要照。何为三尖？鼻尖、手尖、脚尖。

【三心实】：三心要实。何为三心？手心、足心、眉心。遇着要取胜，四梢俱要齐。手起足不起，手落足不落，俱是枉然。三意不相连，必定学艺浅。

子蔚曰：此节虽名六合，但五行、四梢、三节、三尖、三心均含于其中矣。"[ ]"内文字为著者所示。

十二【一身之法】

内实精神，外示〈似〉安逸。行如龙，动如虎，步如猴。相与神俱，往来追形随影，目不及瞬。心与眼合多一明，心与耳合多一灵，心与鼻合多一力，心与舌合多一精。一事精，百事通，总是五行要分明。俱通是一身之法。

子蔚曰：一身之法者，整体而言之之意也。

十三【七拳】

身有七拳：头为一拳，手为一拳，肘为一拳，肩为一拳，胯为一拳，膝为一拳，足为一拳。七拳共为一拳，一拳万变，七拳紧相连。熟能生巧，如林中射鸟，鸟应弦落；草中击兔，<u>枪响兔死</u>〈兔死枪响〉。往<u>哪</u>〈那〉里提防、哪〈那〉里封闭？

予蔚曰：此七拳说与孙氏武学之七拳说基本相同。

十四【交手法】

三前要分明：眼前、手前、足前。打人先打顾法，后打空隙。出其不意，攻其不备。内实精神，外<u>示</u>〈似〉安逸。行如神龙，动如猛虎。起左腿，左腿未落右腿随；进右腿，右腿未落左腿追。

予蔚曰：此节与十二节"一身之法"颇相重叠矣。

十五【志、智、勇】

六合、五行、阴阳、动静、起落、进退，变化无穷，是其知（通"智"，下同）也；英雄过人，是其勇也。苟入其中，日就月将，攀跻縻穷，则知无不周，勇无不生，得和平之理，会和平之源，能去能就，能弱能强，能进能退，能柔能刚。不动如山岳；难知如阴阳；无穷如天地；充实如太仓；浩渺如四海；眩曜如三光。则尽乎其志，毕乎其勇，全乎其知。以此而较，则神乎技矣。

予蔚曰：此节实际上与儒家所倡导的"智仁勇"三达德本质上是一致的。

十六【练习法】

予蔚曰：此"练习法"即《拳意述真·<形意拳谱>摘要》之"十六处练法"。虽然宝显廷先生对孙禄堂先生的个别注释有不同看法，但大体还是接受了孙禄堂先生的注释，故此处从略。

形意拳十四要则

① 胸宽腹实　　② 虚灵顶劲
③ 含胸拔背　　④ 沉肩坠肘
⑤ 急起急落　　⑥ 虚精实灵
⑦ 上下相通　　⑧ 阴阳相合
⑨ 内外如一　　⑩ 相连不断
⑪ 动中求静；静能治动（此为原注，下同）　⑫ 用意不用力；意能使力
⑬ 尚守不尚攻；守能御攻　　⑭ 尚柔不尚刚。柔能克刚

神能役气，气能使力，力随气到，气依神行。

予蔚曰：此"十四要则"当为宝显廷先生参照太极拳要领而创编。但它与孙氏武

423

学的原则基本上是相当的，故录之以供参照。

<h2 style="text-align:center">十形</h2>

十形者，龙马虎猴燕鸡熊〈猫〉鹰鹞蛇是也。诸物秉天地之灵气而生，均有巧妙之身形，以御敌而攫食。古人因取以为法，此形意拳之所由仿〈昉〉也。

龙有搜〈投〉骨之法，虎有备战之勇，熊有竖项之力〈猫有捕鼠之妙〉，猴有纵身之灵，鹞有侧身之力，鹰有捉拿之精，蛇有分草之巧，燕有取水之能，鸡有争斗之势，马有疾蹄之功。

子蔚曰：形意拳十二形便是在心意拳十大形的基础上，增加鼍形、鲐形，改造而成。

第五章

摘录之五——李存义先生《岳氏意拳五行精义》摘录

一、意拳总论

（摘录之五、之六的所有序号均为著者重新排序所加）

意拳者，拳之内家者也，用合天地化生万物之形，体本五行循环生克之意。盖天地之初，混混沌沌，茫然大气，既无归宿之可指，复无界限之可言。逮岁月嬗递，略就范围，渐成一气。继则轻清上浮，重浊下降，阴阳剖判。阴阳再合，遂成三体。于是五行循环，化生万物。此天地进化之大概也。

夫人身配天〔地〕而生者也，其于养生之术，运动之道，须准天地进化之自然。而潜心顺修，复按五行生克之意；而动静不乖，尤复旁参万物之变。而交推互证，庶几揽阴阳，夺造化，生生不息，幻变无穷。此意拳之妙用，抑亦养生不可须臾离者也。

若形意之拳，静原浑虚，动充四体，翩若惊鸿，婉若游龙，敛而不局，放而不肆，约而不迫，张而不疏。神恬而不涉于寂，体静而不沉于枯。还精于周身，清神以积中，袪欲启蔽，长年益寿，神完而气定，捍邪侵而避污〈物〉秽，是超艺而进于道者也。至应变无方，接物无形，不虚不妄，不馁不意，郁勃如风云，声呼如雷霆，出入如奔〈鬼〉电，重如山隙，轻如风扫，攻坚杀敌，毫不经意者，尤其末焉者耳。

于蔚曰：董秀升先生在其整理的李存义先生的拳学著作《岳氏意拳五行精义》中，将形意拳称为"岳氏意拳"，简称"意拳"，同时又把五行拳称为意拳，把十二形称为形拳。故"岳氏意拳"者，形意拳之别名耳。

二、不动姿势

凡事有动必有静。动者静之效，静者动之储也。舍动言静，其失也枯；离静言动，其失也枵。然静为动之源，而运动者，尤必先致力于静。如是则气内充而力外裕矣。意拳者，以气行而不动姿势，实为入门初步，建本清源之道，学者应三致意焉。

（一）无极势

两足跟并齐，两足尖分度约九十，两臂切身下垂。此时当无思无欲，无形无像，无物无我，一气浑沦，无所向意，顺天地之自然。茫若扁舟泛巨海；静若木鸡植中庭。是谓之〈之谓〉无极。

（二）虚无含一[气]势

由无极势半面向左，左足在前，靠右足胫骨，两足尖分约四十五度，两臂紧垂，腕屈〈曲〉掌折，舌顶上腭，肛门上提，将浑沦之气略加收聚，是谓虚无含一气，亦即吾人先天真一之气，而为形意拳之内劲[也]。

（三）太极势

由前势左足跟靠右足胫骨，足尖分四十五度，两足跟向外扭劲，足尖抓地，两腿徐直下弯〈湾〉，约百二十度。两胯平均扣劲，腰挺直，两肩扣垂，两肘紧抱两肋，两手抱心，左手在下，右手在上，左手食指前伸平直，右手中指亦前伸平直，两指叠合，颈直竖，头上顶。

身不可前俯后仰，不可左右歪斜，眼突、舌卷、气降，心中平定，不可努气。心与意合，意与气合，气与力合。心意诚于中，而肢体劲于外，一气流行，是谓太极。

（四）两仪势

由太极势左足前进二尺许，足尖直前，右足不动，足尖向右约三十度，左足踵直，右足胫骨成大人字形。同时左手前伸，右手退后，左手伸至极端，高与口齐，右手虎口内向，与脐接，而小指外翻，腕屈〈曲〉掌塌〈揭〉，手足齐落。

左臂似曲非曲，似直非直，微向上内弯〈湾〉，由腕至肘水平；右臂弯曲如新月，肘意内抱，手指均须离开，梢圆屈〈曲〉，如爪如钩，切忌局部〈弯〉著力。左手大指横平，食指前伸，余指及腕掌如右手。两目注视虎口玦形，两肩两胯皆均力垂扣，两肘力垂，两膝挺扣，两足跟力向外扭，是谓肩与胯合，肘与膝合，手与足合。

此时，上身正直，不可俯仰；心气平静，不可助长。身则看阳而有阴，看阴而有阳；气则呼出为阳，吸入为阴；清气上升为阳，浊气下降为阴；诚于内者为阴，形于外者为阳。呼吸、上下、内外三者，以象阴阳，故谓之两仪。

（五）三体势

由两仪呼吸相应，上下相贯，内外如一，谓之阴阳相合。阴阳相合，而三体生焉。三体者，天、地、人三才之象也。在人为头、手、足——头以象天，手以象人，足以象地。取其聪明睿智，才力气魄广大精奇，足以相配也。

夫天地间，形形色色，大哲学家未能尽知；事事物物，大博物家未能悉辨。然以归纳法括之，均不外天地之化生、人工之制造也。换言之，意拳之精微奥妙，大拳师未必尽其能；生克变化，大方家未能尽其用。然以归纳法括之，均不外头、手、足之伸缩运动也。

故欲知天地间之物，尽意拳之妙，先致力于三体，庶几得其要矣。三体为意拳之基础，如操练之立正，凡百运动皆基于此。故分条详论于左。

1. 三节

全身分为三节：头为上节，身为中节，股为下节。各节复分三节。以头言之，天庭为上节，鼻为中节，颔〈海〉底为下节；以身言之，胸为上节，腹为中节，丹田为下节；以股言之，足为梢节，膝为中节，胯为根节；以肱言之，手为梢节，肘为中节，肩为根节；以手言之，指为梢节，掌为中节，掌根为根节。

三节即明，而内劲发动之脉络，即可知矣。盖指之力源于掌，掌之力源于掌根，故掌根催〈摧〉掌，掌催〈摧〉指，而劲乃出；手之力源于肘，肘之力源于肩，故肩催〈摧〉肘，肘催〈摧〉手，而劲乃行；足之力源于膝，膝之力源于胯，故胯催〈摧〉膝，膝催〈摧〉足，而劲乃通；然肩胯之劲源于身，身之劲源于丹田，为内劲之总源也。

2. 四梢

血、肉、筋、骨之末端曰梢。发为血梢，舌为肉梢，指为筋梢，牙为骨梢。四梢用力，则常态猝变，令人生畏。

①血梢：怒气填胸，竖发冲冠。血轮速转，敌胆自寒。毛发虽微，摧敌何难。

②肉梢：舌卷气降，虽山亦撼。肉坚比铁，心神勇敢。一舌之威，落魄丧胆。

③筋梢：虎威鹰猛，以指为锋。手攫足踏，气力兼雄。指之所到，皆可奏功。

④骨梢：有勇在骨，切齿则发。敌肉可食，眦裂目突。惟牙之功，令人恍惚。

子蔚曰：四梢之怒发冲冠、咬牙切齿、眦裂目突，与孙氏武学所主张的"中和"之道似有所悖离，学者当明辨焉。下文"八字诀"中的"三妻"类此。姜容樵先生则改"三妻"为"三数"，显然是受到孙禄堂先生道艺论的影响。

3. 八字诀

四梢之外又有八字。三体一站，八字俱〈具〉备，皆所以蓄力养气，使敌我者失所措也。八字之名称，一曰顶，二曰扣，三曰圆，四曰毒，五曰抱，六曰垂，七曰曲，八曰挺。而八字又各有三事，共二十四事也，分述于左。

①三顶：头上顶，有冲天之雄；手外顶，有推山之功；舌上顶，有吼狮吞象之容。是谓三顶。

②三扣：肩扣，则气力到肘；掌扣，则气力到手；手足指扣，则周身力厚。是谓三扣。

③三圆：脊背圆，则力催〈摧〉身前；胸圆，则两肱力全；虎口圆，则勇猛外宣。是谓三圆。

④三毒：心毒，如攫鼠之怒狸〈怒狸攫鼠〉；眼毒，如觑兔之饥鹰；手毒，如捕羊之饿虎。是谓三毒。

⑤三抱：丹田抱气，气不外散；胆量抱身，临敌不变；两肘抱肋，出入不乱。是谓三抱。

⑥三垂：气垂，则气降丹田；肩垂，则力催〈摧〉肘前；肘垂，则两腕撑圆。是谓三垂。

⑦三曲：两肱宜曲，曲则力富；两股宜曲，曲则力凑；两腕宜曲，曲则力厚。是谓三曲。

⑧三挺：挺颈，则精气贯顶；挺腰，则力达全身；挺膝，则腿坚步〈马〉稳。是谓三挺。

4. 九歌

九歌者，乃三体之九事。分条研究，以资熟练也。其九事即身、肩、肱、手、指、股、足、舌、肛门是也。分列于左。

①身：前俯后仰，其势不劲。左侧右歆，皆身之病。正而似斜，斜而似正。

②肩：头欲上顶，肩须下垂。左肩成拗，右肩自随。身力到手，肩之所为。

③肱：左肱前伸，右肱在肋。似曲不曲，似直不直。曲则不远，直则少力。

④手：右手在脐，左手齐心。后者劲塌〈搨〉，前者力伸。两手皆覆，用力宜均。

⑤指：五指各分，其形似钩。虎口圆开，似刚似柔。力须到指，不可强求。

⑥股：左股在前，右股后撑。似直不直，似弓不弓。虽有支绌，每见鸡形。

⑦足：左足直出，歆侧皆病。右足势斜，前踵对胫。二尺距离，足指扣定。

⑧舌：舌为肉梢，卷则气降。目张发竖，丹田愈壮。肌肉如铁，内坚脏腑。

⑨肛：提起肛门，气贯四梢。两腿缭绕，臀部肉交。低则势散，故宜梢高。

原注：此一节自三体势至此，为意拳之格式。格式者，入门一定之规也。无论五行、十二形皆以此为主。

三、意拳养气学

气者，勇之实也。养气即所以养勇[也]。黝舍之流，不肤挠，不目逃，视不胜犹胜，刺王侯若刺褐夫，视三军如无物。盖习养有素，气充乎四体，而溢乎其外，见乎其勇，而不自知也。

然此特气之粗者，抑犹有其精者存焉。

至大至刚，配道义而无馁，塞天地，溢四海。故孟轲养之以成贤，文天祥守之以遂忠，盖磅礴凛冽，是气常存，足以助精魄，强神明，不随生死而变灭，此所谓大勇者，宁可与黝舍同论哉？

夫粗者，魄气也；精者，魂气也。魄气生于体，魂气生于天。魂气清明而富于仁，魄气强横而偏于贪。神人不以体魄用事，故养魂而弃魄；愚夫只知有身，故养魄而去魂。圣贤重魂轻魄，故以魂制魄；勇士重魄轻魂，故以魄制魂。此养气之大别也。

形意之养魂气乎、魄气乎？抑[以]魂制魄、或[以]魄制魂乎？

曰：此皆非形意养气之道也。形意以身体为运动，故不能舍魄以养魂。然其养生之术，须准天地进化之序，生克变化之方，必按五行循环之意，化生万物之形。苟舍魂以养魄，复不能尽形意之能事也。

然则何为而后可？

曰：魂气灵明，形意之生克变化赖以神其用者也；魄气浑厚，形意之实内充外，赖以壮其动者也。轻魂则变化不灵；轻魄则实力不厚；必魂魄并重，乃尽形意养气之要功也。

子蔚曰：魄者，命也；魂者，性也。魂魄二气即孙禄堂先生所言之阴阳二气，也就是《中庸》所谓鬼神二气："鬼神之为德，其盛矣乎？视之而弗见，听之而弗闻，体物而不可遗。"以此知形意拳术乃性命双修之道也。

（一）意拳养气之必要

或曰：身体之伸缩也，四肢之变化也，端赖乎筋肉骨血。而五脏之主动于内者，似与气无涉。

曰：是不然！人得五脏以成形，复由五脏而生气。五脏之于人，犹轮船之气房、火车之锅炉，运动变化，固赖乎此。然无蒸汽以促动之，则机关虽灵，终无以善其用。气之于人犹是也。故五脏之动，赖乎气，气之强弱虚实，可使人壮老勇怯。况形意为内家运动之一，而变化灵捷，实力充厚，非魂魄并养，不为功使。非培而裕之，扩而充之，又何足供吾人无量之用哉？

（二）意拳养气之功用

气始生于一，终分为二，即魂魄也，阴阳也。

魂气属阳，灵明轻清，可虚实刚柔，循环变化。神乎神乎，至于无形；微乎微乎，至于无声。此阳气之妙用也。魄气属阴，浑厚重浊，可坚强猛烈，不挠不逃，雄魄毅兮可摧壁，［魄］气刚大兮〈之〉而拔山。此阴气之妙用也。

武术专家，技臻绝顶者，其攻人也，无迹可寻，虽稠人广象，千目共睹，莫能见其手之所至、足之所履、身之所止，谓为玄无，乃魂气充有以致之也。其被攻也，手触其身，如金城；足冲其股，如铁柱。当之者颓，狼狈却退。乃魄气厚有以成之也。

昔武穆用兵，先谋后动。其动也，灵妙变化，飘忽猛烈，莫可推测；其静也，严整庄重，如山岳坚实，莫可撼移。兵家谓"不动如山岳，难知如阴阳"，非魂魄二气修养有素，何克臻此？故武术之精者，必精于气；精于气者，必精于兵。养气之道，何可忽乎哉？

（三）意拳养气之法则

形意之讲养气者多矣，或胸中努力，或腹内运气，是皆不明根本〈本根〉，而特齐其末。如告子之不动心者，虽直接而易为，终无补于实际。

夫根本者，何也？曰："循理集义，明三节，讲四梢，练八字，熟九歌是也。"

盖气分魂魄（阴阳），魂气生于天，根于义理；魄气生于五脏，根于四事。如水之有源，木之有本。清源而水流，培本而木茂，自然之理也。若夫孟贲穿窬，童子不支；夏育为盗，懦夫不抗，是乃背理丧义，魂气全失，而猛怯资殊也。江湖无赖，弄姿摆势，然每被击于粗汉；世俗拳师，旋舞跳跃，然每被扑于伧父。倘四事修明，魄

429

气坚实，何至于此？

故形意之善养气者，非礼无动，非义无往。自反而合理，虽万人无惴；自反而非义，虽褐夫亦惧。动必以礼，趋必以义，而魂气自盛矣！

举措动静，必合四事：三节不合弗措也；四梢不明弗措也；八字、九歌未熟练弗措也。人一己百，人十己千，如是而谓魄气不强者，未之有也。

然必有事焉，勿助勿忘。过用心则助，助则暴而气乱矣；不用心则忘，忘则荡而气散矣。果明此义，则内家要术毕尽乎斯，又岂独形意哉？

四、意拳原理

拳以意名者，以意为诸拳之母，凡百运动，皆渊源于此也。夫心者，人之宰也。耳、目、口、鼻、四肢皆听其指挥。心之发动曰意，意之所向为拳，而五行循环，生克变化出焉。

天地进化，以五行为始，以化生万物为终；而人之运动，亦以意为始，以形为终。故意拳不明，而形拳亦无由而成。意拳包五行、连环二部，学者须三致意焉（原注：形拳即十二形法，另编第二册）。

五、五行拳

五行者，金木水火土也。内有五脏，外有五官，皆与五行相配。

心属火，脾属土，肝属木，肺属金，肾属水，此五行之隐于内者；目通肝，鼻通肺，舌通心，耳通肾，人中通脾，此五行之著于外者。

五行有相生之道焉：金生水，水生木，木生火，火生土，土生金。又有相克之义焉：金克木，木克土，土克水，水克火，火克金。

五行见于《洪范》，而汉儒借之以解经，后人每讥其于义无取。而生克之理，究不为不当也。拳之以是取名，用以坚实其内，整饬其外。取相生之道，以为平时之习练；取相克之义，以为对手之破解云耳。非必沾沾于古说也。

夫拳以五行名者，以崩拳之形似箭，性属木；炮拳之形似炮，性属火；横拳之形似弹，性属土；劈拳之形似斧，性属金；躜〈钻〉拳之形似电，性属水故也。由相生之说论之，故横拳能生劈拳，劈拳能生躜〈钻〉拳，躜〈钻〉拳能生崩拳，崩拳能生炮拳，炮拳能生横拳也。万物生于土，故横拳能生各拳。由相克之说论之，故劈拳能克崩拳，崩拳能克横拳，横拳能克躜〈钻〉拳，躜〈钻〉拳能克炮拳，炮拳能克劈拳也。

（一）劈拳

劈拳属金，其形似斧，有劈物之意。五行之中，以土为主，盖土生万物，内包四德，准其循环之理，而土生金，此劈拳所以为五拳之首也。然金于五脏相肺，拳之顺逆，肺气之通塞，与有关焉。

（原注："注意"：劈拳由起而落，由落而起，为一圜形，此圜之周围，用力宜均，使处处皆到，不可有一毫之疏懈。手足齐落，肩胯相随，肘膝相合，是为至要。）

（二）崩拳

崩拳属木，其形似箭，有射物之意。木于五脏相肝，此拳顺则肝气舒，谬则肝气郁。学者倘于此而加以精研，最足以助精魄，强筋骨，且简捷而应用。前人恒以专此一拳而名家也。

（三）躜〈钻〉拳

躜〈钻〉拳属水，其形似电，有曲曲流行之意。水于五脏相肾，拳顺则肾气足，否则肾气虚。倘于此研究有得，足使阳气上升，阴气下降，化拙为巧，变滞为灵，而直劲出矣。

（四）炮拳

炮拳属火，其形似炮，水平威力甚大，有加农之性焉。火在五脏而相心，故拳顺则心中灵明，拳乖则心中朦昧，慎〈甚〉矣，此拳之不可忽也。

（五）横拳

横拳属土，其形似弹。土在五脏相脾，其拳顺则脾胃和，拳乖则脾胃弱，而五脏亦必失和矣。盖土为五行之本，脾为五脏之本，根本不固，枝叶必枯，自然之理也。故横拳者，五行拳之主也，学者宜注意焉。

六、五行生克

五行生克者，二人相对之拳也。

其相生也，金生水，水生木，木生火，火生土，土生金，如是生生不已，变化无穷。即劈拳变躜〈钻〉拳，躜〈钻〉拳变崩拳，崩拳变炮拳，炮拳变横拳，横拳又变劈拳。临机应变，一在乎学者之熟练与自己之运用耳。

其相克也，金克木，木克土，土克水，水克火，火克金，即劈拳破崩拳，崩拳破横拳，横拳破躜〈钻〉拳，躜〈钻〉拳破炮拳，炮拳破劈拳。若两人对练时，甲生之，乙克之；乙生之，甲克之，循环不息，所以应用也。

子蔚曰：李先生存义，于形意拳之发展有莫大贡献者也。公元1912年，于天津创建中华武士会，广授门徒。其口述之形意拳械谱，由广宗杜之堂先生编录成册，有《五行连环拳谱合璧》《三十六剑谱》《八字功谱》《梅花剑谱》《飞跃剑谱》等。1934年，董秀升先生在《五行连环拳谱合璧》的基础上，进一步吸收孙禄堂先生《形意拳学》和《拳意述真》的成果，著成《岳氏意拳五行精义》和《岳氏意拳十二形精义》。本文即录自《岳氏意拳五行精义》一书。其中的"八字诀"和"九歌"最早见于《五行连环拳谱合璧》一书。两个歌诀应为杜之堂先生所创编，但具体年代不详，不过时间当在1915—1917年间。八字诀和九歌是李存义先生拳谱之精华所在，其他内容基本为董秀升先生所整理，与孙禄堂先生著述的近似度在90%以上。

　　予蔚曰：李存义先生用"钻"并不为错。孙禄堂先生在1915年的《形意拳学》中也是用"钻"，但自从1916年的《八卦拳学》开始就改为"躜"，仅"鹞子钻天"用"钻"。这里以孙禄堂先生的"躜"为准，故改"钻"为"躜"。

第六章

摘录之六——刘殿琛先生《形意拳术抉微》摘录

一、总论

总论者，形意各项技术之总根柢也。夫战争之道，往往以白刃相加、只手抗敌为最后之胜利。则武技一门，实行军之命脉也。

然武技种类甚多，门分派别，各是其是。要言之大概分为内外两派。外派之长不过练习腰腿灵活、捉拿钩打、封闭闪展、腾挪跳跃诸法以遇敌制胜。而其弊则在于虚招太多，徒炫人耳目，不切于实用。惟内家拳法，纯本于先天，按阴阳、五行、六合、七疾、八要诸法以成其技。此则总根柢，不能不先为培植也。

夫人非气血不生，气血充足则精神健旺。若先天气亏，后天即须补救。补救之道，要在充其气，养其血。但培养气血必先聚气于丹田，使丹田气足，然后内达于五脏，外发于四肢。再加以练习之功，血脉贯通，筋骨坚壮。内外如一，手脚相合；动静有常，进退有法；手不虚发，发则必胜；心不妄动，动则必应。正所谓："晬然见于面，盎于背，施于四体〈肢〉。"随意所适，得心应手，以成百战百胜之技者也。

以下将各项总要之事分别言之。

二、丹田论

丹田者，阳元之本、气力之府也。欲精技艺必健丹田，欲健丹田尤必先练技艺，二者固互为因果者也。吾道皆知丹田为要矣！顾先师有口授而少书传，后之学者究难明其所以然。谨将受之吾师与廿年体验者略述之。

所谓"欲精技艺必先健丹田"者，盖以丹田亏则气不充，气不充则力不足，彼五拳十二形空有架势。以之为顾法，则如守者之城池空虚；以之为打法，则如战者之兵马羸弱。故必临敌挫阵之际，常若有一团气力坚凝于腹脐之间，倏然自腰而背、而项、直贯于顶。当时，眼作先锋以观之，心作元帅以谋之。躜〈攒〉翻、横竖、起落，随时而应用；龙虎猴马鹰熊，变化而咸宜。毫忽之间，胜负立判。此丹田充盈而技艺所以精也。

何谓"欲健丹田必先练技艺"？释之如下。

或曰丹田受之［于］先天，人所固有，自足于内，无待于外，但能善自保养足

433

矣！何待于练？窃谓不然。凡人不溺色欲，不丧肾精，保养有方则元气自充，如是者亦可延年益寿，然究不能将丹田之气力发之为绝技也。

欲发之为绝技必自练始。练之之法，一在于聚，一在于运。聚者，即八要中所谓舌顶、齿叩、谷道提、三心并诸法也。又必先去其隔膜，如心、肝、脾、肺、肾之五关层层透过，一无阻拦。八要中之所谓五行要顺也，行之既久，而后气始可全会于丹田。然聚之而不善运，亦未能发为绝技。必将会于丹田之气力，由背骨往上，回住于胸间，充于腹，盈于脏，凝于两肋，冲于脑顶。更兼素日所练之身体异常廉干，手足异常活动，应敌之来而架势即变，应架势之变而气力随之即到。倏忽之间，千变万化，有非言语所能形容者。此所谓善运用也。

总其所以聚之运之者，要在平日之勤练技艺，非如求仙者之静坐练丹也。古之精于艺者，以一人而敌无数之人，其丹田之气力不知如何充足。穷其所以然之故，无一不自勤习技艺以练丹田始。后之学者即"丹田说"而善领会之，则可与入武道矣。

三、练气说

武技一道，有形者为架势，无形者为气力。架势者所以运用气力也，无气力则架势为无用，故气力为架势之本。然欲力之足，必先求气之充，故气又为力之本。予论丹田，曰"聚"、曰"运"，前已言及。但练气为吾道之要诀，非前说所能尽。兹〈用〉再详细言之。

夫演艺者，以八要为先。八要者，形意拳术之母也。内以之练气，外以之演势。无论五拳十二形，虚实变化，起落躜〈攒〉翻，皆不可须臾离之。

八要者何？一、内要提；二、三心要并；三、三意要连；四、五行要顺；五、四梢要齐；六、心要暇；七、三尖要对；八、眼要毒也。兹分论之如下。

（1）内要提：内要提者，紧撮谷道，提其气使上聚于丹田，复使聚于丹田之气由背骨而直达于脑顶，周流往返，循环无端。即谱所谓"紧撮谷道内中提"也。

（2）三心要并：三心要并者，顶心往下、脚心往上、手心往回也。三者所以使气会于一处，盖顶心不往下，则上之气不能入于丹田；脚心不往上，则下之气不能收于丹田；手心不往回，则外之气不能缩于丹田。故必三心一并而气始可归于一也。

（3）三意要连：三意要连者，心意、气意、力意三者连而为一，即所谓内三合也。此三者以心为谋主，气为元帅，力为将士。盖气不充则力不足，心虽有谋亦无所用。故气意练好，而后可以外帅力意，内应心意。窃谓三意之连亦以气为先也。

（4）五行要顺：五行要顺者，外五行为五拳，即劈、崩〈掤〉、炮、躜〈攒〉、横是也。内五行为五脏，即心、肝、脾、肺、肾是也。外五行之五拳变化应用各顺其序，则周中规，折中矩，气力之所到而架势即随之；架势之所至而气力即注之。故气力充则架势为有用。架势练而气力乃愈增。至内五行之五脏，即谱所云："五行本是五道关，无人把守自遮拦。"余初学技艺时，颇学运气，如肩垂、项竖、齿叩、舌顶、内提等，如法习之数日，一作势渐觉气可至于心间，然即周身倦怠，四肢无力。强习数日则气渐觉稍往下行，而又有周身倦怠之弊。如是者数次，而后始能一经作势气即直达丹田，此即五行为五关之说。非精习前进打破遮拦不能聚气于丹田，运气于四肢，为一气充力足之武术家。是五行要顺者，即所以顺气也。

（5）四梢要齐：四梢要齐者，舌要顶、齿要叩、手指脚趾要扣、毛孔要紧也。夫舌顶上嗓，则津液下注，气血流通；两齿紧叩，则气贯于骨髓；手指脚趾内扣，则气注于筋；毛孔紧，则周身之气聚而坚。"齐"之云者，即每一作势时，舌之顶、齿之叩、手[指]脚趾之扣、毛孔之紧，一齐如法为之，无先后迟速之分。盖以四者有一缺点，则气散而力怠，便不足以言技也。

（6）心要暇：心要暇者，练时心中不惶不忙之谓也。夫惶有恐惧之意，忙有急遽之意。一恐惧则气必馁。一急遽则气必乱。馁乱之时则手足无所措矣。若素日无练习之功，则内中亏虚，遇事怯缩，临敌未有不恐惧、不急遽而心不暇逸者。故心要暇，实与练气相表里也。

（7）三尖要对：三尖要对者，鼻尖、手尖、脚尖相对也。夫手尖不对鼻尖，偏于左则右边顾法空虚；偏于右则左边顾法空虚。手与脚、脚与鼻不对，其弊亦同。且三者如甚相偏斜，则周身用力不均，必不能团结如一，而气因之散慢。顶心虽往下，而气不易下行；脚心虽往上，而气不易上收；手心虽往回，而气不易内缩。此自然之理也。故三尖不对，实与练气有大妨碍也。

（8）眼要毒：眼要毒［者］，夫眼似与练气无甚关［系］，岂〈合〉不知"毒"有疾、敏之意，非元气充盈者不能有此。尝谓吾辈技艺不独武人宜习，即文人亦宜习之。盖每日练力则可以健身体，练气则可以长精神。丹田凝聚，五脏舒展，此人之精神必灵活，脑力必充足，耳口鼻等官必能各尽其妙，而目尤必神光炯然，有芒射人，谁谓眼之毒非气为之哉？

际此弱肉强食之时，东西各国皆注重技艺，良以射击之远近全在器械之良窳（yǔ，粗劣之谓）。而击之中否，则在持械者之心力、手力与眼力。故气力馁者，观测虽准而射击之时心战手摇即不能中的。是则必赖平日练习之殷勤，筋骨强健，气血充足，内外如一，方可以匡其弊也。

或曰：气行于内，力现于外，子言气何如言力？曰：从外人观之则力易见；自我练之则气易领会。且气力本为一体，气足则力可知矣。

或又曰：子纯言气力，不几略架势乎？曰：练势必求气充，而练气尤必先讲架势，是气、势二者互相为用者也。然势形于外，有迹可寻；气运于内，深微莫测。故学者恒注意架势而于气之运行每多忽略，吾于架势之外，独于气力再三致意者，职是故耳。

四、运动筋肉说

形意武术之运动与普通运动不同。普通运动之用力只于一平面活动，或只运动筋肉之一部，故简单明了，易于领悟。形意武术则不然，全身之关节皆沿数运动轴以周〈廻〉转，而其筋肉之收缩程度不张不弛〈驰〉，务使各方面筋肉同时收缩，无松缓者方为圆满。做〈作〉到［此］，故进可以攻，退可以守，无隙可乘，无暇可摘也。然全身筋肉甚多，非分部言之难期详尽，故逐次分述如左。

（以下略）……

五、六合论

吾尝言夫丹田矣，丹田盈而后艺精；更详夫练气矣，练气足而丹田益充。此皆得之于内而应之于外者。六合与七疾必不可不讲矣。七疾姑于下论之。

所谓六合者，手与足合，肘与膝合，肩与胯合，是为外三合；心与意合，意与气合，气与力合，是为内三合。内外相关，统之曰六合。谱云："手去脚不去则罔然，脚去手不去亦罔然。"又曰："上法须要先上身，脚手齐到才为真。"又曰："手与脚合多一力。"又曰："脚打踩意莫留情，消息全凭后足蹬。"读此可见手足相关之意［也］。

盖演艺时，手一伸，肩催〈摧〉肘，肘催〈摧〉手；足一进，胯催〈摧〉膝，膝催〈摧〉足。手足也、肘膝也、肩胯也，其各点皆遥遥相对。肩肘手在于上，胯膝足在于下。而人之一身下尤〈犹〉为上之本。譬诸大树，腿，其根也。故胯一动而肩随之；膝一进而肘随之；足一趋而手随之。于是乎合演艺时，身法最贵乎整。上下连而为一，无前仰后合、先后错乱之病，是为整。苟将整字做〈作〉到，真有"撼山易，撼岳家军难"之势。

然四肢之动，果何所主使乎？人莫不知其为心，心之动是为意。意有去意、来意、攻意、守意之别。原之于心，动之于意，故曰心意须相合。否则主宰者不力，手足即不听指挥，而耳目无所施其聪明矣。

意之所发谓之气，气之所使任乎意。相关相生，故曰意气须相合〈故须曰合〉。然当进退腾挪之时，固曰"以心意主宰之，以气行使之"。然气之表见（通"现"，下同）者，力也；力借以表见者，四肢也。吾人忌任气，特就行事而言，即吾辈武人猝遇事变，亦不可胡乱使气，若如去头苍蝇瞎懵瞎冲，徒〈行〉见其心惶意乱而力无所用，手足失其所措。敌人乃可乘隙而入，必败无疑也。故心与意合，意与气合，而气与力尤须相合。

盖合不合全视气如何也。按：气有督催〈摧〉之功，力有取舍之能，故有气方能有力。练武者苟舍其气，则无须其力矣。吾辈武人培养丹田，积精蓄锐，一旦有事，应敌之来，心意一动，手足相应，肩胯相合，肘膝随之而到；而周身之气不运自运，不聚自聚，内外如一，成其六合，一团凝气，精神饱满；耸然巍然如泰山之不可推移，而身法既整而活。是则全恃平日练习有素，非只就交手而言也。

六、七疾论

七疾者，眼要疾、手要疾、脚要疾、意要疾、出势要疾、进退要疾、身法要疾也。习拳者具此七疾，方能完全制胜。所谓"纵横往来，目不及瞬，有如生龙活虎，令人不可捉摸"者，惟恃此耳。

（1）眼要疾。眼为心之苗，目察敌情达之于心，然后能应敌变化，取胜成功。然交手之时瞬息万变，眼不疾即不能察其动静、识其变化，焉能出奇制胜哉？谱云："心为元帅，眼为先锋。"盖言心之变动均恃眼之迟疾。然则眼之疾实练艺者之必要也。

（2）手要疾。手者人之羽翼也，凡捍蔽、进攻，无不赖之。但交手之道全恃迟速。迟者负，速者胜，理之自然。故俗云："眼明手快，有胜无败。"谱云："手起如箭落如风，追风赶月不放松。"亦谓手法敏疾。"乘其无备而攻之，出其不意而取之。"不怕其身大力猛，一动而即败〔之〕也。

（3）脚要疾。脚者身体之基也。脚立稳则身稳，脚前进则身随之。形意拳中浑身力整，无一处偏重。脚进身进，直抢敌人之位，则彼自仆。谱云："手与脚合多一力。"又云："脚打踩意莫容情，消息全凭后足蹬，脚踏中门抢地〈他〉位，就是神手也难防。"又曰："脚打七分手打三。"由是观之，脚之疾更当疾于手之疾也。

（4）意要疾。意者体之帅也。前言"眼有监察之精，手有拨转之能，脚有行程〈逞〉之功"，然其迟速紧慢，均惟意之适从。所谓立意一疾，眼与手脚均得其要领。故眼之明察秋毫，意使之也；手出不空回，拳之精，意使之也；脚之捷，亦意使之{捷}也。然则意可不疾乎？

（5）出势要疾。夫存乎内者为意，现乎外者为势。意既疾矣，出势更不可不疾也。事变当前，必势随意生，随机应变，令敌人迅雷不及掩耳，张皇失措〈错〉，无对待之策，方能制胜。若意变甚速而势疾不足以随之，则应对乖张，其败必矣。故意势相合，成功可决；意疾势缓，必负无疑。习技者可不加之意乎？

（6）进退要疾。此节所论乃纵横往来、进退反侧之法也。当进则进，竭其力而直前；当退则退，领其气而回转。至进退之宜，则须察乎敌人之强弱。强则避之，宜以智取；弱则攻之，可以力敌。要在速进速退，不使敌人得乘其隙。所谓"高低随时、纵横因势"者是也。

（7）身法要疾。形意武术中，凡五行、六合、七疾、八要、十二形象等法，皆以身法为本。谱云："身如弩弓拳如箭。"又云："上法须要先上身，手脚齐到方为真。"故身法者形意拳术之本也。摇膀活胯，周身辗转，侧身而进。不可前俯后仰，左歪右斜〈邪〉。进则直出，退则直落。尤必手与足合、肘与膝合、肩与胯合（原注：即外三合），务使其周身团结，上下如一，虽进退亦不能破散。故必做〈作〉到疾而不散，而身法之疾乃见完成，不特速胜迟负之空理而已也。

子蔚曰："七疾"论是刘殿琛先生总结提炼出来的，可以看作是对孙氏武学交手论的必要补充。

七、起落躜〈攒〉翻横竖辨

按五拳十二形之起落躜〈攒〉翻横竖数字，学者最易模糊，即教者也未易明白指示。盖一手倏忽之间而六字皆备焉。谱云："起横不见横，落顺不见顺。"又云："起无形，落无踪。"言神乎技者之巧妙无踪，受之者与观之者俱不能知其所以然也。

然使学者于初学时即不辨其孰为起落、孰为躜〈攒〉翻、孰为横竖，则用力从何处着手，心又从何处领会？此等处，教人者亟须辨之。窃谓手之一动为起，由动而直上出为躜〈攒〉，躜〈攒〉之后腕稍〈梢〉扭为横，由扭而使手之虎口朝上时为翻。既至虎口完全朝上则为竖矣，至竖而近于落矣。然又未必能遽落也，或离敌稍远，再以手前去而逼之，此前出之时即为顺。谱中"躜〈攒〉翻横竖起落"之外又有"落顺不见顺"之"顺"字即此也。

及乎学者既精诚有神乎其神、不可捉摸〈模〉之处，惟初学时则不可不逐条分别详细言之耳。

如谱云："束〈束〉身而起，长〈藏〉身而落。"此即一身之伸缩变化而言也。

"起如风，落如箭，打倒还嫌慢"，又即一身与手足击人而并言之也。

又云："不躜〈攒〉不翻，一寸为先。"盖敌已临身，时机迫促，无暇躜〈攒〉翻，且不及换步，则将何以攻之乎？曰：在手直出然。但手直出周身之力又恐不整，故以寸步为先。寸步者，即后足一蹬，前足直去，警起四梢。如此则浑身抖擞之力全注于不躜〈攒〉不翻之手，敌人始能仰卧数丈〈武〉之外。

以上皆"顺"字之效也。

子蔚曰：起落躜翻的"躜"字，今人多误作"钻"（繁体为"鑽"）字。这是由于李存义先生的拳谱中均作"鑽"。孙氏武学用"躜"字，比"鑽"要更深刻、更准确。因为"躜"字从"足"，充分体现了形意拳术步法之奥妙和"消息全凭后足蹬"之意。躜中有鑽，鑽中却未必有躜。二字之优劣不言自明也。

而刘殿琛先生拳谱中均作"攒"字，大谬矣！攒（攢）字有两音：①攒[zǎn]：积聚，积蓄也，如攒钱，积攒等；②攒[cuán]，凑集，拼凑也，如攒集，攒眉等。显然两个读音及其含义均与拳意不相符。故当为"躜（躦）"字而无疑也。

八、桩法

桩法必要：头顶、项竖、肩垂、抱胯、前膊裹肘、提膝、提肛、手心回缩。

九、分论

总论言其根底，分论言其运用。如练气之功不于身手各处发挥之，何以见其充盈刚大之妙？曰：五行拳。曰：十二形拳。由拳而推之剑与枪，皆丹田之气凝聚而运用之者也。学者逐式学之，实体其六方团聚之功，亦庶乎其可以进矣。

十、五行拳论

五行者，金、木、水、火、土也；在五脏，为心、肝、脾、肺、肾；在形意武术，则劈、崩〈掤〉、躜〈攒〉、炮、横也。五行配五脏，五脏配五拳，故习五拳即所以养五脏。然人以心为主，以气为用，以丹田为根本。丹田足则肾水足，精神旺；心气足则脑力坚，神经敏；肺脏足，气必充；肝脏足，力必猛；脾脏充盈，身体必健。故五行拳内养五脏、补脑力、保丹田；外强筋骨、捷手足、便耳目。奥妙无穷，裨益匪浅，习久自能知之也。

（五拳分论略）

以上五拳，练法各自不同，其用亦甚异，然至打法、顾法则无不兼而有之。且无论何拳，非仅前后两手互为顾、互为打也，即一手之出亦无不兼而有之。盖手之出必具起落躜〈攒〉翻横竖六法。凡起、躜〈攒〉、横等字均为顾法；而落、翻、竖三字则为打法。至前手后手连环打出时，凡前手撤回均为顾法；后手继出均为打法。形意武术中所谓"打破"而非"破打"者，即此也。

十一、十二形拳论

天生动物，各异其能。长于此者短于彼，未有能兼全者。人为万物之灵，故能采诸物之长以为已用。形意武术所以有十二形之别者即此故也。十二形者：龙、虎、猴、马、鼍〈鮀〉、鸡、燕、鹞、蛇、鲐、鹰、熊也。

（十二形分论略）

十二形练法、用法既如上所述矣，顾法、打法则每拳无不具〈俱〉备。

如龙形起为顾法，伏为打法；虎形躜〈攒〉为顾法，落为打法；猴形退为顾法，进为打法；马形前手为顾法，后手为打法；鼍形起为顾，落为打；鸡形左手顾，右手打；燕形展臂伏身为顾，抓裆〈备〉为打；鹞形左顾右打，右顾左打；蛇形手顾肩打；鲐形臂顾胯打；熊形为顾法，鹰形为打法。

虽其练法有定而用法则无定。故善用者往往以顾作打，或打法甚精即无须乎顾。苟能探其本，以求之变化，岂有穷哉？！

十二、六方用力法

十二形行功法及用法之外，尚有用力法。惟此法非仅十二形有之，在五拳尤为重要。盖练形意武术者能否得有功效，全在此也。

其法为何？即练拳作势时，须将全身之力均注于上下、前后、内外六方，不可偏于一处，务使周身之力团聚如球，方得稳固不拔，顾打兼全。

兹就一身言之，其用力法须头顶下压、谷道上提、两膀外撑、两腿内夹。

次就两膊言之，臂〈背〉向前推则手心后缩；肘向里则膀向外；肩向下则腋向上。

次就一脚言之，脚心上提，后跟下蹬；趾向后，踵向前；四周向里。

其他各处及骨节等，凡动作时无不向六方用力者。

即在脏腑亦然，五脏向外鼓撑而筋骨向内收缩，是亦不外六方用力之说也。

子蔚曰：刘殿琛先生的"六方用力"之说，与孙氏武学之"内开外合、顺中用逆"论是不谋而合的。

附录一

孙氏武学孙叔容先生支系传承谱系略图

创始人 孙禄堂

第二代 孙剑云　孙存周

第三代 孙宝亨　孙婉容　孙叔容

第四代（仅限孙叔容先生入门弟子）

马胜利	陈中原	张向前	魏延戎	李根柱	赵兆生	王延文	张军	徐宝众	郭德纯	李占生	吴春贤	黄宝隆	王恩德	王家实	吕昌盛	姜贵庆	王树桥	李云凌	季积业	刘德玉	王玉坤	白云生	刘静秋	谭明清	张智清	卜德福	姜静	孙富民	韩景民	张子臣

|王立新|张学军|代纯军|祁文德|周福田|许子庆|刘明君|华道峰|潘广生|李憬麟|谢广成|郭国武|刘广梅|曹青海|周东云|马庆安|韩长斌|李新州|曹广明|张谢祥|杨峥|王根群|时海军|翁喜元|陆祖江|杨建风|秦建忠|李成银|张君意|孙富山|

|胡永会|李连科|马如亮|陈体科|杨朝庆|刘继俊|王学东|郑万宽|王连光|孟志坤|张元锋|霍凤|姬琴庆|乔军|刘宝印|陈令御|孔占中|董方平|曹淑敏|李志耘|孙永瑞|刘颖芳|王志敏|谷吴|白程茂桢|高淑连|李小五|岳耀明|陈威|

|谷学文|张兰勇|常开明|赵新生|龚天捷|宋学|洪爱浩|朱改华|李庆峰|门庆友|张书奇|赵新利|刘庆彬|张子喜|孙杰|杰克斯|托马龙|刘连军|连金彪|刘天舟|马玉艳|娄李|于天宇|吴昌政|贺海文|曹广章|沈诚桢|曹锡刚|郭其达|尚|建强|

第五代（仅限于著者部分入门弟子）

李子蔚（著者）

郭婉月　兰甜甜　李文倩　王浩睿　赵登钦　蔺心杰　刘康乐

附注：
1. 第四代传人仅限孙叔容先生入门弟子。
2. 加方框者表示已故。
3. 第五代弟子仅限于著者部分入门弟子。

附录二

孙叔容先生门下
"十二名手"

（排名不分先后）

| 陆江河先生 |  李延龙先生 |  杨峥先生 |  韩景民先生 |

| 李连科先生 |  魏戎先生 |  张君意先生 |  杨喜元先生 |

| 张新明先生 |  李斌先生 |  郭国成先生 |  郑军先生 |

（有些艺业有成的老师兄或年富力强的师兄弟，无意"参评"，他们同样是孙叔容先生门下之佼佼者）